中共山东省委党校（山东行政学院）精品文库

人民群众主体论

RENMINQUNZHONGZHUTILUN

■衣芳等 著

山东大学出版社
SHANDONG UNIVERSITY PRESS
·济南·

图书在版编目(CIP)数据

人民群众主体论/衣芳等著.—济南:山东大学出版社,2024.9

(中共山东省委党校(山东行政学院)精品文库)

ISBN 978-7-5607-7826-6

Ⅰ. ①人… Ⅱ. ①衣… Ⅲ. ①中国共产党—密切联系群众—文集 Ⅳ. ①D261.3-53

中国国家版本馆 CIP 数据核字(2023)第 196679 号

策划编辑 刘 彤
责任编辑 刘 彤
封面设计 杨 波

人民群众主体论

RENMIN QUNZHONG ZHUTILUN

出版发行 山东大学出版社
社 址 山东省济南市山大南路 20 号
邮政编码 250100
发行热线 (0531)88363008
经 销 新华书店
印 刷 东港股份有限公司
规 格 720 毫米×1000 毫米 1/16
24.75 印张 430 千字
版 次 2024 年 9 月第 1 版
印 次 2024 年 9 月第 1 次印刷
定 价 120.00 元

“中共山东省委党校(山东行政学院)精品文库”出版说明

党的十八大以来，以习近平同志为核心的党中央高度重视智库建设和哲学社会科学工作，就建设中国特色新型智库、加快构建中国特色哲学社会科学作出了顶层设计和战略部署。对于党校(行政学院)如何发挥哲学社会科学研究机构和新型智库功能，习近平总书记在2015年全国党校工作会议上提出明确要求和殷切期望，希望党校根据时代变化和实践发展加强理论总结和理论创新，为发展21世纪马克思主义、当代中国马克思主义作出努力。2019年颁布的《中国共产党党校(行政学院)工作条例》在总则第二条中明确指出，党校(行政学院)是党的思想理论建设的重要阵地，是党和国家的哲学社会科学研究机构和重要智库。习近平总书记系列重要论述和国家战略规划为党校(行政学院)加快构建新时代中国特色哲学社会科学，在学习研究宣传贯彻党的创新理论中走在前列提供了根本遵循，指明了前进方向；为充分发挥科研工作基础支撑作用，促进科研智库工作高质量发展带来了崭新历史机遇。

多年来，在中共山东省委的坚强领导下，在中共中央党校(国家行政学院)的关心指导下，中共山东省委党校(山东行政学院)始终将学习研究宣传习近平新时代中国特色社会主义思想、推进党的思想理论建设作为自身重要职责，着力构建高水平哲学社会科学研究机构和新型智库。全体教研人员秉持“实事求是”的党校校训和党性原则，坚定马克思主义信仰和“党校姓党、对党忠诚”的政治思想境界，勇担新时代理论研究创新的学术使命，以“立时代潮头、发思想先声”的学术担当、“严谨踏实、诚实笃信”的学术风范和“初心如磐、勤耕不辍”的学术情怀，深入研究哲学社会科学领域的理论和实践问题，持续深化对马克思主义基本理论和中国特色社会主义理论体系的研究阐释，科研能力水平不断加强，科研成果数量质量持续提升，为推动党的理论创新和哲学社会科学繁荣发展发挥了重要作用，为推动山东经济社会发展作出了重要贡献。

为充分展示中共山东省委党校（山东行政学院）在哲学社会科学研究和思想智库建设方面取得的重要成果，根据中共山东省委党校（山东行政学院）与山东大学战略合作协议，由山东大学出版社出版"中共山东省委党校（山东行政学院）精品文库"（以下简称"文库"）。"文库"主要收录中共山东省委党校（山东行政学院）获省部级一等奖以上专著和省部级奖励论文。首批出版的"文库"收录了迟树功、衣芳、钟丽娟、贾英健、王巨新等知名专家的研究专著5部，获奖论文集1部。"文库"成果涉猎哲学、历史学、政治学、经济学、法学等领域，皆为作者在长期、扎实的理论研究基础上打造的精品力作，充分展现了中共山东省委党校（山东行政学院）科研工作者深邃的历史思考、执着的学术追求、敏锐的创新意识和严谨的治学态度，这也正是不断推动新时代党校（行政学院）事业高质量发展，深入推进中共山东省委党校（山东行政学院）哲学社会科学研究和思想智库建设的不竭动力源泉。

"文库"作为中共山东省委党校（山东行政学院）重大项目攻关创新的重要组成部分，是一个动态的、开放的系统。在首批出版成果的基础上，中共山东省委党校（山东行政学院）将根据后续成果情况，适时分批推出。"文库"的出版在编委会的领导下组织开展，得到了作者、相关部室研究人员、山东大学出版社的大力配合和支持帮助，在此一并表示最诚挚的谢意。

"文库"出版的组织、联络等事宜，由中共山东省委党校（山东行政学院）科研和智库工作处负责。因水平所限，出版工作难免会有不足之处，恳请读者及有关专家学者批评指正。

面向新时代，阔步新征程。中共山东省委党校（山东行政学院）将坚持以习近平新时代中国特色社会主义思想为指导，坚定不移贯彻落实习近平总书记关于党校办学治校系列重要指示精神和对山东工作的重要指示要求，锚定"走在前、开新局"，以终身为党立言、为人民做学问、为民族复兴增添思想动力为己任，围绕中心、服务大局，发挥干部培训、思想引领、理论建设、决策咨询作用，着力构建出思想、出成果、出人才的重要阵地，努力打造全国一流省级党校（行政学院），为奋力开创新时代社会主义现代化强省建设新局面作出更大贡献。

"中共山东省委党校（山东行政学院）精品文库"编委会

2022年10月31日

前 言

人民群众主体论是以马克思主义世界观、方法论认识世界、改造世界的基本立场、基本观点和基本方法，是无产阶级政党世界观、人生观和价值观的集中体现，是共产党人权力观、地位观、利益观的本质要求。对于执政的共产党人来说，深刻认识和自觉坚持这一基本立场、观点和方法具有根本性意义。这绝不是一个简单的理论问题，而是一个具有深刻理论内涵和重大现实意义的基本理论和实践问题。在我国经济社会发展现阶段，能否自觉把这一基本立场、观点和方法贯彻到我们治国理政的理论、路线、方针、政策和改革、发展的各个方面、各个环节，是一个决定我们事业兴衰成败的根本性问题。

应当承认，这一基本立场、观点和方法在我们党内和干部队伍内部并没有真正形成共识，在实际工作中的贯彻落实更是不容乐观。民主革命时期，群众路线是我们党长期坚持的根本政治路线、根本组织路线和根本工作路线，也是我们党的政治优势，是我们党在艰难困苦的条件下能够克敌制胜的基础所在。执政以后，随着党的社会地位的变化，群众路线及其实现方式——党的群众工作，出现了弱化的趋势。特别是在建立社会主义市场经济体制的过程中，我们党在长期革命战争年代形成的、新中国成立以后长期保持的党与人民群众之间的血肉联系和党的群众工作优势遇到了严峻的挑战，随之出现了一方面经济快速发展，人民群众生活水平大幅度提升，整个社会面貌得到了巨大的改变，另一方面一些地方党群关系疏远甚至紧张的现象。这就客观地、直接地把执政条件下如何密切党与人民群众的关系、如何做好群众工作的问题凸显出来。正是基于对这一问题的思考和担忧，改革开放以来，我们党一再强调要加强党的群众路线和群众工作。1990 年 3 月召开的党的十三届六中全会上曾经作出《中共中央关于加强党同人民群众联系的决定》，告诫全党："历史经验反复证明，什么时候党的群众路线执行得好，党群关系密切，我们的事业就顺利发展；什么时候党的群众路线执行得不好，党群关系受到损害，我们的事业就遭受挫折。"特别强调："我们党执政以后，有了更多更好的为人民服务的条件。由于地位的变化，现在又实行改革开放，发展商品经济，如果不能正确地运用权力，如果不能自觉抵制资产阶级和其他剥削阶级腐朽思想的侵蚀，就会滋长脱离群众的危险。全党同志必须时刻警惕这种危险，经受住执政和改革开放的考验，努力保持和发展党同群众的密切联系。”[①]此后历次党的代表大会和党的许多重要文件都突出地强调了加强党的群众工作问题。“三个代表”重要思想的提出，则从理论的高度对执政的共产党与人民群众的关系问题给予了基本的定位。

与此同时，党建理论研究中也对新形势下如何坚持党的群众路线和群众工作问题给予了一定的关注。这些研究中表现出的共同特点和趋向是：开始把党群关系放在执政和改革开放条件下进行思考和研究；作为一个关系执政基础和执政地位的问题，从提高执政能力与水平的角度进行思考和研究；作为一个社会发展中联系广泛、作用广泛的基础性问题进行理论与实践上的综合性研究；等等。这种研究大大加深了党的群众路线、群众工作理论与实践的时代性和现实性，具有许多有价值的思想。特别是人们十分重视研究苏联和东欧共产党人丢失政权在这方面的深刻教训，开始注意研究世界上其他国家和执政党密切党群关系、关注民生问题的一些做法。十分令人欣喜的是，在这些研究中，人们自觉不自觉地把党群关系问题同社会发展的民主化趋势一致起来，或者说顺应了历史发展的民主化趋势和规律。

但是总体来看，这些研究还普遍存在一个问题，即大家都较多地注意到了在操作和实现层面上的研究，没有能够从基础理论的角度解决群众观上的问题，缺少从世界观高度对群众观点的认识和思考，因而也就缺少了对实践中诸多问题的规律性和理性的反思。这种理论研究上的缺陷限制了人们认识问题和解决问题的深度与自觉性。现实生活中，人们对党群关系仍然只是满足于“血肉联系”的认识和表述，缺乏在现代社会民主政治框架下的科学定位；对群众工作，人们更多的是在手段、方法和作风的意义上认识其意义和作用，没有从关系政治纲领、政治路线和执政理念的根本意义上或者说从最终目的的意义上给予定位，因而在许多情况下，人们又总是难免把群众工作看作可有可无，甚至是权宜之计；等等。作为党校的理论工作者，我们在教学和理论研究工作中始终高度关注党的群众路线和群众工作理论与实践。特别是在2003年，我们承担了中共中央重大委托课题子课题“加强党在农村的群众工作调查与研究”和山东省社科规划重点课题“中国共产党执政条件下群众工作研究”等研究项目。在这些课题研究中，我们已经十分清晰地感觉到，群众路线和群众工作的尴尬其实只是一种现象的反映，其核心问题、具有根本意义的问题，在于人民群众主体论的立场、观点和方法在一些党员和领导干部中已经悄然淡化了，这是影响和制约群众工作成效的根本性原因。因此，那时我们就深切地意识到需要从马克思主义群众观上

① 中共中央文献研究室编：《十三大以来重要文献选编》(中)，人民出版社1991年版，第928—929页。

搞清楚一些基本的问题，需要在全党开展一场深刻的马克思主义群众观理论教育，并且在此基础上实现对我们党与人民群众关系的理性思考和定位，实现对党的群众工作理论的创新。正是在这种思考的基础上形成了我们这个研究项目——国家社科基金项目“现阶段党群关系和党的群众工作理论研究”确立的初衷、目的和基本研究思路。因此，呈现在读者面前的这一研究项目的最终成果，就突出了人民群众主体论的主线和核心内容，在全面论述以人民群众主体论为本质要求和核心内容的马克思主义群众观的基础上，系统论述了体现这一核心内容的共产党与人民群众关系的理论和执政条件下党的群众工作理论。

全书内容共分为三篇，分别对马克思主义群众观、党群关系理论、群众工作理论进行了系统研究，对涉及群众观、党群关系和群众工作的一些原则问题进行了实践理性思考。

第一篇：马克思主义群众观研究——马克思主义群众观的正本清源和丰富发展。马克思主义群众观是马克思主义关于人民群众的总的看法和基本观点，它应当是以人民群众主体论为核心的理论体系。马克思主义群众观是巩固党群关系、丰富发展党的群众路线和群众工作理论与实践的理论根基。随着时代和历史条件的变化，随着党的理论建设和群众工作实践变化，在对马克思主义群众观的理解和应用上出现了一些片面性和局限性的观点。这一部分主要提出了必须在坚持人民群众主体论的基础上实现正本清源和丰富发展，并着力从历史主体论、实践主体论、价值主体论、权力主体论、利益主体论、执政主体论等方面系统论述了马克思主义的人民群众主体论的群众观。

第二篇：现阶段党群关系研究——确立、巩固和发展新型党群关系。在执政和改革开放的条件下，我国现阶段党群关系出现了许多新情况和新问题，其中突出的是党群关系出现了一定程度的分离和疏远的问题与倾向。这种倾向中潜藏着社会执政主体分化——党与人民群众关系分化的危险。能否正确解决这些问题，对于党的执政地位和执政基础的巩固、对于社会主义事业的发展具有至关重要的根本性意义。解决这一问题，首先要从理论上搞清楚并且要在实践中真正确立起共产党执政条件下党与人民群众之间在坚持人民群众主体论基础上的政治地位平等、权力委托和利益代表关系。这就需要从执政的中国共产党与人民群众的价值关系、权力关系、地位关系和利益关系等方面搞清楚党与人民群众之间关系的本质。这里就从上述诸方面提出和全面论证了这种新型的党群关系及其实现问题，同时也对关于构建和谐党群关系的问题进行了一些研究和思考。

第三篇：现阶段群众路线实现方式和群众工作理论研究——创新群众路线的实现方式和群众工作思路。群众路线是我们党的根本政治路线和工作路线，但是群众路线在不同的历史条件和任务面前需要不同的实现方式。这一部分论述了我国现阶段党的群众路线应当具有不同于民主革命时期、计划经济时期的实现方式，群众工作也必须根据党的地位、任务的根本性转变和现阶段党群关系的特点、状况实现根本性转变，提出了要创新群众路线的实现方式和群众工作思路与方法、途径的问题。这里提出和论证了我国现阶段党的群众路线的根本要求是“立党为公、执政为民”；提出要把坚持党的群众路线同建设高度民主和高度文明的社会主义现代化强大国家的目标一致起来，坚持将其作为实现这一目标的根本政治路线和根本工作路线；以党和国家的基本政治、经济、文化等制度建设特别是民主制度建设及党和国家的政策导向作为主要实现方式，贯穿到党治国理政的一切工作中去的观点，并从理论和实践的结合上论证了群众工作是实现执政党的政治领导功能、利益协调与整合功能、社会治理功能和社会服务功能的基本途径的观点；提出了以实现好、维护好、发展好人民群众的根本利益为群众工作的总目标，并在这个总目标指导下，形成以满足人民群众的物质需求、政治需求、文化需求和社会环境需求为主要内容的群众工作目标体系；以保持和发展执政党与人民群众的血肉联系，发挥人民群众积极性、主动性、创造性，激发和实现社会发展的主体活力，促进人际关系和谐，整合社会力量，形成社会发展合力为执政条件下群众工作的主要任务；以亲情服务方式、结合渗透方式、教育引导方式、沟通交流方式、群众自治方式、社会救助方式和典型示范方式等为主要方式；提出要从新的群众工作运行机制的内涵、特征方面，从新的群众工作的主体机制、目标机制、动力机制、控制机制和保障机制等方面，把握群众工作新的运行机制系统的观点，并提出和具体论证了构建共产党执政条件下全新的以“亲情服务、平等交流、良性互动、和谐发展、整合协调”为特征的新型群众工作运行新机制等观点。这里还对现阶段群众工作规律作了一些有益的探讨。

令人十分欣慰的是，今天随着我们党“以人为本”执政理念与科学发展观的提出及其在社会生活各个领域中的贯彻落实，人民群众主体论更加明晰、深刻地体现在我们指导经济社会发展的战略思想、大政方针和方法路径中，并且越来越突出地在实践中得到体现和实现。党的十七大不仅十分明确地提出和论述了人民群众主体论的观点，而且在尊重、实现、维护、保障和发展好人民群众在经济、政治、文化和社会生活各方面的权益问题上，提出了诸多重要思想，作出了全面的战略部署。高度关注民生成为我们党现阶段带有根本性的战略思想和战略方针，党把关注民生、改善人民群众生活作为重大的政治原则，作为处理好改革发展稳定关系的结合点。这是十分令人欣喜和振奋的，是我们党作为伟大的马克思主义执政党政治上更加成熟、坚定的体现，它为我们在新的时代历史条件下坚持党的群众路线、做好群众工作提供了更好的理论指导，也提出了更高的要求。我们相信，随着党的十七大精神的深入贯彻落实，我们党与人民群众的联系将更加紧密，党的群众路线在新的实践中将会得到更好的坚持和发展，群众工作将焕发新的生机与活力。

再版说明

本书出版十几年之后得以再版，出乎意料，令人欣喜。其实，这本书的主题对于我们这个走过百年风雨的大党来说，无论如何都仍然是一个极端重要的题目。在世界百年未有之大变局进入加速演变期，国际环境日趋错综复杂，国内继续发展具有多方面优势和条件，同时面临不少困难和挑战的大环境下，面对迈向第二个百年、实现中华民族伟大复兴新的历史使命，这个主题的重要性甚至超过以往任何年代。习近平新时代中国特色社会主义思想的一个十分重要的内容和突出的特点就是强调尊重人民主体地位。强调坚持人民主体，人民至上，以人民为中心，是新时代坚持和发展中国特色社会主义的根本立场。习近平总书记告诫全党，“群众路线是我们党的生命线和根本工作路线”①，“我们党来自人民、植根人民、服务人民，党的根基在人民、血脉在人民、力量在人民”②。他还要求全党“在任何时候任何情况下，与人民同呼吸共命运的立场不能变，全心全意为人民服务的宗旨不能忘，群众是真正英雄的历史唯物主义观点不能丢，始终坚持立党为公、执政为民”③。这是我们这个大党老党坚持“不忘初心、牢记使命”的根基和底气所在，是我们党政治上、理论上成熟和自信的根基和底气所在。

本书于 2008 年 7 月由人民出版社出版后，受到理论界和社会广泛关注，曾获 2006—2008 年全国优秀党建读物奖和全国党校系统优秀科研成果一等奖，山东省社会科学优秀科研成果二等奖。今天重新审视这本书，其基本理论、观点、方法仍然十分符合时代要求，非常适应党的建设和发展需要。

---

① 《习近平谈治国理政》第 1 卷，外文出版社 2018 年版，第 365 页。

② 《习近平谈治国理政》第 1 卷，外文出版社 2018 年版，第 367 页。

③ 《习近平谈治国理政》第 1 卷，外文出版社 2018 年版，第 367 页。

书中论述的马克思主义群众观、党群关系理论不仅是正确的，而且比当年出版时更加具有现实针对性和重要意义。书中第三篇关于党的群众工作的理论、定位、目标、任务、规律等也仍然是适用的，只是群众工作的具体方法和形式需要在新的实践中根据不断变化发展的新形势新任务而不断创新，这也是我们第三篇“关于群众工作规律的思考”中的一个重要观点。鉴于此，本着尊重历史本来面貌的观点，我们再版时保持了全书原貌，未作大的改动，只在部分章节后面适应需要增加了“再版同期声”，特此说明。

作　者

2023 年 3 月

目　录

第一篇　马克思主义群众观研究

——马克思主义群众观的正本清源和丰富发展

第二篇　现阶段党群关系研究

——确立、巩固和发展新型党群关系

第三篇　现阶段群众路线实现方式和群众工作理论研究

——创新群众路线的实现方式和群众工作思路

第一篇

马克思主义群众观研究

——马克思主义群众观的正本清源和丰富发展

马克思主义群众观是以人民群众主体论为核心的理论体系。马克思主义群众观是党群关系和党的群众工作理论与实践的根基。实现马克思主义群众观的正本清源和丰富发展，牢固树立人民群众主体论，是正确认识和处理现阶段党群关系和党的群众工作问题的客观要求和理论前提。

一、一个具有根本性意义的重大课题

——马克思主义群众观的正本清源和丰富发展

当我们开始研究本课题的时候，就发现要从理论上真正搞清楚马克思主义政党的党群关系和群众工作理论，还需要从根本上搞清楚关于“群众”的概念，需要从根本上搞清楚马克思主义关于“人民群众”的基本理论和基本观念，这就是马克思主义群众观的问题。这不仅应当是本课题研究的逻辑起点，而且是全部研究的理论基础和立论根基。只有坚持历史唯物主义人民群众主体论的群众观，才可能给马克思主义政党、马克思主义执政党的党群关系一个准确的定位和清晰的理论思路与实践基础。

（一）关于“人民群众”及其定位

对于“人民群众”这样一个使用率极高的概念，也许人们认为没有研究的必要，也有人认为这是一个应当被“公民”所取代的过时的概念。但是当我们认真思考和研究我们党的建设和执政实践中一系列现实问题的时候，就发现这仍然是一个不可或缺又绕不过去的基本概念。对于这样一个人们熟知的概念，究竟如何理解仍然是需要认真思考和研究的问题。现实中的情况是，长久以来对这一看似简单的概念本身的理解以及对其在社会体系中的定位始终存在很深的分歧甚至对立的观点。尤其是把人们通常理解的马克思主义群众观念与社会上关于“群众”的传统观念加以比较，就使人更加感觉到这一概念的内涵至今仍然是一个需要认真考察和研究的基础性问题。

中国古代是没有“人民群众”概念的，“群众”一词也很少见到。在少数文人例如荀子那里，曾经出现过“群众”的词语，但是它的基本含义只是指人群、众人。[①] 即使在中国近代社会，也极少见到关于“群众”或“人民群众”的用语。因此可以断言，在中国传统社会，“群众”一词不是一个政治概念。实际上，在中国传统社会，同我们今天的“群众”概念相对应的是“民”和“臣民”的概念。这个“民”或“臣民”在中国传统社会的政治框架内是指社会的底层，即统治者统治的对象。尽管中国古代民本思想具有丰厚的基础，孟子的

① 参见丛日云:《当代中国政治语境中的“群众”概念分析》,《政法论坛》2005 年第 2 期。

“民为贵，社稷次之，君为轻”影响颇深，南宋著名理学家朱熹也认为“国以民为本，社稷亦为民而立”，“社稷虽重于君而轻于民也”，但是社会的基本结构已经为“民”确定了不可改变的地位，即“君在上，民在下”，即“民”必须臣服于“君”。社会的主人是统治阶级、统治者。这种定位在中世纪以前的欧洲也是通行的。

随着西方社会文艺复兴运动的兴起，资产阶级启蒙思想家在批判宗教神学、张扬人性的同时，也对中世纪的专制集权进行了批判，提出了社会契约论等政治观点。在他们那里，“人民”和“群众”的概念偶有使用。但是总体上看，人们更多地使用的是“民众”或“公民”的概念，其指向主要是作为具体的个人的“公民”。从他们的基本观点上看，除了18世纪法国启蒙思想家卢梭等极少数学者赋予“人民”主权者的地位，大多数的资产阶级思想家都是主张“人民”或“群众”要通过契约把权力让渡给社会的精英阶层，由他们行使统治权，人民只能服从而不能反对他们的统治。原因就在于他们认为“人民”或“群众”虽然天生具有平等权力，但是“人民”或“群众”缺乏理性，不能正确行使权力，导致各种冲突是不可避免的。这样的认识成为西方社会占主导地位的观点，他们所谓的“群众理论”几乎无一例外都是以近乎诅咒的语言描写群众及其行为。甚至直至今天，西方主流社会仍然坚持这样的立场和观点。几本当代相当有影响的著作如法国社会心理学家古斯塔夫·勒庞的《乌合之众：大众心理研究》、诺贝尔文学奖得主德国作家埃利亚斯·卡内提的《群众与权力》、西班牙著名思想家奥尔特加·加塞特的《大众的反叛》、法国塞奇·莫斯科维奇的《群氓的时代》等，都从社会学、生物学、心理学等不同角度论述了“群众”的特性以及群众与权力、领袖的关系等。在他们的笔下，群众具有非理性、情绪化特征，判断能力低下，目光短浅，盲从，轻信，对事物过于敏感，易冲动。既具有革命性、破坏性，又容易追随领袖和屈从于权威，还容易受到“群众领袖”的煽动、利用、操纵和奴役。就道德水平而言，其犯罪倾向和自我牺牲的英雄主义两个方面都超过个人。因此，“群众”一词经常与“愚昧”“盲从”“非理性”“无组织”“暴力”等概念一起出现。在他们的群众理论中，“群众”主要是一种政治心理现象，是指人们在特定情境下产生的一种心理和行为方式。按这种理解，每个人都可能成为群众的一员，即在特定情境下产生群众心理，采取群众行为。也就是说，只要人们以某种方式聚集，聚集起来的人们产生某种特殊的心理或采取某类行为方式，他们就是受集体逻辑（collective logic）支配的群众。但是实际上在他们的话语系统中，群众的典型，或者说本身的心理和行为方式最接近于群众的人，主要的也是平民大众。[①] 丛日云先生曾经作过类似上述的分析，这种分析是符合实际的。透过西方群众理论家们隐晦的学术性语言，我们仍然可以发现他们群众观的实质。

最早对西方主流社会关于群众的理论给予根本性颠覆和革命性改造的是马克思主义经典作家。对于人民群众及其在历史上的地位和作用，马克思和恩格斯通过参加社会实践得出了与资产阶级学者根本不同的结论。他们以历史唯物主义的基本观点观察世界，向人们揭示了一个最简单也是最不可否认的事实，这就是社会发展史同时也是物质资料生产者本身的历史，是人民群众创造了历史。马克思和恩格斯在他们早期批判鲍威尔兄弟唯心史观的著作《神圣家族》一书中，就针锋相对地指出："批判的批判什么都没有创造，工人才创造一切，甚至就以他们的精神创造来说，也会使得整个批判感到羞愧。英国和法国的工人就很好地证明了这一点。工人甚至创造了人……"[②]他们告诉人们："一些穿着褴褛不堪的粗布夹克的工人，他们显示出对地质学、天文学及其他学科的知识比某些有教养的德国资产者还要多。阅读最新的哲学、政治和诗歌方面最杰出的著作的几乎完全是工人，这一事实特别表明了英国无产阶级在取得独立的教育方面已经有了多么大的成就。资产者是现存的社会制度以及和这个制度联系在一起的各种偏见的奴隶；他胆怯地避开和千方百计地排斥真正标志着进步的一切；无产者却眼睛雪亮地正视这一切，高高兴兴地而且很有成效地研究它们。"[③]资产阶级学者指责群众没有教养、愚昧无知，但是马克思主义经典作家却指出："工人不论在对政权或对个别资产者的斗争中，处处都表现了自己智慧和道德上的优越，特别在与所谓'雇主'发生冲突时，工人证明了他们现在是有教养的人，而资本家则是愚昧无知的人。同时他们大都是抱着幽默态度进行斗争的，这种幽默态度是他们对自己事业满怀信心和了解自己优越性的最好的证明。"[④]他们亲身经历了1848年和1871年的巴黎革命运动。尽管他们不是革命的发动者和组织者，尽管他们对革命发动的时机和方式等有所保留，但是对于人民群众的革命激情和行为他们还是给予了高度的赞扬和旗帜鲜明

---

① 参见丛日云：《当代中国政治语境中的"群众"概念分析》，《政法论坛》2005年第2期。

② 《马克思恩格斯全集》第2卷，人民出版社1957年版，第22页。

③ 《马克思恩格斯全集》第2卷，人民出版社1957年版，第528页。

④ 《马克思恩格斯全集》第18卷，人民出版社1964年版，第565页。

的支持。他们尖锐地指出："在十七世纪的英国和十八世纪的法国，甚至资产阶级的最光辉灿烂的成就都不是它自己争得的，而是平民大众，即工人和农民为它争得的。"[①]对人民群众的行为，在资产阶级学者看到负面的地方，马克思和恩格斯都看到了正面；对勒庞等人所诅咒的行为，马克思和恩格斯都给予了高度肯定和赞扬。

马克思主义经典作家对"人民群众"观念的革命性颠覆和革命性改造，在列宁创立和领导的苏联布尔什维克党、以毛泽东为代表的中国共产党和古巴共产党等马克思主义政党那里得到了继承和发扬。列宁在他富于激情的演讲中曾经讲过："千百万创造者的智慧却会创造出一种比最伟大的天才预见还要高明得多的东西。"[②]"胜利是属于被剥削者的，因为生活是属于他们的，数量的优势、群众的力量是属于他们的，一切奋不顾身的、有思想的、真诚的、勇往直前的、正在觉醒过来建设新事物的、蕴藏着无穷的精力和才能的所谓'老百姓'，即工人和农民的那种取之不尽的力量是属于他们的。胜利一定是他们的。"[③]在论述人民群众的作用时，他指出："人民群众在任何时候都不能象在革命时期这样以新社会制度的积极创造者的身分出现。在这样的时期，人民能够作出从市侩的渐进主义的狭小尺度看来是不可思议的奇迹。"[④]"俄国的整个新纪元正是靠人民的热情赢得并且支持下来的。"[⑤]出身农民家庭的毛泽东，对人民群众的伟大力量更是具有独特的深刻理解。还在青年时代，他就向人们揭示了一个道理："中国历来只是地主有文化，农民没有文化。可是地主的文化是由农民造成的，因为造成地主文化的东西，不是别的，正是从农民身上掠取的血汗。"[⑥]对于人民群众的作用，他曾经有过这样的论述："真正的铜墙铁壁是什么？是群众，是千百万真心实意地拥护革命的群众。这是真正的铜墙铁壁，什么力量也打不破的，完全打不破的。"[⑦]他在《论联合政府》报告中更是用富于激情的语言指出："人民，只有人民，才是创造世界历史的动力。"[⑧]在其一生中，他曾经把人民群众比作"上

---

① 《马克思恩格斯全集》第18卷，人民出版社1964年版，第325页。
② 《列宁全集》第33卷，人民出版社1985年版，第281页。
③ 《列宁全集》第33卷，人民出版社1985年版，第199页。
④ 《列宁全集》第11卷，人民出版社1987年版，第96页。
⑤ 《列宁全集》第13卷，人民出版社1987年版，第81页。
⑥ 《毛泽东选集》第1卷，人民出版社1991年版，第39页。
⑦ 《毛泽东选集》第1卷，人民出版社1991年版，第139页。
⑧ 《毛泽东选集》第3卷，人民出版社1991年版，第1031页。

帝”。他在《愚公移山》中说:“现在也有两座压在中国人民头上的大山,一座叫做帝国主义,一座叫做封建主义。中国共产党早就下了决心,要挖掉这两座山。我们一定要坚持下去,一定要不断地工作,我们也会感动上帝的。这个上帝不是别人,就是全中国的人民大众。全国人民大众一齐起来和我们一道挖这两座山,有什么挖不平呢?”[①]他也曾经把人民群众比作“眼睛”,要求共产党员“保卫人民,犹如保卫你们自己的眼睛一样”;他还把人民比作“土地”,比作“水”,种子离不开土地,鱼儿离不开水。在整个中国革命和建设实践中,他之所以能够以非凡的胆略发动和依靠亿万人民群众战胜艰难险阻,在贫穷落后的东方大国实现他的伟大构想,就是源于他这种基本立场和观点。

马克思主义经典作家在人民群众观点上对西方群众理论的革命性颠覆,不是主观随意提出和形成的,而是以马克思主义辩证唯物主义和历史唯物主义科学世界观观察社会历史问题得出的必然结论。历史唯物主义揭示了社会历史发展的一般规律,它证明人民群众作为社会主体,是社会实践的主体。是人民群众在社会实践中创造了物质财富,提供了社会物质生活的基本条件;他们的社会实践为社会精神文化发展提供了丰富的资料,促进了社会精神文明的发展;在社会革命变革中,人民群众的作用则更加不可否认。既然是这样,那么就只有人民群众才是社会历史的真正的主人。伟大的马克思去世以后,恩格斯在他的墓前曾经作了一篇经典的讲话,在讲话中,恩格斯指出:“正像达尔文发现有机界的发展规律一样,马克思发现了人类历史的发展规律,即历来为繁芜丛杂的意识形态所掩盖着的一个简单事实:人们首先必须吃、喝、住、穿,然后才能从事政治、科学、艺术、宗教等等;所以,直接的物质的生活资料的生产,从而一个民族或一个时代的一定的经济发展阶段,便构成基础,人们的国家设施、法的观点、艺术以至宗教观念,就是从这个基础上发展起来的,因而,也必须由这个基础来解释,而不是像过去那样做得相反。”[②]历史唯物主义的这种基本理论为马克思主义者正确认识人民群众及其在社会历史发展中的地位和作用确定了基本前提和基本立场,所以他们得出了与西方群众理论家截然对立的观点和结论。正如有人指出的:“西方群众理论家所担忧的,正是他们所寄予希望的;西方群众理

① 《毛泽东选集》第3卷,人民出版社1991年版,第1102页。

② 《马克思恩格斯选集》第3卷,人民出版社1995年版,第776页。

论家所恐惧的，正是他们所欢迎的；西方群众理论家要抑制的力量，正是他们要动员的力量；西方群众理论家心目中的民主的消极因素，他们则作为建设理想社会的积极力量。”[①]毛泽东在《湖南农民运动考察报告》一文中就有一段旗帜鲜明的“糟得很”和“好得很”的论述。他指出，对于那“农民在乡里造反，搅动了绅士们的酣梦”，“乃是广大的农民群众起来完成他们的历史使命，乃是乡村的民主势力起来打翻乡村的封建势力”。“孙中山先生致力国民革命凡四十年，所要做而没有做到的事，农民在几个月内做到了。这是四十年乃至几千年来未曾成就过的奇勋。这是好得很。”“‘糟得很’，明明是站在地主利益方面打击农民起来的理论，明明是地主阶级企图保存封建旧秩序，阻碍建设民主新秩序的理论，明明是反革命的理论。”[②]这段话有着鲜明的时代特征，它是在中国第一次国内革命战争期间的1927年写的，表明毛泽东对于刚刚兴起的中国新民主主义革命的鲜明态度。它给人一种痛快淋漓的感觉，是鼓舞人心的。今天我们要从中吸取的是什么呢？是它所揭示的道理：对待人民群众的基本观点取决于其基本立场。这一点并没有因为时代的变化而发生根本性变化。不论是今天西方的群众理论专家还是历史上的统治者或文人墨客，当他们不惜抛弃斯文，露出凶相，诅咒人民群众的时候，他们都是站在人民群众的对立面观察和分析问题的，这一点是毫无例外的。当然，作为整体的人民群众的行为也需要客观、历史的评价，但是无论如何，它都是客观的，是与历史发展的方向一致的，是社会历史规律的体现和实现。在这样一个历史唯物主义的前提下来观察和对待人民群众，才能够产生正确的观点和态度。

经过上述阐述，可以看到马克思主义关于人民群众的概念是一个政治概念，是一个从社会历史主体视角研究社会结构时使用的整体性概念，而不是一个法律概念，也不是一个特指某一群体或个人的具体概念。而“公民”则是一个准确的法律概念。因此，它们之间的区别还不仅是个人性与整体性的区别。尽管我们已经进入法治社会，但是政治仍然有它相对独立的领域和专用术语，“人民群众”概念仍然有它独立的内涵和适用的范围，它是“公民”概念所不能取代的。并且，由“人民群众”概念进一步衍生出的群众观，不仅仍然存在，而且仍然是具有实质性意义的。

---

① 丛日云：《当代中国政治语境中的“群众”概念分析》，《政法论坛》2005年第2期。

② 《毛泽东选集》第1卷，人民出版社1991年版，第15—16页。

(二)马克思主义群众观的正本清源

马克思主义对西方传统群众观的颠覆早在马克思的时代已经实现。在马克思主义的继承人那里,在后来的共产党人那里,其基本精神得到了坚持和发扬,形成了较为系统的马克思主义关于人民群众的理论和观点,即马克思主义群众观。也正是以此为理论基础和实践理性,共产党人领导的社会主义革命得到了广大人民群众真心实意的支持,在全世界范围内曾经获得巨大的胜利,曾经形成能够在几十年间足以与帝国主义、资本主义抗衡的社会主义阵营。直至今天,马克思主义群众观仍然在中国、古巴、越南等社会主义国家发挥着导向性作用,它在密切和保持共产党与人民群众血肉联系中发挥着巨大的社会作用。但是我们同时又不能不看到在马克思主义的继承者那里,马克思主义群众观的理论和实践观念也出现了种种变形和扭曲的问题,使我们深深地感觉到对马克思主义群众观的正本清源无论是从理论上还是从实践上,都是一个不容忽视的重大问题。

显然,这里首先需要搞清楚的一个问题就是马克思主义群众观的内涵是什么。群众观是对待群众的总的看法和基本观点,它包含"群众"概念的内涵、群众的构成、群众的地位作用和对待群众的态度等问题的基本看法和基本观点。马克思主义群众观是马克思主义对待人民群众的基本看法和基本观点。但是马克思主义经典作家对群众观没有集中论述,至今也没有见到理论界有比较系统的阐发,我们能够找到的只是一些散见于马克思主义经典作家关于哲学、经济、政治、文化各方面理论论述中体现的对于人民群众的基本立场和基本观点。因此,对马克思主义群众观的内容作系统阐述不是没有实际意义的。我们认为,马克思主义群众观的核心是人民群众主体论,就是在以历史唯物主义社会基本矛盾理论分析认识社会历史发展规律的基础上,确立人民群众是社会历史主体和主人的观点,并进而确立马克思主义政党尊重人民群众主体地位的基本立场和基本观点。这种基本立场、基本观点有着各方面具体内容和本质要求,表现为人民群众历史主体论、人民群众实践主体论、人民群众价值主体论、人民群众权力主体论、人民群众利益主体论和人民群众执政主体论等实实在在的理论内容。这些理论内容从本质上决定了马克思主义政党一切为了人民群众、一切依靠人民群众、全心全意为人民群众谋利益的基本政治路线、基本组织路线和尊重人民群众、向人民群众学习、从群众中来到群众中去的基本认识路线,决定了马克思主义政党“立党为公，执政为民”的基本执政理念。

理论上的清醒是实践上坚定的基础。理论认识上的混乱，往往造成实践中各种模糊、扭曲甚至颠倒的问题。保持对马克思主义群众观的正确把握和清醒认识，是极端重要的，是关系党的政治路线、组织路线和认识路线的重大问题。我们正是从这样的意义上提出马克思主义群众观的正本清源问题。我们感觉至少在一些基本问题的认识上应当提出这样的问题。

一是在人民群众社会历史主人地位的认识上需要正本清源。历史唯物主义揭示了人民群众是社会历史的主人。在马克思主义理论术语中，“人民群众”概念的内涵就包含了主体、主人的意义，马克思主义的“人民群众”观念就是以对其主人地位充分肯定为基础的。在马克思主义哲学体系和历史唯物主义教科书中，也有专门的篇章阐述人民群众是历史创造者的原理。正是在这些原理的指导下，我们党提出了“一切为了群众，一切依靠群众，从群众中来，到群众中去”的群众路线，并且在实践中坚持应用，取得良好的社会效果。但是我们必须看到，在今天的社会生活中，“人民群众”的地位往往被异化，“人民群众”往往被置于从属的地位。“人民群众”的概念经常会在几对关系中出现，即“政党—群众”“政府—群众”“领袖（领导）—群众”“干部—群众”等等。这几对关系在人们通常的理解中，都有上下级关系的痕迹，群众总是处于下者的地位。只不过在我们的社会，上者——党（先锋队）、政府、领袖（领导）、干部等，从理论上说，不是群众的主人，不是外在于群众、与群众对立的，而是与群众一体的，代表人民群众利益。尽管如此，这里仍然难免深藏着封建等级观念的印迹，尤其是在有着两千多年封建社会历史的背景下，这种关系往往非常容易被人们异化，“人民群众”往往被置于从属和依附的地位。特别在一些领导干部那里，人民群众则更多地被摆在被领导者、被管理者的位置，而自己则成为英明的领导者、管理者。封建的等级观念自觉不自觉地演变着领导和群众关系的实质，异化着人民群众的地位。只要我们稍稍留心就可以发现，在我们的社会生活、政治生活中，在人们的思想观念中，这种异化实际上是随处可见的普遍现象。这样的现象如果不能得到有效的改变，马克思主义群众观的基础就会被动摇，甚至会被偷梁换柱。

二是在社会价值主体和利益主体的认识上需要正本清源。人民群众是社会历史的主体，同时意味着人民群众是社会价值主体和利益主体，也就是说，人民群众不仅是社会价值的创造主体，而且是社会价值的实现主体和评价主体。人民群众需要和利益的满足与否及满足程度，是价值评价的客观依据和判断标准。马克思主义政党作为社会价值客体，其存在的价值及其领导的社会主义革命的任务，就在于要最大限度地满足和实现人民群众的利益。这就是马克思主义价值论和群众观的基本观点。但是，人们往往不是这样认识问题的，只是更多地看重人民群众的作用，将其作为实现某种目的的工具，而忽视其价值主体和主人的地位，忽视其权力和利益的实现。在马克思主义哲学的教科书中，从揭示社会历史发展动力的角度，对人民群众创造历史的伟大作用作了深刻的论述，并且指出在这样一个基本问题上的态度，是历史唯物主义与历史唯心主义对立的一个焦点。应当说，这一基本理论与马克思主义的其他理论、马克思主义的价值学说、马克思主义利益理论是一致的，它为马克思主义政党提供了分析认识问题的一个基本立场、观点和方法，为确立人民群众在整个社会生活和社会历史发展中的地位奠定了坚实的理论根基。这就意味着人民群众不仅是社会财富的创造者，而且是社会财富的主要享有者，享有各种权力和利益。但是，如果不是这样理解马克思主义关于人民群众的伟大历史作用，不是作为马克思主义的基本立场、观点和方法，不是作为马克思主义理论体系中的一个重要基础和环节来理解人民群众的伟大历史作用，只是单纯地、片面地强调人民群众的作用，从理论上就无法与其他阶级的一些比较明智的统治者区分开来。一些比较明智的封建统治者也明白“水能载舟，亦能覆舟”与“得民心得天下，失民心失天下”的道理，只不过他们的世界观和基本立场决定了他们不可能正确认识和确定人民群众的历史地位，他们总是把自己定位于社会价值主体、利益主体，把人民群众看作满足其价值需求和实现其利益的客体，他们所在意的是“舟”而不是“水”，是他们的统治基础而不是人民的利益；更重要的是，在实践中就不能避免把人民群众当作价值实现工具，只看重其作用，而不尊重其主人和主体地位，不尊重人民群众的各种权力和利益问题。国际共运史上已经出现过这样的情况。一些所谓的“马克思主义政党”在执掌政权以后，不是充分利用权力去实现、维护和发展人民群众的权力和利益，而是大搞既得利益，利用人民群众的力量实现个人和小集团的利益，最终不能不为人民群众所抛弃。我们的一些同志特别是一些领导干部，在实际工作中，不能说不懂得组织和发动群众去完成工作任务的重要性，但是对于我们的一切工作出发点和落脚点都是为了人民群众、要最大限度地实现和维护人民群众的利益、要以人民群众满意不满意为价值评判的根本标准这样一些基本立场、观点，就不是那么重视和遵从。他们热衷于搞形式主义、官僚主义的东西，不从人民群众利益出发，不尊重人民群众的意愿，或者是把人民群众的意愿放在非常次要的位置，一心考虑个人升迁，大搞“政绩工程”“形象工程”，利用群众的力量去实现个人的政治目的。这就从根本上违背了马克思主义关于人民群众的基本立场和观点。

三是在社会实践和认识主体的认识上需要正本清源。一切真理、认识都来源于实践。人民群众是社会的主体，是社会实践的主体。只有人民群众的社会实践才始终是最普遍、最持久、最大量、最客观的基本实践。人民群众的大量生产生活实践，体现着人类实践的本质和主流。因此，人民群众最了解社会，最懂得实践，他们的利益、意志与社会历史发展的规律是一致的。人民群众的实际是最大的实际。从实际出发，最重要的就是要从人民群众的实际出发，就要了解人民群众。正是基于这一点，毛泽东同志告诫人们：“群众是真正的英雄，而我们自己则往往是幼稚可笑的，不了解这一点，就不能得到起码的知识。”①这是马克思主义认识论和马克思主义群众观内含的深刻道理。我们的一些同志似乎熟知这一道理，但是实际上他们又经常认为只有他们自己才掌握真理，只有他们自己才懂得马克思主义，而群众知识少、水平低，是落后的，群众不懂得“大道理”。因此，他们往往只把群众当作教育的对象，只讲用“大道理”教育群众，不懂得要向群众学习，更不懂得“一切理论、路线、政策等等归根结底要符合人民群众的实际”这样一个简单的又是根本的道理。这些人往往自喻高明，不能摆正自己同人民群众的关系，把自己看作高踞于群众之上的“官”，看不起群众，不接触群众，不深入基层，不愿意从群众中汲取智慧和力量，想当然地下指示、出主意、瞎指挥，强迫群众做他们不愿做的事。工作出现失误，则归咎于群众落后，群众不理解、不配合，继续我行我素、滥施权威，导致错误、失败接踵而至。我们说，马克思主义理论之所以是真理，从根本上说，就在于它符合客观实际、符合事物发展的客观规律、符合社会历史发展的客观规律，反映了人民群众的利益、愿望、实践和实际。如果理论脱离了实际，脱离了群众，就成了无源之水、无本之木，就没有了生命力。固然共产党人肩负着用马克思主义理论教育群众、武装群众的任务，但是教育者必须先受教育，必须掌握马克思主义的真谛。马克思主义不是书斋里的学问，无论什么人要真正懂得马克思主

① 《毛泽东选集》第3卷，人民出版社1991年版，第790页。

义，都必须向人民群众的实践学习，必须向人民群众学习。作为执政党，更要自觉地向人民群众学习，自觉地把自己的一切执政理论、路线、方针和政策建立在人民群众的利益、愿望和实际状况基础之上，才可能实现科学执政。共产党人从群众是实践主体和认识主体出发，把群众的实践引入认识论，创造了人民群众主体的认识论和实践观，共产党人必须始终坚持这种认识论和实践观。

四是在社会权力主体的认识上需要正本清源。人民群众是社会历史的创造者，毫无疑问，人民群众亦是社会公共权力的主人。也就是说，社会公共权力归人民群众所有，为人民群众服务是社会公共权力的本质要求。我国是社会主义国家，我国宪法明确规定："中华人民共和国的一切权力属于人民。"这是马克思主义权力观的本质要求和集中体现。权力归属问题是一个根本性问题。如果权力为掌权的某个人或某些少数人所有，那么他（们）就可以像处理自己的私有财产一样，随意地占有、控制、支配权力，为自己服务，别人无权干涉；相反，如果权力为人民群众所有，那么权力自然不能成为少数人的私有物、只为少数人服务，而必须为广大人民群众服务。可以说，这是马克思主义权力观与剥削阶级权力观的根本区别。在资本主义社会中，资产阶级尽管也宣扬"主权在民""法律面前人人平等"等政治理念，但资本主义的生产关系决定了他们一方面对人民的权力作出种种限制，另一方面又从政治理论上论证人民的权力需要代理人，只有他们才是人民权力的代理人，并从制度上保证掌权者可以主宰一切。这就使资产阶级而不是广大人民群众成了国家的主人。本应属于广大人民群众的公共权力，反过来成为少数人压迫人民群众的工具，这是私有制社会难以克服的权力异化现象。历史唯物主义人民群众主体论为人民群众权力主体论奠定了坚实的理论基础。共产党执政的社会主义国家，其基本政治制度保证了国家权力以人民为本位，一切权力属于人民，从根本上消除了权力异化的制度根源。因而，不仅在理论上而且在实际行动中始终坚持以人民为权力本位的政治原则，始终做到立党为公、执政为民，是对执政的共产党人的基本要求。但是20世纪在世界上先后出现的一系列社会主义国家的实践中，出现了一个普遍性的政治问题，就是没有正确处理好人民群众的权力主体地位问题。执政的共产党人，不是把自己作为人民群众中的一部分，代表人民群众来执政，而是认为只有执政党才是执政主体，人民群众不是执政主体。特别是一些领导者，在理论、观念上把执政地位的获得看作自己凭枪杆子、闹革命打下的江山，因此“坐江山”是天经地义的，把自己看作人民群众的天然代表，把社会的公共权力看作属于自己的权力。于是，权力运行目标脱离人民群众的意愿、权力运行过程失去人民群众的参与和监督、权力运行结果违背人民群众利益的问题屡屡发生，权力被用作维护个人或小集团利益的工具，甚至以制度、体制维护这种权力构架和逻辑。这就使人民群众权力主体地位发生异化。这种严重的权力异化问题直接导致了共产党执政地位的丧失。直至今天，深刻总结历史经验教训，从理论上真正搞清楚马克思主义关于人民群众权力主体的观点，仍然是一个十分重要和现实的任务。

类似上述问题，只有坚持历史唯物主义的基本立场、观点和方法，从理论和实践上正本清源，才能使马克思主义群众观真正得到坚持和应用，这是我们马克思主义政党理论建设的重要任务。

（三）马克思主义群众观的丰富发展

提出马克思主义群众观的与时俱进问题，实际上是要研究和解决马克思主义群众观随着时代和历史的发展而不断丰富完善的问题。理论必须随着时代的发展不断丰富完善，这是其保持生命力的根基，也是人类认识的规律，是认识论的常识。马克思主义理论当然也不能例外。这样的观点今天已经为大多数人所接受。对于马克思主义理论体系来说，今天我们需要解决的问题就是在坚持马克思主义基本立场、观点和方法的前提下，要搞清楚到底哪些马克思主义的具体理论需要进一步丰富和发展的问题。马克思主义群众观也同样面临这样的问题。

1.问题的提出

马克思主义群众观的与时俱进，主要取决于时代的变化和马克思主义政党社会地位的变化。

首先，自马克思主义产生以来，时代已经发生了巨大的变化。马克思主义诞生的时代，是帝国主义和无产阶级革命的时代。那个时代，世界范围和各国内部的阶级对立都呈现出日趋尖锐和公开化的趋势，无产阶级社会主义革命面临着直接实践问题。今天，虽然从理论上说时代仍然没有发生根本性改变，但是时代的特征已经发生了一些重大变化，和平与发展成为时代的主题。虽然国际范围内帝国主义的侵略本性没有改变，阶级压迫仍然表现得十分突出，但是随着时代的变化，当代资本主义生产方式发生了一些新变化，资本主义社会的社会关系和政治关系也发生了一些新变化。尤其是在高新技术飞速发展和经济全球化、政治多极化格局日益明显的世界发展趋势作用下，资本主义国家内部生产关系、社会关系、政治关系的变化进一步深化，也使国际范围内国家间政治、经济关系更加复杂多变。

其次，马克思主义政党社会地位的变化。今天我们研究马克思主义群众观问题，是在共产党执政的社会主义特定条件下进行的。这是与马克思主义经典作家当初创立这个理论时的情况极为不同的。执政条件下，党所面临的形势、任务与革命时期有了根本变化。组织调动全社会力量，发展社会主义经济，搞好社会主义物质文明、政治文明、精神文明和社会文明建设，建设富强民主文明和谐的社会主义现代化国家，成为执政的共产党人的根本任务。

这两个方面的根本性变化使我们在坚持马克思主义人民群众创造历史基本观点的前提下，对马克思主义群众观的一些具体理论和观点要根据实践的要求进一步丰富和发展。

2.关于马克思主义群众观的丰富和发展

理论是为现实服务的。理论要在为现实服务的过程中得到丰富和发展。马克思主义群众观是以历史唯物主义关于人民群众创造历史基本观点为基础，包含如何正确看待人民群众、如何正确处理关于人民群众一系列问题的理论和观点的体系。一方面，这些理论和观点需要根据时代、形势和任务的变化，具有更加丰富的内容和深刻的内涵；另一方面，随着时代和任务的变化，一些理论观点显然不适用了，需要由新的理论来替代。这是必然的。这就是马克思主义群众观的与时俱进和丰富发展。

第一，在马克思主义群众观中，应当更加突出人民群众根本利益一致性的观点。在马克思和列宁的时代，无产阶级革命的形势与任务决定了历史唯物主义的阶级分析方法是社会领域普遍适用的科学方法。阶级斗争的尖锐性、复杂性使人民群众内部具有复杂的阶级构成，对人民群众总体性的把握是建立在对社会阶级状况分析把握基础上的。因此，正如列宁指出："马克思一向都是无情地反对那些认为'人民'是一致的、认为人民内部没有阶级斗争的小资产阶级幻想。"[①]特别是为了有效组织革命的力量，必须对群众进行阶级分析和政治态度分析，必须看到人民群众是划分为阶级的。但是今天在共产党执政的社会主义国家内部，作为阶级的阶级已经不存在了。

---

① 《列宁选集》第1卷，人民出版社1995年版，第636页。

虽然阶级斗争在一定范围仍然存在，反对社会主义的敌对势力依然存在，但其范围和影响已经是局部的、有限的了。从最普遍的意义上看，国家的繁荣兴旺，共产党执政地位的巩固，主要取决于社会的安定和各阶层人民群众的拥护支持与团结一致。而且，即使在当代西方发达国家，阶级状况也已经发生了深刻的变化，越来越多地形成两头小、中间大的橄榄型社会结构，增加了社会的稳定性。马克思主义经典作家所处时代那种无产阶级革命的形势已经不复存在。这样的形势下，马克思主义经典作家当年提出和论证的关于“群众是划分为阶级的”[①]、“凡有人群的地方，都有左、中、右”和在人民内部也要进行阶级分析等观点，虽然毫无疑问仍然是正确的，虽然在一定范围内即指存在阶级斗争的一定范围内仍然是适用的，但显然它已经不是我们分析和把握今天关于人民群众问题所需要的主要的理论武器和理论基础。我们更多地需要在充分理解和坚持“人民群众是历史创造者”观点的前提下，以分析把握现实存在的社会各阶层群众的特殊利益为基础，恰当把握和调整人民内部各阶层的利益关系，最大限度地突出和实现各阶层群众一致的根本利益，并且把我们的社会指导方针、政策建立在这样的基础之上。

第二，对“人民群众”概念内涵和外延的把握，应当具有更加广泛的包容性。“人民群众”是一个历史的范畴，不同的时代和历史条件下，“人民群众”的内涵和外延是不同的。马克思主义历史唯物主义教科书中把“人民群众”的概念定义为“一切推动历史前进的人们”。这是正确的。根据这一定义，在社会历史发展不同时期曾经发挥过积极社会作用的阶级，包括一些剥削阶级也属于人民群众的范畴。但是在长期的社会实践中，人们往往把人民群众仅仅定位于与剥削阶级对立的劳动阶级，而把剥削阶级排除在人民群众的范畴之外。这种观点在以往的民主革命时期就曾经存在。它在不同的历史阶段都以一种非常革命的面孔出现，并且都曾经给革命造成不同程度的损害。习惯了这样看问题的人们，在社会主义时期仍然是这样看问题的。在新中国成立以后的十几年中，这种观点与“以阶级斗争为纲”的“左”的政治路线相适应，成为影响我们社会和谐发展的重要思想理论观点。在改革开放和发展社会主义市场经济的新时期，在全面建设小康社会和构建社会主义和谐社会的新的历史阶段，这种观点显然更加不适应时代和历史任务的要求。在我国社会主义现代化建设的新时期，一切赞成、拥护和参加社会

① 《列宁全集》第39卷，人民出版社1986年版，第21页。

主义建设事业的阶级、阶层和社会集团,包括工人、农民、知识分子等劳动人民以及拥护社会主义的爱国者和拥护祖国统一的爱国者,都属于人民群众的范畴。这种对人民群众范畴的定义,已经把历史唯物主义关于"人民群众"概念的外延具体化并且实现了丰富发展。应当深刻理解这种丰富发展的重要意义,消除对"人民群众"概念内涵和外延的狭隘的理解。

第三,对人民群众的权利应当有更加全面的认识和实现。马克思主义政党的一切理论和实际行动都围绕着实现和维护人民群众的利益,因此,尊重和维护人民群众的权利是马克思主义政党对待人民群众的基本态度,也是马克思主义群众观的重要内容。马克思主义政党执政同其他政党执政最大的不同就是,其执政纲领和一切执政活动都是以实现、维护和发展人民群众的利益为目标和标准的。因此,在马克思主义政党执政的国家,实现和维护人民群众的权利是国家的基本职能。关于这一点,我国宪法和法律也有着具体的、明确的规定。但是在人们的思想观念中,对人民群众权利的认识却往往是抽象的、模糊的。共产党领导人民群众进行民主革命和社会主义革命,推翻剥削阶级统治,彻底改变旧的社会制度,最直接的目标是为了实现和维护人民群众的基本生存权利。这一点人们是清楚的。在这一目标实现以后,人民群众到底还应当具有哪些权利和利益,如何实现和维护人民群众的这些权利,人们并不十分清楚。随着社会主义社会政治文明和法治建设进程的发展,彻底消除把群众的权利仅仅理解为生存权的认识,充分尊重人民群众的政治、经济、文化等一切权利和权益,特别是要尊重群众的发展权的问题,日益突出地显现出来。社会各阶层群众平等地享受政治、经济、文化、教育等各方面的权利,是现代法治社会的一般要求。这样的要求却是我们的传统观念和传统体制所不能完全包容和实现的。一个最基本的体制性问题——城乡二元分割,就把人民群众享受政治、经济、文化、教育等权利的地位分割了开来,无法实现真正意义上的平等。特别是我们的一些执政者,脑子里缺少尊重人民群众各种权利的观念,缺少作为执政者要实现和维护人民群众各种权利和利益的自觉性,对人民群众权利的认识甚至仍然仅仅局限于生存权上,对人民群众在社会生活各个领域中的权利特别是人民群众的发展权缺少必要的认识。这就限制和影响了执政党履行实现与维护人民群众权利职责的绩效。今天我们不断深化着的体制制度改革和思想观念变革,一个直接的价值取向就是要进一步全面实现人民群众的权利和利益,真正实现社会的公平和公正。党的十七大突出地强调了要尊重人民主体地位，保障人民各项权益，做到发展为了人民、发展依靠人民、发展成果由人民共享。这是新的历史条件下我们党对人民群众权利更加全面和自觉的认识。

第四，应当把“群众”观念与“公民”观念统一起来。“人民群众”是一个政治概念，人民群众范畴所表述的是一切推动历史前进的人们，它是一个整体性概念，人民群众观念也是一个建立在整体性基础上的观念。在现代社会政治生活和民主生活中，人民群众的地位、权力、利益等都是具有一定整体意义的。随着社会民主和法治进程的发展，区别于“人民群众”概念的“公民”概念意义愈益突出。“公民”是一个法律概念，从法律的意义上把个人所具有的社会地位、权利与义务、个人与国家的关系等规范起来。从法律意义上说，公民的地位、权力、利益等是具体的，是具有可操作性的。尊重公民的合法权益，是现代法治社会的基本要求。一个国家对公民权益尊重和保护的程度，是这个国家社会文明进步的标志。但是如前所述，“公民”观念不能完全取代“人民群众”观念，它们是两个含义不完全相同的概念。相对于执政党和国家而言，“人民群众”作为一个政治概念，是具有与“公民”不同的内涵的。这并不意味着这两个概念毫不相干，其实它们是有着内在联系的，并且在社会政治生活和民主生活中具有统一的意义。“人民群众”是一个整体性概念，其实宪法和法律所指的“公民”也是具有一定的整体性的，是一般与个别的统一，它的具体性是一个抽象的具体。特别是从国家主权者的意义上，“公民”只能是整体性的，是具体公民的集合体。在中国这样一个有着特殊文化背景的国家，现实社会中存在的问题是，“群众”的概念如前所述已经在一定程度上被扭曲地理解，被赋予了等级的内涵，对比之下“公民”的概念更具现代意义和民主意义。随着社会民主和法治建设进程的发展，公民的观念和意识应当得到加强。在这样的情况下，更多地突出公民的意义，把人民群众观念与公民观念统一起来，是时代和实践发展的要求。把“人民群众”与“公民”统一起来理解，就意味着要把人民群众的社会主体地位与作为国家主权者的公民统一起来理解，更多地从实现、维护和发展公民的权力、地位和利益的角度理解和把握人民群众观念，反对把“人民群众”概念完全抽象化的倾向。这是马克思主义群众观的进一步丰富和完善。

第五，在关于党与人民群众的关系问题上，随着共产党执政地位的获得，也应当有新的认识和把握。在民主革命和社会主义革命时期，共产党与人民群众的关系是一个双向选择的关系，即“群众选择了党，党也选择了群众”。这就是说，人民群众要选择一个能够代表他们的利益、为实现他们的自由解放而奋斗、献身的党，这个党就是共产党，因此是人民群众选择了党；而共产党作为工人阶级的先锋队，要实现革命的目标，也需要选择依靠、团结的力量，共产党选择了人民群众，团结、依靠广大的人民群众，结成最广泛的革命统一战线，使共产党领导的民主革命和社会主义革命具有最广泛的群众基础，这是民主革命和社会主义革命成功的基本经验之一。但是在今天共产党执政的条件下，党与人民群众的这种关系就发生了根本的变化，这个变化就是由双向选择变为单向选择了。就是只有人民群众对共产党的选择，而不存在党对群众的选择了。这是因为作为执政党，要执掌政权，领导整个社会事业发展，就需要最大限度地团结和带领全社会的人们共同奋斗，实现这一目标，不存在选择的问题。而人民群众对执政党的选择权，却是更加重要。人民群众要选择他们所信任的党，委托这个党代表他们来执掌政权，去实现、维护和发展他们的利益。在政党政治时代，执政地位是人民群众选择的结果，这个选择权是政权合法性的基础，是保障政权人民性的基础。人民群众不仅具有选择执政党的权力，而且整个社会的发展是人民群众不断进行选择的过程。执政党要长期执政，就要真正代表人民群众的利益、愿望，努力为最广大人民群众服务，最大限度地实现好、维护好、发展好人民群众的利益，否则执政地位是难以巩固的。

综上所述，马克思主义群众观以及与此相关的一系列理论和实践问题，都要在时代和历史的发展中不断丰富、发展和完善，这是马克思主义群众观自身所具有的历史唯物主义性质的内在要求。

（四）马克思主义群众观是共产党人一切理论和实践的基石

马克思主义群众观是根据辩证唯物主义和历史唯物主义世界观和方法论正确认识人民群众的历史地位和作用等问题形成的理论观点，是马克思主义政党观察和处理一切社会历史问题的基本立场、基本观点和基本方法，是共产党人一切理论和实践的基石。

首先，马克思主义群众观为马克思主义政党一切理论和实践提供了价值定位。“为了谁”的问题是一切理论和实践都不能回避的基本价值取向问题。对这一问题的回答，取决于主体的基本立场、观点和方法，取决于其价值主客体的选择和确立。马克思主义群众观以人民群众为社会主体和主人，为正确解决“为了谁”的问题确定了基本立场。坚持以人民群众为主体和主人，就要坚持人民群众价值主体论，把人民群众放在价值主体的位置上，把政党自身的价值定位于满足价值主体需要的价值客体，党的理论、路线、方针、政策和实际行动都要以满足价值主体的需要为目标和标准，并且党要为更好地实现自身的价值而努力奋斗。这就是共产党人一切为了人民群众的价值观。这种价值观是马克思主义政党一切理论和实践的基本价值定位。

其次，马克思主义群众观为马克思主义政党的党群关系定位。在政党政治时代，任何政党都面临党群关系问题。政党是阶级的政治集团，代表着一定阶级的利益。政党在社会生活中要能够发挥其作用，特别是要能够在社会政治生活中有所建树，不仅要有基本阶级支持，而且离不开占人口大多数的人民群众的认同和支持。政党与广大人民群众的关系是什么性质的关系，关系是否紧密，是对党的政治路线等能否实现具有决定性意义的重要因素。而政党的党群关系如何，从根本上来说，又是由政党的群众观即对人民群众的基本看法和基本观点决定的。有什么样的群众观，就会有什么样的奋斗目标和行动纲领，就会形成与其相适应的党群关系。马克思主义政党以彻底唯物主义的态度看待社会历史，如实地肯定人民群众是社会历史的主体和主人，把自身定位于为人民群众利益的实现和发展而奋斗的党。坚持这样的群众观，就在党与人民群众之间建立起了紧密联系的基础。

再次，马克思主义群众观为规范党的组织及其成员的行为定位。马克思主义群众观坚持人民群众是社会主体和主人的观点，为党确立其基本理论、纲领、宗旨、政策和政治路线等提供了理论基础和基本立场、观点。按照马克思主义群众观的要求，共产党人的一切理论、纲领、路线、方针、政策等都要以实现、维护和发展最广大人民群众的根本利益为出发点和最高标准，党的一切组织和个人都应当以最大限度地实现、维护和发展人民群众的利益作为行为的目标和规范。这是与共产党的性质紧密相关、与其他阶级政党形成根本区别的要害问题。党的组织和个人必须在这一点上严格要求和规范自己。当人民群众还处于阶级压迫和阶级剥削状况下的时候，共产党人坚持马克思主义群众观，就要为人民群众的自由解放而奋斗、献身；当人民群众在物质和精神生活上还比较贫穷、落后的时候，共产党人就要把自己的一切工作定位于为人民群众的富裕、文明而奋斗。离开了这一点，就背离了马克思主义的群众观，也就背离了党的根本性质和根本宗旨。发生在苏联和东欧共产党国家的问题，从根本上说就是这样的问题。

最后，马克思主义群众观为正确把握社会发展方向定位。社会历史的发展是有规律的运动。生产力和生产关系、经济基础和上层建筑的矛盾运动及其规律是社会发展的基本规律，这种规律的运动及其要求必然通过社会主体——人民群众的利益、愿望和要求表现出来。人民群众是社会主体的观点，最根本的是由其在社会生产力中的主体地位决定的。生产力发展的要求总是与人民群众的利益、愿望、要求一致。坚持人民群众主体论，把最广大人民群众的根本利益放在高于一切的位置，就能够顺应生产力发展的要求和趋势，顺应社会历史发展的规律，推动社会历史健康发展。共产党人始终坚持马克思主义群众观，无论革命时期还是建设时期，都能够始终坚持把实现、维护和发展广大人民群众的利益作为一切理论、纲领和政策的出发点和落脚点，就能够准确把握社会历史发展的方向和趋势，就能够引领社会历史前进的潮流。今天我们党以科学发展观统领经济社会发展，领导全体人民共同构建社会主义和谐社会，为建设富强、民主、文明、和谐的社会主义现代化强大国家而奋斗，就是集中体现。如果背离了马克思主义群众观，背离了最广大人民群众的利益、愿望和要求，就必然背离社会历史发展的方向和趋势，违背历史发展的规律，终将为人民群众所抛弃，这是历史的规律。

当我们认真思考和研究这样一些问题的时候，应当引发一些较为深刻的思考。纵观国际共产主义运动160多年的历史，回顾中国共产党建立87年的风雨历程，总结执政59年的经验教训，反思改革开放和社会主义市场经济30年的实践经验，今天我们执政的中国共产党人应当比以往任何时候都更加清醒地认识到坚持马克思主义群众观的极端重要意义。我们应当更加重视马克思主义群众观的研究和教育，应当更加重视研究新的时代历史条件下的党群关系和党的群众工作，这些是我们今天仍然不可须臾离开的法宝。

再版同期声：人民群众主体论是马克思主义历史观和政治观的重要观点。今天，我们这个走过百年历史的执政大党、老党，更加自觉地坚持马克思主义政治立场和政治传统，突出强调坚持人民主体论。习近平总书记多次强调："我们党来自人民、植根人民、服务人民，党的根基在人民、血脉在人民、力量在人民。"[①]"人民是历史的创造者，是决定党和国家前途命运的根本力量。必须坚持人民主体地位，坚持立党为公、执政为民，践行全心全意为

① 《习近平谈治国理政》第1卷，外文出版社2018年版，第367页。

人民服务的根本宗旨，把党的群众路线贯彻到治国理政全部活动之中，把人民对美好生活的向往作为奋斗目标，依靠人民创造历史伟业。”①在十三届全国人大一次会议上的重要讲话中，习近平同志指出：“我们必须始终坚持人民立场，坚持人民主体地位。”②在党的二十大报告中又要求“全党要坚持全心全意为人民服务的根本宗旨，树牢群众观点，贯彻群众路线，尊重人民首创精神，坚持一切为了人民、一切依靠人民，从群众中来、到群众中去，始终保持同人民群众的血肉联系，始终接受人民批评和监督，始终同人民同呼吸、共命运、心连心”③。这些充分体现了我们党理论上和政治上的清醒和坚定。应当说，党的十八大以来的十几年，我们国家经济社会发展取得了举世瞩目的辉煌成就，就是我们党始终坚持这样的马克思主义基本立场、观点的必然结果。

二、人民群众历史主体论

人民群众历史主体论是马克思主义群众观的基本内涵。无产阶级政党在群众观上始终坚持人民群众的历史主体地位，强调人民群众在社会发展及其历史进程中的主体地位与决定作用，总是以人民群众为历史主体认识社会存在及其发展的本质、动力、过程、趋势和规律。

以马克思主义的人民群众历史主体论看待社会历史的基本原则是：人类社会存在和发展的本质与以人民群众为主体的历史活动具有一致性，人民群众及其历史活动是历史存在、发展的主体根据；人类社会发展的自然历史过程就根源于以人民群众为主体的人们有意识、有目的的社会活动，以人民群众为主体的历史活动与社会历史进程具有一致性；社会发展的必然趋势是以人民群众为主体的人们自觉选择和自觉创造的结果，社会发展的总过程和总趋势与以人民群众为主体的社会活动的意志相互交错的总结果具有一致性；人类社会发展不以人的意志为转移的客观规律就是有意志、有目的的人民群众活动合力的体现，人类社会发展规律本质上就是以人民群众

① 习近平：《中国共产党领导是中国特色社会主义最本质的特征》，《求是》2020年第14期。

② 《十三届全国人大一次会议在京闭幕　习近平发表重要讲话》，2018年3月20日，http://www.xinhuanet.com/politics/2018lh/2018-03/20/c_1122566169.htm。

③ 习近平：《高举中国特色社会主义伟大旗帜　为全面建设社会主义现代化国家而团结奋斗——在中国共产党第二十次全国代表大会上的报告》，《求是》2022年第21期。

为主体的历史活动的规律。

(一)人民群众是社会存在与发展的主体根据

以谁为历史主体从来就是历史观上争论的一个焦点问题。马克思主义坚持历史唯物主义基本观点,充分肯定以人民群众为历史主体。

1.以人民群众为历史主体考察社会历史是唯物史观的根本立场

马克思主义的唯物史观,就其根本和实质而言,就是群众史观。以人民群众为主体考察社会的存在和发展,是马克思主义唯物史观和群众史观的根本立场。列宁在谈到马克思主义以前的历史观的主要缺陷时说,一是这种历史观至多只是考察了人们历史活动的思想动机,而没有考究动机背后的物质原因,仅仅停留在从人们的思想动机说明历史的发展,没有探索社会关系体系发展的客观规律性,没有把物质的生产发展程度看作这种关系的根源;二是忽视了人民群众的活动,没有说明人民群众的历史决定作用。[①]从另一方面理解列宁的话,唯物史观恰恰克服了这种历史观观察问题的表面性和片面性,从而形成两个最主要的基本观点:一是洞察人和人的主观意志参与历史活动的特点,指出历史发展存在着不以人的意志为转移的物质性因素和客观规律性;二是透过纷繁复杂的历史画卷,揭示了人民群众是历史的主体和创造者。这两个基本观点体现了历史观和群众观的内在统一,既构成了唯物史观的两大基本支柱,也突出了马克思主义群众史观的根本立场。唯物史观作为世界观在社会历史领域的具体表现,其根本与核心就是群众史观,就是人民群众历史主体论。

2.社会存在、发展的本质与人民群众的历史活动具有一致性

唯物史观之本就是坚持以物质生产为历史之本的历史本体论,着力解决的是社会历史的本质是什么的问题。而它又正是从以人民群众为主体的人们的物质生产活动与社会存在发展联系出发,揭示社会历史的本质,由此不能不得出人民群众是社会历史的主体、人民群众的活动是社会历史存在、发展的主体根据的科学结论。人民群众不仅是物质文明和精神文明的创造主体,而且是推动社会变革和历史前进的根本力量。社会历史,就其本质而言,是以人民群众为主体的人类活动的产物,也是在以人民群众为主体的人类活动的基础上对客观世界进程的推进。正如马克思和恩格斯指出的,“人

---

① 参见《列宁选集》第2卷,人民出版社1995年版,第425页。

们自己创造自己的历史”[1],“我们自己创造着我们的历史”[2]。人类史只能由人类自己来创造,尽管“他们并不是随心所欲地创造,并不是在他们自己选定的条件下创造,而是在直接碰到的、既定的、从过去承继下来的条件下创造”[3]。但是由于人是不断活动着创造着的存在物,所以以人民群众为主体的人们的创造性活动,不仅在物质文明上,而且在精神文化上,乃至在生产方式、社会形态上,都不断地创造出新的文明成果,从而推动社会发展、历史进步。

唯物史观在这个意义上实际上是人民史观、群众史观,与之对立的是唯心史观,唯心史观必然导致英雄史观。在英雄史观中,英雄实质上是指剥削阶级、统治阶级的代表人物——帝王将相,而英雄史观则是宣扬英雄造时势的历史观,是帝王将相历史观。唯物史观用社会存在说明社会意识,用社会基本矛盾运动说明社会形态更替;人民群众是生产力的主体,因而人民群众是变更社会形态、创造历史的主体,这就从根本上反对了英雄史观。“……根据唯物史观,历史过程中的决定性因素归根到底是现实生活的生产和再生产。”[4]生产和再生产的主体是人民群众,人民群众创造了物质财富和精神财富,人民群众作为先进生产力的代表推动了社会变革、社会形态更替。马克思主义认为,从社会发展的根本和总体的意义上出发,人民群众是历史的创造者。如果不承认这一点,便不是马克思主义者。因此,当我们回答“是人民群众创造历史还是英雄、帝王将相创造历史”这个问题时,我们毫不犹豫地选择前者,坚持人民群众历史主体论。人类社会的文明史无论从哪个角度都能够雄辩地证明这一结论。

3.人民群众是社会存在与发展的主体,这是社会历史进程所展现的事实

历史是人类的历史,是人民群众创造性生活的历史,也是人民群众彰显主体地位的历史。人猿之别,不是适应性生存而是创造性生活。创造性生活是人之为人的本质所在,人们以劳动为特征的存在方式是揭开恢宏人类历史的自然前提。“正像达尔文发现有机界的发展规律一样,马克思发现了人类历史的发展规律,即历来为繁芜丛杂的意识形态所掩盖着的一个简单

① 《马克思恩格斯选集》第1卷,人民出版社1995年版,第585页。
② 《马克思恩格斯选集》第4卷,人民出版社1995年版,第696页。
③ 《马克思恩格斯选集》第1卷,人民出版社1995年版,第585页。
④ 《马克思恩格斯选集》第4卷,人民出版社1995年版,第695页。

事实：人们首先必须吃、喝、住、穿，然后才能从事政治、科学、艺术、宗教等等；所以，直接的物质的生活资料的生产，从而一个民族或一个时代的一定的经济发展阶段，便构成基础，人们的国家设施、法的观点、艺术以至宗教观念，就是从这个基础上发展起来的，因而，也必须由这个基础来解释，而不是像过去那样做得相反。”[①]马克思正是从这一简单而真实的事实出发，揭示了社会历史之谜。个体生命的形成与存在无疑是历史存在的第一个前提，没有人类便没有历史，但历史又是人民群众通过劳动创造生活的历史。人们要生存，要生活，必须有最基本的物质生活资料满足最基本的物质需要，就必须从事生产劳动。任何一个民族如果停止了生产劳动，别说一年，就是一个月甚至几个星期也要灭亡。因此，人类历史首先是生产劳动的历史，同时也是劳动者的历史。人民群众在生产劳动过程中，不仅创造满足人们物质生活需要的物质财富，而且也创造满足人们精神文化生活需要的精神财富，从而使历史成为创造性生活的历史。这种创造性生活的历史就彰显出人民群众历史创造者的地位，彰显出人民群众历史主体的地位。

人类历史在本质上是一种社会存在，而以人民群众为主体的物质生产力是社会存在与发展的决定力量，人民群众是历史存在与发展的主体。唯物史观的社会结构理论告诉我们：社会存在的本质内容体现为人们物质资料的生产方式，即生产力与生产关系的统一。其中，一定阶段上的物质生产力是其根本内容，正是它的发展决定着生产关系或经济基础的变更，决定着全部庞大的上层建筑也或慢或快地发生变革，从而使历史不断地展开，不断地从一种质态转向另一种质态。因此，在社会的结构性存在和历史的发展进程中，生产力无疑是其基石和最终的决定因素，是社会存在和发展的活力，而人民群众正是这活力之源。

这是因为生产力正是人民群众表现出来的物质生产能力，人民群众是生产力中唯一最活跃最具有能动性的主体因素。以生产工具为核心的物质资料本身就是人民群众劳动的结果，是人民群众劳动的物化形态。正如江泽民所说，人是生产力中最具有决定性的力量，无论工具多么复杂，都要由人来创造与使用；人工化的劳动对象也是人民群众对象化的产物，就是纯粹自然的劳动对象也只有被人民群众的劳动对象化才具有意义与价值，也才能构成生产力的要素，才能在历史发展进程中发挥功能与作用。同样，科学

① 《马克思恩格斯选集》第3卷，人民出版社1995年版，第776页。

技术作为第一生产力，本身也是人民群众的创造物，是人民群众劳动智慧的结晶。同时，科学技术只有为人民群众所掌握、所利用，才能实现科学技术从潜在生产力到现实生产力的转化，才能参与到历史发展的进程中，才能真正构成社会历史发展的一个要素。在社会生活中，人民群众不仅是社会最终决定力量的生产力发展的主体，同时也是生产关系、经济基础和上层建筑得以历史延续与发展变革的主体。所以说，人民群众作为历史存在与发展的主体，是马克思主义社会结构理论和生产力理论的必然逻辑。只要我们承认马克思主义唯物史观得出的这一科学结论，就必然要坚持人民群众是历史存在与发展的主体的观点。

4.人民群众是历史存在与发展的主体，这是中国革命与社会主义建设实践证明的科学结论

人类历史的漫长时期都处在阶级社会的历史发展长河中。在阶级社会中，阶级斗争是历史进步的直接动力。阶级斗争是社会上利益根本对立的阶级之间的冲突与斗争，其主要内容就是少数剥削者与被剥削被压迫的广大人民群众之间的斗争。自进入奴隶社会以来就从来没有停止过这种阶级斗争。在人类社会发展的各个不同历史时期，阶级斗争表现为奴隶反抗奴隶主的斗争以及农民反对地主的斗争和无产阶级反对资产阶级的斗争。这些斗争中间也伴随着各国人民反抗国外剥削阶级侵略势力的斗争。人类社会正是在这种人民群众不断的斗争与革命中向前推进着。中国同样经历了这样的斗争历史，所不同的只是近代中国成为半封建半殖民地社会，几千年封建社会使落后的封建统治阶级基础过分坚固，加上帝国主义侵略势力的强大，一部分大资产阶级成为帝国主义的附庸，帝国主义、封建主义和官僚资本主义勾结在一起，残酷统治和压迫中国人民。这种社会性质使中国人民与帝国主义、封建主义和官僚资本主义的矛盾成为社会的主要矛盾，中国人民反对帝国主义、封建主义和官僚资本主义的斗争成为民主革命的主要任务。但是，由于相当长的一段历史时期中没有科学的革命纲领，缺少先进阶级的领导，中国人民群众的革命斗争不仅没有改变社会的根本性质，没有改变人民群众被剥削被压迫的地位，政权仍然在剥削阶级不同集团之间变换与更迭，而且也没有办法实现建立资产阶级共和国的目标。

十月社会主义革命开辟了世界社会主义革命的新纪元，使中国人民反对帝国主义、封建主义、官僚资本主义的革命斗争成为世界社会主义革命的一部分。中国共产党作为马克思主义与中国工人运动结合的产物，承担起

了领导中国革命的历史使命，在马克思主义理论的指导下，带领中国人民开辟了中国革命的新时代。中国共产党人深切地知道：人民群众是历史的创造者，是推动社会进步的决定力量。“革命战争是群众的战争，只有动员群众才能进行战争，只有依靠群众才能进行战争。”[①]毛泽东分析了封建社会广大人民群众与封建地主阶级利益的根本对立，当人民群众被剥削阶级压迫得不能生活下去，而统治阶级又不会自动退出历史舞台的时候，人民群众只有采取暴力手段对付压迫，推翻腐朽的剥削阶级统治。他把人民群众推动历史发展的观点，运用于当时中国革命的实际，指出灾难深重的半殖民地半封建的中国和处在“三座大山”压迫下的中国人民要想得到彻底的解放，必须依靠人民群众的力量，推翻帝国主义、封建主义和官僚资本主义在中国的统治，进行新民主主义革命。他认为，革命的动力就是中国的工人阶级、农民阶级，还有其他阶级中一切反帝反封建的人们，他们是革命的力量，革命的目标就是打倒帝国主义、封建主义和官僚资本主义，推翻压在中国人民头上的“三座大山”，建立一个人民民主共和国。中国共产党成功领导了这样的新民主主义革命，取得了革命的彻底胜利。中国革命的胜利雄辩地证明了人民群众是推动历史发展和进步的主体力量这一马克思主义基本观点。

夺取政权依靠人民，巩固政权、进行社会主义建设同样要依靠人民。列宁在苏维埃政权建立不久曾说：“如果我们党没有得到整个工人阶级全心全意的拥护，就是说，没有得到工人阶级中所有一切善于思考、正直、有自我牺牲精神、有威信并且能带领或吸引落后阶层的人的全心全意的拥护，那么布尔什维克别说把政权保持两年半，就是两个半月也保持不住。”[②]他还说：“具有优秀精神品质的是少数人，而决定历史结局的却是广大群众”[③]，“在人民群众中，我们毕竟是沧海一粟，只有我们正确地表达人民的想法，我们才能管理。否则共产党就不能率领无产阶级，而无产阶级就不能率领群众，整个机器就要散架”[④]。如果说在中国共产党取得政权之前，毛泽东关心的是如何为人民群众夺取政权、实现人民群众当家作主的问题，那么，在共产党取得政权后，如何正确确定、稳定和强化人民群众的历史主体地位则是毛泽东思考的主要问题之一。毛泽东始终认为，人民群众是历史的主人。他始终

① 《毛泽东选集》第 1 卷，人民出版社 1991 年版，第 136 页。

② 《列宁全集》第 39 卷，人民出版社 1986 年版，第 4 页。

③ 《列宁全集》第 43 卷，人民出版社 1987 年版，第 92 页。

④ 《列宁全集》第 43 卷，人民出版社 1987 年版，第 109 页。

坚持群众路线的思想方法、领导方法与工作方法，强调正确处理党群关系、干群关系，反对官僚主义。邓小平继承了毛泽东“人民群众是历史主人”的思想，依靠人民群众，尊重人民群众的主体地位和首创精神。早在党的八大上，他曾说，马克思主义向来认为，归根结底说来，历史是人民群众创造的。工人阶级必须依靠本阶级的群众力量和全体劳动人民的群众力量，才能实现自己的历史使命——解放自己，同时解放全体劳动人民。以江泽民同志为核心的党的第三代中央领导集体更是提出，人民群众是先进生产力和先进文化的创造主体，也是社会主义现代化建设以及实现自己利益的根本力量。正是中国共产党正视人民群众的历史主体地位，充分发挥中国人民的智慧与力量，尊重人民群众的创造精神，才铸就了社会主义现代化建设的辉煌成就。

（二）人民群众的活动与历史发展规律及趋势的统一性

以人民群众为主体的创造活动，不但是形成人类历史的基础、前提和条件，而且也是历史发展的动力，是历史进步的标志，更是构成历史进程、发展规律与趋势的基本要素。这是因为，人是具有主观能动性的、有实践创造特质和能力的高级动物，是以不断提高、不断发展与进步的生存需要作为追求目标、创造动力的。所以，人类总是在不断地创造，人类历史总是呈现为不断发展的文明进步的过程。人民群众作为社会生产力中最具有决定性的主体力量，在不断为社会创造物质和精神财富的社会实践中，对社会发展规律获得最基础、最直接的实践经验，因而在社会生活实践基础上形成的人民群众的利益愿望和要求、思想认识等，往往最能够深刻地反映社会发展趋向，最能够体现社会发展规律。这就是人民群众的活动与历史发展规律和趋势的统一性。

1.社会发展规律是人民群众社会活动的规律

历史唯物主义认为，社会是遵循着一定的规律向前发展的。社会历史的发展同自然界的发展一样，是有着内在发展规律的，是不依人的意志和意识的规律所决定的客观的必然的过程。因此，人民群众的创造活动并非任意而无所限制的，它总是受着一定历史时期的政治、经济和思想文化条件的制约。历史是人民群众创造的，但是人民群众创造历史的活动始终受到社会历史条件的制约。首先，经济条件是人民群众创造历史客观的制约因素。生产力决定生产关系，经济基础决定上层建筑，这是社会发展的基本规律。

在任何时候，任何人都不能凭主观意愿自由选择生产方式，不能违背这一规律，人们只能遵循这一规律进行活动。生产力的状况对于人民群众的创造活动具有决定意义，生产关系的性质对于人民群众的创造活动也有重大影响。由于各个历史时期的生产力和生产关系状况不同，人民群众创造历史的作用和结果也必然不同。其次，社会政治条件是人民群众发挥创造作用的前提。和平的政治条件有利于人民群众主体地位的发挥。在社会主义制度下，无产阶级和广大劳动群众掌握了国家政权，成了国家主人，这就为人民群众充分发挥主人翁作用、积极主动地创造历史提供了有利条件。最后，社会思想文化对人民群众创造作用的发挥也具有重大影响。意识形态领域的革命必然对生产领域的革命起反作用，腐朽落后的社会意识严重束缚群众的积极性和创造性，先进的社会意识和优良传统会激励和鼓舞千百万群众的创造作用。此外，科学文化水平也是影响群众创造能力的重要因素。因而，历史发展的规律性客观上要求人民群众在创造历史的活动中必须遵循社会发展规律，在遵循社会历史条件的前提下发挥创造历史的主动性。

但是，历史是人民群众通过他们的活动实现的他们自身发展的历史，追求自己目的的人们的活动就构成了历史的全部内容。正像马克思所说："'历史'并不是把人当做达到自己目的的工具来利用的某种特殊的人格。历史不过是追求着自己目的的人的活动而已。"[①]因此，历史发展规律的客观性并不意味着这种规律就是外在于人们的活动而自发地发生作用。实际上，历史规律就是人们本身历史发展的规律，是人民群众自己的社会行动的规律，它必须通过人民群众的活动来实现。因为社会历史过程就是由人民群众的一系列社会活动构成的，社会规律是人们的社会活动过程中所体现出来的本质的、必然的联系。虽然社会发展规律制约着人们的历史活动，如既定的社会条件对人们社会活动的影响，但是这种社会条件本身就是人们社会活动的产物，不过是前人社会活动的结果。可见，社会条件对人们的社会活动的制约，不过是人们的社会活动本身对自己的制约，即前人的活动对后人活动的制约。社会历史发展的必然性常通过各种偶然性表现出来，虽然历史的总趋势有常规性，但历史过程的具体表现却不会简单重复，它较自然界的变化更具丰富性。人们的历史活动不仅取决于既定的历史条件，而且受到价值追求的引导。社会生活的创造性超越了由"过去"决定"现在"、

① 《马克思恩格斯全集》第2卷，人民出版社1957年版，第118—119页。

由“现在”决定“未来”的单向因果框架。自觉的历史活动应当是从现实汲取理想，又化理想为新的现实的创造性活动。历史的运动是由“过去”和“未来”两种因素相互作用造成的，“过去”对历史过程的规定是因果性规定，而“未来”对历史过程的规定是价值性规定。尽管这种价值性规定能否转化为现实还要取决于诸多因素的作用，但是这种价值规定本身对历史活动有着不可忽视的影响。

因此，人民群众并不是历史规律的工具，社会历史规律必然存在和实现于人民群众的自觉活动之中，其中内含着人民群众作为历史主体的能动性。人民群众能够在既定的若干不同的甚至是相反的行动可能性中，根据自身的需要和意愿，根据主客观条件，作出自己的选择。选择性是人民群众活动的能动性的主要表现，它不仅包括活动方式、方向、途径的选择，而且包括目的与手段等的选择。历史发展进程中，谁往往给人们提供变化发展的多条道路和多种可能性，谁便给人民群众的历史创造活动留下选择的空间。人们正是通过不断的正确选择体现出自己的智慧与力量，从而也不断地推动着历史前进。在中国革命和社会主义建设过程中的许多紧要关头，正是中国共产党人的正确选择与中国人民的伟大实践才使中国革命和社会主义建设取得了成功。

2.社会历史规律和趋势存在于人民群众对利益的追求及其实现过程中

人民群众创造历史的活动，首先表现为满足自身生存等最基本的物质需要。这是马克思揭示的人类历史的基本的简单的事实，也是马克思唯物史观的起点。但是人们需要的满足不是一劳永逸的事情。人们的需要不仅具有自觉性、社会性、丰富性、多样性，而且具有连续性。在人们基本物质需要满足的基础上，又会产生新的需要。人类需要的持续性增长构成了生产活动持续性发展的客观前提，正是这种新的需要的不断产生和不断满足这种需要的生产活动推动着历史的前进，并使之延续和发展，也正是这种需要的满足与新的需要的不断产生之间的内在张力构成了社会生产和再生产的内在原动力。

从需要的实现来看，自然界不会自动地满足人的需要。人作为历史的主体，必须自觉地发明和创造各种不同的工具，利用这些工具来能动地改造世界，以满足人们自身的需要。世界不会满足人，人决心以自己的行动来改造世界，从而满足自己的需要。因此，物质资料的生产不仅是第一历史活动,而且是满足人们需要的必然途径。没有物质生活资料的生产与再生产,不仅不可能满足与实现人们的需要,而且也不可能产生与形成任何新的需要。可见,从需要的角度来看,人类的历史就表现为人们产生新的需要而又不断满足和实现这种需要的历史。

既然人类的历史就是人们产生新的需要又不断实现这种需要的历史,而需要的产生和实现又主要表现在人们对利益的追求之中,那么人们的需要和利益的不同岂不构成历史无序状态的基础吗?结论绝非如此!诚然,不同时代的人们有着不同的需要,即使同一时代,不同的群体与个体也会有不同的需要,然而恰恰是这些不同的群体与个人的不同需要之间的矛盾与冲突形成了历史发展的"合力"。不同群体与个体需要的满足及对利益的追求虽然表现为一种历史的偶然性,但是历史"合力"的必然趋势正是通过这种偶然性来体现的,同时通过这种偶然性来开辟自己的道路。没有单个个体对自身利益的追求,失去了这种每一单个力的偶然性的支撑,就不会有历史的"合力",就不会有历史发展的规律与必然趋势。正如恩格斯所说:"问题涉及的,与其说是个别人物、即使是非常杰出的人物的动机,不如说是使广大群众、使整个整个的民族,并且在每一民族中间又是使整个整个阶级行动起来的动机;而且也不是短暂的爆发和转瞬即逝的火光,而是持久的、引起重大历史变迁的行动。"①人民群众对利益的追求所引起的持久的历史的变迁,决定了历史的方向,而人民群众的利益如何实现则决定了历史的进程。所谓历史的规律就存在于人民群众对利益的追求与实现的活动之中。

历史的发展规律和自然趋势一再证明:人民的需要和意愿代表着时代的精神,反映着历史的主流,决定着社会前进的方向。人民群众总是从历史活动的实践和比较中不断寻找、揭示和发展自己的需要和满足需要的方式,总是在社会矛盾的运动中不断开辟前进的道路,从而不断地推动社会历史向前发展。因此,尊重人民群众,尊重人民群众的利益与愿望,就是尊重历史发展的规律。邓小平在全党拨乱反正的历史进程中,以极大的政治勇气和理论勇气明确提出了物质利益原则:不讲多劳多得,不重视物质利益,对少数先进分子可以,对广大群众不行,一段时间可以,长期不行。革命精神是非常宝贵的,没有革命精神就没有革命行动。但是,革命是在物质利益的基础上产生的,如果只讲牺牲精神,不讲物质利益,那就是唯心论。江泽民

---

① 《马克思恩格斯选集》第4卷,人民出版社1995年版,第249页。

在庆祝中国共产党成立80周年大会上的讲话中指出："任何时候我们都必须坚持尊重社会发展规律与尊重人民历史主体地位的一致性，坚持为崇高理想奋斗与为最广大人民谋利益的一致性，坚持完成党的各项工作与实现人民利益的一致性。"同时，强调"我们党始终坚持人民的利益高于一切。党除了最广大人民的利益，没有自己特殊的利益"。[①] 全心全意为人民服务，立党为公，执政为民，是我们党同一切剥削阶级政党的本质区别。以胡锦涛同志为核心的党中央提出的"科学发展观"与"构建和谐社会"的发展战略，也正是着眼于人民群众的根本利益、长远利益和整体利益而作出的重要战略选择。

3.遵循科学发展观指导，构建社会主义和谐社会，体现着历史主体性与客观规律性的统一

科学发展观的核心是以人为本，人是发展的主体，是发展的目的，是发展的动力。科学发展观强调社会历史的发展要以人为中心展开，要求依靠最广大人民群众的智慧与力量，满足人的需要，尊重人的生命与价值，重视人的利益，关注人的生活，让所有人民群众共享社会发展的文明成果。因此，科学发展观高扬了人民群众的社会主人地位，凸显了人民群众的历史主体性。同样，和谐社会也体现了以人为中心的核心理念。人是和谐社会的主体，人是社会结构的主体，人与自然关系的和谐、人与人关系的和谐、人自身关系以及与社会之间的和谐都是围绕人的需要与利益而展开的。因此，遵循科学发展观，构建和谐社会的要求充分体现了对人民群众历史主体地位的尊重。

在现实的社会发展中，我们一度过于强调社会发展的物质数量指标，比如过分重视GDP的作用，而忽视社会发展的质量；过于强调经济生活的发展与提高，而忽视社会道德、社会公平、社会秩序等社会政治生活、精神文化生活等方面的问题；过于强调物（资本、土地、商品等）的价值，而忽视人的价值；过于强调社会的发展，而忽视自然环境的维护；如此等等，不一而足。诸多问题形成了一些新的社会矛盾，也加深甚至激化了原来固有的矛盾。如城乡差距的矛盾、效益与公平的矛盾、经济与道德的矛盾、人与自然的矛盾等诸多矛盾不能得到很好的解决，造成社会的不和谐。因此，针对社会发展问题和社会不和谐因素，党中央英明决策，提出了"科学发展""和谐社会"的

---

① 《江泽民文选》第3卷，人民出版社2006年版，第279、280页。

理念，不仅是合民心顺民意的应时之举，也是中国人民的科学选择，代表了广大人民群众的意愿与利益，体现着人民群众的追求与理想。

科学发展观不仅要求发展，更重要的在于科学发展，即社会发展要符合其内在规律与要求。因此，科学发展观一方面体现着中国人民对发展的强烈要求与欲望，另一方面也体现着我们对社会发展规律的尊重。不尊重社会规律的客观性，不按规律办事，虽然在短期内可以使某些社会指标提高，但是长期来看，不仅不能使社会科学发展，而且还会导致社会发展的停滞甚至是社会的倒退。同样，构建和谐社会并不是消除社会矛盾，恰恰是以矛盾的存在为前提。“自我”本身是无所谓和谐的，必须有“他者”，与“自我”构成某种关系，然后才可以追求“自我”与“他者”之间的和谐。因此，失去了矛盾，就失去了和谐的前提。构建和谐社会正是正视社会矛盾，掌握矛盾双方的本质的、必然的联系，即按内在规律处理矛盾双方的关系，从而使矛盾双方的关系达到理想的状态。可见，尊重规律的客观性也是构建和谐社会的题中应有之义。

总之，遵循科学发展观，构建社会主义和谐社会，一方面体现着中国人民的价值追求，彰显了人民群众的历史主体地位；另一方面也体现着我们对社会发展规律的尊重，体现了人民群众历史主体性与客观规律性的统一。

（三）人民群众历史主体论是共产党人群众观的一个根本性问题

对共产党人来说，坚持人民群众历史主体论是一个正确认识和对待人民群众的基本立场、基本观点，是一个具有根本意义的重大问题。

1.人民群众历史主体论体现着共产党人历史观与其他剥削阶级历史观的根本区别

历史观是人们对历史的根本观点与总的看法。因此，历史观不仅存在着个性差异，更存在着社会差异和阶级差异。也就是说，不同的人会有不同的历史观，不同社会地位的人、不同阶级及其政党也必然有不同的历史观。因此，如何看待人民群众在社会及其历史上的地位与作用是历史观的一个根本问题，也是区分共产党人历史观与其他阶级历史观的试金石、分水岭。

剥削阶级历史观总是从人的精神、意志层面来诠释社会，揭示社会历史发展进程，社会意识决定社会存在是他们的基本的观点。在他们看来，少数英雄人物、天才人物、帝王将相的意志决定着社会发展的进程，而人民群众只不过是英雄创造历史所任意支配的工具。唯心主义大师黑格尔曾在他的

《法哲学原理》一书中说："人民就是不知道自己需要什么的那一部分人。知道别人需要什么，尤其是知道自在自为的意志即理性需要什么，则是深刻的认识和判断的结果，这恰巧不是人民的事情。"① 在黑格尔看来，人民只是一种群体，只是一群无定型的东西，他们的行动完全是自发的、无理的、野蛮的、恐怖的。他在《历史哲学》中还曾说，人民是助唱队——他们消极、被动；只有英雄们建功立业，担负责任，他们之间绝对没有共同的地方。马克思在批判黑格尔的唯心主义历史观时曾说：在黑格尔法哲学里，"理念变成了独立的主体，而家庭和市民社会对国家的现实关系变成了理念所具有的想像的内部活动。实际上，家庭和市民社会是国家的前提，它们才是真正的活动者；而思辨的思维把这一切头足倒置"②。剥削阶级就是这样夸大英雄人物的作用而否定人民群众在历史进程中的作用，从而陷入唯心主义历史观的泥潭。

共产党人的历史观是辩证唯物主义、历史唯物主义历史观。这种历史观坚持以社会存在决定社会意识为理论基石，坚持以人民群众主体论为最重要内容和基本观点。也正是因为坚持了这一历史观，共产党人能够超越狭隘阶级立场与阶级利益的制约，承担起推动历史发展的使命。共产党人没有自己的特殊利益，人民群众的需要与利益就是他们所有实践活动的出发点、目的与归宿。因此，共产党人敢于揭示真理、坚持真理，并且也能够揭示真理、坚持真理；敢于并且能够正视人民群众的伟大力量与历史作用，能够从人民群众现实的物质活动出发，拨开社会历史进程的迷雾，带领人民群众打碎旧世界，创造新世界，推动历史向着光明的前途发展。中国共产党人就始终坚持了共产党的这一基本立场、观点。

2.人民群众历史主体论是共产党人群众观的基本观点

如何对待人民群众，是历史观的一个根本性问题。人民群众历史主体论是共产党人群众观的基本观点，也是共产党人群众观的高度概括和集中体现。在共产党人看来，社会历史的本质是社会存在，生产力和生产关系的矛盾运动作为社会历史发展的根本矛盾，决定着人类历史进程。生产力是推动历史发展的最终决定力量，而生产力的主体——劳动者，就是人民群众的主体，因此人民群众是社会历史发展的决定力量。当然，共产党人从来也

① ［德］黑格尔：《法哲学原理》，范扬、张企泰译，商务印书馆 1961 年版，第 319 页。

② 《马克思恩格斯全集》第 1 卷，人民出版社 1956 年版，第 250—251 页。

不否认英雄人物在历史进程的作用，只是认为英雄是个别，群众是一般。离开一定的社会历史条件，离开社会存在的发展需要和客观趋势，离开人民群众，任何人都不可能成为英雄。因此，英雄也是以人民群众为基础，是人民群众中的杰出代表。人民群众为英雄创造历史的活动提供了条件、舞台、前提，英雄人物只能在人民群众推动历史前进的过程中展示和实现其作用。

人民群众历史主体论体现着共产党人看待人民群众的基本立场和基本观点。共产党人历来主张人民群众是历史的创造者，认为是人民群众创造了物质财富，是人民群众创造了精神财富，是人民群众的实践和社会活动决定着社会的发展进程和社会变革。这些结论的逻辑起点与理论根据就在于：历史首先是物质资料生产的历史，是劳动的历史。这是历史存在的基础与前提，也是唯物史观的逻辑起点。而人民群众正是直接从事物质生产和精神生产的劳动者，是物质资料生产的主体。因此，人民群众创造历史，人民群众是历史的主体是逻辑与历史的必然结论。

这样的历史观决定了共产党人历来重视人民群众的作用，尊重人民群众的创造精神。我们党自成立之日起就十分重视人民群众的作用，并且把全心全意为人民服务作为中国共产党的唯一宗旨，号召全党树立群众观点，走群众路线。毛泽东亲自创立了我们党的群众路线，并且突出强调群众路线是我们党根本的政治路线、组织路线和工作路线，是我们党的三大优良作风之一。我们不会忘记陈毅在总结淮海战役胜利的根本经验时说，淮海战役的胜利是人民的胜利，是人民群众用小车推出来的！邓小平早在抗日战争时期就曾说："敌我斗争的胜负，决定于人民。"[①]在改革开放过程中，他把生产力的基础作用与人民群众的主体作用在社会主义现代化建设过程中高度统一起来，高度重视人民群众的首创精神，善于概括人民群众创造的新经验，根据人民群众的主体愿望和实践指向敏锐把握中国改革开放的契机，不失时机地依靠人民群众的力量促进社会生产力的解放和发展。江泽民也曾说过，社会主义事业是工人阶级和农民阶级的事业，是和他们的切身利益紧密地联系在一起的，离开了他们，共产党找不到社会主义道德的依靠力量；即便是经济发展，资本的所有者、经营者和拥有救民于水火知识的人才固然有不可替代的作用，但是，没有农民和工人，都无法转化成现实的生产力。可见，以江泽民同志为核心的党的第三代中央领导集体提出的"三个代表"

① 《邓小平文选》第1卷，人民出版社1994年版，第40页。

重要思想深刻体现着人民群众是历史主体的观点。新的历史条件下，我们党提出“群众利益无小事”“以人为本”“科学发展”“和谐社会”的理念，彰显了对人民群众的历史主体地位的尊重，对人民群众利益的维护与关心。

3.确立人民群众历史主体地位是确立科学的历史观、群众观的必然要求

人民群众历史主体论是历史唯物主义的一个基本观点。只有确立人民群众历史主体地位，才能真正尊重人民群众。尊重是一种谦虚的态度，但是这种态度不是天生就有的，它有其认识论前提。只有充分认识到人民群众的智慧与力量，深刻体会到人民群众的地位与作用，清醒地觉悟到自己在人民群众面前只是沧海之一粟，才能在人民群众面前保持谦虚的态度，才能真正做到尊重群众。在现实生活中，有些人在群众面前傲慢狂妄，甚至肆无忌惮，其原因就在于他们思想上认为人民群众无能甚至无知，把自己放在群众之上，而不是把自己放在群众之中。其实，历史就是人民群众的历史，人民群众是历史真正的主人与创造者。谁不懂得这一点，谁忘记这一点，把自己当成历史的主宰，谁就必将为人民群众所抛弃，必将为历史所抛弃。

只有确立人民群众历史主体地位，才能密切联系群众。如果说尊重群众是对人民群众的一种态度，那么密切联系群众就表达着对人民群众的一种深厚的感情。俗话说得好：世界上没有无缘无故的爱，也没有无缘无故的恨。黑格尔也曾说，任何情感都有其认识论基础。只有充分理解人民群众的可敬之处，只有充分认识人民群众的可爱之处，才能真正地密切联系群众，才能培养与人民群众的深厚感情，才能与人民群众相融相知，才能与人民群众打成一片，也才能最终赢得人民群众的拥护与爱戴。如果说现实生活中党群关系、干群关系还有些不尽如人意之处的话，虽然原因有很多，但是，党员、干部缺乏对人民群众的深厚情感，不能密切联系群众必然是其中的重要原因之一。因此，我们的党员干部需要正确认识人民群众的主体地位，面向群众、走向群众、向群众学习，这不仅是马克思主义群众观的必然要求，也是我党群众路线的客观要求。

只有确立人民群众历史主体地位，才能更好地服务群众。任何行为都是知、情、意统一的结果。“领导就是服务”是邓小平的名言，也是我党根本宗旨的体现。但是，全心全意为人民服务不仅需要认识论前提，而且需要情感基础。只有牢固树立人民群众历史主体论，才能了解群众的需要，急人民群众之所急；只有牢固树立人民群众历史主体论，才可能与人民群众有深厚

的感情，心系群众，想人民群众之所想，一心一意为人民谋福利。否则，就不会听到人民群众的呼声，不知人民群众温暖疾苦，更不要说全心全意地为人民服务了。现实生活中，某些领导干部打着为人民服务之招牌，行谋个人私利之实；有的领导干部不是全心全意为人民服务，而是半心半意甚至三心二意做事，其原因之一就在于没有真正树立人民群众历史主体论的群众观和历史观，缺乏全心全意为人民服务的认识论前提和情感基础。因此，我们应当形成科学的历史观，确立人民群众历史主体地位，培养与人民群众的深厚情感，从而更好地服务群众。

再版同期声：党的十八大以来，以习近平同志为核心的中央领导集体十分重视学习掌握马克思主义历史观，在中国共产党第十九次全国代表大会上的报告中，再一次十分明确地告诫全党："人民是历史的创造者，是决定党和国家前途命运的根本力量。必须坚持人民主体地位，坚持立党为公、执政为民，践行全心全意为人民服务的根本宗旨，把党的群众路线贯彻到治国理政全部活动之中，把人民对美好生活的向往作为奋斗目标，依靠人民创造历史伟业。"[①]在中共十九届中央政治局常委同中外记者见面时的讲话中，习近平总书记指出："历史是人民书写的，一切成就归功于人民。"[②]2018 年 3 月 20 日，在第十三届全国人民代表大会第一次会议上的讲话中，习近平总书记满怀激情地指出："波澜壮阔的中华民族发展史是中国人民书写的！博大精深的中华文明是中国人民创造的！历久弥新的中华民族精神是中国人民培育的！中华民族迎来了从站起来、富起来到强起来的伟大飞跃是中国人民奋斗出来的！"[③]这不是几个简单的口号，而是立足于中国人民伟大实践的深刻总结，是从历史唯物主义的高度作出的历史性结论，同时也是告诫全党必须始终坚持以人民群众历史主体论看待历史，把握社会，推动事业健康发展。这就是执政的中国共产党人最深厚的历史唯物主义理论根基。

三、人民群众实践主体论

人民群众通过实践活动创造历史文明，推动社会进步，因此，人类社会

① 《习近平谈治国理政》第 3 卷，外文出版社 2020 年版，第 16—17 页。
② 《习近平谈治国理政》第 3 卷，外文出版社 2020 年版，第 67 页。
③ 《习近平谈治国理政》第 3 卷，外文出版社 2020 年版，第 139 页。

历史本质上是人民群众实践活动的历史。人民群众是历史的主体，也是人类实践和认识的主体，历史主体与实践主体本质上是一致的。人民群众是社会实践的承载者、创造者和推动者，人民群众的实践是检验真理的唯一标准，也是检验政党一切路线、方针、政策和各项工作得失成败的唯一标准。人民群众实践主体论是共产党人群众观的认识论基础。

（一）人民群众是社会实践的主体

人民群众实践主体论是从马克思主义实践观的视角对人民群众主体内涵的深入挖掘，其基本内容包含三个方面：从人民群众在社会实践中的地位来看，人民群众是社会实践的物质承担者和决定者；从人民群众在社会实践中的作用来看，人民群众是社会实践的实际创造者和推动者；从人民群众实践的价值实现来看，人民群众的实践是社会历史发展的最终决定因素。

1.人民群众是社会实践的物质承担者和决定者

实践是马克思主义哲学的核心范畴，它对于理解人民群众是社会实践的承担者和决定者有着举足轻重的作用。

按照马克思主义的观点，实践是人们有目的、能动地改造物质世界的活动。客观性是实践的基本特性。实践体现着人与世界的关系，是人与世界关系的本质。实践的客观性正是来自人的“感性存在”的直接现实性，来自物质世界的外在性，来自两者关系中介、过程以及结果的客观实在性。其中，人的感性生命的存在是构成实践客观性的重要因素。实践是人的活动，人的存在构成实践的自然前提，没有人便没有人的实践活动。物质世界虽然具有存在的在先性，但是，纯粹自在的物质世界没有任何意义与价值可言。只有与人相联系，进入人的视野，被人的活动对象化，才成为一种“关系”的存在，才成为实践的客体，构成实践的要素。而人的存在是一种感性的存在，首先是以生命体的形式体现出来。正如马克思所说，个体生命的存在是历史的第一前提。感性生命不仅是实践的自然前提，而且是实践的物质承担者。

在社会历史领域，人民群众是人类社会的主体。而社会生活本质上是由人民群众的实践活动构成的。人民群众作为社会实践的承担者和决定者主要体现在两个方面：一方面，人民群众作为人的感性存在，构成社会实践得以发生的自然前提、决定性要素和物质承担者；另一方面，人民群众作为社会存在，决定着社会实践的本质、性质、发展方向和趋势。具体来看，作为感性存在，人民群众都是具体的现实的生命存在，都具有生命体的一般特征，为了生存和发展，都需要解决吃、穿、住、行等基本的生存需要和利益。这就构成了社会实践得以产生的最基本的自然前提和最直接的动因，也直接促成了实践活动的发生，使人民群众成为实践的要素和物质承担者。作为社会存在，人民群众是社会有机体的构成要素，具有质和量两个方面的社会特征：从质上看，人民群众是代表社会进步的社会力量；从量上看，人民群众是社会成员的绝大多数。人民群众的需要和利益具有普遍性、广泛性和社会化的意义和价值，与之相联系，人民群众的实践必然成为具有“社会性质”的实践，即人民群众的实践决定社会的本质、性质、发展方向和未来趋势。人民群众作为实践主体，是感性存在和社会存在的统一体，是社会实践的主体，是社会实践的承担者和决定者。

2.人民群众是社会实践的实际创造者和推动者

实践活动本质上是实践主体在认识和把握客观规律基础上的能动的创造性活动。人民群众作为社会实践的主体之所以能够认识世界，改造世界，创造人类文明，推动社会历史前进，根源在于主体能动性、创造性和积极性的充分发挥。正是从这个意义上说，人民群众是社会实践的实际创造者和推动者。

从一般意义上看，所谓“主体性”，是指实践主体在实践活动过程中表现出来的能动性，它主要表现为目的性、创造性和指导性。首先是实践的目的性。实践目的是人基于自己的需要和可能为自己设定的实践目标，是实践结果在观念上的提前反映。目的一经确立，就成为实践的动机，规定了实践的方向。有了目的，人才能制订相应的计划，计划就是在思想中对一定的实践要素、实践步骤和方案的有序排列，是预先在思想中对实践过程的排练。正如马克思所说：“蜘蛛的活动与织工的活动相似，蜜蜂建筑蜂房的本领使人间的许多建筑师感到惭愧。但是，最蹩脚的建筑师从一开始就比最灵巧的蜜蜂高明的地方，是他在用蜂蜡建筑蜂房以前，已经在自己的头脑中把它建成了。劳动过程结束时得到的结果，在这个过程开始时就已经在劳动者的表象中存在着，即已经观念地存在着。他不仅使自然物发生形式变化，同时他还在自然物中实现自己的目的，这个目的是他所知道的，是作为规律决定着他的活动的方式和方法的，他必须使他的意志服从这个目的。但是这种服从不是孤立的行为。除了从事劳动的那些器官紧张之外，在整个劳动时间内还需要有作为注意力表现出来的有目的的意志，而且，劳动的内容及其方式和方法越是不能吸引劳动者,劳动者越是不能把劳动当作他自己体力和智力的活动来享受,就越需要这种意志。”[①]其次是实践的创造性。动物只是消极地适应环境,而人不仅要适应和利用环境,还要积极地认识和观念地建构世界,能动地改变和创造世界,自觉地发展和完善自身。实践是人类为自己的生存、活动和发展而进行的能动地改造世界的一切社会性物质活动。人作为一种实践的存在,本质上是一种创造性存在,因而是一种实践的主体性存在。实践的特性从一定侧面集中体现着人的创造性,体现着实践的主体性具有创造性。马克思曾指出:“人们自己创造自己的历史,但是他们并不是随心所欲地创造,并不是在他们自己选定的条件下创造,而是在直接碰到的、既定的、从过去承继下来的条件下创造。一切已死的先辈们的传统,像梦魔一样纠缠着活人的头脑。”[②]一方面,人是社会历史的“剧作者”,人类的社会历史就是在人类世世代代的连续不断的、有意识的、有目的的实践活动中创造的,是人的主体创造意识对象化的过程;另一方面,人同时又是社会历史的“剧中人”,他们的活动又受到自己所创造的剧本的制约。这就是说,处于一定社会历史条件下的人的创造活动,不仅受到前人所创造的既定社会历史条件以及自身所碰到的既定社会环境条件的制约,而且受到自己生活于其中并作用和改变着的现实的制约,人并不能随心所欲地进行创造活动,而必须根据社会历史本身的规律进行创造。最后是实践的指导性。实践的主体性不仅在于人们在实践中正确地把握住客观对象,形成思想、理论,更重要的还在于以这些正确的思想和理论为指导,通过实践把观念的东西变成现实。实践的主体对实践的指导性是通过将思想理论具体化为行动路线、实施方案来实现的。在这个过程中,一方面,实践的主体通过意志、信念和情感等形式,推动和激励实践的主体采取合理的实践来完成预定的目的,避免那些不符合预定目的的实践发生,使社会、阶级、集团的成员在共同的目的下采取统一的实践;另一方面,实践的主体通过理性的方法,对思想理论与其所反映的客观存在之间的关系加以分析比较,不断地调整计划、修正方案,使其对客观对象的认识更加全面、深入,对客观对象的改造更加自由、自觉,以达到最大可能地实现预定的目的。

从人民群众作为实践主体的角度看,人民群众的实践活动何以具有主

---

① 《马克思恩格斯全集》第23卷,人民出版社1972年版,第202页。

② 《马克思恩格斯选集》第1卷,人民出版社1995年版,第585页。

体性呢？原因就在于人民群众不仅是一种感性生命体的物质存在，而且是一种理性的存在物，具有理性思维的抽象能力和推理能力，可以从个别中找到一般、从有限中找到无限、从暂时中找到永久。正是由于这种智慧和理性，人民群众能够正确地认识客观对象的本质和规律，掌握外部世界的尺度，又能正确认识自己的主体需要和主体能力，掌握内在世界的尺度，并将二者有机地结合起来，形成活动的目的和方案，然后将其付诸实施，展开为有组织、有计划的对象性行动，造成客体的合目的性改变，使观念的东西转化为实在的东西。因此，人民群众的智慧与理性构成了实践主体性的内在依据。在社会历史发展过程中，人民群众作为主体所特有的自主性、目的性、计划性、创造性、指导性的充分发挥，不断形成和创造新的实践理念、实践形式、实践方式和实践成果，推动着社会实践不断拓展和延伸。不仅如此，人民群众实践主体作用的充分发挥，同时也是社会物质财富、政治财富和精神文化财富创造和发展的源泉和动力，是人民群众的实践推动社会的进步和历史的发展。人民群众是社会实践的创造者和推动者，也就是社会历史的创造者和推动者。

3.人民群众的实践是社会历史发展的最终决定因素

实践具有社会性，就是说实践活动必须在社会关系中进行，脱离社会的单个孤立的个人是不可能从事实践活动的。任何以个人为主体的实践活动都会以某种方式直接或间接地和社会发生联系。实践的社会性特性正是来自人民群众的群体结构性存在，人民群众是实践的社会载体和承担者。社会生活本质上是实践的，人民群众实践是社会历史发展的最终决定因素。

首先，人民群众的实践决定社会生活的本质。自然界和社会都是开放的自组织系统，自然界的发展主要是通过自然的力量起作用，是自然界在广袤无垠的宇宙中自己进行新陈代谢；而社会系统的发展则是通过人类的活动特别是人民群众的实践活动同自然系统进行物质、能量、信息的交换，通过人类活动自我控制、自我完善和自我发展。没有人民群众的实践，就不会有社会的存在。因此，在社会历史领域，社会存在本质上就是人民群众的社会实践，社会存在和社会实践不过是从动态和静态两个不同的角度对社会本质的说明，人民群众的社会实践是社会存在的动态表现，社会存在是人民群众社会实践的静态概括，它们在本质规定上是同一的，都是对社会生活本质的科学揭示。

其次，人民群众的实践是社会关系的发源地，以浓缩的形式包含着全部社会关系。作为人民群众最基本的实践形式的生产劳动实践，是人以自身的活动来引起、调整和控制人与自然之间关系的物质变换过程。在这个过程中，人们不仅要与自然界发生联系和关系，而且人与人之间也必须结成一定的关系并交换其活动，人与自然的关系和人与人的关系相互联系、相互制约共生于物质生产实践中。同时，在实践的过程中，实践的动机和目的以观念的形态得以生成，并决定和影响着人们的活动方式和方法，这意味着人与意识的关系也在实践中形成。人民群众的社会实践内在地包含着人与自然、人与人、人与其意识的三重关系，这就构成了人类社会的基本关系。在此基础上，人民群众的经济实践、政治实践、科学实践、精神文化实践及其伦理道德实践等浓缩着人们的经济关系、政治关系、文化关系、道德关系等全部社会关系。

再次，人民群众的社会实践构成社会生活的基本领域和基本结构。毛泽东指出："人的社会实践，不限于生产活动一种形式，还有多种其他的形式，阶级斗争，政治生活，科学和艺术的活动，总之社会实际生活的一切领域都是社会的人所参加的。"[①]这就是说，人民群众的社会实践活动贯穿于社会生活的全部过程，渗透于社会生活的一切领域，社会的物质生活、政治生活、文化生活等一切活动本质上都是实践的，都是改造自然和社会的不同方式，都根源于和服务于人民群众的实践。这些实践的不同方面的展开，就构成了人类社会生活的三个基本领域，即物质生活领域、政治生活领域和精神文化生活领域，并对象化为社会的基本结构，即社会的经济结构、政治结构和意识结构。离开人民群众的实践，就无法解释社会的基本领域和基本结构。

最后，人民群众的社会实践构成社会动力的基础。从实践的本性来看，实践是人们所进行的对象性活动，具有能动的革命的本性。这种超越的本性反映在社会历史领域，就是人民群众对现实的改造和超越，对自然界的改造和超越，形成了高度发达的生产力，成为社会发展的最终决定力量，创造出社会的物质文明；对社会关系的改造主要表现为对生产关系及其他社会关系的变更、调整和不断完善，凝结为社会的制度文明；人民群众对自身主观世界的改造成果，则结晶为社会的精神文明；人民群众对社会改造及其对人自身改造的成果，形成社会文明。物质文明、制度文明、精神文明和社会文明构成四维结构，四个层面相互依赖、相互作用、协调发展，促进社会文明

① 《毛泽东选集》第1卷，人民出版社1991年版，第283页。

和历史的进步。而这四维文明始终根植于人民群众的实践活动中，离开人民群众的实践活动，不可能产生人类文明。即使是产生了，也会因为缺乏文明的根基而难以巩固。正是从这个意义上，可以得出结论，只有人民群众的实践，才是社会历史发展的内因和动力之源。

（二）人民群众的实践是检验一切真理的唯一标准

人民群众的实践是检验一切真理的唯一标准，是马克思主义实践是检验真理的唯一标准的具体化和实际运用。在群众工作中，坚持人民群众实践主体论，不仅要把人民群众作为社会实践的主体，调动人民群众的积极性、主动性和创造性，而且要始终坚持人民群众的实践是检验一切真理的唯一标准，用人民群众的实践检验执政党路线、方针、政策，用人民群众的实践判断一切工作的功过是非，这是马克思主义群众观的基本要求。

1.实践是检验真理的唯一标准

真理是人的主观意识对于客观事物的本质及其发展规律的正确反映。真理的本质取决于其客观内容而不取决于其主观形式。真理的客观内容需要以主观的形式反映，但是它如果停留在主观的形式中，停留在头脑里和本本上，那它充其量只能作为一种观念、理论、思想而存在，并不是客观实在，并不是现实的物质力量。真理的客观内容只有抛弃自身的主观性外衣，由主观转化为客观，才能显现其客观性本质，确立自身的客观地位。真理的客观性只有转化为具有直接现实性的客观实在才能得到证明。

可见，所谓“检验真理”，其实质就是通过实践检验真理能否实现、如何实现的过程。真理以观念的形态转化为实在，由假说变为科学，从而才能确立自身的地位。这种由“观念变为现实”、由“假说变为科学”的质的飞跃体现了真理全部的真实意义。真理只有“获得外部现实性这种形式的实在性”，才能证明自身的真理性。那么，如何使真理实现从观念到现实的转变呢？何者才能成为检验真理的标准呢？作为观念、理论、思想不具有直接现实性，无论是间接性的理性形式还是直观的感性形式，都不能直接实现向客观实在的飞跃；而客观世界本身更不能使真理实现这种飞跃，因此，这无疑要依赖实践的力量，因为能够体现真理内容的“客观实在”恰恰是实践的“客观结果”。正如马克思所说：“人的思维是否具有客观的真理性，这不是一个理论的问题，而是一个实践的问题。"①人应该在实践中证明自己思维的真理性，即自己思维的现实性和力量，亦即自己思维的此岸性，思维根本不能实现什么东西，为了实现思想，就要借用实践的力量。实现真理的唯一出路是进入实践的领域。

实践是人类改造客观世界的物质活动，是主体和客体相互作用的有机统一，是精神和物质的"交错点"。它不仅架通了使主客观相联结的桥梁，而且提供了使主客观相对照的客观结果，从而证明了主客观的一致性——这就是实践标准。那么，实践的结果为什么能够证明真理呢？首先，实践的结果是主观见之于客观的产物，因而是与人的主观动机相联系、打上主观印记的产物。如果它与人的主观动机不具有直接同一性，是与理论不相往来的"自在之物"，那就不可能检验真理。其次，实践的结果是客观的，是独立于人的意识之外的客观存在，它的产生是受客观规律和客观条件制约的，是不以人的意志为转移的。如果它不受客观规律和客观条件的制约，成为一种主观随意的东西，那也没有资格充当真理的标准。这就是说，实践的客观结果既是与主观动机、理论指导相联系，但又不以主观动机、理论的要求为转移，而是受客观规律和客观条件制约的。因此，当理论正确地反映了客观规律时，它与实践的结果是统一的；相反则是对立的，而这恰恰又说明了理论的谬误。由于真理正确反映了客观规律性，因而在指导实践的过程中，必然通过实践的结果"获得外部现实性"。在这里，真理物化为实践的结果，成为现实化了的真理。

2.实践标准是客观性与价值性的统一

实践标准具有客观性。这主要在于两点：首先，实践的要素及结构是客观的。从实践的要素来看，实践的主体、实践的手段、实践的客体都是客观的。实践的主体是人，虽说人类是"万物之灵"，但其本质上也是一种客观存在，不仅人的肉体生命是一种客观物质存在，而且人的生命与生活过程具有客观性，人必须消耗一定的物质能量，同时在一定的客观时空中生存与发展；实践手段与中介本身就是人的创造物，是人的智慧与思想的"物化"形态，因而也具有客观实在性；实践客体的客观性是不证自明的事实；实践主体、实践手段、实践客体的客观性同时也构成了实践结构的客观性。其次，实践的整个过程、结果以及实践的环境都是客观的。人的实践活动是历史

① 《马克思恩格斯选集》第1卷，人民出版社1995年版，第55页。

的前提，同时也是结果。一方面，人的实践必然在一定的社会历史条件下展开，而一定的社会历史条件本身就是历史的人们实践活动的结果，因此人的实践表现为历史的结果；另一方面，人们又通过自己的实践改造旧世界，创造新历史，以自己的客观实践结果展现人们的智慧与力量，因此人的实践活动又是历史的前提。所以，人的实践活动的社会历史条件（环境）、实践过程本身以及实践的结果都具有客观性。总之，实践标准的客观性是指实践的要素、结构、过程、结果、环境的客观性，都具有不以任何人的主观意志为转移的特点。

实践标准具有价值性。实践标准的价值性是指只有实践才能证明真理，这是一种认识意义上的价值。人们获得真理的认识过程不是一蹴而就的，而要经过反复实践。没有实践或实践不够，既不能发现真理，也不能证明真理。而且，实践标准的价值性又是指只有实践才能实现真理，这是实践意义上的价值。真理如果不转化为现实，就不能显示其力量与价值；真理性的认识只有为人民群众所掌握，才能变成改造世界的物质力量，真理的价值也完成了从潜在到现实的转化。如果科学的理论只是束之高阁，那它只能具有一种潜在的价值，甚至也可以说没有真正的价值。同时，实践标准的价值性还是指只有实践才能成就人生。人类一方面是即成物，另一方面又是生成物。人作为实践的主体，只有在实践过程中才能展开自己的人生，形成自己的价值，不断生成新的自我，从而走向发展与完善，成就自己的人生。

实践标准是客观性与价值性的统一。一方面，实践标准客观性是实践标准价值性的基础。实践检验认识是否具有真理性的客观标准是第一位的，只有通过实践检验是正确的认识，才可能产生正向的价值。离开了实践标准的客观性，实践标准的价值性便缺乏存在的基础，便会迷失方向。对任何理论都要首先从实践的检验中判断其真假是非，不能唯书唯上、盲目照搬，更不能以是否符合某些个人和小集团的价值标准来判断。一种不符合客观事物本来面目和规律的理论，也会给某些个人和小集团带来某种价值，但由于其根本上违背客观事物的本来面目和规律，因而其产生的负价值会损害多数人、全民族甚至全人类的利益。另一方面，实践标准价值性又是实践标准客观性的目的与归宿。马克思曾说，从前的哲学家只是认识世界，而问题在于如何改造世界。真理为实践所证明只是万里长征走完了第一步，更重要的在于我们要用为实践所证明的真理性认识通过改造世界来实现我们的理想与追求。认识、发现与证明真理不是我们的真正目的，掌握真理、运用真理来为人类谋幸福，才是我们的目标。同时，实践标准的客观性与价值性在一定条件下相互转化。实践标准的客观性有必要也必然要转化为实践标准的价值性；实践标准的价值性的实现本身又是实践标准客观性的证明与生成。正是在这种相互转化过程中，我们通过新的真理性认识的发现、证明与运用，不断地揭示物质世界的深层本质，持续地提高主体的能力与水平，从而使世界更加符合人类的理想，更加和谐与美好。

3.实践标准是真理标准与群众标准的统一

实践标准问题，不仅是一个理论问题，其本身更是一个实践问题，是一个是否依靠亿万人民群众的实践来检验真理的问题。实践标准是真理标准和群众标准的统一，人民群众的实践是实践标准的具体化和实际运用。

第一，只有人民群众的社会实践才是最普遍、最持久的基本实践，具有全面性和广泛性的特点。实践不是个别人和少数人的实践，而是最大多数人的实践，具有最普遍最广泛的代表性。因此，人民群众的实践集中体现着人类实践的本质、特征与主流。马克思主义把人民群众看作社会历史的主体，并坚信“真理与人民的利益相一致”。因此它必然承认，如同在科学上要充分尊重科学观察、实验和应用的实际一样，在社会生活中就要充分尊重和理解人民群众的实践。在社会主义现代化建设过程中，一个理论、一项政策是否正确，其真理性应当依据广大人民群众的社会实践才能得到真正的检验。因此，应该说，人民群众的检验就是实践的检验，在人民群众中是否行得通，也就是在实践中是否行得通。

第二，只有人民群众的实践才是最现实、最具体的实践，具有直接性和现实性的特点。人民群众的实践直接反映和体现了人民群众的现实需要和利益，是民情、民愿、民意的最直接、最现实的反映，是对社会实践最直接的反映和改造。一个政党，其路线、方针、政策是否与客观实际相一致，其真理性必须通过人民群众的具体实践来检验；一个政党的理论、纲领、宗旨及其路线、方针、政策是否代表和体现了人民群众的根本利益和愿望，其价值性也只有通过人民群众的实践才能得到检验。凡是与人民群众实践相符合、相一致的理论、路线和方针、政策，必然是正确的，是合乎民心、顺应民意的，必然能得到人民群众的拥护和支持。

第三，只有人民群众的实践才是最丰富、最深刻的实践，具有深刻性和多样性的特点。实践是个复杂的系统，在现实生活中，实践表现为千姿百态、多质多向。从主体上来看，有个体的、群体的甚至是人类的实践；从形式上来看，有生产活动、阶级斗争、科学实验、艺术实践等多种样式；从实践的客体上来看，有主观与客观之分，也有自然与人工之别；从实践的性质来看，有积极的正确的正向的实践(与特定目的相一致)，也有消极的错误的反向的实践(与特定目的相反)；从实践的目的来看，更是带有明显的个体特征；从实践的广度与深度上看，也有空间与程度上的差异。在错综复杂的实践体系中，只有那些反映了社会发展规律，代表社会发展方向，反映最大多数人的利益和愿望的社会实践，才是检验真理的唯一标准。因此，人民群众的实践标准有其质和量的规定性，反映了社会发展的规律和趋势，是一个“总的平均数”和“实践合力”。执政党的理论、路线、方针和政策必须与这个“总的平均数”和“实践合力”相适应，才能得到最广大人民群众的拥护和支持。

因此，只有人民群众的实践才是检验一切真理的最高权威和最终标准。中国共产党在长期的革命和建设实践中，始终坚持实践标准的真理性和价值性的统一，坚持实践标准和群众标准的统一，丰富和深化了马克思主义实践是检验真理的唯一标准的理论。毛泽东不仅坚持了实践是检验真理的唯一标准的原理，而且还进一步把它同人民群众的革命实践联系在一起：“真理只有一个，而究竟谁发现了真理，不依靠主观的夸张，而依靠客观的实践。只有千百万人民的革命实践，才是检验真理的尺度。”[①]他在《论联合政府》中还说道：“中国一切政党的政策及其实践在中国人民中所表现的作用的好坏、大小，归根到底，看它对于中国人民的生产力的发展是否有帮助及其帮助之大小，看它是束缚生产力的，还是解放生产力的。”[②]“人民群众——人民群众的实践——解放和发展人民的生产力的实践”，这一清晰的思想脉络显示了毛泽东思想中实践标准的完整性、彻底性和具体化，使它决不同于任何空洞的口号和软弱无力的道德主义幻想，而成为方向明确、切实可行、看得见摸得着的现实目标。他还说：“共产党人必须随时准备坚持真理，因为任何真理都是符合于人民利益的；共产党人必须随时准备修正错误，因为任何错误都是不符合于人民利益的。”[③]“真理与人民利益相一致”的科学论断体现了客观真理与人民价值的统一。实践标准不是抽象的，不是只停留在口头上的概念，它有自己的现实化、操作化乃至人格化的表现。世界上的具体实践多种多样，而马克思主义告诉我们，只有人民群众的社会实践才始终是

---

① 《毛泽东选集》第2卷，人民出版社1991年版，第663页。

② 《毛泽东选集》第3卷，人民出版社1991年版，第1079页。

③ 《毛泽东选集》第3卷，人民出版社1991年版，第1095页。

最普遍、最持久、最大量、最客观的基本实践,人民群众日常生产生活的实践体现着人类实践的本质、特征和主流。马克思主义把人民群众看作社会历史的主体,并坚信“真理与人民的利益相一致”。因此它必然承认,如同在科学上要充分尊重科学观察、实验和应用的实际一样,在社会生活中要充分尊重和理解人民群众的反映。这正是马克思主义科学认识观与唯物主义历史观相结合的必然结论。实践产生真理,实践检验真理,人民群众是实践的主体,人民群众是真理的检验者。

在社会主义建设的新时期,邓小平依据历史的经验和教训重新恢复强调了生产力标准,并结合新的历史条件将其进一步丰富具体化,提出了“三个有利于”标准。“三个有利于”标准首先也是实践标准,也就是说,是否“有利于”是指在实践上而不是在口头上,是要在实践中检验而不是停留在字面上的论证;“三个有利于”标准继续坚持了生产力标准,同时增加了“有利于增强社会主义国家的综合国力”“有利于提高人民的物质文化生活水平”两项目的性内容。因此,“三个有利于”标准实现了社会主义历史必然性与人民群众历史主体性的统一,实现了社会主义科学真理性与人民群众利益价值性的统一。

(三)人民群众实践主体论是共产党人群众观的基础

实践是一切认识的基础,承认人民群众实践主体的地位,为共产党人的群众观奠定了坚实的认识论基础。

1.坚持人民群众实践主体论,必须始终坚持相信群众、尊重群众,向群众学习

实践主体的主要特性是主体性,表现为主体的目的性、创造性、指导性、调控性以及能动性等,也表现为人们在认识世界的基础上能够改造世界,能够按照人们的理想、人们的内在尺度创造新的世界。人民群众是实践的真正主体,具有这种力量。马克思和恩格斯早在《神圣家族》中就阐发了“无产阶级能够而且必须自己解放自己”的思想。因此,人民群众实践主体论客观上要求我们要相信群众不仅能够打碎旧的世界,也能够建设一个新的世界;要相信群众能够解放自己,直至最终解放全人类;要相信群众能够从必然王国到达自由王国。

相信群众是共产党人群众观的基本内容,也是共产党人对待人民群众应当具有的基本态度。在中国共产党第七次全国代表大会的闭幕词中,毛

泽东将人民比喻为至高无上的“上帝”和中国革命之“本”。他强调指出，无产阶级领导的革命事业是人民的事业，只有相信群众，依靠群众，充分发挥人民群众的伟大历史作用，才能取得革命和建设的胜利。“事业是多数人做的，少数人的作用是有限的……有了不起的作用的还是群众。”①群众是真理的创造者，群众是真理的检验者，群众更是真理的拥有者。千百万人民群众的革命实践，不仅是制定正确的路线、方针、政策的根本依据，而且是检验这些路线、方针、政策正确与否的标准和尺度。任何杰出人物都是在群众斗争实践中产生的，代表人民群众的利益，集中群众的智慧和经验，得到人民群众的支持。正是基于这样一种认识，我们党创造性地提出并执行了“一切为了群众，一切依靠群众，从群众中来，到群众中去”的群众路线。

相信群众就要向群众学习。毛泽东在1961年4月25日给当时的中共中央总书记邓小平的信中指出：“到会各同志，应利用目前这一段时间，对农村中的若干关键问题(食堂问题，粮食问题，供给制问题，自留山问题，山林分级管理问题，耕牛、农具大队有好还是队有好问题，一、二类县、社、队全面整风和坚决退赔问题，反对恩赐观点、坚决走群众路线问题，向群众请教、大兴调查研究之风问题，恢复手工业问题，恢复供销合作社问题)进行重点调查，下十天至十五天苦功夫，向群众寻求真理，以便五月会议能比较彻底地完成上述任务。”②向群众寻求真理，就是虚心向群众学习。要先做群众的学生，才能做群众的先生。要深入实践，深入群众，经常到群众的实践中去调查研究，真心实意地向群众求教，了解群众的实际情况和问题，倾听群众的意见和要求，集中群众的智慧和经验。在此基础上，形成领导意见和决策，然后再回到群众的实践中去落实、修改、丰富和发展、完善。这是我们的领导者决策的过程。邓小平指出：“一个党和它的党员，只有认真地总结群众的经验，集中群众的智慧，才能指出正确的方向，领导群众前进。”③“离开群众经验和群众意见的调查研究，那末，任何天才的领导者也不可能进行正确的领导。”④他还以我国农村家庭联产承包制的出现为例，指出：“我们改革开放的成功，不是靠本本，而是靠实践，靠实事求是。农村搞家庭联产承包，这个发明权是农民的。农村改革中的好多东西，都是基层创造出来，我们把它

① 《毛泽东文集》第6卷，人民出版社1999年版，第401—402页。

② 《毛泽东文集》第8卷，人民出版社1999年版，第268页。

③ 《邓小平文选》第1卷，人民出版社1994年版，第218—219页。

④ 《邓小平文选》第1卷，人民出版社1994年版，第219页。

拿来加工提高作为全国的指导。”[①]大量事实证明，群众是真理的创造者，真理在群众中。我们必须懂得向群众学习的道理。

2.坚持人民群众实践主体论，必须依靠群众、充分发挥人民群众主体的积极性、主动性和创造性

实践是人的存在方式，人们以什么样的方式实践便形成人们什么样的生活。马克思曾说，社会生活在本质上是实践的，同时，生活本身也是在实践过程中展开并建构起来的。人民群众是社会生活的主人，这是人民群众实践主体论的必然逻辑结论。实践是历史的逻辑起点与现实前提，不仅人民群众在实践过程中不断生成新的“自我”，而且历史也是在实践的过程中不断展开，不断生成新的历史。社会及生活是实践的空间拓展，历史是实践的时间延伸。因此，人民群众实践主体论必然导出这样的结论：人民群众不仅是社会生活的主人，而且也是历史的主人。因此，社会存在与历史发展的真正动力蕴藏在人民群众之中，只有人民群众才是推动社会进步和历史发展的真正力量。我们只要依靠人民群众的力量，就会克服一切困难，否则将一事无成。

在革命战争时期，毛泽东就指出，战争的伟大的最深厚的根源存在于民众之中，兵民是胜利之本。正是在他的人民战争理论指导下，我们才能够在艰难困苦的条件下取得革命的胜利。1941 年 4 月，邓小平在论及党与抗日民主政权关系时说：“真正的优势要表现在群众拥护上。把优势建筑在权力上是靠不住的。”[②]1962 年 2 月，他又指出：“我们国家的人民是有高度的政治觉悟的人民……这样的人民，是很好的人民。我们不依靠人民，不走群众路线，是毫无道理的。”[③]在改革开放新时期，邓小平又指出，实现社会主义现代化必须依靠工人、农民、知识分子，必须调动一切人民群众的积极性。他说：“党只有紧紧地依靠群众，密切地联系群众，随时听取群众的呼声，了解群众的情绪，代表群众的利益，才能形成强大的力量，顺利地完成自己的各项任务。”[④]在他看来，凡是人民拥护的事情，一定会得到成功；相反，老百姓不答应的事，就不会成功。“群众是我们力量的源泉，群众路线和群众观点是我们的传家宝。党的组织、党员和党的干部，必须同群众打成一片，绝对不能

① 《邓小平文选》第 3 卷，人民出版社 1993 年版，第 382 页。

② 《邓小平文选》第 1 卷，人民出版社 1994 年版，第 10 页。

③ 《邓小平文选》第 1 卷，人民出版社 1994 年版，第 300—301 页。

④ 《邓小平文选》第 2 卷，人民出版社 1994 年版，第 342 页。

同群众相对立。如果哪个党组织严重脱离群众而不能坚决改正，那就丧失了力量的源泉，就一定要失败，就会被人民抛弃。”[①]江泽民也曾强调指出，必须始终坚持党的“一切为了群众，一切依靠群众，从群众中来，到群众中去”的群众路线，尊重人民群众的创造，倾听人民群众的呼声，反映人民群众的意愿，集中人民群众的智慧和力量去发展我们的各项事业。他说：“我们的各级干部要牢记，自己是人民的公仆，一切工作都是为了群众，也必须依靠群众才能做好。”[②]“所有的领导干部，都是人民的公仆，绝不能高居群众之上，而要始终置身群众之中，时刻心系群众，坚定地相信和依靠群众，倾听群众的呼声。”[③]“历史和现实都表明，一个政权也好，一个政党也好，其前途与命运最终取决于人心向背，不能赢得最广大群众的支持，就必然垮台。”[④]胡锦涛在“三个代表”重要思想理论研讨会上的讲话中也曾经指出：“相信谁、依靠谁、为了谁，是否始终站在最广大人民的立场上，是区分唯物史观和唯心史观的分水岭，也是判断马克思主义政党的试金石。”[⑤]这些论述都充分体现了马克思主义唯物史观和群众观点。

3.坚持人民群众实践主体论，必须始终坚持一切为了群众，以人民群众的实践作为检验一切工作的最高标准

马克思在《关于费尔巴哈的提纲》中曾明确指出：“从前的一切唯物主义（包括费尔巴哈的唯物主义）的主要缺点是：对对象、现实、感性，只是从客体的或者直观的形式去理解，而不是把它们当作感性的人的活动，当作实践去理解，不是从主体方面去理解。因此，和唯物主义相反，能动的方面却被唯心主义抽象地发展了，当然，唯心主义是不知道现实的、感性的活动本身的。”[⑥]可见，实践是一种感性的物质活动。作为实践的真正主体的人民群众，不是单个人所固有的抽象物，而是一种感性的存在物，感性的需要与客观的物质利益是人民群众实践活动的真正动力。马克思曾说，人们的所有活动都与他们的利益相关。利益只是需要的外在表现，物质利益是物质需要的外化，精神利益是精神需要的外显。人民群众的需要和利益是人民群

---

① 《邓小平文选》第2卷，人民出版社1994年版，第368页。

② 中共中央文献研究室编：《十四大以来重要文献选编》（下），人民出版社1999年版，第2280页。

③ 中共中央文献研究室编：《十五大以来重要文献选编》（上），人民出版社2000年版，第494页。

④ 中共中央文献研究室编：《十五大以来重要文献选编》（中），人民出版社2001年版，第1407页。

⑤ 胡锦涛：《在“三个代表”重要思想理论研讨会上的讲话》，《人民日报》2003年7月2日。

⑥ 《马克思恩格斯选集》第1卷，人民出版社1995年版，第54页。

众实践活动的前提，尊重人民群众的主体地位，就一定要关注人民群众的需要，满足人民群众的利益。

一切为了群众，为了群众的一切，不仅是人民群众实践主体论的客观要求，而且也是共产党人群众观的核心。在党的七大的政治报告中，毛泽东就指出："我们共产党人区别于其他任何政党的又一个显著的标志，就是和最广大的人民群众取得最密切的联系。全心全意地为人民服务，一刻也不脱离群众；一切从人民的利益出发，而不是从个人或小集团的利益出发；向人民负责和向党的领导机关负责的一致性；这些就是我们的出发点。"[1]因此，共产党人的一切言论和行动，必须以合乎最广大人民群众的最大利益，被广大人民群众拥护为最高标准。毛泽东还强调，关心群众利益，既要注重群众的物质利益，也要注重群众的精神利益，要注重物质利益和精神利益的相互促进、相互提高。他说，共产党及其领导者能够给人民的，首先就是组织人民、领导人民、帮助人民发展生产，增加他们的物质福利，并在这个基础上一步一步地提高他们的政治觉悟与文化程度。全心全意为人民服务，一切以人民利益为重，也是邓小平群众观的核心内容。1956 年 11 月 17 日，在会见国际青年代表团时，他说："中国共产党员的含意或任务，如果用概括的语言来说，只有两句话：全心全意为人民服务，一切以人民利益作为每一个党员的最高准绳。"[2]利益包括物质利益与精神利益，人民群众的利益在现实生活中表现为人民群众的生活水平、人民群众的呼声与愿望。邓小平的社会主义本质论、"三步走"的发展战略论、"三个有利于"的标准论等无不体现着从人民利益出发，为人民服务的宗旨。"三个代表"重要思想更强调了党要始终代表最广大人民群众的根本利益，体现着党的第三代中央领导集体对我们党在新的历史时期的性质、宗旨和历史使命的新的理解。党和国家新一届领导集体提出的"群众利益无小事""实现人民的愿望、满足人民的需要、维护人民的利益""权为民所用、情为民所系、利为民所谋""实现好、维护好、发展好最广大人民根本利益"等重要思想，更是体现了我们党对人民群众主体地位的尊重，体现了对人民群众利益理解的新境界，体现着对马克思主义群众观的新发展。

再版同期声：人民群众是实践的主体，这个马克思主义的基本观点是

---

① 《毛泽东选集》第 3 卷，人民出版社 1991 年版，第 1094—1095 页。

② 《邓小平文选》第 1 卷，人民出版社 1994 年版，第 257 页。

我们党一以贯之的基本立场和基本观点。以习近平同志为核心的党中央带领全党在中国特色社会主义的新时代，能够不断取得辉煌的成就，就根源于始终坚持了这一基本立场和观点。早在2013年纪念毛泽东同志诞辰120周年座谈会上，习近平同志在讲话中就特别指出："坚持人民主体地位，充分调动人民积极性，始终是我们党立于不败之地的强大根基。在人民面前，我们永远是小学生，必须自觉拜人民为师，向能者求教，向智者问策；必须充分尊重人民所表达的意愿、所创造的经验、所拥有的权利、所发挥的作用。"[①]2014年10月8日，习近平同志在党的群众路线教育实践活动总结大会上发表重要讲话，他指出："群众的眼睛是雪亮的，群众的意见是我们最好的镜子……'知屋漏者在宇下，知政失者在草野。'让群众满意是我们党做好一切工作的价值取向和根本标准，群众意见是一把最好的尺子。这次活动在坚持自我教育为主的同时，注重强化外力推动，坚持真开门、开大门，让群众参与，让群众监督，诚恳请群众评判。"[②]同样，早在十八届中共中央政治局第二次集体学习时，习近平总书记在深化改革问题发表的讲话中也曾指出："改革开放是亿万人民自己的事业，必须坚持尊重人民首创精神，坚持在党的领导下推进。改革开放在认识和实践上的每一次突破和发展，改革开放中每一个新生事物的产生和发展，改革开放每一个方面经验的创造和积累，无不来自亿万人民的实践和智慧。改革发展稳定任务越繁重，我们越要加强和改善党的领导，越要保持党同人民群众的血肉联系，善于通过提出和贯彻正确的路线方针政策带领人民前进，善于从人民的实践创造和发展要求中完善政策主张，使改革发展成果更多更公平惠及全体人民，不断为深化改革开放夯实群众基础。"[③]2014年9月21日，习近平总书记在庆祝中国人民政治协商会议成立65周年大会上的讲话中强调："中国共产党的一切执政活动，中华人民共和国的一切治理活动，都要尊重人民主体地位，尊重人民首创精神，拜人民为师，把政治智慧的增长、治国理政本领的增强深深扎根于人民的创造性实践之中，使各方面提出的真知灼见都能运用于治国理政。"[④]这些

① 习近平：《在纪念毛泽东同志诞辰120周年座谈会上的讲话》，人民出版社2013年版，第18页。

② 习近平：《在党的群众路线教育实践活动总结大会上的讲话》，《人民日报》2014年10月9日。

③ 《习近平在中共中央政治局第二次集体学习时强调　以更大的政治勇气和智慧深化改革　朝着十八大指引的改革开放方向前进》，《人民日报》2013年1月2日。

④ 习近平：《在庆祝中国人民政治协商会议成立65周年大会上的讲话》，《人民日报》2014年9月22日。

重要讲话精神都是新时代马克思主义人民群众实践主体论的精辟论断。2021年2月25日，在全国脱贫攻坚总结表彰大会上，习近平总书记满怀信心地向世人宣告："只要我们始终坚持为了人民、依靠人民，尊重人民群众主体地位和首创精神，把人民群众中蕴藏着的智慧和力量充分激发出来，就一定能够不断创造出更多令人刮目相看的人间奇迹！"[①]我们相信，这一论断在我们党领导的中国人民的伟大实践中一定会不断得到充分验证。

四、人民群众价值主体论

价值问题是伴随人类生存活动始终的一个重要问题。然而对价值范畴和价值主体的理解却各不相同。从一般意义上来看，价值是一个关系范畴，又是一个历史范畴。但是价值观与历史观的统一决定了作为关系范畴，价值所反映的是价值客体对于价值主体的意义，即作为价值主体的人民群众与价值客体的关系；作为历史范畴，它反映的则是作为历史主体的人民群众之生存、发展、活动及其结果的意义。而价值本质、价值主体等问题，是需要通过揭示人和人民群众各种历史活动的本质和规律才能科学解决的问题。

中国共产党人以唯物史观为理论基础，必然得出人民群众价值主体论，认为人民群众是一切价值的主体，人民群众是价值创造的主体，人民群众的实践是一切价值的本质和源泉，人民群众也是价值评价的主体，人民群众价值主体论是中国共产党人价值观的核心。

（一）人民群众是一切价值的主体

价值主体问题，是历史观、价值观的一个基本问题，也是群众观的一个重大理论和实践问题。说到价值，自然就有一个对于谁的价值的问题，即谁是价值的主体的问题。从一般意义上说，价值自然是对于人的价值，因为价值作为表征主客体之间特定价值关系的范畴，表示的是人与世界之间的合目的性关系。那么，人活动着的世界就是追求价值、创造价值、实现价值的世界，世界全部价值的落脚点都毫无例外是对于人的价值。那么，是对于什么人的价值呢？是个人、小集团、统治阶级、执政党、执政者，还是人民群众？不同的阶级、政党和执政者，往往有截然不同的回答和选择。执政的中国共

① 习近平：《在全国脱贫攻坚总结表彰大会上的讲话》，《人民日报》2021年2月26日。

产党人的郑重回答是：人民群众是一切价值的主体。

1.唯物史观的价值立场是人民群众价值主体论

“为什么人”的问题，即对于什么人有价值、谁是价值主体，以谁的意志、愿望、利益和要求为价值确定的根据和评判的标准的问题是历史观、群众观的一个重大的基本性问题。

人民群众价值主体问题是唯物史观的题中之义。马克思曾强调：“哲学家们只是用不同的方式解释世界，问题在于改变世界。”[①]列宁也说过：“世界不会满足人，人决心以自己的行动来改变世界。”[②]改变世界就有一个主体对世界的评价问题——站在“谁”的立场上评价，世界为“谁”而改变，改变成什么样的世界，“合谁的目的需要”的世界——这就是世界观的价值问题，是认识世界和改造世界的价值主体问题和价值立场问题。

人民群众价值主体论是唯物史观的基本价值立场。马克思创立历史唯物主义，这个唯物地考察社会存在及其发展的立场，就是人民群众及其社会活动的立场。关于改变世界的价值目标的探索，不能没有价值主体的参与，更不能没有正确的价值主体设置。马克思、恩格斯在创立科学社会主义理论时，就把经济发展和社会文明进步看作紧密相关的两件事，他们从科学批判和道德价值批判的统一揭示资本主义的无理性，认为社会主义必须把二者统一起来。他们要探索一种能够取代资本主义的更高、更优的社会形态，显然是包含着人民主体、人类主体的设置，包含着人道人性的动机和社会伦理等价值的目的。马克思把社会主义定义为“在保证社会劳动生产力极高度发展的同时又保证人类最全面的发展的这样一种经济形态”[③]。在他看来，社会主义的基本特征和优越性的重要表现将是社会主义制度文明和社会主义人际关系和谐的内在统一，这个社会不仅能创造和容纳更高的劳动生产率与社会生产力，而且能够第一次提供一种无愧于人的本性和尊严的劳动与经济生活方式。世界著名的物理学家爱因斯坦，同时也是一位进步的思想家，他从自己一生的科学实践和社会实践中得出了“人类需要社会主义”的结论。1949年，他以《为什么要社会主义?》为题目写了一篇文章。他是从科学知识的角度和社会伦理的价值目的来考察并得出这样的结论的。他认为，资本主义社会是导致人和人的关系异化的根源，是导致人的活动、

---

① 《马克思恩格斯选集》第1卷，人民出版社1995年版，第57页。

② 《列宁全集》第55卷，人民出版社1990年版，第183页。

③ 《马克思恩格斯全集》第19卷，人民出版社1963年版，第130页。

人的劳动异化的根源，是人的利己性和社会不平等、不公正的根源，是对人摧残、教人掠夺、征服、残杀等邪恶的总祸端。而具有崇高社会伦理目的的社会主义社会，其真正目的是要克服和超越人类发展的掠夺阶段，只有社会主义才能改变人及人的存在方式和社会关系，消灭各种邪恶的灾祸。很显然，这种对改变世界的价值目标的追求和设计，是人民价值主体论的立场。

2.中国共产党人的群众观，是以人民群众为价值主体的群众观

在中国共产党人探索中国革命新道路的时期，党就提出了以人民群众为价值主体的群众观。特别是延安整风时期，我们党根据群众战争和坚持群众路线的经验，进一步丰富了以人民群众为价值主体的群众观。毛泽东、刘少奇、周恩来、张闻天等老一辈无产阶级革命家提出了一系列群众观点：群众是真正英雄，为群众谋利益是革命的出发点和归宿，一切对群众负责，群众意见、群众经验是党制定路线的基础，相信群众自己解放自己，向群众学习做群众学生，等等。党的七大上，我们党把以人民群众为价值主体的群众观点和群众路线提升为坚持唯物史观的根本观点和党的根本政治路线、组织路线和工作路线，把党的密切联系群众的作风作为党的三大作风之一，把以人民群众为价值主体的群众路线的基本精神载入党纲党章。毛泽东在《论联合政府》一文中指出："全心全意地为人民服务，一刻也不脱离群众；一切从人民的利益出发，而不是从个人或小集团的利益出发；向人民负责和向党的领导机关负责的一致性；这些就是我们的出发点。"①同时，他强调："共产党人的一切言论行动，必须以合乎最广大人民群众的最大利益，为最广大人民群众所拥护为最高标准。"②这就充分体现了共产党人以人民群众为价值主体的群众观和价值观的有机统一。

新中国成立以后，我们党以人民群众为价值主体的群众观点和群众路线又有了新的深化和发展。特别是党的十三届六中全会专门作出了《中共中央关于加强党同人民群众联系的决定》(以下简称《决定》)，这在国际共产主义运动史上还是第一次。《决定》提出了新时期的群众观点：人民群众是历史创造者，向人民群众学习，全心全意为人民服务，干部的权力是人民赋予的，对党负责与对人民负责相一致，党要依靠群众又要教育和引导群众前进。《决定》强调，党要密切同人民群众的联系，要积极疏通和拓宽党同人民

① 《毛泽东选集》第3卷，人民出版社1991年版，第1094—1095页。

② 《毛泽东选集》第3卷，人民出版社1991年版，第1096页。

群众联系的渠道，首要的问题是建立健全民主的、科学的决策和决策执行程序，保证决策和决策的执行符合人民的利益。党的十五届六中全会作出了《中共中央关于加强和改进党的作风建设的决定》（以下简称《决定》），提出“八个坚持、八个反对”，强调全党要加强和改进党的作风建设。《决定》强调，全党要“坚持密切联系群众，反对形式主义、官僚主义”，正确对待权力、地位和自身利益，为人民掌好权、用好权，做人民的公仆。《决定》还强调，马克思主义执政党的最大危险，就是脱离群众。加强和改进党的作风建设，核心问题是保持党同人民群众的血肉联系。这就进一步丰富了以人民群众为价值主体的群众观：确立人民群众是社会的主人，党要树立党的领导、人民当家作主和依法治国的有机统一的观点；确立对党负责和对人民负责相一致的观点；确立人民群众是权力的主体，党的一切权力是人民赋予的观点；确立党是人民群众的工具，党要树立全心全意为人民服务的观点；确立人民群众是社会利益的主体，党要树立人民利益高于一切、始终代表人民群众利益的观点；确立以人为本的科学发展观，确立“立党为公，执政为民”的执政本质观念，树立一切为了人民的解放、人民的幸福、人民的利益和人民的发展的观点。党的十七大又突出强调了要尊重人民主体地位，发挥人民首创精神，保障人民各项权益，等等。这都充分体现了中国共产党人以人民群众为价值主体的群众观，体现了这种群众观的与时俱进和丰富发展。

（二）人民群众是价值创造的主体

以谁作为价值主体的问题，是决定价值观性质的基本问题，也对价值创造、价值实现、价值评价等问题具有决定意义。以人民群众为价值主体的观点同时意味着对人民群众价值创造主体地位的肯定。

1.人民群众价值创造主体论，是马克思主义唯物史观的必然结论

世界观与价值观的双向建构性，真理与价值的统一性，是马克思主义哲学体系的基本立场和基本倾向。有什么样的世界观、历史观，就有什么样的价值观。同样，有什么样的价值观，就会有什么样的世界观、历史观。唯心史观把社会存在看成是由意识和某种意志力量决定的，也就得出帝王将相、英雄豪杰创造历史的结论，认为帝王将相、英雄豪杰就是价值创造活动的主体和价值世界的主体。马克思主义把科学的实践观引入自己的新哲学，实现了人类哲学史、思想史上的一次伟大的革命变革。它告诉人们，世界是人们生活在其中的世界，社会生活在本质上是实践的，认识世界，考察历史，不

仅从客体、主体的角度去理解，还务必要把感性、现实、对象都当作实践去理解，务必从人的现实态、历时性的实践活动去理解。奠定在马克思主义哲学基础上的马克思主义价值论，强调坚持的基本原则“包括理论与实践统一的原则，真理与价值统一的原则，个人主体与人民主体统一的原则等”[①]。它从人民群众的实践活动出发，科学把握理论的实践性、真理的价值性和社会发展的人民主体性，必然得出人民群众价值创造主体的结论。

2.人民群众价值创造主体论，是理解价值创造、发展的主体根据

人们的社会实践活动是把探求真理和追寻价值有机统一起来的现实运动。马克思主义唯物史观认为，历史不过是追求着自己目的的人的活动而已。人民群众作为历史活动的主体，它依据客体对象的特点、本质、规律，根据自己的利益、目的、需要及本质力量，所进行的价值创造活动，既成为联系主观目的的需要和客观现实存在的中介和桥梁，又创造和实现了价值。从人类历史活动发生机制来看，人的实践活动是有目的的、追求价值、创造价值的改造客观世界的活动，是主客体相互作用的运动。毫无疑问，作为主体的能动的人，是有目的地改造客观世界和主观世界的实践活动中主客体关系相互作用的确立者和推动者，也就成为追求价值、创造价值、实现价值的主体，成为价值关系、价值活动及一切价值的设计者和创造者。

人们的社会实践活动也是人的社会化和社会化的实践的有机统一活动。人的社会实践活动在本质上是人的社会性活动，社会存在和社会发展在本质上又是人们社会化的实践过程。那么，考察社会实践活动中的人，考察人们的社会实践活动，就必须考察个人与他人、个人与社会的各种联系和关系，考察人的社会化及其活动生成、发展的过程。“所以，考察人的需要，人的尺度，考察价值的生成和发展，就不能仅仅只从个人的角度去进行，而必须具有更广阔的社会学视角和历史的眼光。具体地说，要坚持个人主体与人民主体相统一的原则。”[②]

在马克思主义的发展史上，马克思首先从社会和人们的活动的统一的尺度把握社会的存在和社会的发展，把人的价值纳入社会发展规律之中，把人作为历史的主体与社会存在、发展的主体根据，由此揭示了社会存在、社会发展和社会规律的属人性即价值性本质。在马克思看来，人们生产物质

---

① 李德顺、马俊峰：《价值论原理》，陕西人民出版社2002年版，第18页。

② 李德顺、马俊峰：《价值论原理》，陕西人民出版社2002年版，第23页。

生活资料的生产方式是最基本的社会存在，人们及其活动是生产力现实存在及其历史发展的主体，也是生产关系现实存在及其发展变革的主体，还是上层建筑现实存在及其进步完善的主体，人们的活动是社会存在和发展的实践根据。人们的意志、愿望及其历史参与制约着历史演进的趋势，人们历史活动的“合力”推动着历史的发展进程，人们是社会历史的主体根据。社会发展的客观规律就是通过人们的价值活动实现的，实质就是人们创造价值实现价值活动的规律，人们的活动的本质决定了社会规律的本质，人们的活动的价值奠立了历史的规律性、合目的性、价值性的基础。而人民群众正是所有这些活动着的人们的主体。

3.人民群众作为价值创造的主体，是就人类历史发展的总体和趋势而言的

纵观人民群众的社会历史活动，它构成了社会存在、历史发展的价值本质，而人民群众就是一切价值创造的主体。得出这一结论的根据有三：第一，人的实践活动发生的能动性和价值性。无疑，人们的实践活动往往就是人自觉地、能动地满足自身生存、发展需要的价值创造活动，而不是在做无目的的、无价值追求的无用功。那么，人们自觉地、能动地参与历史实践活动，同时就成为自觉的能动的价值创造主体。第二，人民群众活动过程的社会历史性。人们的实践活动本身就属于关系范畴，是一种有意识有目的的、具有社会历史性的现实存在关系，是存续于社会中的、历史发展着的对象性关系。这种社会历史性的现实关系和发展着的对象性关系，正是作为价值创造主体的个体的人与群体的人民群众的主体性、创造性存在的本质方式和发展过程。第三，人民群众实践创造活动趋势的社会进步性。人民群众的创造价值的社会实践活动，就其总体趋向而言，不受单个人的意志左右而转移，是促进历史发展、推动社会进步的活动。人民群众总是以“总和”“合力”的形式，顺应并决定历史进步的必然趋势，成为历史价值创造的必然主体。

4.尊重人民群众的价值主体地位，是马克思主义政党的基本立场

真正的马克思主义政党是自觉尊重人民群众的历史主体和价值主体地位，并将其贯穿于领导人民创造价值的伟大社会实践中的政党。马克思、恩格斯创立的唯物史观告诉我们，人民群众是历史的主人，是一切价值和价值创造的主体。他们认为，“历史上的活动和思想都是‘群众’的思想和活

动……历史活动是群众的事业”[1]。中国共产党自创立以来，始终高度重视人民群众的价值主体和价值创造主体地位，人民群众是历史创造者和价值主体的理论成为党创造性地建设新社会的一个带有根本性的基本观点。毛泽东作为党的领袖，历来十分重视人民群众的伟大历史作用，实现了民本传统向人民本位的转变，提出了人民本位的历史价值观，认为“人民，只有人民，才是创造世界历史的动力”[2]。邓小平强调人民群众是创造历史的主体，也是价值创造的主体。他指出：“马克思主义向来认为，归根结底地说来，历史是人民群众创造的。”[3]江泽民把尊重人民群众历史创造主体地位与尊重历史发展规律统一了起来，他在庆祝中国共产党成立 80 周年大会上的讲话中指出：“任何时候我们都必须坚持尊重社会发展规律与尊重人民历史主体地位的一致性。”[4]以胡锦涛为核心的党中央领导集体提出坚持以人为本的科学发展观，要求全党尊重人民主体地位，发挥人民首创精神，促进人的全面发展，做到发展为了人民、发展依靠人民、发展成果由人民共享。我们深刻认识和把握社会主义建设的规律，就是要解决什么是社会主义、怎样建设社会主义的问题，而这个问题总是与人民群众的主体地位紧密相连。归根结底，就是要尊重人民群众的价值主体地位，充分发挥他们在社会主义建设中的积极性、主动性和创造性，以不断满足他们获取经济、政治、文化和社会发展的权利。

（三）人民群众的实践是一切价值的本质和源泉

人民群众是一切价值的主体，人民群众是价值的创造主体，由此把握价值的本质和源泉，自然得出人民群众的实践是一切价值的本质和源泉的结论。

1.人民群众的实践是一切价值的本质和源泉，这是马克思主义价值论的基本观点

马克思主义价值论的基本立场和观点，是以实践的思维方式思考和解决一切价值问题，也就是按照人的实践本性和实践方式来理解和研究价值问题。根据这种立场和观点，任何价值都是人的实践活动的产物，价值的本

---

① 《马克思恩格斯全集》第 2 卷，人民出版社 1957 年版，第 103—104 页。
② 《毛泽东选集》第 3 卷，人民出版社 1991 年版，第 1031 页。
③ 《邓小平文选》第 1 卷，人民出版社 1994 年版，第 217 页。
④ 《江泽民文选》第 3 卷，人民出版社 2006 年版，第 279 页。

质和源泉就是人类所特有的实践活动。因为人与动物的本质区别就在于人不是适应性生存而是创造性生活，人的创造性生活在本质上是实践的，而实践着的人是价值生成的主体根源，人的实践方式是价值生成的客观基础，人的实践过程就是价值本身的创造实现过程。综观人类一切实践创造活动，其基本意义在于它能够创造价值，人类整个实践过程就是价值的创造过程，同时也是人自身价值创造的过程。从人类历史的长河看，人民群众实践的本质决定着一切价值的本质，人民群众生生不息的实践活动是一切价值的源泉。

2.从人民群众的实践把握一切价值的本质和源泉

从人民群众的实践把握一切价值的本质和源泉，是就人民群众实践活动的总体和本质而言的。马克思指出了旧唯物主义的两个主要缺点：一是不能把事物当作现实人的现实活动、当作实践去理解；二是不能从主体方面去理解。马克思主义的全新历史观，就新在从现实的人和人的实践活动出发，探讨现实的世界及其本质。人们生活于其中的现实世界，就是打上人的印记的人化世界，也就是价值世界；而这个价值世界的本质，世间一切价值的本质，都根源于现实的人和人的现实活动。这是因为，人的实践活动是有目的的对象性活动，需要是人的活动的内驱力，实践是一切价值的根本源泉。“人类一切旨在实现功利、道德、审美等社会和文化价值，追求真善美的活动都是人类的价值活动，它们都是为了人类的需要而创造或实现各种不同价值的‘有目的的活动’。”[①]实践作为人的生命活动的形式，是人的基本存在形式，而实践活动的主体是人，是人民群众。所以，以马克思主义为指导思想的共产党人的价值观，是以人民作为价值主体，从人民群众的历史活动看待一切价值的本质。

人的实践活动虽然呈现作为个体和群体的参与实践、参与价值创造的丰富场面，但从价值创造的总体和总过程看，人民群众是价值创造的主体，人民群众的实践是一切价值的本质和源泉。这是因为，人民群众这个范畴，从量上说，体现着社会人群中的最大多数的集合；从质上说，是指无数推动社会发展和历史前进的人们；从过程上说，是人类的世代发展与无限延续。正是从这个意义上看，人民群众的实践创造了物质财富和精神财富的丰富世界，推进了社会的进步和人自身的发展，这就是价值世界的创造。没有人

① 黄凯锋：《价值论及其部类研究》，学林出版社2005年版，第230页。

民群众的实践活动，任何意义的社会文明和价值都是不存在的。人民群众创造价值的实践活动作为价值的本质和根源，存在于它推动社会发展、创造历史价值的全过程。人们在改造客观世界的历史活动中创造的物质价值和精神价值，构成了社会存在和发展的物质和精神基础；它推动的生产工具的发展和生产关系的变革，标志着生产力的历史发展与社会形态的历史演变；人们主动参与的社会变革活动，规定着社会形态演变的趋向与实现。我们正是从人民群众的价值主体地位和价值本质的意义上说，人民群众是历史的创造者，是物质财富的创造者，是精神财富的创造者，是社会变革与发展的决定力量，是世间一切价值的创造者。

理解人民群众的实践是一切价值的本质和源泉，具体来说有以下几点。

其一，人民群众通过社会实践改造客观世界，创造属人的价值世界。这是人民群众创造价值的最基本、最常见的形式。人们制造工具、创制机器、建构楼房，人们治山治水、改天换地、改造身外自然，都是在通过改造客观世界而创造价值和价值的世界。列宁说过，世界不会自动满足人，人决心以自己的行动来改造世界。从价值创造的角度讲，改造世界的实质就是价值的创造。现实社会人类生活的丰富多彩，人们多方面、多层次的需要的相对满足，正是根源于人们的实践活动对客观世界的改造和价值的创造。

其二，人民群众通过实践改造主观世界，改造自己的认识能力和实践能力，进而创造世界、创造价值。自然物能否成为价值物，客观世界能否为人类服务，从根本上说，受制于人的认识能力和实践能力。人类没有一定的认识能力和实践能力，就不能与客观世界形成改造与被改造的价值关系，就不能认识和创造价值。原始人无视石油、煤炭等矿藏的价值，就是受其自身能力和实践活动的限制，但是矿藏等自然物作为价值对象与人确立价值关系，则是在人们的实践活动中建立起来的。正是从这个意义上说，自然价值也是人民群众在实践活动中创造的。正是人类能力的增强、素质的提高、自身价值的提升，才推动实践活动的发展，推动价值创造活动的发展和价值世界的创造。

其三，人民群众通过实践活动不断改变和发展着人与人、人与世界之间的价值关系，从而不断创造着价值、发展着价值。“人们在不断地进行物质生产的同时，也进行着社会关系的再生产，维持着、改变着、创造着新社会关系和社会生活形式。”[①]事实上，人类的实践活动不断改变和发展着人与世界的价值关系，成为价值发展的本质和源泉。在价值创造活动中，客观世界的改变与人的本质力量的增强是相互作用的。改造客观世界和主观世界，也就是改造和发展人与世界的价值关系，推进新的价值关系取代旧的价值关系，促使新价值取代旧价值。人类的实践活动不断完善和发展着人们之间的社会联系和社会关系，同时拓展和延伸着人和世界的价值关系，也就不断扩展和推进着价值的创造和价值世界的发展。从原始社会到当今世界，正是以人民群众为主体的生生不息的实践活动，不断发展和丰富着人们的社会关系、发展着人与世界的价值关系，从而不断产生价值、实现价值、发展价值。

其四，人民群众的社会实践活动作为价值创造的活动，对自身价值具有更根本的价值创造意义。价值并非只以对象和结果的形式出现，也在创造价值的活动中体现。创造价值的活动就是创造价值的本质力量，这一力量就是由创造价值的活动推动和创造的。人民群众作为历史活动的主体，既为自身创造出对象，又为对象创造出新的自身。价值创造活动中的人们，是主客体双重身份的统一体，既是自觉创造价值的主体，又是自觉把自己设置为客体的自我创造者。所以，从人民群众创造价值的实践活动最终的目的和意义上看，还是指向主体自身，是为了满足自身生存和发展的需要。马克思则把实现人的全面自由的发展作为人类历史活动的最高价值目标。这是因为，人民群众实践活动创造的价值本身就是人民群众创造价值的表现和证明；人民群众的社会实践活动作为人类生存的第一需要和社会发展的第一需要，是人类创造价值的力量，同时又是对价值创造者自身价值创造的力量；人民群众作为价值创造的主体，人民群众的实践活动作为价值创造的本质和源泉，正在于人民群众是价值和自身价值的创造者。人民群众在实践活动中创造的物质价值、精神价值、政治价值、社会发展价值等，无疑就是自身价值的表现和证明。人民群众创造价值的实践活动的过程和力量，也正是改造人类自身、创造新的人类自身的过程和力量。

概而言之，人民群众作为实践活动的主体，作为价值创造的主体，是一切价值的创造者，所以我们只能从人民群众的实践活动理解一切价值的本质和源泉。一般意义上讲，一切价值都是人创造的，都是人在实践中创造

---

① 李德顺、马俊峰:《价值论原理》,陕西人民出版社 2002 年版,第 339 页。

的。就总体而言,人民群众是实践活动的主体,是一切价值的创造者。在人类社会发展的历史长河中,一切价值的根由都在于人民群众的社会实践活动,物质价值、精神价值、政治价值、社会生活价值等是由人民群众的实践活动创造的,而自身创造价值的价值也是人民群众的实践活动自我创造的。由此可见,只要我们把价值归结为人民群众创造价值的实践活动,也就找到了把握价值本质的真谛。

3.人民群众的实践是一切价值的本质和源泉的理论,不仅是马克思主义价值论的基本原理,更是共产党人活动的理论基础和实践理性

马克思主义正是把实践观和群众观作为自己新哲学的理论基石,才突破了由于脱离实践、脱离群众而把理论神秘化、抽象化和经院化的逻辑倾向,超越了由于脱离实践、脱离群众而把价值情感化、先验化和客体化的思维屏障。马克思主义的价值理论坚持从人的、人们的、人民群众的、人类的实践活动出发,按照价值生成的本真来解释和说明价值问题,用人民群众的价值创造实践论证价值的本质和源泉,论证价值、价值观念的变化和发展等价值问题,体现了自己价值理论和社会发展理论的真正优势。

中国共产党人坚持贯彻马克思主义的这个原则,把实践和群众有机统一起来,践履奠定在人民群众实践基础上的群众路线的认识论,践履奠定在人民群众实践基础上的价值论,并以此作为自己理想目标的实现、体制制度的完善、路线方针政策的制定的理论基础和实践理性。共产党人确立和坚持以人民群众为价值主体看待价值的本质,以人民群众为价值主体看待价值的创造性本质,就要在一切活动中尊重人民群众的历史主体和价值主体地位,一切依靠群众。在共产党人自觉创造的社会主义制度下,人民群众不仅是历史主体和价值主体,更是社会的主人,它有史以来第一次实现了主体和主人的统一。中国共产党人建设的中国特色社会主义事业,是群众的事业,是一切为了群众的事业,是一切依靠群众的事业。中国的改革开放,中国的现代化建设,如果离开广大中国人民的充分参与,别说是不可能成功,根本就是不可想象的。共产党人确立和坚持以人民群众为价值主体的价值本质观,以人民群众为价值主体看待价值的本质,就要认识社会主义发展与人民自觉和充分参与的一致性,在一切活动中坚持尊重历史规律与尊重历史主体和价值主体地位的一致性,坚持尊重历史规律与尊重人民社会主人地位和价值主体地位统一的一致性,真心实意地尊重人民群众的社会主人地位,领导和支持人民当家作主,真心实意地尊重人民群众的价值主体地

位，全心全意地为了人民群众、依靠人民群众。

（四）人民群众是价值评价的主体

价值评价活动和价值创造活动一样，是人类所特有的活动，存在于人类的实践性活动之中。人们无时无刻不在创造着，亦无时无刻不在评价着。评价主体可以是个人、群体、集团和阶级，也可以是社会、民族和国家，所以评价才总会呈现多元冲突和丰富多彩的画面。我们说人民群众是价值评价的主体，强调的是一个以人民群众为评价主体的价值立场问题。具体来说，主要是从政党特别是执政党评价价值和选择价值、创造价值和实现价值的立场、观点和方法而言的。也就是说，这是一个政党评价和选择价值、创造和实现价值，是以自己为价值主体，站在自己的价值立场，还是以人民群众为价值主体，站在人民群众的立场的问题。显然，这是一个至关重要的问题。所以，以谁为价值评价主体的问题，对于执政党来说，是一个关系执政党性质和党的执政观本质的重要问题。

1.人民群众价值评价主体论，是马克思主义价值评价理论的基本观点

人民群众价值评价主体论作为理论问题，是马克思主义价值论的基本立场。在马克思主义价值论看来，既然人民群众是价值创造的主体，人民群众是一切价值的本质和源泉，那么，人民群众理所当然应该是价值评价的主体。如我们前面所述，“人民群众是价值创造的主体”“人民群众是一切价值的本质和源泉”，这本身就是一种对价值创造者、对价值创造本质和源泉的肯定性价值评价。显然，它是以人民群众为价值评价主体，对“价值”的观念的评价把握活动。马克思主义价值论认为，人民群众作为价值创造的主体，人民群众的活动作为一切价值的本质和源泉，说明人民群众是历史发展和社会进步的主体根据，是一切价值生成、发展的主体根据，也理所当然是历史的主体和主人，是价值的主体和主人，当然也是价值评价的主体和主人。这是社会发展进程中无须证明、不容置疑的社会公理。

这是出于以下三方面原因：一是人民群众作为价值创造主体，最有可能成为价值评价主体。从价值评价的功能说，价值评价在人类活动中，“有四种最为基本的功能，其一是判断功能；其二是预测功能；其三是选择功能；其

四是导向功能"[①]。从价值评价的最基本形式看,形式之一是以人的需要为尺度,对已有的客体作出价值判断;形式之二是对将形成的价值作出超前性的价值预测判断;形式之三是将同样具有价值的客体进行价值比较,作出价值序列或者价值程度的判断。[②] 可见,无论是从价值评价的功能还是从价值评价的形式来说,价值评价主要是为价值选择和价值创造服务的。在人们的价值创造活动之前,人民群众作为价值创造主体,总是根据自己对客体的价值评价,选择可能的客体进入自己的活动领域,以形成主客体价值关系;也总是根据活动的价值评价预测,确立价值活动的价值目标;又总是根据客体及其实践活动可能实现价值的优劣比较,而作出优先顺序的选择。正是人民群众可能的价值评价,激励并导向着人民群众的价值选择、价值创造和价值预期目标的实现。

二是人民群众作为价值创造主体,其活动成为理解一切价值的本质和源泉,所以其最有能力成为价值评价主体。从一般意义上看,毫无疑问评价是以人为主体而掌握世界意义的观念活动[③],是人把握客体对人的意义、价值的一种观念性活动。[④] 从评价活动的特点来看,评价是人们价值地把握世界的方式,它虽然来自世界的事实认识,但价值是一种特殊的事实,评价是人们对这种特殊事实的特殊认知。人们价值地把握世界,需要一定的价值认知、选择和评价能力,而人的价值认知、选择和评价能力不是先天就有的,而是在后天的价值创造活动中创造的。人民群众的价值评价能力也不是什么人赋予的,而是人民群众在创造价值的社会实践活动中创造的。人民群众价值评价的主体地位更不是什么人恩赐的,而是人民群众在无限的选择价值、创造价值、发展价值、实现价值的价值创造活动过程中形成和发展起来的。正是人民群众价值创造的实践活动创造了价值,同时也创造了人们价值认知、价值选择和价值评价的能力。人民群众是价值创造的主体,人民群众的实践活动是一切价值的本质和源泉,当然,人民群众也就最有能力成为价值评价的主体。事实上,也只有人民群众是当之无愧的价值评价主体。

三是人民群众作为价值创造主体,最有资格成为价值评价主体。人民群众作为价值创造的主体,应该是价值创造成果的主人,最有资格对自己的

① 冯平:《评价论》,东方出版社 1995 年版,第 2 页。

② 参见冯平:《评价论》,东方出版社 1995 年版,第 2—4 页。

③ 参见马俊峰:《评价活动论》,中国人民大学出版社 1994 年版,第 113 页。

④ 参见冯平:《评价论》,东方出版社 1995 年版,第 1 页。

价值创造活动进行价值预测、对自己的价值创造活动过程进行评估，也最有资格对自己的价值创造活动形成的价值对象进行价值评价，成为价值消费和价值享用的主人。

综观人类社会的发展与进步，毫无疑问，人民群众是历史价值的创造者，人民群众的实践活动是一切价值的本质和源泉。自然，人民群众就最有资格成为价值评价的主体。因为这种资格原本就是人民群众的价值创造活动赋予的：价值的创造者理应是价值评价的主体，价值创造和价值实现的本来面貌就应该如此。因为这种资格是历史发展本质和社会前进趋势的要求：人民群众的需要代表了社会发展的要求，代表了历史进步的趋势，只有依赖于人民群众的评价和选择，只有依赖基于价值评价和选择的人民群众的实践活动，才能实现历史发展的本质，才能顺应社会前进的历史趋势。

2.人民群众价值评价主体论，是执政的马克思主义政党的基本价值立场

人民群众价值评价主体论作为现实问题和实践问题，是执政的马克思主义政党的基本价值立场，也是执政的马克思主义政党的基本政治立场。中国共产党就是人民群众价值评价主体论的坚定奉行者，因之坚定地以马克思主义为党的理论基础，必然就坚定地坚持马克思主义价值论的基本结论，坚持人民群众价值评价主体论的基本价值立场。

中国共产党人坚持人民群众价值评价主体论的基本价值立场，是党性和执政本质的根本要求。共产党的党性，说到底就是人民性，在价值评价问题上就是坚持人民群众评价主体论。以人民群众为价值评价主体，体现中国共产党作为执政党的执政特质，彰显共产党存在及其活动的价值和意义。不同的执政党有不同的执政理念，执政理念中以谁为价值评价主体，不仅体现执政党的本质特征，更体现执政党的执政活动特质，对于执政党具有定性、定位意义。中国共产党正是因为确立的以人民群众为价值主体和价值评价主体，才决定着它作为执政党的执政不仅具有社会历史进程中全新的执政理念，更具有立党为公、执政为民的执政特质和执政行为模式意义上的全新性，还全面彰显了它作为执政党存在的社会价值和历史意义。中国共产党人以人民群众为价值主体和价值评价主体，其一切活动和一切工作必须以履行这一执政理念为行为准则，以人民群众的评价来判定党作为执政党的社会价值，以坚持人民群众价值评价主体论的基本价值立场的实现程度为现实尺度。作为执政党，偏离人民群众价值评价主体论的基本价值立

场，便是根本的离经叛道，更失去其作为共产党执政个性特征存在的意义和价值；作为党员个体，背离党的人民群众价值评价主体论的基本价值立场的行政行为，便是对党的背叛，也失去了作为党员存在的意义和价值。

中国共产党人坚持人民群众价值评价主体论的基本价值立场，是正确执政和持续获得人民群众认同的根本要求。共产党人坚信，执政的正确性与得到人民群众认同是一致的。因为共产党作为执政党，其掌握的政治权力来自人民群众委托，是用来为人民群众服务的。江泽民指出："我国是社会主义国家，人民是国家的主人，中国共产党的执政地位、社会主义国家的一切权力都是来自于人民的，领导干部手中的权力说到底都是人民赋予的……领导干部必须运用人民赋予的权力为国家的发展、富强、安全服务，为人民群众的团结、富裕、安宁服务。"①至于服务得如何，当然不是由自己来评价，必须要由人民群众这个权力的主人来评判。所以在社会的精神文明建设方面，"作品的思想成就和艺术成就，应当由人民来评定"②。社会发展和物质文明建设方面，"生活水平究竟怎么样，人民对这个问题感觉敏锐得很。我们上面怎么算账也算不过他们，他们那里的账最真实"③。"在选人的问题上，要注意社会公论，不能感情用事。"④也就是说，人民群众是价值评价的主体，评价执政党执政的社会价值必须把人民放在评价主体的位置，充分尊重最广大最基层人民群众的意见，不能以领导者的个人感情、爱好、好恶为标准。这是因为，人民群众既然是权力的主人，理所当然就是对共产党执政是否正确、是否得民心的评价的主体。其执政的正确性和有效性不在于自我评价和自我意识，而在于获得人民群众的肯定和认同。

共产党在执政活动中坚持人民群众价值评价主体论的基本价值立场，从本质上说，它直接体现了执政党的价值观。作为指导执政党执政的根本价值理念，它又根本体现了执政党执政的根本立场、观点和方法。中国共产党作为一个自觉的马克思主义政党，在政党和民众的伦理价值关系中，自觉把人民群众放在评价主体的位置；其认识世界、处理事物的根本价值立场、根本价值观点，就是坚持人民群众价值评价主体论的基本价值立场；其政党、政权的体制机制制度的设计与安排，执掌政权、治理社会的路线方针政

① 《江泽民文选》第3卷，人民出版社2006年版，第420页。
② 《邓小平文选》第2卷，人民出版社1994年版，第212页。
③ 《邓小平文选》第3卷，人民出版社1993年版，第355页。
④ 《邓小平文选》第3卷，人民出版社1993年版，第300页。

策的选择与实施，都直接或间接地展现着这一政党伦理价值观念的基本内涵；其改造社会的人文价值目标、执政理国的政治理性、执政活动的价值取向，都映射着这一政党伦理价值之光。人民群众也正是透过共产党这一独特的价值立场来认识这个政党的本质特征，从而作出郑重的选择。共产党也正是因为坚持人民群众价值评价主体论的基本价值立场，以代表人民、服务人民的惯常形象展现于世人面前，才以此赢得人民的持续信任、尊重和认同。

中国共产党人坚持人民群众价值评价主体论的基本价值立场，是科学执政和有效执政的根本要求。科学执政和有效执政，就是执政党正确认识了共产党执政的规律，并按规律办事，就是共产党执掌政权取得了实效和成功。共产党执政的科学和有效，实质就在于是否正确把握了其执政的特殊规律。什么是共产党执政的特殊规律？党的十六大报告指出："我们党历来以实现和发展人民民主为己任……发展社会主义民主政治，最根本的是要把坚持党的领导、人民当家作主和依法治国有机统一起来。"[①]这就指出了共产党执政的特殊规律：党的领导、依法治国与人民当家作主必须有机统一，一是党领导人民治理国家，实质是领导和支持人民当家作主，二是党依法治国、执政为民，实质是按照人民的意志执政理国，为人民服务。我国依法行政、依法治国的过程，实际上就是在党的领导下维护人民群众主人翁地位的过程，就是保证人民当家作主的过程，实际上就是坚持人民群众价值评价主体论的基本价值立场的实践过程。

共产党执政的科学和有效，实质就在于实现社会发展和共产党执政的合规律性与合目的性的统一、真理观与价值观的统一。"评价反映了人类活动的一个本质特点：合规律性与合目的性的统一。"[②]共产党在执政活动中坚持人民群众价值评价主体论的基本价值立场的实践过程，正是实现执政的合规律性与合目的性的统一的过程。坚持民主执政、人民当家作主，体现了共产党执政的特殊规律和社会主义发展的特殊规律，也正确反映了社会发展的一般规律。坚持执政为民、最大限度地符合最广大人民群众的愿望和意志，就保证了社会发展和共产党执政的合人民目的性。

---

① 《江泽民文选》第 3 卷，人民出版社 2006 年版，第 553 页。

② 冯平：《评价论》，东方出版社 1995 年版，第 1 页。

(五)人民群众价值主体论是共产党人价值观的核心

人民群众价值主体论是共产党人群众观的重要内涵,也是共产党人价值观的核心内涵。价值观的核心问题和基本问题就是以什么人为价值主体的问题。因为价值作为一个关系范畴,表征的是主体与客体之间特定的价值关系,即人与世界之间的合目的性关系。那么,世界全部价值的落脚点都毫无例外是对于人的价值。所以,价值观的根本问题就是"为什么人"的问题,即对于什么人的价值,谁是价值主体和评价主体,以谁的意志、愿望、利益和要求为价值确定的根据和评判的标准的问题。这是个根本价值立场、根本价值观点问题,它是一切价值观首先遇到并且必须作出回答的问题,是贯穿于价值观其他问题和价值活动始终的基本问题。因为价值主体的设置和确认,对价值和价值观的形成与确立至关重要。它不仅决定着主体间、主客体价值关系的合理建构,更决定着主客体价值关系的性质,同时决定着价值尺度和价值目标的选择与确立,决定着价值手段和价值实现途径的选择与运用,进而也决定着价值观体系的构成和价值观性质。

首先,中国共产党人的价值观就是以人民群众为价值主体的价值观,以人民群众为主体构成了共产党人价值观区别于其他价值观的本质特征和核心问题。价值观人人都有,各个阶级都有,任何政党都有,但却不尽相同,甚至完全相反。迄今为止,几乎所有的执政党或执政者都由其自身特定的阶级性质决定,总是以其所代表的阶级和集团为价值主体,以人民大众为价值客体,他们的价值追求都在于最大限度地满足本阶级或集团的需要和利益。在这种价值主体的设计下,一切对社会的统治、管理、服务等,无论其形式如何,无一不是为了实现自己的价值目标——巩固本阶级的政权并以此满足和维护本阶级的经济、政治、文化利益需要。同样,也正是因为这一点,不论是封建皇帝的休养生息、体恤民情,还是资产阶级政党的民主、法制、议会制度、亲民政策等,都不过是笼络人心、获得一定支持率的手段,目的在于维护其统治。

中国共产党价值观的本质特征就是以人民群众为价值主体的价值观。中国共产党的性质决定了它必须坚持马克思主义的人民价值主体论,即以中国人民大众作为价值主体,以党自身作为实现与满足人民利益和需要的价值客体,以为人民服务作为党一切活动的行为准则,以最大限度地满足中国人民的利益和要求作为自身价值实现的体现,把党的价值目标追求和实现完全融于全心全意为人民服务的事业之中。正是这种基于党的性质基础上的人民群众价值主体确立，正是全心全意为人民服务的价值目标的现实努力，正是人民群众价值主体论的这一价值观核心的始终坚持，构成中国共产党同其他执政党的根本差别。

其次，人民群众价值主体论作为价值观的核心问题和根本问题，是中国共产党人价值观体系构成的灵魂。价值观体系中诸如价值主客体、价值标准和价值尺度、价值目标和价值实现途径等主要问题，都可以由此直接或者间接地引申出来。"为什么人的问题，是一个根本的问题，原则的问题。"[①]中国共产党人正是从这个根本的问题、原则的问题出发，形成了以人民群众为主体的主客体价值关系，确立了以人民群众的利益为价值本位、一切从人民利益出发的价值选择取向，确立了以人民群众的利益、愿望作为共产党人活动的价值标准，确立了社会发展与人民群众的发展统一的人文价值目标，确立了共产党人的价值创造活动与人民群众价值创造活动有机结合的价值创造途径。

共产党人的一切社会实践和社会活动，都是在实践人民价值主体论的价值观。在主客体价值关系的确立上，正如邓小平那样，始终以"中国人民的儿子"定位，热爱人民，尊重人民群众的社会主体和价值主体地位，强调"领导就是服务"[②]。在价值标准的坚持上，"时刻关注最广大人民的利益和愿望，把'人民拥护不拥护'、'人民赞成不赞成'、'人民高兴不高兴'、'人民答应不答应'作为制定各项方针政策的出发点和归宿"[③]。在价值尺度的把握上，认为"党的全部任务就是全心全意地为人民群众服务"[④]，要像毛泽东在《为人民服务》中强调的那样，把完全为着解放人民，彻底地为人民的利益工作看作自己的本分，把全心全意为人民服务作为党的宗旨，同时也作为人民政府及领导干部的宗旨和应尽的职责。在价值目标取向上，共产党作为执政党，在其执掌政权和治理社会的活动中，一切言论和行动都从人民利益出发，而不是从个人或者小集团的利益出发，一切以人民群众的利益、愿望和要求作为自己的最高价值标准和评价标准。在价值创造活动途径的选择

① 《毛泽东选集》第3卷，人民出版社1991年版，第857页。

② 《邓小平文选》第3卷，人民出版社1993年版，第121页。

③ 中共中央文献研究室编：《十四大以来重要文献选编》（上），人民出版社1996年版，第450—451页。

④ 《邓小平文选》第1卷，人民出版社1994年版，第217页。

上,把保持、巩固和加强同人民群众的血肉联系与人民群众的价值创造活动有机结合,实现共产党人价值创造为了人民群众、服务人民群众的目的。

最后,人民群众价值主体论作为中国共产党人价值观的核心内涵,作为群众观、历史观的重要内涵,集中体现为党的根本认识路线和工作路线。“一切为了群众,一切依靠群众,从群众中来,到群众中去”的群众路线,就是人民群众价值主体论在政党实践即群众工作中的集中体现。在社会历史进程中的中国共产党人,无论是认识世界及其发展的本质和规律,还是改造世界、建设新社会的现实实践,都在于践履人民群众价值主体论的价值观,都在于践履人民群众历史主体的历史观。由此决定的其根本的认识路线和工作路线,就是“一切为了群众,一切依靠群众,从群众中来,到群众中去”的群众路线。所以,人民群众价值主体论既是价值观、历史观,又是认识方法、工作方法;人民群众既是最基本的价值主体,也是最基本的认识主体和实践主体。中国共产党人的群众路线作为党的实践理性和独特创造,是价值观、世界观和方法论的统一,是认识世界和改造世界的有机统一;中国共产党人的群众路线作为党的根本认识路线和工作路线,是共产党人正确认识世界的价值观、群众观、历史观的保证,又是共产党人科学改造世界无往而不胜的根本保证。

再版同期声:价值观问题,简单说就是为什么、为了谁的问题。在这个问题上,我们这个建党百年的马克思主义政党始终是十分清楚、十分明确的。“为人民服务”几个简单的大字,深刻精辟地表达了我们党的价值观,那就是人民群众价值主体论。党的十八大以来,以习近平同志为核心的党中央就多次十分清醒地告诫全党:“人民立场是中国共产党的根本政治立场,是马克思主义政党区别于其他政党的显著标志。”[①]把坚持人民主体地位作为全党必须坚持的第一条重要原则,要求全党必须坚持发展为了人民、发展依靠人民、发展成果由人民共享,还特别强调要作出更有效的制度安排,使全体人民在共建共享发展中有更多获得感,增强发展动力。在党的十八大之后,我们党在全党范围内深入开展了一场以为民务实清廉为主要内容的党的群众路线教育实践活动,着力解决人民群众反映强烈的突出问题。要求全党要适应新形势下群众工作的新特点新要求,深入做好组织群众、宣传群众、教育群众、服务群众工作,虚心向群众学习,诚心接受群众监督,始终

① 习近平:《在庆祝中国共产党成立95周年大会上的讲话》,《人民日报》2016年7月2日。

植根人民、造福人民，始终保持党同人民群众的血肉联系，始终与人民心连心、同呼吸、共命运。要从人民伟大实践中汲取智慧和力量，办好顺民意、解民忧、惠民生的实事，纠正损害群众利益的行为。2014年10月8日，在党的群众路线教育实践活动总结大会上，习近平同志指出："让群众满意是我们党做好一切工作的价值取向和根本标准，群众意见是一把最好的尺子。"[①]这是我们这个百年大党的独特的政治传统和政治优势所在。2014年2月，习近平总书记在接受外国媒体专访时，曾经十分直白地告诉他们："我的执政理念，概括起来说就是：为人民服务，担当起该担当的责任。""人民对美好生活的向往就是我们的奋斗目标。"[②]这就是新一代中央领导集体的价值观。十几年来，他们是这样说的，也是这样做的，这是我们党在中国特色社会主义新时代不断取得伟大成就的根本所在。

五、人民群众权力主体论

人民群众权力主体论是马克思主义群众观的重要组成部分，体现了马克思主义关于国家、公共权力理论的思想实质。人民群众权力主体论包括三个层面的内容：从公共权力的归属来看，在社会主义社会中，公共权力不再为统治阶级所垄断，人民群众成为公共权力的真正主人；从公共权力的服务对象来看，权力的公共性和人民性使其服务性特征日益超越强制性特征，政府由"权力本位"走向"服务本位"；从公共权力的具体运行来看，人民群众一方面通过选举、参与决策、监督等民主形式对政府公共权力的运作加以控制，另一方面通过普遍的居民自治、广泛的非政府组织等途径直接参与社会化、多元化的公共权力运作。共产党作为无产阶级和人民群众的先锋队，必须坚持以人民群众权力主体论为本质的权力观，认识到党的执政权力来源于人民群众的衷心认同，运用公共权力为人民服务，领导和组织人民当家作主。

（一）人民群众是社会公共权力的主人

权力，从最一般意义上讲，指具备一定资格的主体基于一定的利益或目

① 习近平：《在党的群众路线教育实践活动总结大会上的讲话》，《人民日报》2014年10月9日。

② 《习近平接受俄罗斯电视台专访》，《人民日报》2014年2月9日。

的，通过带有一定强制力的方式左右客体态度或行为的能力。现实中的权力大体可分为两类：一类是个人享有的权利，如财产权、肖像权、隐私权等，是人权的主要组成部分；另一类是对社会、国家管理的权力，也可称为统治权、领导权、政治权，是通过某种职位体现出来的权力，即公共权力。公共权力与一般权力相比，有着自己独特的性质。首先，公共权力具有公共性和社会服务性，它是适应公共社会需要、处理公共事务而产生的。其次，公共权力具有明显的强制性。它以一部分人自愿或被迫服从为前提，如行政权力行使过程中产生的命令、禁止、决定等，被管理者有必须服从的义务，如果被管理者不服从，行政机关可以给予必要的制裁，迫使其履行义务。再次，公共权力具有普遍性，几乎涉及社会一切领域，对社会一切阶级、阶层、组织和个人都有或大或小的影响。最后，公共权力具有代表性的特点。在历史和现实生活中，公共权力在很大程度上只具有个人或少数人的形式，国家、政府和其他群体组织的权力大都是抽象的理论上的存在，代表它们行使权力的都是具体的人。

公共权力在历史上与国家有着极为紧密的联系，但它不等于强制性的国家权力，还包括社会自治性的公共权力。列宁认为："把强制权力当作国家的特征是完全不对的，因为在人类的任何共同生活中，无论在氏族制度或家庭中都有强制权力，但在那里并没有国家。"①在国家产生之前，部落、氏族等群体也存在公共事务，存在处理公共事务的氏族机关和酋长，存在居民自发的武装，因而存在公共权力。这是历史上形成的最初形态的具有原始民主性的公共权力，主要依据居民的共同同意和道德强制来发挥作用，是一种社会自治性的公共权力。在国家产生以后，社会自治性的公共权力在一定程度上特别是在国家权力的控制范围之外，仍然长期存在。无论是古代中国乡村的"乡绅治乡"，还是近代欧洲的城市法人团体自治，都属于带有社会自治性特征的公共权力。当前，中国农村大力推行的村民自治也属于一种国家公共权力指导下的社会自我管理。显然，社会自治性的公共权力，其主体是一定范围内进行自我管理的居民群体。

当人类社会进入阶级社会之后，由于阶级对立和社会冲突难以协调，产生了国家公共权力。恩格斯在《家庭、私有制和国家的起源》中说："国家是承认：这个社会陷入了不可解决的自我矛盾，分裂为不可调和的对立面而又

① 《列宁全集》第1卷，人民出版社1984年版，第380页。

无力摆脱这些对立面。而为了使这些对立面，这些经济利益互相冲突的阶级，不致在无谓的斗争中把自己和社会消灭，就需要有一种表面上凌驾于社会之上的力量，这种力量应当缓和冲突，把冲突保持在'秩序'的范围以内；这种从社会中产生但又自居于社会之上并且日益同社会相异化的力量，就是国家。"[①]与社会自治性的公共权力不同，国家公共权力凌驾于社会之上，主要依靠专门的强制机关通过暴力来实施，以维护剥削阶级的政治统治为主要目的。在漫长的阶级社会中，国家公共权力一直为少数有产者所垄断，"作为同社会相异化的力量的代表，必须用特别的法律来取得尊敬，凭借这种法律，他们享有了特殊神圣和不可侵犯的地位"[②]。可见，国家产生之后，公共权力就不再为全社会民众所共同享有了，它已经变成了少数人对多数人的特权。正如恩格斯所指出的，"国家的本质特征，是和人民大众分离的公共权力"[③]。在阶级社会中，国家公共权力虽然也要承担一些公共管理和公共服务的职责，但在权力的具体实施过程中，"它几乎把一切权利赋予一个阶级，另方面却几乎把一切义务推给另一个阶级"[④]，其阶级统治工具的性质远远大于其公共服务的特征。

封建社会的"朕即国家""君权神授"理论和资产阶级的人民主权理论，都着力论证阶级社会中少数剥削阶级垄断国家公共权力的合理性。前者努力维护君主专制制度，认为君主对国家公共权力的绝对垄断是"神意"的体现。例如，中国古代奉行"家天下"的思想和制度，使得国家公共权力的公共性与君主专制权力的私人性融为一体。后者从"天赋人权"原则出发，认为人民是最高的主权者，是一切权力的来源，而公共权力是依据人民共同缔结的"社会契约"而产生的，应该掌握在人民手中。尽管资产阶级的人民主权理论掩盖了资本主义国家的阶级性本质，但它对"君权神授"理论的取代在很大程度上恢复了国家公共权力应有的公共性特征。人民主权理论使资本主义社会的公共权力在理论和实践上增添了较多的民主色彩，主要表现为权力的平等性和民意性特征日益明显。在奴隶社会和封建社会中，公共权力具有单向性的特点，影响者与被影响者之间是极为不平等的。但在资本主义民主制度下，公共权力在一定程度上成为一种相对平等、相互依存的权

① 《马克思恩格斯选集》第4卷，人民出版社1995年版，第170页。
② 《马克思恩格斯选集》第4卷，人民出版社1995年版，第172页。
③ 《马克思恩格斯选集》第4卷，人民出版社1995年版，第116页。
④ 《马克思恩格斯选集》第4卷，人民出版社1995年版，第178页。

力关系。从某种角度上看，权力双方都是影响者，个人都享有一定的民主权利，不管是一般民众，还是政府或政党首脑，双方都存在着一定的制约关系。权力的平等性使资本主义国家的公共权力比起以往的阶级社会更多地体现了人民的意愿，反映了人民的呼声，具有相当进步的民意性。此后，人民主权的民主政治理念一直是现代国家赖以成立的理论基石，并且对马克思主义的公共权力学说产生了深远的影响。

马克思主义认为，权力分配的结果最终取决于物质资料的占有状况。在私有制社会，权力总是垄断在占有生产资料的少数剥削阶级手中。尽管实行代议制民主的资本主义国家宣扬“人民主权”理论，但其公共权力的实质也是资本剥削雇佣劳动的权力、有产阶级用来压迫无产者的权力。“在这种国家中，财富是间接地但也是更可靠地运用它的权力的。其形式一方面是直接收买官吏（美国是这方面的典型例子），另一方面是政府和交易所结成联盟……”[①]只有在消灭了生产资料私人占有制以后，一切社会权力才“不再被一个受过训练的特殊阶层所私有”，被少数人窃取的权力将重新回归人民手中。

因此，在资产阶级统治的国家中，无产阶级要解放自己，成为公共权力的真正所有者，必须推翻剥削阶级的专政，打碎旧的国家机器，建立无产阶级专政，并在此基础上实行人民管理的制度。“共产党人的最近目的是和其他一切无产阶级政党的最近目的一样的：使无产阶级形成为阶级，推翻资产阶级的统治，由无产阶级夺取政权。”[②]这是实现人民群众把国家政权重新收回，促使国家机关和公职人员承认人民权力本位的前提条件。无产阶级在夺取政权之后，不能简单地掌握现成的国家机器，并运用它来达到自己的目的。[③] 无产阶级专政必须采取人民管理的方式，立法机关和行政机关由选举的或雇佣的公务员组成，他们没有凌驾于公民之上的实际权力。马克思高度评价了人类历史上第一个无产阶级专政的政权——巴黎公社，认为公社体现了“社会把国家政权重新收回，把它从统治社会、压制社会的力量变成社会本身的生命力”[④]，“实质上是工人阶级的政府，是生产者阶级同占有者

---

① 《马克思恩格斯选集》第 4 卷，人民出版社 1995 年版，第 173 页。

② 《马克思恩格斯选集》第 1 卷，人民出版社 1995 年版，第 285 页。

③ 参见《马克思恩格斯选集》第 3 卷，人民出版社 1995 年版，第 52 页。

④ 《马克思恩格斯选集》第 3 卷，人民出版社 1995 年版，第 95 页。

阶级斗争的产物，是终于发现的可以使劳动在经济上获得解放的政治形式”[①]。

马克思主义认为，在实行无产阶级专政的社会主义国家中，一切权力属于人民，人民群众既是权力的主体，又是权力的客体，人民群众的根本利益是国家公共权力的归宿、目的和宗旨。人民赋予他们领导者的各种权力在行使的过程中仍带有法定的强制性和支配性，但这是以维护人民群众的根本利益为基础的。权力的公共服务性特征更为明显，权力运行和手段从本质上来讲就是为人民服务的。但是在社会主义现阶段，权力分配仍然存在着事实上的不平等。这主要是因为，社会主义社会的公有制还不是马克思所设想的“自由人的共同体”，而仅仅是某个部门、单位或企业的“局部人的共同体”。这种情况必然会造成不同部门、企业、职业的劳动者对生产资料的占有和使用存在差异，从而使权力分配中的身份制、单位制、行政级别制难以避免。此外，社会主义社会由于社会分工的限制，人民群众不可能直接管理国家、社会和公共事务，只能由人民群众选出的代表或委任的专职公务人员来进行管理。因此，在实际的管理者与被管理者之间，公共权力资源的分配也存在着事实上的不平等。

在社会主义社会中，公共权力分配事实上的不平等将随着向共产主义社会的过渡而逐渐消除。正如马克思所指出的，如果说无产阶级革命建立的政治统治改变了权力的政治性质，那么，在进入共产主义社会第一阶段以后，权力就在服务的对象方面逐渐失去了政治性质，它直接为广大人民服务。也就是说，在社会主义社会，国家公共权力的政治性将逐步走向消亡，公共权力的社会自治性将逐步占据主导地位。人民群众作为公共权力的真正主人将逐步由间接的权力主体转变为亲自参与社会公共事务管理的直接权力主体。当然，国家公共权力消亡的进程是一个与社会经济和文化发展相伴随的长期过程。列宁在谈到国家完全消亡的条件时强调必须组织群众参加社会管理，首先是经济管理，发展社会主义民主，使民主由政治领域到经济领域、由社会生活到居民生活全面推进。只有当人人都学会管理，都能对不劳而获者进行监督的时候，特殊的管理机构和管理人员就会成为多余的了。

---

① 《马克思恩格斯选集》第 3 卷，人民出版社 1995 年版，第 59 页。

(二)为人民群众服务是社会公共权力的本质要求

如前所述,公共权力具有公共性或服务性的特征。所谓"公共性"是指公共权力应当适应社会公共需要,以追求并服务社会公共利益为目的,以保障公民基本权利为前提,调动集合社会公共资源,维持社会公共生活秩序,管理社会公共事务。具体而言,权力的公共性或服务性包括三方面的含义:一是以实现和维护人民群众的民主权利和社会经济权利作为公共权力运作的目的和基础,公共权力本质上作为人民权利的保障。二是公共权力要维持社会公正与利益平衡,既能保证社会各阶层都能从公共利益的实现过程中受益,也能让各阶层人民群众自身的利益得以适度实现。三是公共权力的运作过程中给人民群众提供利益表达和主张自己权利的机会。

公共权力的公共性和服务性要求具体行使公共权力的政府必须具有民主的、负责任的和回应的特征。首先,政府的产生必须通过民主程序。按照人民主权理论和社会契约理论,为实现公正,减少利益冲突,限制社会利益冲突产生的不良后果,各社会群体相互订立契约,把本属于自己的一部分权力让渡出来,形成公共权力,由全体社会成员选举的少数代表掌握,以便以最小的代价获得最大利益。只有权力来自公民的委托或授权的政府才会在管理社会公共事务的过程中,尽力维护社会公共利益和人民群众的切身利益。其次,政府必须是负责任的政府。政府在代表社会各利益群体行使公共权力时,必须对权力的授予者负责。作为整体的政府要努力实现社会意志所提出的目的,保障社会利益,政府内部的工作人员也要努力展现个人的诚实、公正、道德责任,为人民群众服务。最后,政府必须善于对社会和公众作出回应。所谓"回应"就是对人民群众提出的愿望和要求及时了解,并积极采取行动加以满足。回应力的高低是衡量政府公共权力服务性的重要特征,能够反映公众需求并满足公众合法期待的政府才是人民群众真正需要的政府。

公共权力的服务性和强制性特征并不是全然分开的,而是相互交错、一直并存的,但在不同的历史发展时期表现的侧重点却是不同的。两种特征的并存,使得具体行使公共权力的政府存在着某种意义上的"权力定位"和"服务定位"的价值冲突。唯一合法的暴力机关的角色决定了政府可能凌驾于社会之上、通过强制手段来实现和维护统治阶级的利益;而公共服务机关的角色则要求政府把自身放在服务者的地位,体现社会公共利益,使人民群众满意。在阶级社会中，国家公共权力为占人口少数的剥削阶级所垄断，成为他们剥削、压迫劳动人民的工具，严重脱离了社会，与构成社会主体力量的劳动群众处于对立状态。正如恩格斯所说的，国家公共权力成为“从社会中产生但又自居于社会之上并且日益同社会相异化的力量”[①]。镇压被剥削阶级的反抗成为具体行使公共权力的政府机构的主要职能。即使是阶级社会中残存的带有社会自治性的部分公共权力，也大多为剥削阶级的精英人物所控制，成为他们维护本阶级整体利益的工具或补充。例如，中国古代农村由地主阶级直接控制的“乡绅自治”就和“王权止于县政”的封建国家政权相互配合，连为整体，共同组成压迫和束缚广大农民群众的公共权力系统。

当然，在阶级社会中，国家权力仍然要履行一些基本的社会公共服务职能，如维持社会治安，兴修水利、交通、文教和城市基础设施，保障国防等。尽管这些服务职能与国家权力的强制性特征相比处于次要地位，并且本质上是为了剥削阶级统治的长治久安服务的，但劳动人民也能在一定程度上享受到这种公共服务的成果。在资本主义社会，一方面随着人类文明的不断前进，公共事务的数量、种类不断增加，涉及的领域越来越广；另一方面，受民主制度的制约，企图上台执政直接控制公共权力的各资产阶级政党除了争取本阶级的支持外，还必须争取占人口多数、拥有选举权的广大人民群众的支持。这使资本主义社会公共权力的服务性特征日益明显，而公共权力的强制性特征却被“人权”“自由”“平等”“博爱”等口号掩盖起来。特别是20 世纪 70 年代以后，发达资本主义国家纷纷推行“新公共管理”的理念，走上了政府改革之路，对政府职能进行再设计，实现了由过去重控制轻服务、“以政府为中心”到“以满足人民需求为中心”的转变。政府作为“社会服务人”的角色使公共权力表现出了前所未有的服务性，服务理念已渗透到权力行使的方方面面。当然，资本主义国家以公共服务为导向的政府改革并不能掩盖其国家公共权力为资产阶级所垄断的现实。

社会主义国家政权的诞生，使国家权力的公共性和服务性超越强制性，真正体现了为人民群众服务的本质。国家一切权力属于人民，人民当家作主，成为无产阶级专政的社会主义国家的核心内容和根本准则，也是其区别于历史上的剥削阶级国家政权的显著标志。例如，无产阶级专政的巴黎公社铲除了旧的国家机器存在的特权制和“长官制”，一切公职人员都是社会

① 《马克思恩格斯选集》第 4 卷，人民出版社 1995 年版，第 170 页。

公仆，由人民选举产生，必须为组织在公社里的人民服务。正如马克思所说："旧政权的纯属压迫性质的机关予以铲除，而旧政权的合理职能则从僭越和凌驾于社会之上的当局那里夺取过来，归还给社会的负责任的勤务员。"[①]在社会主义中国，执掌国家公共权力的共产党是中国人民和中华民族的先锋队，以全心全意为人民服务作为自己的宗旨。共产党领导政府管理社会公共事务，就是为人民服务，为促进经济社会全面发展服务，带领全国人民建设社会主义物质文明、精神文明和政治文明，向社会主义和谐社会迈进。

在社会主义社会，国家公共权力来源于广大人民群众，其运作以广大人民群众的利益为目的和依据，使公共权力的服务性和公共性得到了制度保障，但依然存在着公共权力私人化和异化的危险。这是因为社会主义社会中公共权力仍然是由占人口少数的特定公职人员来直接行使，大多数的人民群众必须把主要精力用于从事生产才能满足全体社会成员的生活需要，因而形成了事实上的管理者与被管理者的关系。尽管直接行使公共权力的管理者大多是来自广大人民群众之中的先进分子，根据党的宗旨，他们本身不应该有特殊的利益，是受人民群众委托为人民群众服务的公仆，但受各种因素的影响，一些管理者往往不自觉地把自己看作公共权力的所有者，导致公共权力私人化的弊端。例如，在社会主义国家政权创建初期，在各个领导岗位上任职的大多是率领人民群众夺取政权而功勋卓著的老一代革命者，一些人受"打天下者坐天下"的旧观念影响，容易产生自己是人民的"父母官"，理所当然地应当拥有权力甚至特权的错误想法。在社会主义市场经济环境中，由于经济体制和权力运行机制不完善，以及官本位、拜金主义、个人主义思想的影响，一些领导干部存在着较为严重的腐败问题，把公共权力的服务职能转变成自己的特权，并用于谋取私利。这些都是社会主义条件下存在的公共权力私人化和异化问题。在经济文化落后、人们对公共权力残留着迷信和崇拜的情况下，这些问题还将在相当长的时期内存在。

为了更好地实现为人民群众服务的宗旨，社会主义国家的公共权力也需要在权力的具体运作中贯彻服务性、社会本位等新的管理理念。具体而言，社会主义国家的行政管理体制要实现从管制型到服务型模式的转变，摒弃受计划经济影响而形成的政府本位、官本位体制和无限政府的思想，转而

① 《马克思恩格斯选集》第3卷，人民出版社1995年版，第57页。

实行社会本位、民本位的体制和有限政府的思想。政府管什么不管什么,要以社会公共利益和人民群众的需要作为政府职能定位的依据。政府不再是凌驾于社会之上的、封闭的、自我服务的官僚机构,而是由服务对象即人民群众驱动的政府,权力本位转为服务导向,致力于全方位满足社会和公民的多样性与个性化需求,提升公共产品和服务的价值。社会主义国家公共权力运作体制的改革同样需要吸收和借鉴发达资本主义国家政府再造和顾客导向改革的合理经验。例如,行政体制改革方面的公共服务社会化趋势把市场机制引入公共服务,打破传统体制中围绕国家公共福利供给而形成的部门垄断和集中配置的局面,以消除官僚腐败行为。如政府在提供教育、社保、福利等服务项目时,把具体提供服务的各部门分解成相互竞争的主体,并允许私人组织或半私人组织等非营利组织提供公共服务,适当引入公共服务的市场竞争,让人民群众有一定的选择权,促使公共服务机构将被服务的对象视为顾客,竭力改善服务质量,提高效率,以吸引更多的顾客。

(三)人民群众是社会主义社会公共权力运行的主体

党的十七大报告指出,人民民主是社会主义的生命。人民当家作主是社会主义民主政治的本质和核心。人民群众是社会主义社会公共权力运行的主体。具体而言,人民当家作主应当包含三个层面的内容。第一个层面是人民当家作主的实体民主层面。与程序民主相对而言,"实体民主关注的是民主的目标,而程序民主关心的则是民主的步骤与进程"[①]。这一层面主要指构成人民的各阶级在国家中处于统治地位,国家公共权力的运作都是为了实现、维护和发展人民群众的根本利益,人民群众的利益也是社会的最高利益和政治生活的最大价值取向。同时,政府公共权力与人民群众的关系应当逐步由行政命令式的管制转为民主合作式的治理。第二个层面是人民当家作主的程序民主层面,包含两个方面:一是建立了能够保证人民行使国家公共权力的基本政治制度和使这些制度顺利运作的各种政治体制和机制;二是人民享有真实而充分的各种民主权力,并能有效地利用这些制度和体制、机制广泛参与政治生活,表达自身的利益诉求,影响公共权力的具体执行。第三个层面是人民当家作主的社会民主层面,指在社会自治性公共权力的运作方面应当全面贯彻民主原则,培育人民直接参与和自主管理的

---

① 韩强:《程序民主论》,群众出版社 2002 年版,第 10 页。

能力。

在社会主义初级阶段，公共权力还不能完全直接由人民群众行使，人民当家作主主要体现在实体民主层面，而且是通过共产党执政实现的。中国共产党以最广大的人民群众作为自己的执政基础，以执政为民作为根本的执政理念，党和国家的各项路线、方针、政策基本体现了人民的利益要求。"共产党是为民族、为人民谋利益的政党，它本身决无私利可图。它应该受人民的监督，而决不应该违背人民的意旨。"①"工人阶级的政党不是把人民群众当作自己的工具，而是自觉地认定自己是人民群众在特定的历史时期为完成特定的历史任务的一种工具。"②共产党的各级领导干部都是人民的公仆，这是由工人阶级政党的先进性和社会主义国家政权的性质、宗旨决定的。正如江泽民所说，"在执政条件下，共产党员坚持全心全意为人民服务的宗旨，坚持廉洁奉公，必须正确认识和对待我们手中的权力。我们的干部必须时刻记住，自己手中掌握的权力是人民赋予的，只能用来为人民谋利益，绝不能用来为个人或小团体捞取好处，绝不能损害人民的利益"③。

共产党代表最广大人民执掌国家公共权力和人民群众通过选举、参与决策、监督等民主形式制约国家公共权力的运行是并行不悖的。马克思在总结巴黎公社经验时提出必须实行人民管理制，建立廉价政府。无产阶级在打碎资产阶级国家机器使自身上升为统治阶级之后，必须让工农群众真正当家作主，实行人民管理制，依照法律规定管理国家和社会事务。人民管理有两种基本形式：一种是直接管理；一种是间接管理，即由广大工人群众推选出代表来管理，并监督这些代表是否履行职责，是否真正地为广大工人服务。巴黎公社实行了全面选举制，制定规范的选举程序，给予城乡工人经常进行选举的机会。劳动人民从来没有像在巴黎公社那样广泛、那样经常、那样普遍、那样简便地行使选举权，这比在最好的资产阶级民主下都容易和方便得多。正如马克思所言，经过普选产生的代表，不是在议会里的代表和压迫人们，"而是为了服务于组织在公社里的人民"④。为防止社会公仆变成社会主人，必须由人民对他们进行监督，并由人民来罢免。马克思认为，巴

---

① 《毛泽东选集》第3卷，人民出版社1991年版，第809页。

② 《邓小平文选》第1卷，人民出版社1994年版，第218页。

③ 中共中央文献研究室编：《十四大以来重要文献选编》(中)，人民出版社1997年版，第1194—1195页。

④ 《马克思恩格斯选集》第3卷，人民出版社1995年版，第57页。

黎公社的广大选民对被选举人员享有监督权和罢免权。公社委员和各级领导人也通过举行选民大会向人民报告工作，听取群众的批评和建议，接受群众的监督，吸引群众参加国家事务。恩格斯也指出："为了防止国家和国家机关由社会公仆变为社会主人——这种现象在至今所有的国家中都是不可避免的——公社采取了两个可靠的办法。第一，它把行政、司法和国民教育方面的一切职位交给由普选选出的人担任，而且规定选举者可以随时撤换被选举者。第二，它对所有公务员，不论职位高低，都只付给跟其他工人同样的工资。"[①]这使得巴黎公社能比较可靠地防止公仆们去追求升官发财。

当前，我国社会主义民主政治的发展也要求不断落实人民群众的各项民主权利。党的十七大提出，发展社会主义民主政治是我们党始终不渝的奋斗目标。要坚持中国特色社会主义政治发展道路，坚持党的领导、人民当家作主、依法治国有机统一。要坚持正确政治方向，以保证人民当家作主为根本，以增强党和国家活力、调动人民积极性为目标，扩大社会主义民主，建设社会主义法治国家，发展社会主义政治文明。随着市场经济的深入发展和社会结构的不断转型，单纯依靠执政党对人民利益的界定和维护来实现人民当家作主越来越困难。因为市场经济中人民内部虽然根本利益一致，但具体利益不断分化和多样化，利益矛盾错综复杂，社会阶层结构也日益复杂化，执政党面临着如何准确界定人民的根本利益，如何把人民的长远利益、整体利益与现实利益、个别利益有机结合起来等难题。而且，随着利益意识的觉醒，人们对自身的利益要求有了独立的看法，甚至有可能不认可执政党对自己利益的界定。为了保证人民群众参与公共权力运作，我国建立了人民代表大会制度，这一制度包含了"人民主权原则"、"立法权至上原则"、选举制、代议制等现代民主政治的基本要素，为广大人民群众实行民主选举、民主管理、民主决策、民主监督提供了可行的途径。党的十七大又强调，要坚持和完善人民代表大会制度、中国共产党领导的多党合作和政治协商制度、民族区域自治制度以及基层群众自治制度，不断推进社会主义政治制度自我完善和发展。同时强调，"坚持国家一切权力属于人民，从各个层次、各个领域扩大公民有序政治参与，最广泛地动员和组织人民依法管理国家事务和社会事务、管理经济和文化事业"；要求"坚持社会主义政治制度的特点和优势，推进社会主义民主政治制度化、规范化、程序化"；"要健全民主

① 《马克思恩格斯选集》第3卷，人民出版社1995年版，第12—13页。

制度，丰富民主形式，拓宽民主渠道，依法实行民主选举、民主决策、民主管理、民主监督，保障人民的知情权、参与权、表达权、监督权”。[①] 但是我国目前的程序民主还不够完善，人民代表大会制度应有的政治功能还没有得到完全的发挥。人大代表的选举还存在不够民主的问题，人大代表和选民的联系还不够密切，在社会政治生活过程中，许多重大决策还游离于人大之外，人大对政府和司法机关的监督也很不够。这就需要不断完善社会主义民主的程序规则，使广大人民群众可以通过比较完善的民主程序实行政治参与，顺畅地表达自己的利益和愿望，那么执政的共产党就可以此为依据，比较准确和科学地综合人民的利益要求，从而既能使人民群众真正成为公共权力运行的主体，又能确保公共权力为人民群众的利益而服务。

党的十七大还特别强调：“人民依法直接行使民主权利，管理基层公共事务和公益事业，实行自我管理、自我服务、自我教育、自我监督，对干部实行民主监督，是人民当家作主最有效、最广泛的途径，必须作为发展社会主义民主政治的基础性工程重点推进。”[②]在我国社会主义社会现阶段，日益普及的居民自治和遍布于各领域的非政府组织为人民群众参与社会自治性的公共权力运行提供了广泛的渠道。“有限政府”的出现和公共管理的社会化是现代社会中公共权力运作的一个重要发展趋势。政府权力的行使、规模和职能在法律上都有进一步的明确规定，行政行为必须受到社会监督和制约。公共事务管理更多地由政府的间接宏观调控和社会自治来实现，同时尊重市场发展的客观规律。政府虽然还是专门的公共管理机构，但却不是唯一的机构，在政府之外，出现了一些自治、半自治的机构和非政府组织去承担部分公共管理的职能。这种趋势的发展，形成了“小政府、大社会”的格局，使政府退出本该由社会管理的领域，转而由政策和法律的制定对之进行引导。这使得政府可以部分地甚至完全地从日常公共管理中解脱出来，专心致力于公共政策的制定及监督执行，有利于实现精简机构、提高效率的目标，对于减少权力腐败问题也十分有利。这些承接部分公共管理职能的自治、半自治的机构主要是在农村和城市社区已经普遍实行的村民自治机构和社区自治组织，它们在党的基层组织的领导下和上级政府部门的监督下组织人民群众对社区公共生活进行管理，积极发展集体经济事业、广泛开展

① 胡锦涛：《高举中国特色社会主义伟大旗帜 为夺取全面建设小康社会新胜利而奋斗——在中国共产党第十七次全国代表大会上的报告》，人民出版社2007年版，第28、29页。

② 《中国共产党第十七次全国代表大会文件汇编》，人民出版社2007年版，第29页。

社区文化娱乐活动等。此外,相当一部分企事业单位实行的职工参与管理制度和许多公民自发成立的社会团体等也自主管理了许多社会公共事务。非政府组织也是为人民群众创造福利、提供公共服务的重要机构,它们与政府在特定的领域尤其是社会保障、教育、医疗、环保等领域中进行合作并分担政府的行政管理责任。自治组织和非政府组织的大量出现,促使公共权力运行方式不断外移并形成相互依赖的网络,权力的具体运行者也日渐多元化。这不仅便利了人民群众直接成为部分公共权力的运行主体,也有利于避免权力的过度集中可能给人民群众带来的威胁。网络化、社会化、自治性的公共权力必将表现出更多的公共性和服务性,其地位和作用将越来越重要。随着经济社会的发展逐步消除公共权力的政治性质和强制性,最终实现"人终于成为自己的社会结合的主人……成为自身的主人——自由的人"①。

(四)人民群众权力主体论是共产党人权力观的实质

共产党人的权力观是马克思主义世界观的重要体现,也是马克思主义政治观的重要组成部分。具体而言,社会主义条件下共产党人的权力观的内容包括对权力的本质、权力的归属、权力的来源、权力的目的、权力的责任等问题的基本观点。

首先是权力的本质和归属问题。权力就其本质而言是社会公共意志的集中体现,但是这种社会的公共意志在阶级社会是具有鲜明的阶级性的。权力,从最一般意义上讲,指具备一定资格的主体基于一定的利益或目的,通过带有一定强制力的方式左右客体态度或行为的能力。从整个社会的角度看,为了维持社会的稳定和发展,就需要合理地协调各种利益关系,使人们各种不同的意志和行动能够相互平衡,或者以某种强制性力量使社会某些成员改变自己的意志和行动,服从于另一些社会成员的意志和行动,并将某些社会成员的意志和行动上升为具有普遍性和权威性的社会意志,成为整个社会所有成员必须服从的一种客观力量。因此,正如马克思主义的历史唯物主义所揭示的,权力并不是从来就有的,而是随着生产力的发展、阶级的产生,社会上出现了一部分人对另一部分人的统治,这种统治就是权力。马克思主义的政治观点认为,权力是以政权为核心的人与人之间的政

① 《马克思恩格斯选集》第3卷,人民出版社1995年版,第760页。

治关系，它具有鲜明的阶级性和强制性。权力的这种本质属性就明确地揭示了权力的性质取决于权力的主体，即权力的归属者。历史唯物主义的基本观点告诉我们，人民群众是历史的主人，当然也应当是社会权力的主体。只是在以往阶级剥削的社会，人民群众应有的权力被统治阶级剥夺，人民群众的权力主体地位也为统治阶级所占有。只有在社会主义社会，颠倒的历史才第一次被重新颠倒过来，人民群众的权力主体地位得到了真正的实现。社会主义国家宪法和法律明确规定国家的权力主体是人民群众，也就是说人民是权力的所有者，是权力的主体，社会主义国家的一切权力属于人民。

从权力的来源来看，社会主义社会的公共权力属于人民，来源于无产阶级和广大人民群众的利益和意志。共产党是无产阶级的先锋队，是受人民群众的委托执掌国家权力的。共产党没有自己特殊的利益，党和国家的各级领导干部都是人民群众利益的代表，其权力来自人民群众，是人民所赋予的用来管理国家事务的。因此，权力的行使完全以是否有利于无产阶级和广大人民群众的利益、是否体现其意志为准则。共产党执掌的国家权力消除了阶级社会中权力私有的性质，它既不为剥削阶级所垄断，也不依附于某一既得利益集团，更非个体的独占物，具有鲜明的人民性。

从权力运行的目的来看，共产党人把权力的使用作为全心全意为人民服务的过程，同时也是领导和支持人民掌握和管理国家权力，实行民主选举、民主决策、民主管理和民主监督的过程。人民赋予的权力必须在宪法和法律的范围内行使，任何领导干部都没有超乎组织、集体和人民群众之上的权力，没有在人民群众头上称王称霸的权力。毛泽东告诫共产党员和党的干部，不论职务高低，都是人民的勤务员，“一切言论行动，必须以合乎最广大人民群众的最大利益，为最广大人民群众所拥护为最高标准”①。邓小平提出“领导就是服务”的论断和“三个有利于”的标准。江泽民也指出“一切干部都是人民的公仆”，要“立党为公，执政为民”，要求领导干部“要立志做大事，不要立志做大官”。胡锦涛提出“以人为本”的执政理念，要求领导干部努力做到权为民所用、情为民所系、利为民所谋。这些都是共产党人权力观的本质要求。

从权力的责任来看，共产党人的责任就是要对人民负责，要以对人民负责为最高标准。共产党人手中的权力必须用来为人民服务，也只能用来为

① 《毛泽东选集》第3卷，人民出版社1991年版，第1096页。

人民服务。要把对上级负责和对人民群众负责统一起来,统一于人民群众的利益和愿望。并且,共产党人既要积极主动地行使人民所赋予的权力,最大限度地为人民群众谋利益,也要正确处理人民群众的长远利益和眼前利益、整体利益和局部利益的关系,实现好、维护好和发展好最广大人民群众的根本利益。特别要反对滥用职权,以权谋私,蜕化变质;反对和防止权力不作为,身居要职,得过且过,坐享其成,甚至失职渎职。简言之,共产党人的权力观就是人民群众权力主体论,就是要坚持以权力来自人民、为人民服务,并且要尽心竭力地创造条件、组织和支持人民群众参与权力的运作,领导和支持人民群众当家作主作为根本观点。

在改革开放和社会主义市场经济条件下,随着所有制关系、分配方式、利益格局的变化,共产党人的权力观面临严峻的挑战。少数党员干部在“为谁掌权,如何用好手中的权力”这个权力观的根本问题上的立场发生动摇,他们不是把心思放在如何为人民群众谋利益上,而是比地位、比待遇,忙于拉关系、搞应酬;有些干部把手中的权力当成获利和享受的工具,千方百计地损公肥私、假公济私,聚敛财富,过腐朽奢靡生活;有的把自己的职责范围当成势力范围,任人唯亲,搞专断独行;有些人则把官位看得高于一切,为了讨好领导,不坚持原则,欺上瞒下,破坏民主集中制;有的干部不密切联系群众,不关心群众疾苦,大搞“形象工程”,甚至用粗暴的方法对待群众。掌握在这些干部手中的权力已经和逐渐与人民的利益处于对立状态,在一定程度上损害了社会主义社会国家权力的公共性和服务性。

为了确保社会主义社会的公共权力真正用来为人民服务,必须使党员干部树立正确的权力观,规范权力运作。一方面,要对全体党员干部特别是领导干部加强马克思主义权力观教育,使党员干部懂得马克思主义公共权力理论,了解公共权力的本质和作用,从理论上搞清楚人民群众权力主体论,牢固树立一切权力属于人民的观点。还要加强党员干部组织纪律观念、群众观念和对党负责、对人民负责的意识,及时发现和有效纠正一些干部在权力观方面的问题。另一方面,要按照党的十七大要求,尽快完善权力运行的体制和机制,特别是要加强党内民主和人民民主,确保权力正确行使,必须让权力在阳光下运行。要坚持用制度管权、管事、管人,建立健全决策权、执行权、监督权既相互制约又相互协调的权力结构和运行机制,保证人民赋予的权力始终用来为人民谋利益。要健全组织法制和程序规则,保证国家机关按照法定权限和程序行使权力、履行职责。在党内、领导班子内部切实发扬民主，开展批评，完善各种监督制度，拓展监督渠道，做到权力行使到哪里，监督就延伸到哪里。同时，要把群众对社会公共事务的知情权、参与权，对所在组织的重要事务的建议权、表达权，对干部的监督权、评议权、罢免权落到实处。正确权力观的形成与坚持是一个复杂的、长期的过程，对掌权者而言是一个不断学习、改造自己的过程，对广大人民群众而言也是一个不断参与社会公共事务、提高自身民主意识和管理能力的过程，要坚持不懈地努力在我们全社会树立起人民群众权力主体论的观点。

再版同期声：这里的“权力主体”不是严格意义上的法律概念，而是政治概念。它是从本源的意义上规定和限制“权力归谁所有，为谁所用”的问题。在这个问题上，我们党历来强调一切权力属于人民，为人民所用，为人民服务。这就是人民群众权力主体论的实质。我们国家的基本政治制度是人民代表大会制度，把党的领导、人民当家作主和依法治国有机统一起来，最大限度地保障人民当家作主。这是我们国家政治制度特有的优势，是我们党始终十分坚定地坚持人民群众权力主体论的体现。在中国特色社会主义新时代，我们党继续推进人民代表大会制度，提出一系列新理念新思想新要求。习近平总书记在中央人大工作会议上的讲话中特别强调：“必须坚持用制度体系保障人民当家作主。坚持以人民为中心，坚持国家一切权力属于人民，支持和保证人民通过人民代表大会行使国家权力，健全民主制度，丰富民主形式，拓宽民主渠道，保证人民平等参与、平等发展权利，发展更加广泛、更加充分、更加健全的全过程人民民主。”[①]习近平总书记在庆祝中国人民政治协商会议成立65周年大会上的讲话中指出：“中国共产党领导人民实行人民民主，就是保证和支持人民当家作主。保证和支持人民当家作主不是一句口号、不是一句空话，必须落实到国家政治生活和社会生活之中，保证人民依法有效行使管理国家事务、管理经济和文化事业、管理社会事务的权力……人民当家作主必须具体地、现实地体现到中国共产党执政和国家治理上来，具体地、现实地体现到中国共产党和国家机关各个方面、各个层级的工作上来，具体地、现实地体现到人民对自身利益的实现和发展上来。”[②]他还特别要求人大代表要做到“坚持用权为民，按规则、按制度行使

① 习近平：《在中央人大工作会议上的讲话》，《求是》2022年第5期。

② 习近平：《在庆祝中国人民政治协商会议成立65周年大会上的讲话》，人民出版社2014年版，第12—13页。

权力，把权力关进制度的笼子里，任何时候都不搞特权、不以权谋私”[①]。这些论述简要概括了我们党对权力问题的主要立场和观点，是人民群众权力主体论的现实体现。

六、人民群众利益主体论

人民群众既是人类文明的创造者、承担者和实现者，是社会财富的创造主体，同时又是社会文明和社会财富的享有者和所有者，是不断满足自身需要的利益主体。确立人民群众利益主体地位，是马克思主义群众观的奠基石。不断实现和满足人民群众的利益，是共产党人利益观的根本目的和最终价值目标。

（一）唯物史观视野中的人民群众利益主体

唯物史观对人民群众利益主体的科学界定和阐释，是以对出发点的科学限定为基本前提的。与历史唯心论者不同，马克思不是从抽象的人出发来研究和探讨利益问题，而是从人的现实存在和内在规定性出发，深刻揭示了私人利益背后隐藏的社会关系，从而为人民群众利益主体地位的确立奠定了坚实的唯物论基础。

1.私人利益是个人连接社会的天然纽带

马克思从人的现实性和自然属性出发，揭示了私人利益的历史先在性和逻辑先在性。在马克思看来，从事历史活动的人首先是现实存在的人，作为现实存在的活生生的人，其生存和发展离不开一定的物质生活资料。因此，不管是什么人，从事历史活动的基本前提或者说从事的第一项历史活动，就是要谋取能够满足自己生存需要的物质生活资料，即追求自身的利益。对于这一点，马克思恩格斯在其合著的《德意志意识形态》中进行了深刻的阐述：“为了生活，首先就需要吃喝住穿以及其他一些东西。因此第一个历史活动就是生产满足这些需要的资料，即生产物质生活本身。”[②]正是从这样的意义上，马克思高度重视人的需要和利益在社会历史发展中的基础性地位和作用。他说：“把人和社会连接起来的唯一纽带是天然必然性，是

---

① 中共中央纪律检查委员会、中共中央文献研究室编：《习近平关于党风廉政建设和反腐败斗争论述摘编》，中国方正出版社、中央文献出版社 2015 年版，第 143 页。

② 《马克思恩格斯选集》第 1 卷，人民出版社 1995 年版，第 79 页。

需要和私人利益。”[①]毫无疑问，马克思在这里强调的私人利益就是人们为满足自身生存和发展需要而追求的社会资源、条件和目的性要求。由于私人利益同人生存发展的第一要义密切相关，是人赖以存在和发展的客观基础，私人利益也必然成为人一切社会活动的出发点和原动力。对于这一点，马克思在阐发历史唯物主义基本观点时也给予了足够的重视。他在《神圣家族》中指出：“感性的印象和自私的欲望、享乐和正确理解的个人利益，是整个道德的基础。”[②]恩格斯则对黑格尔关于“恶”是历史发展动力的思想给予了充分的肯定：“鄙俗的贪欲是文明时代从它存在的第一日起直至今日的起推动作用的灵魂；财富……是文明时代唯一的、具有决定意义的目的。”[③]可以这样认为，对私人利益的高度重视和关注，是唯物史观群众利益观的逻辑起点，构成马克思主义群众利益观最鲜明的现实性特征。

在此基础上，马克思进一步揭示了需要和私人利益创造、形成了人的社会本质和社会联系。从严格的意义上说，承认需要和私人利益在社会历史发展中的重要作用，是马克思主义产生之前的资产阶级思想家已经发现了的基本历史事实。车尔尼雪夫斯基指出：“一般地只需稍加留意那些表现为大公无私的行为和情感，我们便可看到，它们的基础依然是那种关于个人利益、个人快乐、个人福利的思想，即依然是称作利己主义的情感。”[④]黑格尔更是深刻地指出：“我们对历史最初的一瞥，便使我们深信人类的行动都发生于他们的需要、他们的热情、他们的兴趣、他们的个性和才能。当然，这类的需要、热情和兴趣，便是一切行动的唯一的源泉。”[⑤]马克思的历史性贡献在于，以此为基点，进一步揭示了需要和个人利益同人的社会本质和社会联系之间的内在联系。在马克思看来，“人的本质不是单个人所固有的抽象物，在其现实性上，它是一切社会关系的总和”[⑥]。“人的本质是人的真正的社会联系，所以人在积极实现自己本质的过程中创造、生产人的社会联系、社会本质，而社会本质不是一种同单个人相对立的抽象的一般的力量，而是每一个单个人的本质，是他自己的活动，他自己的生活，他自己的享受，他自己的

① 《马克思恩格斯全集》第1卷，人民出版社1956年版，第439页。
② 《马克思恩格斯全集》第2卷，人民出版社1957年版，第165—166页。
③ 《马克思恩格斯选集》第4卷，人民出版社1995年版，第177页。
④ 《车尔尼雪夫斯基选集》(下)，季谦等译，生活·读书·新知三联书店1959年版，第283页。
⑤ [德]黑格尔：《历史哲学》，王造时译，上海书店出版社1999年版，第21页。
⑥ 《马克思恩格斯选集》第1卷，人民出版社1995年版，第60页。

财富。因此，上面提到的真正的社会联系……是由于有了个人的需要和利己主义才出现的……”[①]可见，作为人的社会本质和社会联系，绝不是人们抽象和反思的结果，而是一种客观现实，它存在于单个人的活动、生活、享乐和财富中。同时，这种现实力量不是先天就有的，而是在个人的需要和利己主义的基础上才得以生成。换言之，个人的需要和利己主义恰恰是人的社会本质和社会联系产生和实现的内在必然性和天然土壤。

马克思还从对一般商品交换关系的具体分析中深刻阐发个人利益与社会共同利益之间的相互关系，明确提出自私利益对于全部经济行为的基础性意义。在商品交换中，交换的双方都从个人的需要出发，以实现个人利益为目的。尽管个人之间的个别利益是对立的，每个人同其他人之间的个别利益也是对立的，但是整个交换过程却表现为共同利益的实现。对此，马克思认为：“表现为全部行为的动因的共同利益，虽然被双方承认为事实，但是这种共同利益本身不是动因，它可以说只是在自身反映的特殊利益背后，在同另一个人的个别利益相对立的个别利益背后得到实现的。”“共同利益就是自私利益的交换。一般利益就是各种自私利益的一般性。”[②]可见，在马克思的视野中，“‘共同利益’在历史上任何时候都是由作为‘私人’的个人造成的”[③]。个人利益在历史上的任何时候都是共同利益形成和发展的天然基础。

然而，在如何对待私人利益和个人利益的问题上，无论是在理论上还是实践上都存在许多误区。长期以来，我们一直高扬集体利益和共同利益高于私人利益和个人利益的理论，片面强调集体利益和共同利益的重要性而忽视私人利益和个人利益的合理性和基础性。其结果是使集体利益和公共利益成为脱离人民群众现实需要的“虚幻利益”“理想利益”，使人民群众的根本利益脱离其现实的切身利益，对私人利益和个人利益藐视、轻视和鄙视等。事实上，马克思和恩格斯在对待个人利益和社会利益关系的问题上，始终坚持的基本立场是“共产主义者既不拿利己主义来反对自我牺牲，也不拿自我牺牲来反对利己主义，理论上既不是从那情感的形式，也不是从那夸张的思想形式去领会这个对立，而是在于揭示这个对立的物质根源，随着物质根源的消失，这种对立自然而然也就消灭……无论利己主义还是自我牺牲，

① 《马克思恩格斯全集》第 42 卷，人民出版社 1979 年版，第 24 页。

② 《马克思恩格斯全集》第 46 卷(上)，人民出版社 1979 年版，第 196、197 页。

③ 《马克思恩格斯全集》第 3 卷，人民出版社 1960 年版，第 275—276 页。

都是一定条件下个人自我实现的一种必要形式"①。因此,重新恢复私人利益和个人利益在马克思主义群众利益观的基础地位,对科学界定人民群众利益主体地位至关重要。

2.社会性是人民群众利益主体的本质特征

尽管马克思主义对人的自然属性及私人利益给予了必要的重视和关注,但是马克思并没有就此止步,而是在此基础上进一步揭示作为群体的人民群众在社会历史发展中的主体地位和作用,揭示了人民群众是社会创造主体和利益主体的统一,社会性是人民群众利益主体的本质特征。

唯物史观认为,人民群众是一个集合概念,是指对社会历史发展起着推动作用的人们,这是对人民群众的质的规定性;从量上来看,人民群众是指社会的绝大多数人。在人类社会历史发展过程中,人民群众是历史的创造者,是社会物质财富和精神财富的创造主体,是社会变革的主体。从个人与社会联系的角度来看,人民群众创造历史的一切活动都是为了追求和实现一定的利益。人民群众创造社会财富,说到底,最终就是为了满足自己存在和发展的需要,是实现自己利益和目的的手段和条件。社会财富的创造和利益的实现是一个过程的两个方面。从一定意义上说,人民群众作为社会物质财富和精神财富的创造主体,已经内含着人民群众同时就是社会物质财富和社会精神财富的追求者和实现者,同时也意味着人民群众应该是社会财富的所有者和占有者。因此,从唯物史观的视角出发,对人民群众利益主体的界定,就是指人民群众不仅是社会财富的创造者,同时也是社会物质财富和精神财富的追求者、实现者、享有者和所有者,是社会变革的受益者。社会历史活动创造主体和社会利益主体的统一,构成人民群众利益主体社会性的本质特征。

首先,作为利益主体的人民群众,本身就是一种社会化存在和社会性联系,是社会关系的总和与综合。利益本身既是人民群众社会联系的基础,又是社会关系的集中体现。恩格斯说:"每一既定社会的经济关系首先表现为利益。"②因此,作为利益主体的人民群众,无论是个体还是群体,其需要、欲望和兴趣无不打上社会的烙印,个人需要和私人利益只有在广泛的社会关系和社会联系中才能成为现实和可能,离开了社会性,人民群众利益主体就

① 《马克思恩格斯全集》第3卷,人民出版社1960年版,第275页。

② 《马克思恩格斯选集》第3卷,人民出版社1995年版,第209页。

失去存在的必然性。

其次，作为利益主体的人民群众，本身又是社会实践活动的主体。人民群众不是随心所欲地创造历史，而是在一定的意识、目的和动机指导下通过实践活动创造历史。实践是实现个人目的、动机、需要和利益的物质手段，是实现个人需要转化为社会需要、个人利益转化为社会利益的中介和桥梁。人民群众通过创造物质财富和精神财富的实践活动追求利益、创造利益、实现利益和享有利益，历史创造主体和利益主体只有在实践基础上才能真正达到统一。因此，在人类历史发展过程中，只有人民群众才是社会利益的生产者、创造者。同样，只有人民群众才应该是社会利益的真正主体和主人。可以这样理解，唯物史观对人民群众实践主体地位的肯定，既是对人民群众历史创造者地位的确立，同时也是对人民群众利益主体地位的确认。

最后，作为利益主体的人民群众，还是社会创新的主体。人民群众的需要和利益具有无限的发展趋势。马克思恩格斯指出："已经得到满足的第一个需要本身、满足需要的活动和已经获得的为满足需要而用的工具又引起新的需要。"[①]人民群众作为追求利益、实现利益和占有利益的主体，其鲜明特征就是不断超越、不断创新，使社会历史发展呈现出一个不断产生又不断满足新的需要和利益的循环往复的过程。从历史发展的最终动因来看，生产力是社会发展的最终决定力量，而人民群众是社会生产力的主体。正是人民群众需要和利益的不断产生与不断创新，直接引发社会生产力的变革和发展，从而推动社会文明的提升和历史的进步。

（二）人民群众利益决定社会发展趋势和走向

恩格斯对历史发展的趋势和走向是这样描述的："历史是这样创造的：最终的结果总是从许多单个的意志的相互冲突中产生出来的，而其中每一个意志，又是由于许多特殊的生活条件，才成为它所成为的那样。这样就有无数互相交错的力量，有无数个力的平行四边形，由此就产生出一个合力，即历史结果，而这个结果又可以看作一个作为整体的、不自觉地和不自主地起着作用的力量的产物。因为任何一个人的愿望都会受到任何另一个人的妨碍，而最后出现的结果就是谁都没有希望过的事物。所以到目前为止的历史总是像一种自然过程一样地进行，而且实质上也是服从于同一运动规

① 《马克思恩格斯选集》第1卷，人民出版社1995年版，第79页。

律的。但是,各个人的意志……虽然都达不到自己的愿望,而是融合为一个总的平均数,一个总的合力,然而从这一事实中决不应作出结论说,这些意志等于零。相反地,每个意志都对合力有所贡献,因而是包括在这个合力里面的。”①在这里,恩格斯不仅精辟地阐述了历史发展趋势和走向的客观规律性和历史必然性,而且揭示了历史创造主体在历史活动中的主体能动性和创造性。正是各个人意志的相互作用、相互融合形成的社会合力,决定着历史发展的趋势和走向。

1.人民群众利益是决定历史发展趋势的直接动因

按照恩格斯社会“合力论”的思想,人民群众利益作为社会合力,从必然性和偶然性两个层面决定历史发展的趋势和走向。

一般来说,利益总是隶属于一定的主体。按利益主体的集合特征分类,人民群众利益可以分为个人利益和群体利益。所谓个人利益,就是个人所追求的需要目标、对象,构成了个人行为的主要动机,反映了个人与个人之间的利益关系,个人利益是利益主体最基本的元素,是群体利益的基础。群体利益既是个人利益的代表,又是人民群众这一特定群体共同追求的需要目标、对象,构成群体行为的主要动机。毫无疑问,最终决定历史发展趋势和走向的是人民群众的群体利益。对于这一点,恩格斯明确指出:“如果要去探究那些隐藏在……历史人物的动机背后并且构成历史的真正的最后动力的动力,那么问题涉及的,与其说是个别人物、即使是非常杰出的人物的动机,不如说是使广大群众、使整个整个的民族,并且在每一民族中间又是使整个整个阶级行动起来的动机;而且也不是短暂的爆发和转瞬即逝的火光,而是持久的、引起重大历史变迁的行动……这是能够引导我们去探索那些在整个历史中以及个别时期和个别国家的历史中起支配作用的规律的唯一途径。”②由此可见,恩格斯对社会动力系统的揭示明确表明,不是个别杰出人物的思想动机决定历史,而是使人民群众和整个民族、整个阶级行动起来的动机决定着历史发展的方向和轨迹,人民群众的共同需要和利益作为一种现实的物质力量,直接决定历史发展的方向和趋势,表现为历史的必然性。

然而,马克思主义在强调历史必然性的同时,丝毫没有忽视历史偶然性

① 《马克思恩格斯选集》第4卷,人民出版社1995年版,第697页。
② 《马克思恩格斯选集》第4卷,人民出版社1995年版,第249页。

的作用，相反，对偶然性的历史作用高度重视并进行深入的研究。马克思认为："如果'偶然性'不起任何作用的话，那末世界历史就会带有非常神秘的性质。这些偶然性本身自然纳入总的发展过程中，并且为其他偶然性所补偿。但是，发展的加速和延缓在很大程度上是取决于这些'偶然性'的。"[①]因此，恩格斯的"合力论"思想同时包含着这样的理解：人们创造历史的活动是由许多不同的主体按照各自的需要、利益和价值取向去改造客观世界的活动汇合而成的，每个主体的需要、利益、目的、动机及其表现出来的现实力量都融入"合力"之中，这种合力对每个主体来说似乎是一种外在的、异己的力量。然而，正是这种许多追求自己目的的单个人的活动表现的偶然性，决定着历史发展的速度和进程，使人类社会历史呈现出多样性和复杂性，正是这种历史的偶然性，为历史主体的主动性、创造性提供了活动空间。

从历史必然性和历史偶然性有机统一的角度看，全面理解人民群众利益决定历史发展的趋势和方向，需要注意两方面的问题：在理论上，强调人民群众整体利益、共同利益、群体利益决定历史发展趋势和走向的同时，必须强调人民群众的个人利益决定社会历史多样性和复杂性，影响历史发展的进程和速度。人民群众利益从必然性和偶然性、"质"和"量"两个方面决定和影响历史的发展，两者有机统一，不可厚此薄彼。在实践上，要在不断尊重、满足、实现和发展人民群众共同利益和群体利益的同时，更加重视和解决个体群众最直接、最现实和最迫切的个人利益。在现实生活中，人民群众共同利益、群体利益是非直接的，只是作为一种趋势、一个平均数而存在，而人民群众个人利益才是现实利益、直接利益和具体利益。从一定意义上说，社会历史发展中的加速和延缓，历史主体能动性的充分发挥，在很大程度上取决于人民群众个人需要和利益的满足程度。

2.人民群众利益是推动社会发展的现实力量

社会发展是社会合力共同作用的结果，然而不同的社会力量在社会发展中所起的作用是不同的。人民群众利益作为社会主体和历史创造者的利益，对推动社会发展起着重要的作用，既是社会发展的最终动因，也是推动社会前进的现实力量。

从人民群众是生产力主体的角度看，人民群众利益是引起生产力变革和社会变革的现实力量。按照马克思主义的观点，生产力是推动社会发展

① 《马克思恩格斯全集》第33卷，人民出版社1973年版，第210页。

变化的最终决定力量。但是,现实的生产力不是物,也不是生产资料,而是生产力各种要素的有机结合,其中起主要作用的是人,并且这个人不是少数人,而是构成社会生产活动的大多数人。因此,在唯物史观看来,现实生产力的主体就是为满足自己的需要和实现自身利益而奋斗的人民群众。追求需要和利益是人民群众进行生产活动的直接动因和动力,追求需要和利益必然成为推动社会生产力发展的直接动力。同时,人民群众进行生产活动的目的就是为了从自然界获取更多的物质生活资料,即物质利益,以满足自身生存和发展的需要。因此,社会生产力的发展的最终目的也只能是要满足人民群众日益增长的物质文化需要和各方面利益。人民群众需要和利益的变化,必然引起生产活动的变化,从而导致社会生产力的变革,进而引起整个社会的发展变化。可以这样认为,生产力是社会发展变化的最终决定力量,人民群众的需要和利益是直接促进生产力发展变化的直接动因和现实力量。不断满足人民群众的需要和利益,是生产力发展的不竭动力,也是推动社会发展的根本动力。

从人民群众是社会主体的角度看,人民群众利益是引发社会关系和社会制度变迁的决定性力量。利益关系是社会关系的集中体现,经济利益是引发新的社会关系和社会组织形成和变化的基础。社会变革的深层根源是人们利益关系的重新调整,特别是作为社会历史活动主体的人民群众,他们的利益和需要不仅会引起生产力的巨大发展,而且也必然会引起生产关系及其建立于生产关系基础之上的上层建筑的发展和变革。社会制度的变迁表现为社会权力的争夺,而社会权力争夺的实质都是围绕社会利益的调整和重新分配。生产关系的变革和社会制度的变迁必然带来生产力的发展和社会的进步,从而推动人类历史滚滚向前。正如马克思所说:“整个所谓世界历史不外是人通过人的劳动而诞生的过程,是自然界对人说来的生成过程。”[①]“创造这一切、拥有这一切并为这一切而斗争的,不是‘历史’,而正是人,现实的、活生生的人。‘历史’并不是把人当做达到自己目的的工具来利用的某种特殊的人格。历史不过是追求着自己目的的人的活动而已。”[②]社会生产力的发展,社会经济关系、政治关系以及社会制度的变革,归根结底都是由人民群众的客观需要和现实利益所决定的。正如列宁所说:“你们过

① 《马克思恩格斯全集》第42卷,人民出版社1979年版,第131页。

② 《马克思恩格斯全集》第2卷,人民出版社1957年版,第118—119页。

日子、经营事业、生儿育女、生产物品、交换产品等等，这些事实形成事件的客观必然的链条、发展的链条。”[①]可见，推动社会前进和发展的现实力量存在于人民群众的社会生活中，萌动于人民群众现实的需要和利益中。

从人民群众是实践主体的角度看，实践是社会前进最直接的现实推动力量，人民群众利益是实践发展的现实推动力量。追求利益是人民群众社会实践活动最基本的动机，任何社会实践活动都是有目的的，实践活动的目的性就是实践活动的动机，这种原始动机就是追求利益，满足自身生存和发展需要。可以说，追求利益是人的本性使然，创造利益是人民群众社会实践活动的价值目标和不竭动力。人民群众社会实践的价值和意义就是创造利益，有满足物质需要的物质利益，满足精神文化需要的精神文化利益，满足自身个性发展需要的个人利益，满足群体和共同体需要的群体利益、公共利益等。这些都是人民群众社会实践的产物，集中体现了人民群众社会实践的价值。同时，创造利益也赋予了人民群众实践活动无限的生机和活力，人民群众创造利益的实践活动过程是一个在满足原有利益基础上不断产生和创造新利益的永无止境的过程。实现利益是人民群众实践活动的本质和最终目的，人民群众实践活动的最终目的就是为了实现自身的利益和价值，利益是实践的内在要求，价值就是实践的外在表现形式。总之，人民群众追求利益、创造利益、实现利益的实践活动，是推动社会发展最直接的现实力量。

（三）实现人民群众利益与社会发展趋势的一致性

社会活动实质上就是人民群众有意识、有目的的实践活动，社会发展的过程实质上就是人民群众的需要、利益、意志、意识和目的的实现过程。人民群众的需要和利益从根本上决定社会历史发展的方向和趋势，实现好、发展好、协调好人民群众的利益，就必然成为社会发展的最终目的、重要标志、客观要求和必然趋势。

1.社会发展的价值目的是不断实现人民群众的利益

从总体上看，社会的发展过程和人民群众利益的实现过程是一致的，社会发展实际上就是人民群众作为利益主体的本质力量对象化、具体化和现实化的过程。不断实现人民群众的利益，就是社会发展的价值目标。

按照马克思的观点，社会发展是在生产力基础上经济基础和上层建筑

---

① 《列宁选集》第2卷，人民出版社1995年版，第221页。

的全面发展。首先,在社会发展过程中,生产力是创造利益的手段,生产力的实现过程就是人民群众需要和利益的对象化和全面展开。因此,生产力发展的价值目标就是要不断实现和满足人民群众的需要和利益。由于生产力的不断发展,人民群众在原有需要和利益满足的基础上又会产生新的需要和利益,构成生产力发展的原动力。可见,在社会生产力的发展中,人民群众利益始终是生产力发展的动因和价值目标。

其次,从生产关系的发展来看,由于生产力的发展,势必引起社会生产关系的发展和变化,生产关系的实质就是人们之间的利益关系,生产关系的变化就是利益关系的调整。在新的生产关系的基础上,必然会形成新的社会群体和新型的社会关系,新型社会群体和新型社会关系是满足和实现人民群众社会交往和社会联系的需要和利益的重要载体,也是社会发展的重要标志。在生产力发展水平较低的社会,人民群众的社会交往和社会联系只能在狭窄的时空中进行。由于生产力的发展,更由于社会物质需求的满足和提高,才进一步开阔人民群众广泛交往和联系的视野,产生了社会联系和社会交往的新的需要。社会联系和社会交往的不断扩大,是人民群众本质力量社会化的不断展开和不断实现。

最后,从社会上层建筑的发展来看,随着社会经济基础的变化,全部社会上层建筑都要发生变化,上层建筑由一定利益关系决定,又反过来作用于这种利益关系。也就是说,社会上层建筑的发展变化既是经济基础发展变化的要求,也是人民群众的政治利益关系和精神文化需要的集中体现。一定社会的上层建筑必然会对社会的经济基础发生反作用,而这种反作用恰恰是通过不断满足和实现人民群众的政治利益和精神文化需要才能得以实现。

从以上分析可以看出,在社会发展过程中,人民群众不同层次的需要和利益始终作为社会主体的本质力量发生作用。从这样的研究视角可以断定,一个社会存在、发展的价值和意义完全在于能否满足和实现人民群众的不断发展的需要和利益。然而,由于人民群众的利益是多方面、多层次和无限发展的,社会发展过程同人民群众利益的实现过程往往表现出更多的不同步性和不协调性,社会不同利益群体之间的利益矛盾错综复杂,出现许多同社会发展价值目标相背离的环节和方面。毫无疑问,社会发展如果与满足和实现占人口大多数的人民群众的利益相脱节,就会直接影响到整个社会的发展。在阶级社会表现为阶级对立和阶级冲突,引起社会政治动荡和政权更替;在社会主义社会则会表现为不同利益群体之间和党群、干群之间的矛盾争端和利益冲突,造成社会利益群体的分化和结构失衡,导致社会不安定、不和谐因素增加,直接影响社会发展与和谐稳定。因此,把实现好人民群众利益作为社会发展价值目标的核心问题,就是要解决好社会发展同人民群众共享发展成果之间的关系,要随着社会发展特别是随着社会物质财富的增加,及时提高人民群众的现实生活水平,满足和实现人民群众最基本、最现实、最直接的需要和利益,这才是社会发展价值目标的具体实现。

2.社会发展的重要标志是不断发展人民群众的利益

社会发展的活力和生命力来源于人民群众的积极性、主动性和创造性,而人民群众的积极性、主动性和创造性又来源于其对利益的无限追求和创造。社会存在的价值和社会发展的意义就在于能够不断创造物质财富和精神财富,不断满足和实现人民群众的利益。社会发展的重要标志就是不断丰富和发展人民群众的利益。

人民群众的利益是一个结构异常复杂的庞大系统。按照利益主体的差别来划分,可以分为个人利益、群体利益、社会整体利益;按照利益的内容来划分,可以分为经济利益、政治利益和文化利益等;按照利益实现的过程来划分,可以分为长远利益和眼前利益;按照利益实现的现实性来划分,可以分为既得利益和未来利益;等等。同时,人民群众利益又是一个不断发展变化的历史过程,在不同的历史时期,人民群众的利益具有不同的内容和体现。因此,从利益及其实现的角度观察社会,社会发展的重要标志就是人民群众利益在空间维度上的拓展、开放与时间维度上的深化和不断提升。

首先是人民群众利益在空间维度上的拓展和开放。衡量一个社会发展的质量和文明程度,最基本的就是看人民群众的需要和利益是单一的还是丰富多彩的,是封闭的还是开放的。因为需要和利益决定社会生产方式、社会生活方式和人们的思维方式,倘若整个社会的需要和利益处于封闭、单调的状态,那么这个社会必定是一个生产力僵化、落后而又自闭的社会;反之,人民群众需要和利益的多元化和多样化,必然会引起社会生产方式、社会生活方式和思维方式的多样化和多元化,激发整个社会的创造活力和生命力,从而推动整个社会的发展。因此,不断发展人民群众的需要和利益,从空间维度上有实现、拓展、开放三个层面的要求:第一,要不断满足和实现人民群众的需要和利益。这是发展人民群众需要和利益的基础和前提,没有这个基础和前提,新的需要和利益就不可能产生。第二,要在实践中不断创造人民群众新的需要和利益，拓展人民群众需要和利益的发展空间，丰富人民群众的需要和利益。比如，要在人民群众物质需要和物质利益基本满足的基础上，及时创造和发展人民群众的政治需要和政治利益及其文化需要和文化利益；要在人民群众的温饱问题基本解决之后，积极创造条件，丰富和满足人民群众新的政治文明和精神文明的需要和利益。第三，要在拓展的过程中积极吸收和借鉴外来文明。人类文明具有相通的特质，特别是在当今经济全球化和世界交往的背景下，在需要和利益这个最根本的层面上，积极吸收和借鉴外来文化与文明，对于丰富和发展我国现阶段人民群众的需要和利益，对于提高人民群众的需要和利益的文明程度以及整个社会的文明程度，都具有十分重要的价值。从一般规律上看，人民群众新的需要和利益的产生标志着社会的进步与发展，社会发展就是一个不断产生又不断满足人民群众新的需要和利益的循环往复的过程。

其次是人民群众利益在时间维度上的深化和提升。社会发展是一个在时间维度上不断实现自我超越的过程。这种超越从表层上看，表现为社会财富的巨大增长和社会文明程度的提高；从深层来看，则是实践主体和创造主体的需要和利益的不断深化和提升的过程。如果一个社会的社会成员的需要和利益几十年不变，那么这个社会一定是一个死气沉沉、没有活力的社会。社会发展的动力来自社会创造主体的积极性、主动性和创造性，社会创造主体的积极性、主动性和创造性能否发挥及如何发挥则根源于对需要的满足，取决于对利益的追求，社会发展根源于人民群众需要和利益的发展。因此，发展人民群众的需要和利益，从时间维度上有深化和提升两个方面的要求：第一，所谓深化就是要不断挖掘实现人民群众利益对社会发展及人民群众积极性、主动性和创造性发展的意义和价值，使不断实现人民群众利益成为社会财富创造之本，不断发展人民群众利益成为社会财富创造之源。第二，所谓提升就是要积极引导人民群众追求与社会发展趋势相一致、符合人性真善美的需要和利益。在传统观念中，人们之所以经常把“利益”与贪婪、恶欲、利己主义相联系，是因为利益及其实现是与人性相关的。在生产力发展的特定水平上，人们利益与需要的满足要受到若干条件的制约，大多数人的利益往往不能得到实现。在这样的情况下，阶级的产生以及与阶级剥削、阶级压迫现象相伴而生的各种不道德的行为如唯利是图、蒙骗欺诈甚至巧取豪夺等行为成为必然现象。利益的追求和欲望的膨胀必然导致利益观的变形，导致人性的异化，也必然导致社会的退化。从这样的角度看，人类社会发展和进步的实质就是对人的需要和利益不断进行甄别、筛选、引导、提升和扬弃,并在此基础上不断使其得到实现的过程。对社会实践主体和创造主体——人民群众的需要和利益,也需要这样的过程。从社会发展规律看,人民群众需要和利益的提升,是社会发展与进步的重要标志。社会的发展,说到底就是人民群众的需要和利益不断深化和升华、不断实现而又不断扬弃的上升运动。

3.协调和处理好人民群众的利益关系是社会主义社会发展的必然趋势

社会各阶级、各群体之间的利益斗争是阶级社会阶级斗争的动因和内在根据,也是阶级社会发展的终极动因。在私有制条件下,这种利益斗争从根本上是无法彻底解决的;社会主义制度的建立,就是要消灭两大对抗集团利益冲突的所有制基础,实现社会创造主体和社会利益主体的一致性。在社会主义条件下,人民群众既是社会的创造主体,同时也是社会的利益主体,人民群众创造的社会物质财富和精神财富成为满足自身需要和利益的条件与基本保证。剥削制度的消灭,人民群众从根本利益关系上实现了统一。但是,社会主义社会并不能消除人民群众不同利益群体之间的利益矛盾和利益冲突。人民群众不同利益群体之间的利益矛盾和利益冲突,同私有制条件下两大对抗阶级之间的利益矛盾和利益冲突是性质完全不同的两类矛盾。前者是在根本利益一致基础上的冲突,是不同利益群体之间在利益同"质"范围内不同"量"的矛盾和冲突;后者是在根本利益上的冲突,不仅包括利益不同"量"之间的矛盾和冲突,更包括不同利益"质"的矛盾和冲突。因此,在社会主义条件下,不断协调人民群众利益,就是通过对不同利益集团之间利益"量"的协调,实现人民群众利益的整体优化与和谐,从而实现整个社会的和谐发展,这是社会发展的必然趋势。

不断协调好人民群众的利益,实现社会的和谐发展,也是当前和未来一个时期我国建设社会主义和谐社会的客观要求和必然趋势。毋庸置疑,当前我国社会不和谐、不安定的社会因素大量存在,许多不和谐因素尚有不断发展和扩大之势,但是这些不和谐、不安定因素大量存在的根源无一不和利益有关。需要和利益的矛盾与冲突,仍然是社会主义社会特别是社会主义初级阶段人民内部各种矛盾产生的总根源。因此,建设社会主义和谐社会,化解人民内部各种矛盾,最基础和最重要的就是要协调好人民内部的利益矛盾。同时,人民内部的利益矛盾集中表现为不同利益主体之间的矛盾,包括个人、集体与国家之间、城乡之间、不同利益群体之间、不同地域之间、不同行业之间、不同所有制经济组织之间、不同社会阶层之间等，并且这些矛盾的产生都与整个社会利益结构的部分不协调甚至失衡相关，由利益结构不协调而导致的社会不公成为社会矛盾激化的潜在危机，这不能不引起全社会的高度重视。由此可见，建设社会主义和谐社会，不断协调人民群众利益关系，核心在于统筹兼顾，优化社会利益结构，使人民群众共享社会发展成果，使不同社会主体的利益得到全面均衡发展，特别要通过利益关系的协调，形成多元和谐的利益格局，防止利益关系的两极分化，最终实现共同富裕和社会公正。这是社会主义社会发展的最终价值目标，是社会主义社会发展的必然趋势，也是我国现阶段应当着手逐步解决，而且有条件逐步解决的问题。

（四）人民群众利益主体论是共产党人利益观的根本

早在 1938 年，毛泽东在《中国共产党在民族战争中的地位》中就鲜明提出了共产党人的利益观："共产党员无论何时何地都不应以个人利益放在第一位，而应以个人利益服从于民族的和人民群众的利益。"[①]1956 年 11 月，针对国际青年代表团提出中国共产党员的含意是什么的问题，邓小平作出明确回答："中国共产党员的含意或任务，如果用概括的语言来说，只有两句话：全心全意为人民服务，一切以人民利益作为每一个党员的最高准绳。"[②]2001 年，江泽民在庆祝中国共产党成立 80 周年大会上的讲话中，进一步阐明共产党人在利益问题上的根本立场："人民群众是先进生产力和先进文化的创造主体，也是实现自身利益的根本力量。不断发展先进生产力和先进文化，归根到底都是为了满足人民群众日益增长的物质文化生活需要，不断实现最广大人民的根本利益。"[③]"八十年来我们党进行的一切奋斗，归根到底都是为了最广大人民的利益。"[④]"任何时候我们都必须坚持尊重社会发展规律与尊重人民历史主体地位的一致性，坚持为崇高理想奋斗与为最广大人民谋利益的一致性，坚持完成党的各项工作与实现人民利益的一致性。"[⑤]

---

① 《毛泽东选集》第 2 卷，人民出版社 1991 年版，第 522 页。
② 《邓小平文选》第 1 卷，人民出版社 1994 年版，第 257 页。
③ 《江泽民文选》第 3 卷，人民出版社 2006 年版，第 281 页。
④ 《江泽民文选》第 3 卷，人民出版社 2006 年版，第 279 页。
⑤ 《江泽民文选》第 3 卷，人民出版社 2006 年版，第 279 页。

这些都表明了共产党人鲜明的利益观。从理论渊源上看，人民群众利益主体论是共产党人利益观的理论基础、价值导向和实践理念，共产党人利益观是人民利益主体论的具体展开和具体实现。共产党人的利益观就是建立在人民群众利益主体论基础之上的，以人民群众为利益主体、以人民群众利益为本、以人民群众根本利益为最高准则的利益观。

1.以人民群众为利益主体

在社会发展过程中，在错综复杂的社会利益关系中，谁是社会利益主体？这个问题是马克思主义群众观的根本问题，也是共产党人利益观的首要问题。人民群众利益主体论从世界观、历史观的高度确立人民群众利益主体地位，为共产党人利益观奠定了理论基础，坚持人民群众利益主体论，就是马克思主义群众观在共产党人利益观中的集中体现。

人民群众利益主体论深刻阐明了人民群众不仅是社会历史活动的主体、社会财富的创造者，而且是社会利益的主体，是社会财富的占有者、所有者和享有者。共产党人的利益观以人民群众作为利益主体，就是要确认人民群众是社会历史创造者和社会财富所有者相一致的主体地位。以最广大的人民群众作为社会利益的主体，这就表明共产党人在利益问题上的根本立场：就是要始终用人民群众是社会利益创造主体和社会利益实现主体统一的社会历史观统领共产党人利益观，坚持尊重社会发展规律与尊重人民群众历史主体地位的一致性，坚持为崇高理想而奋斗与为广大人民谋利益的一致性，坚持完成党的各项工作与实现人民利益的一致性。就是要从历史发展的总趋势去认识和把握人民群众的历史地位和作用，按照保证社会发展进步的成果真正为广大人民所享有的价值取向来推动历史进步，从而使社会进步在为实现人民群众的利益中得到持久的动力，让人民群众在历史的进步中实现和发展自己的利益。就是要在不断推进社会历史发展的社会实践过程中，始终坚持人民群众利益主体地位，把人民利益放在首位，在充分发挥人民群众历史创造者的积极性、主动性和创造性的同时，坚持把实现好、维护好和发展好最广大人民群众的根本利益作为一切工作的根本出发点和落脚点，以是否符合人民群众的根本利益和要求作为衡量党的路线、方针、政策及其一切工作的根本标尺，真正做到权为民所用、情为民所系、利为民所谋。

以人民群众为利益主体的利益观，本质上是一种人民利益高于一切的价值观。坚持人民利益高于一切，是中国共产党与其他一切剥削阶级政党的根本区别，是共产党人价值观的核心内容和本质要求，是共产党人执政兴国的根本价值取向。在中国共产党人的价值视阈里，人民群众创造历史的主体地位和推动历史前进的主导作用，决定了人民利益的至上性，也决定了党没有超越于人民之上的权力，没有向人民群众施行恩赐、包办、行政命令的权力，没有在人民头上称王称霸的权力。利益观公开表明共产党的根本性质及其存在的意义和价值就是为人民谋利益，从根本上决定了共产党人的利益观必定是全心全意为人民谋利益的利益观，人民群众是社会的利益主体，共产党人的性质和目的就是代表最广大人民群众的根本利益，人民群众的利益就是共产党人的根本利益，实现最广大人民群众的根本利益就是共产党人的根本价值。人民群众利益主体论为我们党坚持人民利益高于一切的价值取向奠定了坚实的理论基础。

人民群众利益主体论揭示了实现人民群众利益与社会发展的内在一致性，揭示社会发展的价值目标、重要标志和必然趋势就是不断实现好、发展好和协调好人民群众的利益。从观念层面看，以人民群众为利益主体的共产党人利益观，同社会发展的价值目标和趋势是一致的，共产党人利益观的价值目标和根本任务就是要实现好、发展好和协调好人民群众的根本利益。然而，在社会发展过程中，如何实现好、发展好、协调好人民群众的根本利益，不仅仅是一个理论问题，更重要的是一个现实问题、一个实践问题。因为在现实生活中，人民群众利益主体的实现形式和表现方式是多种多样的，是作为无数的相互区别、相互差异甚至相互矛盾的主体力量发生作用的。因此，以人民群众为利益主体的利益观，就不能仅仅以一种观念的形态而存在，而应当成为共产党人处理和解决各种社会利益矛盾和社会利益纠纷的价值标准、行为规范和行动指南。对于执政的共产党人来说，最根本的就是要解决好“为什么人”的问题，就是“权为民所用”“利为民所谋”的问题，在实践中就是要全心全意、尽心竭力为群众办实事。像李瑞环所讲的：“我们的权力是人民给的。人民给我们权力，不是为了别的，就是为了要我们为他们办实事，帮助他们解决实际问题。如果我们又要掌权，又不为人民办实事，那还不如让人民另请高明。”①“群众是最讲实际的，他们是从一件件具体的、实实在在的事情中来观察、了解和认识我们的，只有坚持办实事，为群众排忧解难，在客观上使群众因为我们的联系、服务而获得实实在在的利益，才

① 李瑞环：《学哲学　用哲学》，中国人民大学出版社2005年版，第524页。

能逐步取得他们的信任和支持。”[①]这也就是胡锦涛同志强调“群众利益无小事”的道理所在。党的十六届六中全会明确地把“以解决人民群众最关心、最直接、最现实的利益问题为重点”确定为构建社会主义和谐社会的指导思想，充分体现了我们党的人民群众利益主体论的实践导向性。

2.以人民群众利益为本

人民群众利益主体论对人民群众利益主体地位的确定，从根本上决定了共产党人利益观的本质就是以人民群众利益为本。从基本内涵来看，以人民群众利益为“本”，包含三层含义：一是从主体和客体的区分看，人民群众是社会主体，以人民群众利益为本，就是以社会主体利益为本。其他相对于人民群众利益的客体利益，只能而且必须在服从和服务于主体利益的前提下去思考和实现。二是从人民群众主体中的个体、部分和整体的关系看，人民群众是作为整体而存在的，以人民群众利益为本，是指以整体利益为本。三是从共产党同人民群众关系的角度看，以人民群众利益为本，就是“党除了最广大人民的利益，没有自己特殊的利益”，党员干部“绝不允许形成既得利益集团”，[②]这是共产党人利益观的根本所在。

人民群众利益主体论是共产党人利益观发展的源头，决定了共产党人利益观的价值旨归。以人民群众利益为本，这是共产党创立的本旨，是共产党存在和发展的价值所在。对于这一点，马克思和恩格斯在《共产党宣言》中就向全世界昭示：“过去的一切运动都是少数人的或者为少数人谋利益的运动。无产阶级的运动是绝大多数人的、为绝大多数人谋利益的独立的运动。”[③]共产党人“没有任何同整个无产阶级的利益不同的利益”，共产党人同其他无产阶级政党的不同地方就在于，“在无产阶级和资产阶级的斗争所经历的各个发展阶段上，共产党人始终代表整个运动的利益”。[④] 在不同历史时期和社会发展的不同阶段，以人民群众作为利益主体，始终是共产党人利益观的核心和价值取向。在阶级对立的社会，无产阶级和广大劳动人民创造社会财富，但不是社会利益的主体和主人，公开申明共产党人为无产阶级及其广大劳动人民谋利益，目的就是为无产阶级和广大人民群众争取利益主体权。在社会主义条件下，人民群众是社会的主体和主人，共产党利益观

---

① 李瑞环：《学哲学　用哲学》，中国人民大学出版社 2005 年版，第 526 页。

② 《江泽民文选》第 3 卷，人民出版社 2006 年版，第 280 页。

③ 《马克思恩格斯选集》第 1 卷，人民出版社 1995 年版，第 283 页。

④ 《马克思恩格斯选集》第 1 卷，人民出版社 1995 年版，第 285 页。

的价值取向就是调动人民群众社会主体和主人的积极性、主动性和创造性，不断满足和实现人民群众社会主体和主人的需要和利益。无论是坚持暴力革命还是坚持社会主义制度，无论是进行土地改革还是改革开放，共产党人始终坚持以人民群众作为利益主体，以实现人民群众利益作为利益观的价值指向。

从共产党和人民群众之间的利益关系看，人民群众是党的立党之本、生存之基和力量源泉，党的宗旨就是全心全意为人民服务，特别是执政党同人民群众的关系更是如此。毛泽东在中国共产党执掌全国政权前夕就告诫全党，我们不怕挫折，不怕困难，就怕进城后脱离群众。脱离群众就会失去民心，失去民心，万劫不复。什么问题最容易使执政党脱离群众和失去民心呢？最主要的就是执政党不再代表广大人民的根本利益，从而丧失立党之本、执政之基、力量之源。20世纪末，国际上许多长期执政的大党、老党纷纷丧失政权的教训从反面证明，执政党的最大危险是脱离群众。我们党作为执政党的最大优势在于密切联系群众，全心全意为群众服务。这种联系和服务来源于党与人民群众的感情互通、立场相融、命运与共，最终根源于利益相通。共产党同人民群众的根本利益是一致的，共产党除了代表人民群众根本利益，没有任何特殊利益。因此，共产党要始终保持最大优势、避免最大危险，就必须始终坚持以人民群众利益为本的利益观，这是执政党利益观的根本。

3.以人民群众的根本利益为最高标准

由于党来自人民群众，植根于人民群众，所以党必须服务于人民群众，造福于人民群众，这是理所当然的。党的全部理论、路线、纲领、方针、政策和策略以及党的全部工作，都必须以实现最广大人民的根本利益为出发点和归宿。对此毛泽东提出，共产党人的一切言论行动必须以合乎最广大人民群众的最大利益，为最广大人民群众所拥护为最高标准。邓小平把是否有利于提高广大人民群众的生活水平和实现最大多数人的共同富裕作为检验党和国家工作的最终标准，作为社会主义的本质特征和最终归宿，把广大人民群众拥护不拥护、赞成不赞成、高兴不高兴、满意不满意、答应不答应作为检验我们一切工作的标准。江泽民提出的“三个代表”重要思想的出发点和落脚点也在于始终代表中国最广大人民的根本利益。胡锦涛提出，马克思主义政党的理论路线和方针政策以及全部工作，只有顺民意、谋民利、得民心，才能得到人民群众的拥护和支持，才能永远立于不败之地。党的十六届四中全会同样把实现最大多数人的幸福作为加强党的执政能力建设的最终目标和归宿。共产党人利益观，归根到底就是以人民群众的根本利益为最高判断标准的利益观。

以最广大人民的根本利益为最高标准，就必须由作为利益主体的广大人民群众来检验我们的路线、方针、政策。谁是最广大人民根本利益的忠实代表，利益主体心里最有数，人民群众最有发言权。人民群众判断一个政党的性质和宗旨，既看它的纲领和宣言，更看它的实践和行动；既不忘记它的过去，更注重它的现在；既关注它的过程，更注重它的结果。基于此，毛泽东告诫全党，一切空话都是无用的，必须给人民以看得见的物质福利。邓小平一再强调，少讲空话，多干实事。江泽民提出，制定和贯彻党的方针政策，基本着眼点是要代表最广大人民群众的根本利益，正确反映和兼顾不同方面群众的利益，使全体人民朝着共同富裕的方向稳步前进。胡锦涛多次提出，坚持立党为公、执政为民，不能停留在口号和一般要求上，必须围绕人民群众最现实、最关心、最直接的利益来落实，努力把经济社会发展的长远战略目标和提高人民生活水平的阶段性任务统一起来，把实现人民的长远利益和当前利益结合起来。群众利益无小事。凡是涉及群众的切身利益和实际困难的事情，再小也要竭尽全力去办。坚持以最广大人民群众的根本利益为最高标准的利益观，必须始终坚持共产党纲领、宣言和实践、行动相统一，坚持过去实践、现在实践和未来发展相一致，坚持党的路线、方针、政策的出发点、过程和结果相一致，坚持人民群众长远利益和眼前利益的统一。只有这样，才能得到最广大人民群众的认可、拥护和支持。

以最广大人民的根本利益为最高标准，就必须由历史来检验党的全部工作。要坚持共产党人利益观，“作为共产党员，应该自觉地把国家利益、民族利益、人民利益、集体利益摆在第一位，努力成为一个有高尚追求的人，成为人民群众爱戴的好干部。各级领导干部必须在思想上、行动上、作风上做到立党为公、执政为民，增强公仆意识，自觉摆正同人民群众的关系。在革命战争年代，我们党能够赢得人民群众的衷心拥护，就在于我们以实际行动证明我们党是为人民利益而奋斗的党。我们党在全国执政后，党员、干部获得了更好地为人民服务的条件，同时也增加了脱离群众甚至发生腐败变质的危险。对这一点，我们时刻都不能掉以轻心”[1]。共产党员要争取光荣的

---

① 《江泽民文选》第3卷，人民出版社2006年版，第422页。

政治归宿，就必须经常想一想参加革命为什么，现在应该做什么，将来身后留什么。特别是领导干部，更应该珍惜手中的权力，以人民群众的根本利益作为检验权力行使、权力运行及其权力行为结果的最高标准，决不能滥用职权，更不能以权谋私；应该像革命先烈那样，为党和人民留下精神美德，留下廉洁家风，留下民心民意；生前身后，清白如水，透明如玉，真正不愧对共产党人的称号，真正经得起历史的检验，而绝不留下怨声连连、骂声不断。

以最广大人民的根本利益为最高标准，还要正确处理多数人利益与少数人利益的关系，在全社会实现各尽所能、各得其所、和谐相处的局面。我们党是工人阶级的先锋队，同时是中国人民和中华民族的先锋队，既要代表工人阶级和劳动人民的利益，又要代表一切拥护社会主义和拥护祖国统一的爱国者的利益，这样才能最广泛、最充分地调动一切积极因素，为实现党的历史使命汇聚强大的力量。当前，我国社会正处于构建社会主义和谐社会新的历史时期，利益和谐是社会和谐的根基和核心。这就要求执政的中国共产党始终坚持从政策取向和制度安排上找到和抓准最大多数人的共同利益与不同阶层的具体利益的结合点，正确反映和维护不同阶层、不同群众的利益。

当前，以最广大人民群众利益作为最高标准，必须全面落实党的十七大精神，加快推进以改善民生为重点的社会建设，从政治的高度重视民生，从制度和机制上着力保障和解决民生，推进社会体制改革，扩大公共服务，完善社会管理，促进社会公平，围绕解决人民群众“最现实、最关心、最直接”的利益问题来落实，切实把事关人民群众的温饱问题、基本医疗保障问题、社会义务教育问题、基本养老保险问题等民生问题放在一切工作的首位。要特别关心下岗职工、困难群众、城市贫困人口、贫困地区群众、受灾地区群众、农民工的利益，同时要高度关注大学生的就业和下岗职工的再就业等社会热点和难点问题，把这些问题提上重要议程，优先重点解决特困群众的困难。努力使全体人民学有所教、劳有所得、病有所医、老有所养、住有所居，推动建设和谐社会，这是以人民群众根本利益为最高标准利益观的最现实的实现。

再版同期声：党的十八大以来，人民群众利益主体论得到了高度的重视和很好的坚持。“人民对美好生活的向往，就是我们的奋斗目标。”这是习近平同志所有讲话当中说得最多的一句话。他曾经多次满怀深情地说道：

“我们的人民热爱生活，期盼有更好的教育、更稳定的工作、更满意的收入、更可靠的社会保障、更高水平的医疗卫生服务、更舒适的居住条件、更优美的环境，期盼孩子们能成长得更好、工作得更好、生活得更好。人民对美好生活的向往，就是我们的奋斗目标。”①这也是我们党作为执政党始终坚持的施政目标。党的十八大以来，“人民主体论”“人民至上”“以人民为中心”是党的各类文件中使用最多的词汇。在经济社会发展的问题上，我们党始终十分清醒地强调：“为人民谋幸福、为民族谋复兴，这既是我们党领导现代化建设的出发点和落脚点，也是新发展理念的‘根’和‘魂’。只有坚持以人民为中心的发展思想，坚持发展为了人民、发展依靠人民、发展成果由人民共享，才会有正确的发展观、现代化观。”②习近平同志在十八届中央政治局第二十八次集体学习时的讲话中指出：“发展为了人民，这是马克思主义政治经济学的根本立场……要坚持以人民为中心的发展思想，把增进人民福祉、促进人的全面发展、朝着共同富裕方向稳步前进作为经济发展的出发点和落脚点。这一点，我们任何时候都不能忘记，部署经济工作、制定经济政策、推动经济发展都要牢牢坚持这个根本立场。”③他要求各级领导干部“要坚持把实现好、维护好、发展好最广大人民根本利益作为一切工作的出发点和落脚点，我们的重大工作和重大决策必须识民情、接地气。要以人民群众利益为重、以人民群众期盼为念，真诚倾听群众呼声，真实反映群众愿望，真情关心群众疾苦。要坚持工作重心下移，深入实际、深入基层、深入群众，做到知民情、解民忧、纾民怨、暖民心，多干让人民满意的好事实事，充分调动人民群众的积极性、主动性、创造性”④。在中国，让人民群众彻底摆脱贫困是几千年的梦想，是中国广大人民群众的根本利益。我们党带领人民群众硬是打赢了脱贫攻坚战，让十几亿中国人民群众过上了小康生活。这充分体现了以习近平同志为核心的党中央时刻想着人民群众，始终坚持人民群众利益主体论的执政理念和政治追求。他曾经满怀深情地说：“大国之大，也有大国之重。千头万绪的事，说到底是千家万户的事……每到群众家中，常会

① 《习近平在十八届中共中央政治局常委同中外记者见面时强调 人民对美好生活的向往 就是我们的奋斗目标》，《人民日报》2012 年 11 月 16 日。

② 《习近平在省部级主要领导干部学习贯彻党的十九届五中全会精神专题研讨班开班式上发表重要讲话强调 深入学习坚决贯彻党的十九届五中全会精神 确保全面建设社会主义现代化国家开好局》，《人民日报》2021 年 1 月 12 日。

③ 习近平：《论坚持全面深化改革》，中央文献出版社 2018 年版，第 187—188 页。

④ 习近平：《论坚持全面深化改革》，中央文献出版社 2018 年版，第 138 页。

问一问，还有什么困难，父老乡亲的话我都记在心里。民之所忧，我必念之；民之所盼，我必行之。我也是从农村出来的，对贫困有着切身感受。经过一代代接续努力，以前贫困的人们，现在也能吃饱肚子、穿暖衣裳，有学上、有房住、有医保。全面小康、摆脱贫困是我们党给人民的交代，也是对世界的贡献。让大家过上更好生活，我们不能满足于眼前的成绩，还有很长的路要走。”①这些朴实的话语感人至深，意味深长。我们相信，在以习近平同志为核心的党中央领导下，中国人民的利益会得到最大限度的维护、实现和发展，人民群众的生活会越来越好！

七、人民群众执政主体论

人民群众执政主体论，仅是这个表述本身似乎就足以引起争论。因为按照一般政治学理论，执政主体只能是执政党，不能是民众。我们认为对于共产党人的政治学来说，执政主体就是人民群众，共产党人是作为人民群众中的一部分，作为人民群众的先锋队，来组织和带领人民群众掌管执政权、行使管理职能的。这是马克思主义群众观的本质要求，是共产党执政不同于其他政党执政的最根本和最主要之处，也是我们这里要论述的基本观点。

（一）人民群众是社会主义事业的主人

人民群众是社会主义事业的主人，这是科学社会主义原理教科书早就深刻论述过的理论。这里为了理论的清晰和叙述的方便，再予以简要阐述。

人民群众是社会的主体和主人，这是社会基本矛盾运动及其规律得出的必然结论。人民群众是社会主义社会的主人，这是社会主义社会特殊的基本矛盾运动及其规律证明的客观真理。社会主义事业是人民群众的事业，是人民群众自觉参加和实现自己利益的事业。社会主义事业的根基在人民群众，这是由人民群众在社会主义社会基本矛盾及其运动中的地位和作用决定的。

社会主义社会基本矛盾运动及其规律决定人民群众是社会主义经济的主体和主人。相对于其他社会形态，社会主义社会生产力与生产关系、经济基础与上层建筑的矛盾运动及其规律有其特殊性。这个特殊性最根本的就

① 《国家主席习近平发表二〇二二年新年贺词》，《人民日报》2022年1月1日。

在于生产力和生产关系的矛盾是非对抗性的。这是源于社会主义社会基本经济制度的基础是社会主义公有制为主导,多种经济成分并存的所有制形式。也就是说,在社会主义社会,生产力中的劳动者是生产资料的主人,从而也是生产关系的主导力量。这种生产关系作为社会的经济基础,决定了上层建筑。以一切权力属于人民为核心的上层建筑,则是在维护和促进经济基础的完善、维护和促进生产力发展的方向上发挥其反作用。生产力当中劳动者作为生产力发展的原动力和变革与完善生产关系的内在力量,构成社会主义社会基本矛盾运动的基础,推动社会经济基础和上层建筑的完善,从而为社会主义生产力和经济的发展开辟了广阔的道路。在关于社会主义社会基本矛盾及其运动与规律的简要分析中,我们可以看到,社会主义社会劳动者不仅是生产力的主体,而且是生产关系的决定力量,从而是社会主义经济的主体和主人,是他们的需求构成社会生产发展的需求环节,他们的生产实践构成社会物质资料生产的过程。同时,生产资料主人的地位决定了他们在社会分配中的主体地位,他们的物质文化生活是社会消费的主要部分,可以说离开了他们,社会生产将无法存在、无从发展。在改革开放和社会主义市场经济条件下仍然是这样。

社会主义社会基本矛盾运动及其规律决定了人民群众是社会主义政治的主体和主人。政治是经济的集中表现。人民群众是社会主义社会生产关系的主导力量,这就决定了其在社会政治和上层建筑中主体和主人的地位。社会主义国家上层建筑的反作用就是要维护和促进经济基础的巩固与发展。国家宪法和法律规定,一切权力属于人民,这是社会主义国家的最高原则。在社会主义国家,国家制度、体制、法律、法规、政策等都以实现和维护人民群众的利益为基本价值取向和本质要求,其国家机器、军队、法庭、警察等专政工具,都以保护和维护人民群众的利益为目标和最高原则。在社会主义国家,实行人民民主的政治制度,这种民主是实现全体人民利益的民主。人民群众拥有参与各种社会事务的决策、监督等权力,可以通过人民代表大会行使对一切重大社会事务的决策权,通过人民代表大会选择、监督和罢免代表他们行使管理社会权力的政府及其工作人员,等等。国家和政府的一切工作和一切工作人员都要对人民群众负责、接受人民群众监督,以实现人民群众的利益和愿望为最高目标和最高原则。这是社会主义国家政治与其他国家政治相比最大的、最本质的区别。背离了这一原则,也就违背了社会主义的基本原则。

社会主义社会基本矛盾运动及其规律决定了人民群众是社会主义文化的主体和主人。文化是社会意识形态的重要组成部分,虽然它具有一定的历史继承性,但是反映社会存在现实是其根本性质和要求。社会上占统治地位的精神文化是统治阶级的精神文化,这是马克思主义的科学社会主义理论告诉我们的道理。在社会主义社会,工人阶级的、人民大众的文化就是社会主义的主流文化。这种文化以满足人民群众的精神文化需求为根本目标和要求,以反映人民群众的社会生活为主要内容,以激励人民群众的社会主义积极性和创造性,促进社会主义社会和谐发展、全面进步为主要功能和作用,这是社会主义社会生产力与生产关系、经济基础与上层建筑矛盾运动及其规律的本质要求和具体体现。

社会主义社会基本矛盾及其规律决定了人民群众是社会主义社会和谐与发展的主体和主人。人民群众是社会历史发展的动力,在社会历史发展一般规律的意义上是这样,在社会主义社会更是这样。在以往社会形态中,人民群众是在不掌握生产资料,因而也不掌握自己命运的前提下,完全被动地发挥创造历史作用的。他们的劳动被剥削阶级无偿地占有,他们不能平等地享有自己劳动的成果,不能平等地得到应有的社会地位。这就必然从根本上限制了人民群众积极性、创造性的发挥,限制了人民群众社会主体作用的充分实现。社会主义社会以其基本经济制度和基本政治制度保障了人民群众社会主体和主人的地位,保障了人民群众在社会生活各领域中的基本权利和利益,从而使人民群众的社会主体和主人的地位得到了真实的实现和应有的保障,使人民群众充分体会到社会发展与其个人利益实现的息息相关,从而激发出创造社会主义美好社会和美好生活的巨大积极性和创造性,以主人的姿态和辛勤的劳动促进社会主义社会的和谐与发展。

人民群众是社会主义事业的主体和主人,这是一个有着丰富实际内容和深刻内涵的科学命题,上述只是择其要者而简论。尽管在现实社会生活中,人民群众作为社会主义事业主体和主人的丰富实际内容还不能够得到完全的实现,但是对这一命题的正确理解,既是共产党执政的社会主义国家正确解决一系列基本问题的前提和基础,也是正确认识人民群众是社会主义国家执政主体观点的基础。

(二)人民群众是社会主义国家的执政主体

人民群众是社会主义国家的执政主体,这是共产党执政的社会主义国家所具有的一种独特的政治现象，或者说是政治模式。也许人们会觉得不可思议，因为好像从来没有人这样提出和论述过，这种观点似乎与政治学理论格格不入，甚至有些冲突。但是我们说，根据历史唯物主义关于人民群众是社会主义社会主体和主人的理论，得出这样的结论，是具有必然性的。上面已经作了一些论述，下面我们将进一步展开讨论。

1.执政主体的确定具有本质性意义

关于执政主体的讨论，应当以对“执政”概念的定义和理解为逻辑的起点。何谓“执政”？顾名思义，即执掌政权。有学者作出这样的解释：“执政，是伴随着国家政权的出现而产生的一种政治行为。简单地说，执政就是执掌国家政权，是执政者为了实现其所代表的阶级的经济利益和价值目标而运用国家政权的力量对社会进行统治和管理的政治实践活动。”[①]林勋健先生主编的《西方政党是如何执政的》一书中有这样一段论述：“所谓执政，在当代西方国家，特指执政党执掌国家最高行政大权……因此，‘执政’一词的内涵是比较狭小的。”[②]2005 年，金东日在《河北学刊》上发表《执政论》一文，对执政作了较为系统的论述。文中提出：“所谓执政，就是执掌政权的简称。执掌政权也就意味着可以决定国家的大政方针，这里当然也包括权威性地分配社会稀有价值的内容。”“执政是通过所掌握的国家权力反映和调节不同群体利益的过程。”文章还论述了执政必须具备的五种性质，即合法性、权威性、公共性、公理性、政治性等。[③] 另有秦德君在论述执政与领导之不同时提出：“‘执政’是反映国家政权的归属关系的概念。一个政党的‘执政’，系指经过宪法程序（或其他政治途径）执掌国家公共权力。”“‘执政’主要表明一个政党在国家政治体系中的法定地位和公共责任，所指涉的是公共权力的（形式上）归属”；“‘执政’在本质上是统治（rule）。”[④]尽管人们在关于执政的论述中侧重点不同，但是显然对“执政”概念的理解基本上没有实质性歧义。概括起来，“执政”概念内含四个方面的要义：其一，其最基本的含义就是“执掌政权”，亦即表明在国家政治体系中的法定地位，表明国家公共权力的归属关系。其二，为某阶级和团体的利益而执掌政权。从过程上讲，执政

---

① 禹美娘、梁道刚：《关于执政规律的政治系统分析》，《理论与改革》2005 年第 3 期。

② 林勋健主编：《西方政党是如何执政的》，中共中央党校出版社 2001 年版，第 7 页。

③ 参见金东日：《执政论》，《河北学刊》2005 年第 3 期。

④ 秦德君：《“执政方式”与“领导方式”：一种政治学的规范分析》，《云南行政学院学报》2003 年第 2 期。

就是运用权力来反映和调节不同群体利益的过程。其三，执政的功能是统治和管理社会，“本质上是统治”。其四，执政是一种政治行为、政治实践。可以说，在阶级仍然存在的社会，执政是与阶级和阶级斗争紧密联系在一起的，是一种统治行为，是统治者统治社会的政治行为和政治活动。这是人们的思想观念中“执政”概念的内涵。

既然对“执政”如此定位，那么“由谁执政”就不能不是最重要的问题。因为谁是执政者，就意味着社会公共权力归谁所有，由谁来统治社会，进而实现和维护谁的利益。政党政治时代，由政党来执政，即由政党代表它所从属的阶级来行使统治权，运用所执掌的政权，决定国家大政方针政策，以实现和维护它所代表的阶级的利益。这就是“执政”的实质。这种实质是经过宪法和法律程序确定和保护的，因此又是一种宪政样式和宪政行为。这也就是自古以来在执政权问题上你死我活争斗的根源所在。当代西方社会，资产阶级政党特别是社会民主党越来越多地放弃阶级党的旗帜，而更多地打出人民党的旗帜。究其根源，不是它们放弃了政党的阶级性质，而是在于它们试图设法取得各阶级、阶层人民的信任，取得法律上的合法性。其实，这种倾向的出现也从另一个侧面更加凸显了执政行为的阶级性和政治性属性。

由谁执政的问题，就是执政主体的问题。何谓“执政主体”？认真查阅近年来研究执政党建设等理论的大量文章、书籍，我们发现详细论述“执政主体”概念的较少。人们通常是把它作为一个既定的概念使用，不去细究其内涵。人们通常认为执政主体就是拥有并实际上执掌国家权力的政党、组织和个人，也有人将其表述为“执掌和运用国家权力的行为主体”，并进一步说明在当今世界实行政党政治的国家，执政党就是执政主体。[①] 更有人直接指出，执政主体是党的各级组织或全体党员、各级领导集体和党员领导干部。当我们把对执政主体的这种定位与“执政”概念的内涵统一起来，就可以进一步得出执政主体就是统治社会的行为主体，就是统治社会的政治行为和政治活动的主体。

这就使我们不能回避与“执政主体”对应的“执政客体”概念，因为主体只有在与客体的对应关系中才能存在。什么是“执政客体”呢？从一般意义上讲，就是执政活动所指向的对象。这个对象是谁？学术界的观点大体可

---

① 参见禹美娘、梁道刚：《关于执政规律的哲学诠释》，《求实》2005年第7期。

以分为两种：一为社会事务，即国家的政治、经济、文化和社会事务；另一为民众。也有论者持二者兼有的观点，如《关于执政规律的政治系统分析》一文就将“社会，从具体内容上看，包括政治、经济、文化领域以及其他社会公共领域，这些都是运用政治权力这一政治行为的直指对象”称为“执政客体”。但是在进一步的论述中，他们又指出：“实际上，社会是各社会成员的活动的总和，而社会成员是从事着各种社会活动的活生生的现实的人。从这个意义上说，也可以把各社会成员当作执政客体。”①

从人们对上述三个基本概念的理解中，我们已经可以明晰地看到若明若暗地表达的某种东西，即执政主体与执政客体的关系定位。这就是《关于执政规律的政治系统分析》一文中明白表述的：“执政主体是执政客体的统治者、领导者和管理者。”这其中内在的关系是：“执政”的本质是对社会的统治。执政主体与执政客体关系的本质，即作为执政主体的执政党与作为执政客体的民众的关系，就是统治者与被统治者的关系。结论是内在的、合乎逻辑和规律的。而且，对于这样一个结论人们是认可的，因为在现实生活中似乎就是这样的，古今中外几乎所有的执政党就是这样的统治者，他们与民众之间的关系就是统治与被统治的关系。只是这样的结论用于共产党执政的社会主义国家似乎就出现了逻辑矛盾：《中华人民共和国宪法》序言中指出，“中国人民掌握了国家的权力，成为国家的主人”。宪法总纲中规定，“中华人民共和国一切权力属于人民”。共产党党章规定，中国共产党是中国工人阶级的先锋队，是中国人民和中华民族的先锋队，是始终代表中国最广大人民群众的根本利益的政党，等等。“主人”、权力的所有者与其“先锋队”“代表”的关系显然不能和“被统治者”与“统治者”的关系相提并论。也许正是鉴于这种无法回避的逻辑矛盾，所以论者又试图作一些弥补和修复，接下来急忙提出：“执政主体是从执政客体中分化出来的，本质上执政客体委托其代表自己行使这种权力并且来管理自己从而实现自己利益的政治代理人，其运用政治权力的合法性来自于执政客体的认同，其运用政治权力的力量来源于执政客体的支持。借用经济学的语言来说，执政客体是国家权力的真正‘所有者’，是真正的权力主体，而执政主体是国家政权的‘经营者’。”②显然，这里即使没有“经营者”与“统治者”身份称谓上的如此鲜明差

① 禹美娘、梁道刚：《关于执政规律的政治系统分析》，《理论与改革》2005 年第 3 期。

② 禹美娘、梁道刚：《关于执政规律的政治系统分析》，《理论与改革》2005 年第 3 期。

别,其内在的逻辑矛盾也是无法掩盖的。

其实我们作上述分析的着眼点绝不是仅仅局限于学术界的概念混乱和理论上的矛盾,而有着更为深刻的忧虑:长期以来,我们的执政理论出现如此混乱的原因在哪里?其危害何其深?!

不能否认,我们的党纲、党章和国家宪法、法律是明明白白地捍卫马克思主义基本立场、观点的。但在我们的执政理论研究中,究竟谁是执政主体和执政客体,执政主体与执政客体之间是什么关系,这样一些基本的问题至今缺少一个清楚、正确的定位。理论界上述观点则直接把人民群众排除在执政体系和体制之外,成为执政的客体、统治的对象,再加上社会残存的封建统治观念借助人们的私有观念、权力欲望,似一只无形的手,仍然在相当程度上控制着社会的思想观念。西方政治学理论的影响又使这些观念似乎得到了所谓"先进"执政理论的支持,如此等等。所以,"社会主义国家执政主体就是共产党""执政就是统治社会、统治民众"这样的观念不断得到强化。这种强化不可避免地产生两重后果:一是使人们更加重视执政地位,把巩固党的执政地位放在更加重要的位置(显然这从某种意义上是无可非议的);更重要的另一个后果则是抹杀了共产党执政与其他政党执政的实质性区别,使"统治社会"的观念不断得到加强和巩固。按照这样的逻辑,维护执政者利益合法化,共产党人与人民群众之间公仆与主人的地位关系必然颠倒,"人民群众是社会的主人""一切权力属于人民"等只能成为没有任何实际内容的空泛的口号,"全心全意为人民服务"不能不演变为千方百计维护执政者的既得利益,官僚化、腐败不仅不可避免,甚至成为客观趋势。在现实生活中,违背甚至损害人民群众利益的事情屡见不鲜,滥用权力、玩忽职守甚至以权谋私、贪污腐化、祸国殃民的问题成为难以治理的病症。吸取东欧社会主义国家和苏联演变的教训,反思我们党执政实践中出现的若干问题,就能够清楚地看到其间这种根源性问题。

上述论述揭示了一个内在逻辑,即把人民群众排除在执政主体之外,就不可能走出传统的、剥削阶级的统治社会的执政理念和执政活动的圈子,就没有了马克思主义执政观和剥削阶级执政观念的本质区别和根本界限。

2.共产党人执政的特殊性——人民群众是执政主体

当然,在对执政主体的理解中也有例外。我们注意到中共中央党校张恒山教授曾经撰文提出:"执政本义就是指执掌国家权力机构。"因此,"党的执政主体既不是党的所有成员，也不是党的组织机构，而是党的代表们”。[①]这种在法律层面和具体操作层面上确定执政行为对象和执政行为主体的观点不无道理，而且对于恰当界定党的机构和国家机构的关系具有积极意义。但是，对执政主体只作这种行为层面上的理解显然是不够的。我们也注意到此文在阐述上述观点的时候，非常谨慎地用了“直接主体”的表述，而且文章论述主旨在于要理清“党的执政”概念，说明党是如何执政的，这就使其观点在此定义的基础上更加准确。但是，这并没有解决执政主体上的根本性问题——共产党人执政的特殊性问题，这种特殊性只能是由共产党人执政的特殊执政主体决定。

共产党人执政不同于其他政党执政的特殊之处是什么？固然从根本上来说在于政党本身的性质、宗旨不同于其他政党，但是仅有这一点理解还是不够的。执政观念、执政体制与执政实践相对于执政党自身的性质、宗旨来说，具有第二性的意义，是与执政党的性质紧密联系，由执政党的性质决定的。但是，它也具有反作用，能够反过来巩固、影响甚至改变党的性质和宗旨。也就是说，共产党执政的观念、体制和执政实践能够体现共产党特殊性质和宗旨的要求，党就能够不断巩固和实现党的特殊性质、宗旨及其要求，在保持党的执政地位的同时永葆党的性质、宗旨，永葆党自身的生机与活力。但是，如果党的执政理念、体制和执政实践没有很好地体现甚至背离了党的性质和宗旨且不能得到及时纠正，党就会出现异化，党的性质、宗旨就可能被偷梁换柱，执政权也就自然相应地发生根本性改变。我们在对苏联和东欧共产党丧失执政权教训的研究中，就发现了执政理论、执政实践与党的性质演变之间的这种相互作用关系，发现了执政理论与执政实践的缺陷导致党的性质异化和政权丢失的内在逻辑关系。

对于共产党执政来说，最重要的也是能够把共产党作为执政党与其他执政党区别开来的是执政主体、执政客体的界定及其之间关系的把握。换句话说，就是以谁为执政主体、以什么为执政客体，如何认识和处理执政主体与执政客体的关系，这是执政观的基本问题，也是执政实践的基本问题。而在这个基本问题中，具有决定意义的又是执政主体的确定，它是决定执政观性质和执政实践方向的最根本的因素。

我们认为，执政主体实际上是一个包含三个层次的体系：执掌政权、决

① 张恒山：《中国共产党的领导与执政辨析》，《中国社会科学》2004年第1期。

定政权性质的是社会上占统治地位的阶级，即阶级主体，它是实质性执政主体；代表这个阶级利益的政党、执掌政权或是在政权中占主导地位的政党，即执政的政党主体，是代表性主体；而政党的执政又是由其参加政权机构的代表，即具体的、具有直接性行为的执政者作为执行性主体去实现的。阶级主体——执政的实质性主体、政党主体——执政的代表性主体、执政者——执政的执行性主体，这三个不同层次的主体构成执政主体的体系。执政主体的三个层次，在执政体系中的地位和作用是不同的。实质性主体对政权的性质和社会的发展方向具有决定作用，决定执政的价值取向和利益趋向；代表性主体作为阶级的代表和组织形式，是执政的政治基础和组织实现力量；执行性主体则是政党的代表及执政活动的具体实践和实现者。后二者的意义和价值就在于体现和实现实质性执政主体的意志、利益和要求。

在这个执政主体体系之外，社会的经济、政治、文化等社会事务，以及其他阶级和阶层的人，都成为执政客体。所谓“执政”就是执政主体执掌和运用国家权力，治国理政、管理和统治社会，处理各种国家事务，以满足执政主体利益和需求的活动。执政主体与执政客体的关系，是管理与被管理的关系。尽管在当代西方社会，各政党为了争夺执政权，更多地以代表全体人民的面孔出现，执政党也会以代表全社会、代表全民族的形象出现，但是它们的政党性质已经十分明确地标明其阶级性，它们的纲领、政策的价值取向和利益趋向不会不具有明显的阶级和集团的性质，以满足其实质性执政主体——统治阶级的利益和要求为执政的目标。执政党执政活动的实质就是对社会的统治，对执政客体的统治。

但是，在社会主义国家就是另外一种情况了。早在160多年前，马克思与恩格斯就在《共产党宣言》中指出：“过去的一切运动都是少数人的或者为少数人谋利益的运动。无产阶级的运动是绝大多数人的、为绝大多数人谋利益的独立的运动。”[①]以工人阶级和全体劳动阶级为主体的人民群众是社会主义社会的主体和主人，就必然是社会主义社会执掌国家政权的执政主体，这是共产党执政的社会主义国家最根本的特点。人民群众作为执政主体并不是说全体人民群众都要参与到政府机构中，直接参与执政活动和决策事务。人民群众作为执政主体是实质性主体，也就是说，是决定权力性质和归属的、主人意义上的主体，是体现社会主义社会执政的价值取向和利益

① 《马克思恩格斯选集》第1卷，人民出版社1995年版，第283页。

趋向的价值主体与利益主体。共产党作为执政党，是因为也仅仅是因为它来自人民群众，是人民群众中的一部分，是工人阶级和人民群众的先锋队，是代表人民群众利益的政党。共产党是人民群众这个实质性执政主体中组织起来的最积极、最先进的部分，它受社会主义的实质性执政主体——人民群众委托，代表人民群众去执掌和行使执政权，承担着代表和实现执政的实质性主体——最广大人民群众利益的责任和义务，承担着领导和支持人民群众当家作主的责任和义务。执政的共产党没有人民利益之外的自己的特殊利益，它需要而且必须坚持“立党为公，执政为民”的执政理念。通过自己政党的纲领、路线、方针、政策和各级组织、全体党员的努力工作，去努力并且很好地体现、实现和维护好人民群众这个实质性主体的利益，不允许出现任何违背人民群众利益的问题。可以说，共产党是人民群众作为实质性主体前提下的政党代表性主体。当然，共产党作为执政党要通过其参加政权机构的代表，也就是执政的执行性行为主体去实现上述责任和义务。在这个体系中，实质性主体——人民群众是社会主义国家执政的最高主体；代表性主体——中国共产党是社会主义国家执政的核心力量；执行性主体或行为性主体——国家机构中的工作人员、公务员则是社会主义国家执政的具体实践者。

在这个执政主体体系的前提下，社会主义社会执政的客体就是社会的政治、经济、文化及各种社会事务。当然，这些社会事务不能不涉及人，但是这里的“人”是作为社会事务及关系的承担者出现的，而不是作为人本身出现的。执政就是执掌政权，利用政权的力量管理国家与社会，处理社会政治、经济、文化和各种社会事务的活动。执政活动的目的是实现社会的全面发展，满足执政主体——人民群众的物质文化需求，实现、维护和发展执政主体的政治、经济、文化利益。这是执政的共产党人的崇高责任和神圣使命。

这就是共产党执政的社会主义国家执政主体的特殊性以及由此特殊性决定和引起的社会主义国家执政理论和执政实践的特殊性。离开这一特殊性谈论共产党人的执政理论，就是不得要领，甚至不可避免会出现违背马克思主义执政理论、混同于其他政党执政理论的问题。

（三）人民群众执政主体论是共产党执政理论和实践的基石

人民群众执政主体论是一种全新的执政理论观点，是共产党人特有的执政观念。这一观点是共产党人全部执政理论和执政实践的基石。

1.人民群众执政主体论是共产党人巩固执政基础、实现长期执政的根基

在1917年十月社会主义革命胜利至今的历史中,世界上曾经出现二十几个共产党执政的社会主义国家,一度形成了与资本主义世界对立的社会主义阵营,其中影响最大的苏联成为足以与头号资本主义超级大国——美国抗衡的社会主义强国。但是令人十分痛心的是,其中三分之二以上的国家在20世纪80年代末90年代初相继发生执政的共产党人丢失政权的事变,似乎是顷刻之间一个强大的社会主义阵营就不复存在了,目前只剩下中国等极个别国家的共产党仍在执政。经认真分析,其问题和原因是多方面的,但究其根源,是这些国家执政的共产党人虽然执政几十年,却始终没有从理论上正确解决执政主体问题,没有把人民群众执政主体论作为自己执政理论的立足点和执政实践的基础,只是片面强调了共产党执政主体的地位,这就在理论上把人民群众与执政的共产党人分离开来。在实践中,人民群众没有被作为执政主体,他们对政权的所有权成为没有实现方式和保障的空的东西,执政的共产党成为社会实际上的统治集团。人民群众在社会主义国家主人的地位成为空的概念,没有制度、体制的保障和政策导向的支持,实际上成为被统治者。执政地位上的巨大差距导致利益的分离,导致感情的疏远甚至对立。在这样的情况下,即使是共产党人执政,也无法避免官僚主义化,无法避免以权谋私、蜕化异变。党执政的理论和政策越来越离开人民群众的意愿和要求,人民群众的不满情绪不断增长,这就使共产党执政基础的巩固受到严重影响和局限,共产党执政的根基受到威胁。共产党是代表工人阶级和人民群众的党,离开了人民群众的信任和支持,党的生命力会受到威胁。社会主义是人民群众的事业,离开了人民群众的积极性和拥护、支持,社会主义事业发展的基础就无法巩固。发生在苏联和东欧的问题实际上是党执政以后,没有确立人民群众的执政主体地位,在执政的理论和实践上逐渐发生了离开共产党性质的改变,走上了与其他统治阶级政党相同的执政道路。从这样的意义上看,执政的共产党人丢失政权是必然的。

2.坚持人民群众执政主体论是确立和坚持“立党为公,执政为民”的基本执政理念的理论和实践基础

人们曾经不止一次地提出过关于执政周期率的问题,是因为古往今来,不论是封建统治者还是资产阶级执政党,几乎所有的执政者都幻想能够长

久地统治国家，并为实现这一梦想而处心积虑、竭尽全力。但事与愿违，江山轮流坐成为千古定律。人们反思历史，总结教训，找到了症结所在，即“水能载舟，亦能覆舟”，“得民心者得天下，失民心者失天下”。以往的任何执政者都无法超越这一历史的普遍规律。尽管这种普遍规律早已人尽皆知甚至熟知，但它并没有彻底解开古今中外政权兴衰更替“历史周期率”的谜底。早在新中国成立前夕，人们就向即将执政的中国共产党人提出了共产党人能否跳出、如何跳出这一“历史周期率”的问题。毛泽东在回答这一问题时提出了十分重要的思想。但是60多年后的今天，我们在研究这一问题的时候不能不进一步认真思考和研究毛泽东提出的解决这一问题的重要思想为什么不能得到满意的实现？我们不能不进一步深入思考更加根本性和重要的问题。

这个更加根本性的重要问题是什么？是为谁执政的问题，也就是执政的价值取向和利益趋向的问题。几乎所有的统治者都是为本阶级、阶层、集团执政，以实现本阶级、集团的利益为根本价值取向，为本阶级、集团谋取利益而执掌政权的。这就决定了他们即使知道违背民心、民愿难以维持统治的道理，但也无法从根本上解决执政基础问题的根本原因。这就是历史唯物主义告诉我们的利益是最根本动因的道理。从这样的意义上出发，只有共产党人应当能够做到为人民群众执掌政权，因为它的根本性质就是工人阶级和人民群众的先锋队，是最广大人民群众根本利益的代表，是全心全意为人民服务的政党。共产党人能否做到这一点，是决定其执政基础是否巩固、能否实现长期执政的根本问题。因此，我们中国共产党人在经历了执政多年历史后的今天，在总结我们党自身历史经验和国际上共产党执政国家失败教训的基础上提出了“三个代表”重要思想和“立党为公，执政为民”的执政根本价值理念，为正确解决这一问题进一步夯实根基。

但是，我们认为提出正确的执政理念并不意味着就能够从根本上解决这一问题。从理论和逻辑上看，为谁执政的问题从属于执政权力属于谁的问题。也就是说，执政理念不是能够随意确定的，而是由特定的执政体系决定的，其中最根本的就是谁是执政主体的问题。为谁执政，取决于政权属于谁、谁是执政主体。在执政主体的理论上出现错误、不清楚或者不是十分明确，实践中执政权力就存在被滥用、私用甚至异化的问题。人民群众没有执政主体的地位，被排除在执政体系之外，被定位于执政客体——被统治者、被管理者的地位，“为公”“为民”就或者成为美好的许诺，或者成为善良的施舍，无法真正作为执政党的义务和责任！而官僚主义、形式主义、不负责任、滥用职权甚至以权谋私、腐化堕落的事情在执政的共产党内的发生，也就不可避免甚至无法遏制。剖析苏联和东欧各国执政的共产党的垮台，几乎无一不存在这样的原因。再看我们党的一些领导干部，一面口头上大讲“立党为公，执政为民”，大讲“三个代表”思想，一面随意违背人民群众的意愿，大搞形式主义、官僚主义、政绩工程，甚至无视党纪国法，欺压百姓、贪污腐败、骄奢淫逸、胡作非为，在他们那里权力就是他自己的，他自己俨然就是封建皇帝，就是神圣的统治者！

形成上述问题的一个重要原因就是，我们党执政以后在理论上只突出了党的执政主体地位，没有把人民群众实质性执政主体的地位明确地突出出来，没有把共产党作为执政主体与人民群众的关系从执政体系的角度界定清楚，并对全党进行教育，让全体党员都牢固树立“权力是人民的”观念，明白共产党作为执政主体只是代表性主体，代表性主体没有自己特殊的利益，不是执政的价值取向和利益指向，使全党深刻认识共产党作为执政的代表性主体只能根据实质性执政主体的要求，尽心竭力地代表人民群众的利益执掌好政权。这就使“立党为公，执政为民”执政价值理念的理论根基不够牢固，全党对共产党执政的特殊性缺乏理性的认识和深刻的理解，对必须坚持“立党为公，执政为民”的深刻道理缺乏正确的把握和深入的理解。因而，坚持这一执政理念的自觉性不高，同时又缺少保证人民群众执政主体地位的执政制度、体制和机制安排，导致“立党为公，执政为民”的执政理念只能停留在一般性号召上，缺乏坚持和落实的理论基础和有效实现机制。这是一个根源性问题。我们必须清醒地意识到，只有加强人民群众执政主体论教育，使全党对人民群众执政的实质性主体地位和党作为执政的代表性主体地位有深刻的认识，从根本上懂得一切权力属于人民群众的道理，懂得执政的共产党人应当如何正确认识和处理与人民群众的关系，应当如何执掌政权，“立党为公，执政为民”的执政理念才能够得到真正的贯彻落实。

3.人民群众执政主体论是共产党人提出和实现“科学执政、民主执政、依法执政”的理论和实践基础

执政党应当如何执政？这是我们共产党人执政以后始终面临的重大课题。执政多年的中国共产党，在深入探索和把握共产党执政规律的基础上，提出了“科学执政、民主执政、依法执政”的执政理念，为正确解决如何执政问题、更好地实现成功执政指明了方向。“科学执政、民主执政、依法执政”，

是当今社会执政一般规律的要求，更是共产党执政特殊规律的要求，是社会主义执政的实质性主体人民群众的要求。顺应这样的要求，提出和确立“科学执政、民主执政、依法执政”的执政理念，是尊重人民群众执政主体意愿的体现。实现这一执政理念的要求，必须更加尊重人民群众执政主体的权利和要求。

科学执政就是尊重社会历史发展客观规律，按照客观规律及其要求执政。科学本身是没有阶级属性、没有政治意义的。但是能否做到科学执政，却往往是以执政主体的价值取向为选择和基础的。执政主体的利益与社会发展客观规律一致，就能够在执政活动中遵循客观规律，做到科学执政。反之，执政主体的利益和愿望与社会历史发展规律不一致，甚至背离客观规律，那么就难以做到科学执政。人民群众是社会历史的主体，人民群众的利益、愿望总是与历史发展的方向和规律一致的。坚持人民群众执政主体论，尊重人民群众执政的实质性主体地位，按照人民群众的意愿和要求执掌政权，管理社会事务，就能够顺应社会历史发展的客观规律，实现科学执政。无视人民群众的社会主体和执政主体地位，违背人民群众利益和愿望的事情就可能经常发生，就会自觉不自觉地违背客观规律，难以做到科学执政。今天，我们党提出提高党的执政能力，提出以科学发展观统领经济社会发展、构建社会主义和谐社会和倡树社会主义荣辱观等重要战略思想，都反映了广大人民群众的意愿和要求，反映了我国现阶段经济社会发展客观规律的要求。提出这样一些重要思想，是我们党深刻总结和反思改革开放以来走过的路程，实事求是地研究和发现我们实践中出现的问题，进一步深刻认识我国经济社会发展的客观规律，按照客观规律要求科学执政的具体体现。

所谓民主执政，从实质上说，就是由人民群众执掌政权、当家作主。也就是把社会的公共权力交由社会主体——人民群众信任和委托的代表，按照占人口大多数的人民群众的意志和要求来执掌政权、治国理政。胡锦涛强调，“民主执政是马克思主义政党执政的本质要求。民主执政，就是坚持为人民执政、靠人民执政，发展中国特色社会主义民主政治，推进社会主义民主政治的制度化、规范化、程序化，以民主的制度、民主的形式、民主的手段支持和保证人民当家作主”[①]。要保证人民依法实行民主选举、民主决策、

① 《胡锦涛在中共中央政治局第三十二次集体学习时强调　坚持科学执政、民主执政、依法执政扎实加强执政能力建设和先进性建设》，《人民日报》2006 年 7 月 4 日。

民主管理、民主监督，充分发挥人民群众和社会各方面的积极性、主动性、创造性，共同做好改革发展稳定的各项工作。这在不以人民群众为执政主体的国家，从根本上来说是不可能真正实现的。把人民群众排斥在执政主体之外，作为社会的执政客体，就意味着把社会人口的大多数置于了被统治的地位，民主就失去了广泛的社会基础，只能是少数统治者和统治阶级的民主。即使是共产党执政的国家，如果不能坚持以人民群众为执政主体，民主也就失去了制度的实现机制和保障，不可能得到真正的实现。总结国际上共产党执政的历史经验，我们需要很好地研究一个问题，就是为什么官僚主义成为共产党执政国家的顽症？当年列宁曾经痛斥共产党内的官僚主义，毛泽东曾经深刻分析和批判党的干部队伍中的官僚主义，我们党在新中国成立以后曾经采取各种形式反对和清除官僚主义，但是官僚主义屡反屡犯，从来没有根除过，而且花样不断翻新，危害愈加深刻。社会主义民主不同于其他类型的民主，社会主义民主的实质就是人民群众当家作主，这就必须以人民群众在国家权力体系中的主人地位为基础，没有人民群众执政主体的地位，社会主义民主实现的基础性条件就不够牢固。

依法执政是新的历史条件下马克思主义政党执政的基本方式。我们的法治是社会主义的法治，把社会主义法治与其他类型的法治区别开来的，亦即其最大特点，就是以保护最广大人民群众的利益为根本出发点和根本要求。这就是法的人民本位性，即法的意志与人民意志的一致性。这一根本出发点和要求体现在社会主义法治的内容、社会主义法治的要求和实现等方面。这些要求是以人民群众对社会公共权力的所有权和控制权为基础和条件的。如果人民群众没有执政主体的地位，被作为执政客体、被统治和管理的对象，对公共权力没有实际的控制权，其所有权也只能成为空的概念，那么法治也就不可能成为真正保护人民群众的法治。即便有好的法律、法规，也很难在社会实践和社会生活中得到贯彻执行。认识这样的道理，也许对深刻认识和解决今天我们依法执政和法治进程中出现的问题会有所启示。

4.人民群众执政主体论为共产党人加强党的建设、提高执政能力提供标准和依据

共产党人作为执政主体是代表性主体，它的执政基础是社会主义实质性执政主体——人民群众。共产党人要能够完成自己的使命、代表人民群众的利益愿望执好政，就要使自己的队伍适应作为执政代表性主体的要求，担负起成功执政的使命。这就要求共产党人要坚持人民群众执政主体论，

以人民群众的要求为标准和依据，不断加强自身建设，提高执政能力和水平。

要以人民群众的要求为标准和依据，不断加强党的自身建设，使党始终保持先进性，保持工人阶级先锋队、中国人民和中华民族先锋队的性质，始终成为中国先进生产力发展要求、中国先进文化前进方向和中国最广大人民根本利益的代表。人民群众是历史发展的主体，人民群众的利益愿望代表了社会历史前进的方向，保持党的先进性最重要的就是要时刻以人民群众的要求为标准和依据，认真加强党的思想建设、组织建设、制度建设、作风建设和能力建设，使党能够自觉做到符合人民群众要求的就坚持，不符合人民群众要求的就坚决抛弃，永葆党的自我革命精神，永葆生机与活力，始终成为社会主义执政实质性主体的忠实代表，能够真正承担起代表人民群众执掌政权的历史重任。对于执政党来说，能否保持自我革命精神是一个历史性课题。因为即使是共产党人，由于对代表性主体与实质性主体的关系缺乏正确的认识和理解，也十分容易自觉不自觉地把自己摆在主体的位置，把人民群众摆在客体的位置，即“老子天下第一”，很容易把自己的要求当作群众必须遵守的规则，而自己随心所欲、为所欲为，没有什么约束而最终背离党自身的性质和宗旨，丧失党的先进性。因此，没有什么比执政党的自我革命更加重要。只有在牢固树立人民群众执政主体论的前提下，坚持以人民群众的要求为标准和依据，不断加强党的自身建设，执政党才可能不断进行自我革命，永葆先进性和生命力。苏联和东欧执政的共产党人失败的教训，从内在逻辑上说就是党自身首先发生了异化，然后才不可避免地发生执政地位丧失的悲剧。

5.人民群众执政主体论决定了共产党人必须坚持科学发展观，把经济社会全面发展、构建社会主义和谐社会作为目标，实现社会主义事业的全面可持续发展

作为执政党，应当如何引领社会发展？不同的执政主体会有不同的选择。坚持人民群众执政主体论，首先必须坚持发展目标选择的人民主体性，坚持科学发展观，把经济社会的全面发展、人的全面发展和构建社会主义和谐社会作为社会主义社会发展的重要战略目标，努力为人民群众提供富强、民主、文明、和谐的社会生活，努力实现经济社会的可持续发展。

社会的文明进步是一个历史的过程，不论什么人执政，历史总是要向前发展的，不同之处只是执政者在为谁发展、如何发展和发展的成果由谁享有的问题上所持的不同立场和态度。这种不同的基本立场和态度对社会历史的发展会产生重大的影响。今天执政的中国共产党人比以往任何时候都更加清醒地认识到，要按照中国最广大人民群众根本利益的要求，做到发展为了人民，发展依靠人民，发展成果惠及全体人民，由人民共享，促进社会的全面进步和人的全面发展。为了实现这样的目标，就要坚持以科学发展观统领经济社会发展全局，按照民主法治、公平正义、诚信友爱、充满活力、安定有序、人与自然和谐相处的总要求，以解决人民群众最关心、最直接、最现实的利益问题为重点，着力发展社会事业、促进社会公平正义、建设和谐文化、完善社会管理、增强社会创造活力，走共同富裕道路，推动社会建设与经济建设、政治建设、文化建设协调发展，实现全面建设惠及十几亿人口的更高水平的小康社会的目标，努力形成全体人民各尽其能、各得其所而又和谐相处的局面。

再版同期声：执政主体问题是政治学的概念。在传统的政治学体系中，执政主体是政党和执政的团体，是没有人民群众的地位的。但是，在我们的执政体系中，如果没有人民群众的地位，“人民主体”“人民至上”“以人民为中心”等等就是一句空话。我们的政治学最基本的观点就是“人民执政主体论”。因此，对于我们党来说，正如习近平同志在多个场合说的：“人民是我们党执政的最大底气，是我们共和国的坚实根基，是我们强党兴国的根本所在。”①“人民是党执政的最大底气，也是党执政最深厚的根基。”②“人民拥护和支持是党执政最牢固的根基。人民群众中蕴藏着治国理政、管党治党的智慧和力量。”③对于我们党，习近平同志多次讲道：“我们是全心全意为人民服务的党，追求老百姓的幸福。路很长，我们肩负的责任很重，这方面不能有一劳永逸、可以歇歇脚的思想。唯有坚定不移、坚忍不拔、坚持不懈，才能无愧于时代、不负人民。”④在与人大代表交谈时，他告诫人大代表：“我们国家的名称，我们各级国家机关的名称，都冠以‘人民’的称号，这是我们对中国社会主义政权的基本定位。中国260多万各级人大代表，都要忠实代表人民利益和意志，依法参加行使国家权力。各级国家机关及其工作人

① 习近平：《在“不忘初心、牢记使命”主题教育工作会议上的讲话》，《求是》2019年第13期。

② 杜尚泽、张晓松：《始终牢记党的初心和使命——记习近平总书记在内蒙古考察并指导开展“不忘初心、牢记使命”主题教育》，《人民日报》2019年7月18日。

③ 习近平：《在党的群众路线教育实践活动总结大会上的讲话》，人民出版社2014年版，第27页。

④ 《习近平谈治国理政》第3卷，外文出版社2020年版，第136页。

员，不论做何种工作，说到底都是为人民服务。这一基本定位，什么时候都不能含糊、不能淡化。”[①]他还明确指出：“中国共产党的一切执政活动，中华人民共和国的一切治理活动，都要尊重人民主体地位，尊重人民首创精神，拜人民为师，把政治智慧的增长、治国理政本领的增强深深扎根于人民的创造性实践之中，使各方面提出的真知灼见都能运用于治国理政。”[②]“必须紧紧依靠人民治国理政、管理社会。”[③]“一切国家机关工作人员，无论身居多高的职位，都必须牢记我们的共和国是中华人民共和国，始终要把人民放在心中最高的位置，始终全心全意为人民服务，始终为人民利益和幸福而努力工作。”[④]“我国是工人阶级领导的、以工农联盟为基础的人民民主专政的社会主义国家，国家一切权力属于人民。我们必须始终坚持人民立场，坚持人民主体地位，虚心向人民学习，倾听人民呼声，汲取人民智慧，把人民拥护不拥护、赞成不赞成、高兴不高兴、答应不答应作为衡量一切工作得失的根本标准，着力解决好人民最关心最直接最现实的利益问题，让全体中国人民和中华儿女在实现中华民族伟大复兴的历史进程中共享幸福和荣光！”[⑤]习近平同志经常深入群众，了解人民的所思所盼，了解人民群众生活的现实状况。每年春节前后，他总是不顾风雪严寒，深入农村基层，看望那里的父老乡亲。2022年春节前，他来到山西临汾农村，看到乡亲们时动情地说：“中国共产党执政的唯一选择就是为人民群众做好事，为人民群众幸福生活拼搏、奉献、服务。这种执着追求100多年来从未改变，多少革命先烈先辈为此付出了生命，为国家建设改革发展付出了多少心血，我们才走到今天这一步。”[⑥]这些话语实际上就是把中国共产党人的执政理念十分清楚明白地告诉人民。在中共二十届中央政治局常委同中外记者见面时，习近平同志也直言不讳地说道：“新征程上，我们要始终坚持一切为了人民、一切依靠人民。一路走来，我们紧紧依靠人民交出了一份又一份载入史册的答卷。面向未来，我们

① 习近平：《在庆祝全国人民代表大会成立60周年大会上的讲话》，人民出版社2014年版，第12—13页。

② 习近平：《在庆祝中国人民政治协商会议成立65周年大会上的讲话》，人民出版社2014年版，第18页。

③ 习近平：《在庆祝中国人民政治协商会议成立65周年大会上的讲话》，人民出版社2014年版，第16页。

④ 习近平：《在第十三届全国人民代表大会第一次会议上的讲话》，人民出版社2018年版，第2页。

⑤ 习近平：《在第十三届全国人民代表大会第一次会议上的讲话》，人民出版社2018年版，第6页。

⑥ 《习近平谈治国理政》第4卷，外文出版社2022年版，第67页。

仍然要依靠人民创造新的历史伟业。道阻且长，行则将至。前进道路上，无论是风高浪急还是惊涛骇浪，人民永远是我们最坚实的依托、最强大的底气。”[①]正是因为有这样的底气，所以面对未来我们党充满信心。“我们就是要不忘初心、牢记使命，一代接着一代干，到中华人民共和国成立100周年时，中国、中华民族就会更加坚强昂扬地屹立于世界东方，就会为全人类作出更大的贡献。”[②]为了这一伟大事业，习近平同志作为党和国家的最高领导人的情怀是“我将无我，不负人民。我愿意做到一个‘无我’的状态，为中国的发展奉献自己”[③]。这就是我们党的人民群众执政主体论的真实写照。

① 《习近平著作选读》第2卷，人民出版社2023年版，第612页。
② 《习近平谈治国理政》第4卷，外文出版社2022年版，第67页。
③ 《习近平著作选读》第2卷，人民出版社2023年版，第250页。

第二篇

现阶段党群关系研究

——确立、巩固和发展新型党群关系

我国现阶段党群关系出现许多新情况和新问题，民主革命时期形成的党与人民群众之间的血肉联系受到严峻挑战。其中潜藏着社会执政主体分化——党与人民群众关系分化的危险！能否正确解决这些问题，对于党执政地位和执政基础的巩固、对于社会主义事业的发展，具有至关重要的意义。解决这一问题的根本在于，要从理论上搞清楚并且要在实践中真正坚持人民群众主体论，确立起党与人民群众之间在政治地位平等基础上的权力委托和利益代表关系。

一、政党政治时代的党群关系

近代以来，除极少数国家之外，绝大多数国家都是实行政党政治。现代意义上的政党政治是资本主义时代的产物，其产生可以追溯到19世纪初期的英美，至今已有近200年的历史。政党是阶级的代表性组织，政党政治的核心是围绕社会公共权力的斗争。政党政治的成功是以执政权的获得为目标和特征的。在政党政治中，不仅党政关系、党际关系等至关重要，而且党群关系更加具有普遍性、基础性意义。这是因为在政党政治的条件下，执政的合法性来自各阶级、阶层人民群众对政党的认同和信任。重视研究和正确对待党群关系是现代社会任何政党都不能回避又不可忽视的重要问题。尤其对共产党人来说，党群关系具有更加特殊的重要意义。

(一)政党政治时代的党群关系及其意义

虽然我们的论题似乎不需要对政党及其形成作详尽的探讨，但它却又不是可以完全忽略的问题，它对于正确理解政党政治时代的党群关系及其意义有着不可忽视的内在联系，所以还是需要适当加以阐述。

1.政党与政党政治

按照马克思主义政党理论的观点，政党是指特定社会一定阶级、阶层或集体的积极分子为维护本阶级、阶层或集团的利益，围绕着夺取政权、巩固政权或影响政府而结合起来采取共同行动的政治组织。虽然现代意义上的政党是以近代资产阶级政党的出现和特征为标志的，但是了解中国历史的人们都知道，实际上在中国古代社会早就有“朋党”的概念。人们习惯将由相同政治背景、共同经济利益结为一体的集团称作“朋党”，经常将其与“勾结”一词联系在一起使用，指为谋取共同的利益而结为团体的行为。《尚书·洪范》中曾有“无偏无党，王道荡荡”的说法，而欧阳修的“朋党论”则明确地将结为“党”者看作小人。[①] 可以说，在中国传统文化中“党”字是贬词。尽管如此，如《政党和政党制度比较研究》一书指出的，我国实际上历代都有朋党存在，只是无人公开提出纲领、发表宣言、打出朋党的旗帜罢了。这些朋党几乎无一例外地都以试图控制中央和地方政权、获得政治经济利益为

---

① 参见周淑真：《政党和政党制度比较研究》，人民出版社2001年版，第3页。

宗旨。在英国，产生于17世纪最早的资产阶级政党雏形——辉格党与托利党（人们称其为“谈话会”式政党），到1833年正式定名为英国保守党和自由党，才逐渐演变、发展出有组织、有纲领的政治组织型政党，并形成两党轮流执政的惯例；在美国，围绕1787年宪法问题讨论而出现的联邦党和民主共和党，直至南北战争后，才形成现代意义上的美国民主党和共和党，并形成两党轮流执政的局面。

现代政党的出现是历史进步的表现。在长期的封建社会，封建统治者借助“君权神授”的谎言，支持和维系其对全社会的专制统治，并以残酷的专制统治维护其对社会权力的控制，不允许社会其他阶级和阶层对其专制统治构成丝毫挑战。经过了漫长的中世纪封建专制，社会经济、文化发展受到极大的限制和破坏。随着资本主义生产方式的出现，资产阶级在生产关系领域不断成长和逐步取得统治地位，资产阶级思想家开始提出自己的政治主张。他们提出了“天赋人权”、“主权在民”和社会契约论等政治理论，向封建统治者展开了夺取政权的斗争。为了在斗争中形成更加集中的力量，资产阶级开始采取组织的形式，建立了政党组织，这就是早期政党的出现。随着政党组织和力量的不断发展，到19世纪30年代以后，社会政治格局开始发生重大变化，出现了英、美议会制的两党政治，这标志着围绕社会权力的斗争进入政党政治时代。

政党政治的突出特征就是通过政党执掌和行使国家政权。这种政治形式的出现，是在批判君权神授的基础上，把本来应当属于民众的社会公共权力从理论上归还民众，再通过议会民主和公民选举的形式委托政党代为行使。这种政治的内容主要表现在三个方面：一是政党以各种方式参与政治活动，对国家政治生活施加影响。二是政党争取成为执政党，然后通过执掌国家政权来贯彻实现党的政纲和政策，使党所代表的阶级或阶层、集团的意志变为国家意志。三是政党要处理和协调与国家以及其他政党、社会团体和民众之间的关系。这些内容决定了政党成为社会政治权力斗争的中心，争夺公共权力行使权的斗争成为政党政治的核心问题。

2.政党政治时代党群关系的特殊意义

随着近代社会民主政治和政党的发展，政党政治已经成为世界上绝大多数国家政治形式的选择，除极少数君主制国家、宗教国家之外，绝大多数国家都进入政党政治阶段。显然，政党政治相对于以往的政治形式特别是封建的政治形式，是历史的进步。执政主体由以个人出现的统治者变为组织起来的阶级的代表，把社会权力的执掌和运作建立在政党组织的基础上，具有了组织化的特点，不仅使社会阶级斗争、政治斗争更加集中、严整，而且对于限制权力专断和社会专制具有积极意义。列宁曾经指出："各阶级政治斗争的最严整、最完全和最明显的表现就是各政党的斗争。"[①]这揭示了政党政治的核心内容。现代各国政党政治体制根据其政党数量、政党之间的关系及社会政治运作方式，又可以区分为竞争性政党政治体制和非竞争性政党政治体制。

西方政党政治的出现使社会阶级、阶层关系组织化，社会关系出现了新的特点，这就是在原有社会关系的基础上，又衍生出政党与它所代表的阶级和阶层的关系，政党与其他阶级、阶层、社会团体、社会组织和利益群体的关系，政党之间的关系，政党与政府的关系，政党内部的关系等诸多关系。这些关系又以经济关系、政治关系、思想文化关系、社会关系等为实际内容和表现形式在社会生活的方方面面表现出来，成为政党政治时代政治生活和社会生活的实质性内容，构成了政党政治社会纷繁复杂的政治生活和社会生活。同时，不论在竞争性政党政治体制还是在非竞争性政党政治体制下，政党都成为民众利益整合与利益表达的组织形式，都为民众更多参与社会权力主体的选择和权力运作提供了组织和制度性基础与条件。在种种社会关系之中，政党特别是执政党与占社会人口大多数的民众的关系在社会生活中具有特殊的意义。

这种特殊意义就在于，在政党政治的条件下，政党与民众之间的关系成为决定政权归属的最重要的因素。在社会政治生活中，特别是政党政治比较成熟的国家，政党的地位、政党的运行、政党间的竞争以及执政党的施政都由相关的法律乃至宪法给予了明确限定，政党必须在民主和法律的框架下运行并相互竞争。任何政党只有具有广泛的群众基础，不只是政党本身的组织足够巩固、力量足够强大，而且能够得到占社会人口大多数的各阶层民众的认同、信任和支持，才能够在社会竞争和政治争斗与角逐中居于有利的地位。一个执政党也只有做到这一点，才能够具有雄厚的执政资源和广泛的执政基础，从而使执政地位得到稳定、巩固和加强。这是具有普遍意义的。现代西方国家政党是阶级的组织，同时又从属于市民社会。第二次世界大战以后，随着民主化浪潮的兴起，政党之间的竞争日趋激烈，争取获得

① 《列宁选集》第1卷，人民出版社1995年版，第676页。

各阶层民众的支持,成为政党扩大其影响力和政治优势的主要途径。因此,许多政党都在处理好党群关系、争取民众的支持上下了大的功夫,不少政党从党的运作模式到党的阶级基础甚至党自身的性质等方面都作出重大的让步或改革,以迎合和争取各阶级、阶层民众的要求,获得他们的支持。西方一些国家主流政党出现了一种“大众化”的趋向,即为了最大限度地取得民众的支持,政党的理念、原则都作出相应的调整,意识形态的纯洁性、党员资格的严格性、党的组织的严密性等都在一定程度上让位于大众化的路线选择。有些习惯于以“左”“右”划线的党,都明确地奉行中间路线,出现了所谓“中左”“中右”政党或集团。有一些政党则直接以“全民党”的面目出现。另外,在世界上影响较大的社会党国际中,无论是“第三条道路”派还是“现代社会主义”派,都在自己的理论和政策调整中更加突出提倡民主、自由、公正、互助,注意迎合社会中下层群众的利益和要求,同时加强了对面临全球化挑战和深受南北差距拉大之苦的转轨国家及其他发展中国家的吸引力。“第三条道路”派要求建立强大的“公民社会”,主张政府与非官方部门建立新的伙伴关系,以“治理”代替“统治”,实行一种“广泛包容”的政策,以实现机会平等和公共参与决策。在新加坡执政30多年的人民行动党把“联系群众”作为党的一条核心经验,严格规定了党的各级干部联系群众的形式和途径。各国共产党则更多地接受了苏联和东欧国家的教训,把党群关系放在更加重要的位置。从20世纪90年代以来,古巴、越南、老挝等国家执政的共产党都更加重视党群关系问题,从思想理论、制度和作风建设等方面加强党与人民群众的密切联系。越南共产党在2001年4月召开的九大上进一步强调要坚持“源于人民、属于人民、为了人民”的群众路线,保持党与人民群众的血肉联系,并高度重视在党的生活中发扬民主,加大在思想上、制度上防止和反对腐败的措施。尤其是处于美国严密包围和封锁中的古巴共产党,能够顶住东欧剧变、苏联解体后的沉重打击和严峻考验,能够在物质生活条件十分困难的情况下始终坚持社会主义方向和道路,其重要基础就在于能够始终保持清醒的头脑,坚持国家政权属于人民、来自人民、服务人民的原则,把不断完善民主制度,密切联系群众,充分发扬民主,鼓励人民群众参政议政,发扬人民群众当家作主的积极性等作为党的建设和制度建设的重点。同时,高度重视干部作风建设和党的组织建设,高度重视反腐败斗争,使党能够始终得到广大人民群众高度的支持和拥护。

这些现象的出现,反映了各国、各政党对党群关系重要意义的认识和顺应，客观地说明了政党政治条件下党群关系问题的重要意义。

（二）执政合法性与党群关系

执政合法性问题是一个热点问题，多年来无论学术界还是政治界及社会各界，都给予不同程度的关注。人们之所以关注它，是因为它关乎社会的稳定、发展，关乎国家和民族的长治久安，是一个十分重大的政治问题。

1.合法性内涵及意义

合法性是一个古老的问题，又是一个非常现实的政治热点问题。政治学、法学、哲学、社会学等学科对其都有关注。古代中国关于合法性的理解是与天命论、“君权神授”论联系在一起的。《左传》中有“国之大事，在祀与戎”的说法，“祀”即祭祀天神，“戎”即军队、武力，就是把社会统治的权威性、合法性归于天神和武力。几千年的封建社会，是“天命论”为封建王朝的建立和统治提供了合法性基础，君主们几乎无一例外地要以“授命于天”为自己的所谓“正统”统治提供依据。同时，也正是这个“天命论”为推翻一个个王朝提供了合法性依据：不论是揭竿而起的农民起义还是宫廷谋反、篡权篡位的人们，几乎没有一个造反者不打出“替天行道”“受命于天”的旗号。与中国社会发展的历史和逻辑一致，中国社会关于政治合法性的理论一直到近代都没有得到应有的发育。而在西方，随着文艺复兴时代的到来，“天命论”“君权神授论”渐为“天赋人权”“契约论”等政治理论所取代，关于合法性的理解也被赋予了全新的内涵。

其实关于“合法性”概念的理解，究其渊源，可以追溯到2000年前的古希腊时代，最著名的哲学家亚里士多德就提出了城邦政治的合法性问题。他提出了一条带有规律性的观点，“一条适用于一切政体的公理：一邦之内，愿意维持其政体的部分必须强于反对这一政体的部分”。并且解释说，“一种政体要达到长治久安的目的，必须使全邦各部分（各阶级）的人民都能参加而且怀抱着让它存在和延续的意愿”。[①] 在他那里，虽然合法性很难区分是政治学意义上的还是哲学意义上的，但其基本含义是明确的，即要得到社会上大多数人的认同和支持。

近代西方对合法性的研究沿着两条线索展开，一条是马克斯·韦伯突出从事实的经验的层面的理解，认为合法性是既定政治体系的稳定性，以及

① ［古希腊］亚里士多德：《政治学》，吴寿彭译，商务印书馆1996年版，第210、188页。

人们对权威者地位的确认和对其命令的服从。他认为,在现实生活中,任何成功的、稳定的统治,无论其以何种形式出现,都必须是合法的,而不合法的统治本身就没有存在的余地。换言之,存在的即合理的,亦即合法的。另一条是从规范性研究出发的论证,即哈贝马斯的观点,他认为合法性意味着某种政治秩序被认可的价值。他强调,合法性是一种基于价值判断基础上的认可。二者一个是以公众是否相信或赞同某种统治来确认其合法性;一个是以是否符合人类永恒的正义道德标准,是否满足人类的价值追求为合法性的标准,认为这是一种超越现实又规范指导现实的合法性要求。他们关于合法性的理解对后人的观点都产生了一定的影响。有研究者指出,经验主义更多强调的是事实判断,而规范主义更多强调的是价值判断。由于政治合法性本身是一个动态发展的过程,很难用一个固定不变的价值准则来衡量。从适应现代化进程的向度来分析,经验主义研究更贴近现实中的合法性,而规范主义研究会在政治哲学层面从人类发展的价值判断和价值取向上不断向现实的合法性提出反思和挑战,在更高层次上使政治体系走向更加健全与完善。① 这种分析不无道理。但是在现实社会生活中,政治合法性的含义应当是经验判断和价值判断的统一。对合法性的经验的理解离开了价值判断的规范和根基,会成为盲目的、不具有必然性的东西。而对合法性的单纯的所谓"规范性"理解,脱离了经验的支撑,也有脱离现实性的危险。只有社会主体——占人口大多数的民众,在对执政者的执政行为或社会的政治体系实现高度价值认同基础上形成了信任与支持,才构成执政的政治合法性。

同时,在现代社会生活中,"合法性"成为一个涉及范围较为广泛的概念,从最基本的意义上有法律的合法性和政治的合法性双重含义。法律意义上的合法性是指符合宪法和法律的规范与要求的合法性,政治意义上的合法性则是指合乎社会政治运行规律、符合政治规则的合法性。政党执政合法性专指政党执政地位的合法性,这种合法性也有法律意义和政治意义的不同含义。在实行选举政治的国家,执政合法性首先要有按照宪法和法律的规定,通过选举得到执政地位的要求,这就是执政合法性的法律内涵及要求。违背宪法和法律的要求,搞选举舞弊,通过不正当的手段谋取执政地位的,就不具有这种法律意义上的执政合法性。除此之外,政党执政合法性

① 参见魏海青:《政治合法性与执政为民》,《中共四川省委党校学报》2004年第4期。

还有政治意义或政治要求的合法性，这就是其政治体系及其运行秩序的合理性、合规律性。意识形态、法律、道德、民族主义、传统习惯、执政绩效、执政目的等因素都是执政政治合法性构成的基础。马克斯·韦伯把执政的政治合法性分为三种类型，即传统权威型、个人魅力型和法理型，每一种类型都有自己的合法性资源。目前学界也有人将执政合法性划分为三种，即道义合法性、选举合法性和政绩合法性，还有人将其概括为意识形态主导型、绩效主导型等。总之，今天政治合法性也是一个仁者见仁、智者见智的概念，它的内涵及要求有着较为宽泛的理解。

2.政党执政合法性的本质要求及合法性危机

尽管政党执政合法性有着多种理解与多重要求，但是这些理解和内涵的基本要求是具有一致性的，这种一致性就在于要具有合法性就要得到社会上大多数人的认同和支持。这种认同和支持要来自经验的，也要来自规范的。这是执政合法性的本质要求，也是现代政党政治条件下执政合法性的本质性要求。也就是说，无论是法律的合法性还是政治的合法性，也无论是通过哪种形式获得的合法性，其合法性的真实意义在于或说只在于得到了社会大多数人的认同和支持。这就告诉我们，要获得执政合法性，就要得到社会上大多数人的信任和支持，这是任何政党都不能忽视并必须下大气力解决的根本性问题。这个问题处理不好，就会出现执政合法性的危机，甚至导致执政权的丢失。

学术界关于执政合法性基础及类型划分的理论研究，可以给我们启发。现代政党政治的条件下，执政合法性的建立单纯依靠哪种因素都是不可靠的。马克斯·韦伯论证的三种模式中，将合法性建立在长期形成的传统风俗和习惯的基础上的传统权威型，显然已经没有存在的合理性和可能性了。这种形式的政治统治之所以被人接受，仅仅是因为历史沿袭，是传统习惯，是先辈定下的规矩，不需要得到证明。它是部落统治、家长制下的小群体统治以及村落中的老人政治的基础，往往与权力或特权的世袭制有密切关系。所谓个人魅力型的政治合法性是建立在某个人的非凡个性和超凡感召力(个人魅力)基础上的。这种形式的政治统治建立在领袖个人权威的基础上，它往往带来对领袖的个人崇拜和迷信。尽管现代政治生活中个人魅力依然起着重要作用，但是显然这种类型的合法性在现代社会生活中已经难以存活。他所推崇的法理型权威是建立在一系列清晰而明确的规则和制度基础上的合法性。根据韦伯的观点，法理型权威是现代国家典型的权威形式。总统的权威、总理的权威以及政府机关的权威最终都是由正式的宪法的规则所赋予的，这些规则同时也限制了这些官员和机构的行为。在这种制度下，人们承认的是法律的权威，而不仅仅是执法者的权力。在这种类型的政治合法性下，实行的是有限政府，而且是通过合理的劳动分工来促进效率。但它的不足之处在于，随着官僚制组织形式的扩张，社会环境的去个性化和非人性化是其高效率所付出的必然代价。韦伯的分析是有道理的，但也有其局限性。他没有分析一个不受欢迎的政策或失信于民的政治领袖和政府所导致的政治合法性危机的原因和环境，没有考虑政治合法性为什么会消失的问题。因此，即使这种法理型合法性也是有限的、有条件的，而不具有绝对性。换言之，即使是现代社会通用的这种法理型合法性，也无法从根本上避免合法性危机的出现。

在我国学术界对政治合法性问题的研究中，有关于道义合法性、选举合法性和政绩合法性分类的观点，有关于意识形态主导型、绩效主导型分类的观点，这些都不外是分析了政治合法性的来源和类型。从这些论证和分析中，我们可以清晰地看到，无论是来自政党高尚的精神和崇高的政治主张、理想、纲领、目标等吸引社会大多数人的所谓“道义的合法性”，来自民主选举程序的合法性，还是来自政党执政政绩得到社会大多数民众认可的合法性；也无论是由意识形态科学性、吸引力而建立起来的合法性，还是由政党业绩得到公认形成的执政合法性，都不能从根本上解决执政合法性长久保持和继续的问题，不能解决如何从根本上避免执政合法性危机出现的问题，不能解释一个政党执政合法性危机形成的根源和解决的路径问题。世界历史上，曾经以共产主义的崇高理想境界和政治纲领、以人民群众当家作主的社会主义制度优越性和改天换地的伟大业绩赢得世界瞩目和人民群众爱戴的苏联、东欧社会主义国家政治危机的出现直至政权垮台的事实，曾经创造了令全世界震惊的经济发展奇迹的拉美国家政治危机的出现和社会长期的动荡，在一个贫穷落后的国家成功统治几十年、实现国家快速发展的印度国大党的下台等诸多事例，一再证明这一问题的严重性。固然，这里首先应当确立一个观点，即政治合法性不能只是建立在某一种因素基础上，应当是一个包含若干因素共同作用的综合体系，但这也似乎没有抓住问题的症结。

这就需要研究什么是合法性危机，合法性危机形成的原因是什么。在这个问题的研究中，西方马克思主义学者、法兰克福学派的代表人物尤尔根·哈贝马斯的论述可以给我们启示。他在 20 世纪 70 年代初曾经发表了

《晚期资本主义的合法性问题》等著作，分析了晚期资本主义出现的经济危机、合理性危机、合法性危机和动机危机四种危机，特别对执政的合法性危机、资本主义社会晚期执政合法性危机的问题作了深入的研究。他认为，晚期资本主义陷入了因政治制度失去信任而带来的合法性危机，由于国家实行干预政策，违背了固有的保护个人首创精神和信奉企业自由的合法的意识形态，导致人民对政府合法性产生怀疑，群众不对国家的权力制度表现出忠诚和支持，同时人们提出的愿望得不到满足也会产生合法性危机。他指出，缺少的合法性应该用系统能够承受的报偿来弥补。一旦这种报偿的需求的增长超过了可使用价值的量，也就是说，当这种报偿不足以满足所产生的期望时，就出现了合法性危机。即晚期资本主义的政治制度、政治系统不能保证群众对其应有的信任和忠诚，这就构成合法性危机。这里我们姑且不去评价其分析是否完善和准确，有一点是应当充分肯定的，就是可以说这个理解把握了“政治合法性”的实质性问题，这个实质性问题就是民众对执政者的信任和拥护。一旦这种信任和拥护出现危机，就意味着执政的合法性危机形成。这种危机的形成往往是诸多因素综合起作用的结果。晚期资本主义出现合法性危机是在制度性原因基础上的诸多问题的综合反映。哈贝马斯所分析的执政合法性危机不是只有晚期资本主义才会出现的，事实上在社会主义国家也会出现，也曾经出现过。苏联和东欧社会主义国家共产党丧失政权的悲剧，就与它们这种危机的出现和不断深化有着直接的因果关系。这就揭示了一个道理，不论什么政党，不管实行哪种社会制度，也不在于哪种意识形态，只要不能得到社会大多数民众的信任和拥护，这个社会政治的合法性就会出现危机。从执政的角度看，就是执政合法性的危机。

3.党群关系对于执政合法性的极端重要意义

我们应当同时清醒认识到的问题是，在今天政党政治的条件下，执政合法性问题，亦即执政党、社会政治系统能否得到社会大多数民众的信任和支持的问题，就集中表现为社会关系中的党群关系问题。“党群关系”在这里特指执政党与人民群众的关系，这一关系对于执政合法性具有根本性意义。

上述分析中可以看到，在执政合法性的构成要素中，起根本性作用的是社会政治关系中的执政党和民众。不过，在这里决定一个政党是否具有执政合法性的主体是民众，是民众对执政秩序、执政效果的认同与否决定了该政党（执政党）是否具有执政的合法性。而执政党的理论、纲领、路线、执政行为和能力特别是其执政的绩效等因素，则是民众是否认同的实际内容和客体内在根据。用历史唯物主义的观点观察，这就是一个执政党与人民群众的关系问题。这个关系问题的直接的表面的意义，就是人民群众对执政党的执政理论和执政行为是否满意、是否认同和认同与满意的程度问题，而从其根源和实质性内容看，则是人民群众对执政党是否代表他们的利益和意志、能否代表和代表好他们的利益和意志的肯定与否的问题。

历史唯物主义揭示了人民群众是历史发展的创造者，是人民群众的实践和劳动创造了社会的物质财富和精神财富，创造了社会历史的发展，整部人类社会发展的历史就是人民群众创造世界活动的历史。因此，人民群众是社会历史的主体、主人。人民群众是社会实践的主体，因此，一切认识、理论应当来自人民群众，以人民群众的实践为评价标准。人民群众是历史的主体和主人，就意味着人民群众不仅是社会财富的创造者，而且应当是社会财富的主人和享用者，是社会的价值主体和利益主体。人民群众是历史的主体和主人，就是社会权力的主体和主人，这也就意味着社会的一切权力属于人民，应当由人民群众来执掌，为人民群众服务。这些结论是合乎逻辑的，在前面篇章已经作了较为详细的论证。这里重提这些理论结论，目的只是在于强调它们应当成为我们思考和研究执政合法性问题的前提和基础。

人类社会发展几千年的历史几乎一直是被颠倒的历史，人民群众一直处于被统治、被压迫的地位，其社会历史主体和主人的地位没有得到应有的承认和尊重。但是社会的历史发展又一再证明，违背人民群众的意愿，什么样的统治都是迟早要垮台的，这已经成为不以人的意志为转移的社会历史发展的客观规律。政党政治条件下，人民群众虽然不是执政的直接性主体，但却是实质性主体。社会执政的代表性主体和直接性主体是由人民群众选择、受人民群众委托行使执政权力的政党及其成员承担。人民群众的选择与委托是其执政合法性的基础。执政党作为执政的直接性主体、执行性主体，必须遵从社会权力实质性主体——人民群众的意愿，真正做到权为民所用、利为民所谋，这是得到人民群众认同和拥护的基础，也是其获得执政合法性的真正根基所在。正确理解、把握和处理好执政党与人民群众的这种关系，是党群关系问题，也是关系执政合法性的根本性问题。不懂得这样的道理，不能够自觉尊重人民群众的主体地位，就不可能真正获得执政的合法性，或者不能长久地维持这种合法性。在这一点上，没有什么政党能够例外。

(三)共产党与人民群众的特殊关系及对执政合法性的本质要求

巩固的党群关系是执政合法性建立的基础，这是社会发展中普遍存在的一般规律。对于执政的共产党人来说，这个基础具有特殊重要的作用和意义。这种作用和意义是共产党与人民群众的特殊关系决定的，是共产党特殊的性质和宗旨决定的。

1.共产党与人民群众的特殊关系

160 年前，马克思主义理论的创立者们庄严地向全世界宣告：“共产主义革命就是同传统的所有制关系实行最彻底的决裂；毫不奇怪，它在自己的发展进程中要同传统的观念实行最彻底的决裂。”①同时还十分明确地告诉世人：“共产党人同其他无产阶级政党不同的地方只是：一方面，在无产者不同的民族的斗争中，共产党人强调和坚持整个无产阶级共同的不分民族的利益；另一方面，在无产阶级和资产阶级的斗争所经历的各个发展阶段上，共产党人始终代表整个运动的利益。”②尽管这“两个决裂”的最终实现将是一个漫长的历史过程，但是它作为共产党同其他任何政党区别开来的根本点在于，它对共产党的性质、宗旨及共产党一切理论和实践的规定性，是共产党人始终不可须臾离开的。

共产党是人类历史上最革命、最大公无私的阶级——无产阶级的先锋队，它始终代表着工人阶级整个运动的利益，代表着最广大人民群众的利益。党自身这种特殊的性质决定了它不同于其他政党的地方就在于，它是人民群众中的一部分，是人民群众中最先进的部分，它始终以最广大人民群众的利益为最高利益，始终坚持全心全意为人民服务的根本宗旨，真心实意地为最广大的人民群众谋利益。因而，它与占人口大多数的人民群众具有紧密联系、不可分割的关系，成为具有最密切的党群关系、能够得到最广大人民群众信任和拥护的政党。

共产党自身这种特殊的性质和宗旨，使其能够与广大人民群众保持最密切的联系，也对其党群关系提出了更高的要求，要求共产党人必须始终在坚持党的性质和宗旨的基础上，正确把握共产党与人民群众党群关系的实质——立足于我国现阶段特殊国情的、政治地位平等基础上的权力委托和

---

① 《马克思恩格斯选集》第 1 卷，人民出版社 1995 年版，第 293 页。

② 《马克思恩格斯选集》第 1 卷，人民出版社 1995 年版，第 285 页。

利益代表关系。毫不动摇地坚持历史唯物主义人民群众历史主体和主人的基本立场和基本观点，不论是在为夺取政权而斗争的革命战争时期，还是在掌握政权以后的建设时期，都要把自己的一切理论、纲领、政策和实际行动建立在人民群众历史主体论的基础上。要正确处理与人民群众的价值关系，坚持以人民群众为价值主体，自觉为最广大人民群众的自由、解放事业而努力奋斗，在实现人民群众利益、满足人民群众需求的革命和奋斗中实现党自身的价值。要正确处理与人民群众的利益关系，始终坚持人民群众利益高于一切的立场和观点，不论革命时期还是建设时期，都要以最大的努力当好人民群众忠诚的服务员，努力发挥好实现人民群众利益的工具的功能与作用。在执掌政权以后，作为执政党，要特别注意正确处理与人民群众的权力关系。要自觉树立正确的权力观，自觉坚持“一切权力属于人民”，真正把执政作为为人民群众谋利益的资格和条件，努力做好领导和支持人民群众当家作主的工作，努力实现共产党的领导、人民群众当家作主和依法治国的有机统一。要正确处理与人民群众的地位关系，树立正确的地位观，自觉保持普通百姓的本色，时刻置身于人民群众之中，与人民群众平等相处。坚决反对和防止官僚主义和消极腐败的作风。所有这些都是共产党人党群关系的特殊要求和具体体现。只有真正做到这些，才能够实现和保持共产党与人民群众的密切关系。

2.共产党执政合法性的来源

共产党与人民群众有着天然的密切联系，这是党的性质、纲领和根本宗旨决定的。也正是因为如此，共产党人能够在十分艰难困苦的条件下得到广大人民群众的信任和支持，由160年前一个仅仅在欧洲游荡的“幽灵”，不断成长壮大起来，成为整个资本主义世界的对立面，甚至一度成为建立和领导了一个足以与整个资本主义阵营抗衡的社会主义阵营的力量。事实证明，无论是在苏联、东欧社会主义国家，还是在中国、越南、朝鲜、古巴等社会主义国家，共产党成为执政党是具有合法性的。这是不容置疑的。

有人说，共产党执政的权力合法性来自道义的合法性。其实这种说法是不全面的。历史的事实是，共产党诞生以来，尽管受到了来自资产阶级和其他一切反动阶级的疯狂诋毁和攻击，但是它依然以极强的生命力生存了下来，发展了起来，这首先来自其事业的神圣、精神的崇高。在人类社会历史上，没有什么政党公然申明要为人类的解放事业奋斗，首先解放全人类，最后解放无产阶级自己；也没有什么政党公然申明要以全心全意为人民服务作为自己的根本宗旨。而且共产党人说到也做到了，他们为了人民群众的自由和解放事业不惜抛头颅、洒热血，历尽艰辛，艰苦奋斗，和广大人民群众一道，以武装斗争的手段，为广大人民群众特别是长期生存在社会底层的劳动群众赢得了解放和自由。人民群众在现实中看到了一个真正属于他们自己的党，因而他们由衷地信任和支持这个党，选择这个党作为他们的代表来执掌政权，行使管理国家事务的职权。这就是共产党执政合法性的真实来源。

这种执政合法性绝不仅仅只是来自道义的合法性和精神的崇高，它还当然地包含了对这个政党能力和政绩的充分肯定。共产党人不仅有着崇高的理想境界，有着为实现崇高理想而奋斗牺牲的精神，而且具有能够领导广大人民群众为实现这一理想而斗争的足够的能力。在苏联、东欧和中国等国家，共产党人破天荒地领导广大劳动群众实现了推翻压在他们头上几千年的剥削制度，带领他们开创了人类历史上从来没有过的、人民群众当家作主的社会主义新纪元。这个功绩是伟大的、史无前例的。进入社会主义社会以后，共产党人又领导人民群众在一穷二白的基础上开始了前无古人的社会主义建设事业。在不到半个世纪的时间里，共产党人不仅建立了较为完善的社会主义国家制度体系，而且大大解放和发展了社会生产力，改善了社会的物质生活基础，提高了人民群众的实际生活水平，建立了强大的国防力量等，形成了足以与有着几百年历史的老牌资本主义、帝国主义国家抗衡的社会主义阵营。这种执政的政绩是伟大的，它使共产党人执政的合法性更加巩固。尽管20世纪末发生了东欧剧变、苏联解体，这导致共产党人丢失了政权，给我们留下了深刻的经验教训，但是它丝毫不能改变这些国家的共产党人所取得的成就和曾经拥有执政合法性的历史。

在我们中国，中国共产党人执政合法性的基础更加坚实。因为中国自近代以来任人宰割的屈辱的半殖民地半封建社会的历史，在中国共产党的领导下，仅仅用了28年的时间就彻底结束了。中国人民从此站立起来了，这是了不起的历史功绩！中国人民从此当家作主了，这是中国人民几千年梦想的事情，是中华民族5000年文明历史上从未发生过的伟大变化！这个梦想的实现是了不起的！中国人民当然选择这样的党代表他们执掌政权。中国共产党执政50多年来，虽然由于种种原因，尤其是缺少社会主义建设的经验，缺少对社会主义社会发展规律的认知，也犯了这样那样的错误，走过一些弯路，但是它能够纠正自身的错误，重新回到正确的道路上来，并且不断使自己成熟起来，成为唯一能够领导中国人民走向富裕文明的社会主义新生活的政党。中国共产党人领导着13亿中国人民，经过改革开放以来短短30年的时间，就创造出了举世瞩目的伟大成就，使昔日贫穷落后的中国，成为今天世界上不可小视的强大社会主义国家。以胡锦涛同志为核心的党中央领导集体在新的历史条件下又非常及时地提出了“以人为本”“科学执政、民主执政、依法执政”等执政理念，提出贯彻落实科学发展观、加强党的先进性建设、构建社会主义和谐社会等一系列重要战略思想，引导中国社会主义事业走上更加科学、健康发展的道路。这些伟大成就胜于雄辩地证明中国共产党是有能力领导中国人民完成中华民族伟大复兴的历史使命的，它使中国共产党的执政地位得到进一步巩固和加强。

同时，我们也要理直气壮地指出，中国共产党人执政也是有着法律程序的合法性的。历史事实正如阚珂在《共同纲领——新中国的政治基石》一文中记述的：早在中华人民共和国成立前一年的1948年11月，我们党就与民主人士在哈尔滨举行会议，就成立由各民主党派和无党派人士参加的新政治协商会议筹备会达成协议；1949年6月15日至19日，新政治协商会议筹备会第一次会议在北平召开。参加这次会议的有中国共产党和各民主党派、各人民团体、各界民主人士、国内少数民族、海外华侨等23个单位134人。会议通过了《新政治协商会议筹备会组织条例》和《关于参加新政治协商会议的单位及其代表名额的规定》，选出了以毛泽东为主任的常委会。9月17日，新政治协商会议筹备会召开第二次会议，宣布将“新政治协商会议”改名为“中国人民政治协商会议”。9月20日，政协筹备会常委会第八次会议通过了中国人民政治协商会议第一届全体会议议事规则。1949年9月21日至30日，中国人民政治协商会议第一届全体会议在北平举行。参加这次会议的组成单位45个，代表510人，候补代表77人，特邀人士75人，共662人，包括中国共产党和全中国所有的民主党派、人民团体、人民解放军、各地区、各民族、国外华侨、其他爱国民主分子的代表，体现了广泛的代表性。由于它具有代表全国人民的机制，获得了全国人民的信任和拥护，因此它所作出的决定就是全国人民的决定。这次会议制定了《中国人民政治协商会议共同纲领》，是中国人民总结过去革命斗争的经验后制定的一部人民革命建国纲领，是中国历史上一个极端重要的文献，它在1954年宪法颁布前起到了临时宪法的作用。毛泽东在1950年6月23日全国政协一届二次会议上指出：我们现时的根本大法即共同纲领。共同纲领向全世界宣告了中华人民共和国的成立。这次会议还制定了中央人民政府组织法，决定了中华人民共和国定都于北京，中华人民共和国国旗为红地五星旗，以义勇军进行曲为国歌，决定了中华人民共和国采用世界公元纪年，选举了以毛泽东为主席的中央人民政府委员会。至此，一个新国家——中华人民共和国诞生了。这就是中国共产党执政历史的开端，这不仅反映了中国人民的意愿，而且具有程序的合法性。

所有这些合法性的来源都可以归结为一点，即共产党与人民群众有着同手足、似血肉的紧密联系和密切关系的基础。正是在这样的基础上，即使我们党犯了类似“文化大革命”那样严重的错误和失误，人民群众仍然坚定不移地相信共产党；当我们党纠正了自己的错误，重新回到正确道路上来的时候，人民群众仍然毫无怨言地跟着共产党走社会主义道路。这就是共产党执政合法性的牢固基础。

3.共产党执政合法性对党群关系的特殊要求——坚持“立党为公，执政为民”“以人为本”“科学执政、民主执政、依法执政”的执政理念

共产党有着牢固的执政合法性基础，同时这种基础也提出了不断得到巩固和加强的特殊要求。这种要求从本质上看就是要求共产党人必须在自己的执政实践中真正代表中国最广大人民群众的利益和意志，真正使中国人民群众的利益得到实现、巩固和发展。实现这样的要求，最重要的就是要坚持“立党为公，执政为民”“以人为本”“科学执政、民主执政、依法执政”等执政理念。

执政理念是执政党自身本质特征最根本和最直接的体现，是执政党关于为谁执政、靠谁执政、如何执政问题的核心理念。它从根本上决定着执政党的性质、价值导向和行为规范，是一切执政理论的本质与核心，是一切执政实践的灵魂与血脉，贯穿于执政理论与执政实践的方方面面，自始至终。执政理念具有三重主要功能：它直接决定执政党的本质特征，具有科学的定性、定位功能；它又是执政党成功执政、有效巩固执政地位的观念基础，具有正确的导向、规范和矫正功能；它还是执政党获得政治认同和长期执政的根本观念，具有重要的保障功能。执政理念建设是执政党的根本性建设，事关党的兴衰成败和生死存亡，是执政党的生命线。

中国共产党提出了“立党为公，执政为民”“以人为本”“科学执政、民主执政、依法执政”等执政理念，就是其全心全意为人民服务宗旨在执政条件下的根本体现和实现。它公开向世人宣布，中国共产党作为执政党是为人

民执政,人民群众是权力的真正主人,执政的共产党人是对人民负责的公仆;共产党依靠人民执政,党的领导与人民当家作主具有内在的一致性;同时,共产党人坚持把人的生命权、生存权、发展权等放在高于一切的位置,尊重和保护人民的权力和利益,始终把实现好、维护好和发展好最广大人民群众的根本利益当作自己的神圣职责。坚持科学执政、民主执政、依法执政的执政理念,坚持按规律办事与尊重人民意志的统一,坚持党的执政地位与领导和支持人民当家作主统一,坚持依法行政和法律的人民性的统一。这些具有中国共产党人特色的执政理念,成为执政的共产党先进于并区别于其他政党的根本标志。这是时代和历史的要求,也是共产党人执政的特殊要求。

坚持这样的执政理念,就要坚持马克思主义的群众观。在坚持人民群众主体论的基础上,正确认识和处理共产党人与人民群众的价值关系、权力关系、地位关系和利益关系,把实现好、巩固好、发展好最广大人民群众的利益,作为党执政的根本价值导向和政治趋向,努力在社会主义民主政治建设的框架下,建设与人民群众同甘共苦、风雨同舟的和谐党群关系。

正因为坚持了这样的执政理念,执政近60年的中国共产党始终保持了应有的先进性,不断得到人民群众的信任和支持,其执政合法性不断得到加强,执政地位不断得到巩固。今天我们进入了改革开放和经济社会发展的关键时期,中国共产党只有继续毫不动摇地坚持这样的执政理念,正确认识和处理党与人民群众的价值关系、权力关系、地位关系和利益关系,不断提高执政能力和水平,认真解决社会发展中遇到的突出问题,努力提高把自己的执政理念付诸实践的实际能力和实际效果,努力使最广大人民群众共同享有改革和发展的成果,最大限度地增加社会和谐因素,最大限度地减少不和谐因素,构建和谐的党群关系,最大限度地激发社会活力,依靠广大人民群众,共同建设富强、民主、文明、和谐的社会主义现代化强大国家,巩固广大人民群众对自己的广泛认同、信任和支持,才能使执政的合法性进一步得到巩固和加强。

再版同期声:我们党与人民群众的关系是经历了百年历史考验的亲密无间的紧密联系,这是我们党长期执政并取得辉煌成就的根基和底气所在。党执政以后,在各个不同的历史时期采取了各种不同的组织和教育方式,更加自觉地要求自己,保持与人民群众的紧密联系,不脱离群众。党的十八大以来，我们党一以贯之地全面从严治党，坚决反对和惩治腐败，并在全党范围开展了群众路线教育实践活动、“不忘初心、牢记使命”主题教育和党史学习教育活动等，就是要深入解决党内、干部队伍中存在的脱离群众、消极腐败的问题，使我们党能够始终牢牢根植人民，与人民群众同呼吸、共命运、心连心，始终保持与人民群众的紧密联系。我们这样一个建党百年、执政70多年的大党老党，从来没有像今天这样清醒地认识到，我们执政的根基在人民。习近平同志多次告诫全党：“我们党来自于人民，党的根基和血脉在人民。为人民而生，因人民而兴，始终同人民在一起，为人民利益而奋斗，是我们党立党兴党强党的根本出发点和落脚点。”①“‘政之所兴在顺民心，政之所废在逆民心。’一个政党，一个政权，其前途命运最终取决于人心向背。中国共产党、中华人民共和国的全部发展历程都告诉我们，中国共产党、中华人民共和国之所以能够取得事业的成功，靠的是始终保持同人民群众的血肉联系、代表最广大人民根本利益。如果脱离群众、失去人民拥护和支持，最终也会走向失败。”②这样一个无数历史事实证明了的既深刻又浅显的道理，今天仍然必须向我们的党员干部大讲特讲，让他们从理论上真正清楚明白，并时时刻刻铭记在心，谨言慎行，自觉遵循。正如习近平同志指出的：“我们党要做到长期执政，就必须永远保持同人民群众的血肉联系，始终同人民群众想在一起、干在一起、风雨同舟、同甘共苦。党的十八大以来，我们一以贯之全面从严治党，坚定不移反对和惩治腐败，坚持不懈整治‘四风’，进行党的群众路线教育实践活动、‘不忘初心、牢记使命’主题教育，就是要教育引导广大党员、干部始终同人民群众同呼吸、共命运、心连心。要坚定不移反对腐败，坚持不懈反对和克服形式主义、官僚主义，防止发生因脱离群众而最终失去群众的现象。”③

二、执政的共产党与人民群众之间的价值关系及其要求

社会进入政党政治时代，政党与民众关系的一个重要方面就是党群价值关系。不同的政党特别是不同的执政党，与民众的价值关系是完全不同甚至

---

① 习近平：《论坚持人民当家作主》，中央文献出版社2021年版，第318页。

② 习近平：《在庆祝中国人民政治协商会议成立65周年大会上的讲话》，人民出版社2014年版，第16—17页。

③ 习近平：《论坚持人民当家作主》，中央文献出版社2021年版，第308—309页。

截然相反的。如何确立党群之间正确的价值关系、如何确认政党自身的价值、如何界定政党价值目标的实现、如何开展政党的价值创造活动等问题，就成为党群价值关系研究必须关注和回答的重要问题。中国共产党作为执政党，就是以人民群众为主体确立党群价值关系的。党始终坚持以人民群众的价值评价为党自身价值确认的依据，以人民群众的价值实现作为党的价值实现的最终目标，并坚持与人民群众价值创造活动内在统一的价值创造途径，形成了中国共产党人与人民群众之间独特的、正确的价值关系。

（一）以人民群众为主体确立党群价值关系

以人民群众为价值主体确立党群价值关系，是共产党人价值观的根本特点，也是党群价值关系的一个鲜明特质。

1.科学世界观是以人民群众为价值主体的党群价值关系的理论基础

在关于世界的根本观念中，价值观与世界观一样具有根本性。不同价值观的根本区别和根本对立，就源自不同的世界观及其决定的价值主客体的设置。历史唯心主义的英雄史观在历史观上持帝王将相、英雄豪杰创造历史的观点，在价值观上认为帝王将相、英雄豪杰就是价值创造活动的主体和价值世界的主体。所以，历史上的剥削阶级及其统治者以及代表他们利益的政党，都把自己作为价值主体，把人民群众置于价值客体的位置，从而形成以统治阶级及其政党为主体的主客体价值关系，其价值取向、价值目标的选择和确立以及价值创造、价值实现方法、途径的选择和确定，都是以巩固本阶级、本政党集团的统治为出发点和依据的。这种对价值主客体关系的界定，把人民群众作为被统治或者被管理的对象，作为实现自己执掌政权、统治社会的手段和工具，处处体现阶级、政党利己主义原则，是统治阶级及其政党自我主体价值观。在这样的价值观主导下，必然形成以自我为主体和中心的政党与民众之间的党群价值关系。

马克思主义的科学世界观，为共产党人确立以人民群众为主体的党群价值关系奠定了坚实的理论基础。马克思主义的科学世界观，是从人民群众的实践活动出发把握现实世界的主客体及其关系的。唯物史观认为，“社会生活在本质上是实践的”[①]，一切社会价值的本质在于人们的历史价值创造活动。不断满足人们生存和发展需要的价值对象，包括物质价值、精神价

① 《马克思恩格斯选集》第1卷，人民出版社1995年版，第60页。

值、政治价值以及社会发展价值，人们生活于其中的全部社会关系包括价值关系，归根到底都是通过人们的价值创造活动创造的。在人们的价值创造活动中，人民群众既是价值创造活动的主体，也是人们创造的价值世界的主人和主体，是一切价值消费和享用的主人和主体。

以马克思主义世界观武装的政党，以人民群众为主体确立党群的价值关系，是一种理性自觉。在政党政治时代，政党活动及其成果总是形成政党与阶级、人民、民族之间的意义关系，党的存在价值和活动价值也通过这些关系体现出来。但是人世间，唯有人以主客体统一的身份存在，具有主体意识的人是实践活动的能动主体，当然也就自由自觉地把自我设置为自我创造、自我实现的客体，通过自己的自觉的、能动的活动，创造和实现自己的社会价值。共产党作为人格化整体和自觉的马克思主义政党，是能够正确认识社会发展规律并自觉遵循社会发展规律的政党主体，是能够自觉创造历史的能动主体，是通过自觉的价值创造活动而创造和实现政党社会价值、历史价值的自觉创造者。同时，共产党在作为政党的存在及其活动中，也是能够始终自觉把自己设置为价值客体，以最广大人民群众为价值主体的行为主体，从而使之与人民群众形成以人民为主体的党群价值关系，即服务和被服务的主客体价值关系。正是在这个意义上，在党的第八次全国代表大会上邓小平代表党中央所作的《关于修改党的章程的报告》中指出："工人阶级的政党不是把人民群众当作自己的工具，而是自觉地认定自己是人民群众在特定的历史时期为完成特定的历史任务的一种工具。"①这里的工具论实质就是对共产党人以人民群众为主体，自觉把自己设置为客体的党群价值关系的揭示，是一种来自共产党自身的政治理性，是一种党群价值关系上的自觉自为。

2.以人民为主体的党群价值关系，是共产党人一切价值关系的核心和基础

当然，中国共产党在其社会活动中，除了形成与中国人民的价值关系，往往还会形成与中华民族、中国社会、中国历史及世界人民、人类社会、人类历史等多重价值关系。但是，其中最主要的、最核心的、最基本的、具有基础和现实意义的关系，是共产党与中国人民的价值关系，是共产党以人民为主体的主客体党群价值关系，而其他价值关系都是在党群价值关系的基础上

① 《邓小平文选》第1卷，人民出版社1994年版，第218页。

延伸出来的。中国共产党以人民群众为主体的党群价值关系，是其与中华民族、中国社会、中国历史的价值关系的基础。正是因为共产党人在民主革命时期确立了以人民为主体的主客体党群价值关系，才有了中国革命的成功，才有了中华民族的复兴，才有了中国社会的昌盛，才有了中国历史新的辉煌，也就有了共产党与中华民族、中国社会、中国历史的新型价值关系，而共产党的存在价值和活动价值正存续于这些关系之中。又正是因为中国共产党以人民群众为主体的党群价值关系所决定的与中华民族、中国社会、中国历史的新型价值关系，凸显了中国共产党与世界人民、人类社会、人类历史的价值关系，发扬了这一马克思主义政党的世界价值和历史意义。

3.以人民为主体的党群价值关系，是共产党人党性、先进性的基本体现和根本要求

在共产党所确立的党群价值关系和价值观念中，至关紧要的是以人民为主体的价值关系和价值理念。这一价值关系和价值理念是新的历史条件下党的性质和宗旨的根本要求，因为只有共产党人才确立这样的价值关系和价值观念，只有社会主义制度才要求它的执政党与人民群众确立这样的价值关系和价值观念。

中国共产党人以人民群众为价值主体确立党群主客体价值关系，这是党的性质和宗旨的根本要求，又是共产党的党性和党的先进性的一个基本体现。中国共产党人继承了人类文明史上一切优秀的政治文明成果，克服了剥削阶级政治伦理的局限性，确立以人民群众为主体的新型的党群价值关系，正是其党性的必然要求和体现。作为中国工人阶级的先锋队、中国人民和中华民族的先锋队，中国共产党的宗旨就是全心全意为人民服务，表现在党群关系上，只能确立以人民群众为主体的主客体价值关系。正是在党领导中国革命的历史过程中创立并形成了党和人民的新型价值关系，才由衷地震撼和感动了中国的广大人民群众，认同并选择了共产党和党领导的军队、党的干部，肯认了党的先进性和党的领导地位。夺取政权以后，执政的中国共产党坚持了党与人民群众之间以人民群众为主体的新型价值关系，即党以人民群众为主体的新型的地位平等关系、利益代表关系、行政服务关系。这就与旧社会的官吏根本不同，与以往的一切统治者根本不同，与其他执政党根本不同。党始终坚持做中国最广大人民群众利益的代表，始终是为人民谋利益的工具，始终是通过自己的活动和行为实现人民利益、满足人民日益发展着的需要的客体。所以在执政条件下，共产党的性质和宗

旨不变，以人民群众为主体的党群价值关系的实质也不能改变。而共产党及党的领导干部坚持、履行和发扬党以人民群众为主体的党群价值关系，也成为执政党保持党的先进性的根本要求和集中体现。如果党执政后，随着执政地位的获得就脱离群众了，当官做老爷了，站在人民头上作威作福了，这对于工人阶级政党来说，就背离了党自身根本的阶级性和先进性，党将不党。可见，始终保持以人民群众为主体的价值关系，也是对执政党自身先进性的一种检验和考验。

4.以人民群众为价值主体确立党群价值关系，是社会主义政治制度伦理的集中反映，又是社会主义制度伦理对执政党的根本要求

党的十七大的主题是："高举中国特色社会主义伟大旗帜，以邓小平理论和'三个代表'重要思想为指导，深入贯彻落实科学发展观，继续解放思想，坚持改革开放，推动科学发展，促进社会和谐，为夺取全面建设小康社会新胜利而奋斗。"[①]党的十六届六中全会提出了构建社会主义和谐社会必须坚持的六条原则，其中强调："必须坚持以人为本，始终把最广大人民的根本利益作为党和国家一切工作的出发点和落脚点，实现好、维护好、发展好最广大人民的根本利益，不断满足人民日益增长的物质文化需要，做到发展为了人民、发展依靠人民、发展成果由人民共享……坚持科学执政、民主执政、依法执政，发挥党的领导核心作用，维护人民群众的主体地位，团结一切可以团结的力量，调动一切积极因素，形成促进和谐人人有责、和谐社会人人共享的生动局面。"[②]这就揭示了社会主义政治制度伦理的集中反映，指出了社会主义制度伦理对执政党的根本要求，也说明了以人民群众为价值主体的党群主客体价值关系，是高举中国特色社会主义伟大旗帜，实现社会主义制度伦理与其他制度伦理相区别的根本特征。

历史上一些其他阶级的政党或者社会管理者，也都会与民众形成一定的社会联系和社会关系，而这种联系或关系则往往是以本阶级、政党或者社会统治者为主体。在君主宗法制度下，统治阶级的使命就是统治社会、管理民众，所以在执掌政权的社会活动中，强调的是建立阶梯式的等级社会，社会倡导的是"君君""臣臣"的等级森严的秩序伦理，家庭倡树的是"父父""子

---

① 胡锦涛：《高举中国特色社会主义伟大旗帜　为夺取全面建设小康社会新胜利而奋斗——在中国共产党第十七次全国代表大会上的报告》，人民出版社2007年版，第1页。

② 中共中央文献研究室编：《十六大以来重要文献选编》（下），中央文献出版社2008年版，第651—652页。

子”“长幼有序”的次序伦理。这些观念逐渐强化并上升为历代统治阶级的意识形态，还进一步物化为等级森严的中央集权的官僚行政体制，体现到行政运行机制上则表现为行政决策的君权至上性和行政执行的等级性。皇帝的决策无论正确与否，百官只能山呼“皇上圣明”，唯有诚惶诚恐地服从；行政权力层层向上集中，等级森严，下层行政官员依附上司、攀附上级，自己的自主性极其有限。而在这样一个类金字塔结构的社会中，普通老百姓往往被视为草民，生命如同草芥，人格权利极其萎缩。在这样的社会体制下，“官本位”观念、“宗法”观念、“特权”观念、“等级”观念、“攀上”观念等是社会的通行观念，重形式轻效率、重人治轻法治、重权威轻民主、重集权轻分权成为普遍存在的社会统治模式，“畏上”“崇上”“唯上”是掌权的各级官员普适的一种行政思维模式，官阶上下奉行的是简单的命令——执行关系，官民上下确立的是统治与服从——镇压与反抗关系。而共产党执政伦理和社会主义制度伦理的根本价值取向正是要彻底改变执政者与民众的这种价值关系，彻底消除其统治模式和思想观念的历史遗迹，确立以人民群众为价值主体的党群主客体价值关系。

在资本主义制度特别是现代资本主义制度框架下，公众的地位及公众与政党的关系正在发生着深刻的变化，民主型、开放型的政党和政府形象正在成为公众的普遍要求。在一些西方国家，政党往往通过选举和执政作为政府、执政者联系民众的中介和桥梁，发挥着重要作用。特别是随着社会公平、社会平等观念的普及，随着公众社会参与意识的增强，政党在选举和执政过程中与民众之间的双向性交流增多，公民不再是单纯的“受众”角色，他们可以参与社会事务和政府部门的各种讨论，可以表达自己的意见与要求，并可通过信息网络对执政党的行政过程与相关的行政人员实行监督。公民权利与公共行政、公共服务供应、公众期望、行政过程中的公众参与和行政民主等问题，都成为可以讨论和探索的问题。诸多事实似乎使人们觉得现代资本主义制度架构中，资产阶级政党与民众的价值关系是以民众为价值主体的。但实质是，在政党的执政、政府的行政与公民参政之间，前者总是具有优越的地位和优先的考量。作为公民，尽管在理论上、政治上拥有公民权利，在现象和形式甚至操作程序上也大有民众参与政策和措施制定的意味，但在政党和行政面前，他们往往只能成为无奈的被管理者和既定政策的被动接受者，存在着实际上的不平等，真正当家作主的是代表资产阶级某阶层的政党和代表政党政治的政府及其行政行为人。资产阶级政党在选举和执政中所鼓吹的“权力在民不在党”“还权于民”“人民主权”等，存在着不容置疑的虚假性和欺骗性。否则，我们就无法理解一些资本主义国家的政府和执政党的政策取向，诸如美国布什政府及其执政党的内政、外交政策及其执政活动的价值趋向。

中国共产党人以人民群众为价值主体确立党群主客体价值关系，是社会主义制度本质对执政党的根本要求。共产党人领导建立的社会主义社会政治制度，就是要实现人民本位、人民主体，实现人民当家作主。社会主义文明的重要标志就是要实现人的全面自由的发展，实现人之为人的本质和人格尊严，使人在社会生活中按照人的本质生活，成为一个真正的人和真正的主人。在社会主义制度下，坚持党的领导地位，发挥党的领导作用，根本目的就是领导和支持人民当家作主，实现人民群众的社会主人和价值主体地位。这就决定了以人民群众为主体是社会主义社会党群价值关系的本质特点。正是这一特点，要求我们党和党员必须尊重人民群众的“价值主体”地位，摆正自己以人民群众为主体、全心全意服务于人民的位置，立党为公、执政为民；要求我们执政党的党员和党的干部必须尊重人民群众作为社会主人的“主人翁”地位，运用执政党的执政功能和力量，充分发挥人民群众当家作主的“主人翁”作用。现实生活中的无数事实证明，一些人堕落为人民的罪人，与人民群众的价值关系的颠倒，与人民群众的地位、权力、利益关系的错位，行政行为价值取向的失偏，就根源于对人民主体价值观的动摇和对以人民为主体的党群价值关系的背离。

（二）以人民群众的价值评价为政党价值确认依据

什么是政党价值，什么是中国共产党的价值，如何确认中国共产党的政党价值等问题，是研究党群价值关系不能不涉及的问题。

1.政党的价值体现在社会的发展进步与人民群众的需要的统一之中

从政治社会学角度讲，政党的价值是与政党产生、发展的社会和时代需要紧密联系在一起的。有的学者认为：“从政治学的视野看，政党是阶级的政治组织，是进行的社会生产力和生产关系的矛盾运动、阶级斗争发展、自由民主的思想文化发展的产物，是特殊的政治历史现象……当今世界，政党是各种类型的民族国家普遍存在的政治现象。政党政治是现代政治的核心，政党制度是现代国家民主政治制度的重要组成部分。”[①]“从政党的产生和发展过程来看，政党是适应资本主义社会生产方式发展和阶级、阶层、集团发展的需要而产生的，是适应解决资本主义社会利益的分化和公民政治参与的扩大与资本主义代议民主制的内在矛盾的需要而产生的，是适应倡导自由、民主和平等的政治文化而产生的。政党的价值自从政党产生的那天起就在客观上存在着。”[②]“共产党的价值的形成主要是指共产党与工人阶级、人民群众、人类历史的价值关系的形成，主要是指共产党的存在及其活动对于工人阶级、人民群众、人类社会的解放利益和需要的满足关系的形成，主要是指共产党的理论原理、纲领、政策和策略以及行为对于工人阶级的解放和人类解放的利益、需要、愿望的满足关系的形成。共产党的价值形成体现了历史发展的客观规律性与工人阶级、人类作为历史主体的解放利益和需要的统一。”[③]

在中国，如何把握中国共产党的价值形成和历史发展呢？从历史唯物主义的观点来看，必须从政党的产生发展与中国近代社会的发展进步的联结中去把握。毫无疑问，中国共产党的价值形成于党的产生以及党领导人民为中国的独立、解放而进行的斗争之中，体现在中国近现代社会的发展进步与人民群众的需要的统一之中。“一九二一年，在马克思列宁主义同中国工人运动相结合的进程中，中国共产党应运而生。从此，领导反帝反封建的革命斗争、争取民族独立和人民解放、实现振兴中华的伟大使命，历史地落到了中国共产党的身上。中国革命进入了崭新的发展阶段。”[④]自此，“中国人民在中国共产党的领导下空前团结和组织起来，冲破重重难关，革命斗争不断胜利；新中国成立后，经济社会快速发展，国家日益昌盛，人民的社会地位、物质生活水平和文化教育水平显著提高……中国人民和中华民族一切爱国力量深深认识到，中国能从最悲惨的境遇向着光明的前途实现伟大的历史转变，就是因为有了中国共产党的领导。没有共产党，就没有新中国。有了共产党，中国的面貌就焕然一新”[⑤]。这是中国人民从长期奋斗历程中得出的最基本、最重要的结论，这也是中国共产党价值的形成及其历史发展

① 李斌雄：《中国共产党的价值观研究》，中国社会科学出版社2003年版，第2页。

② 李斌雄：《中国共产党的价值观研究》，中国社会科学出版社2003年版，第2—3页。

③ 李斌雄：《中国共产党的价值观研究》，中国社会科学出版社2003年版，第8页。

④ 《江泽民文选》第3卷，人民出版社2006年版，第266页。

⑤ 《江泽民文选》第3卷，人民出版社2006年版，第266页。

的最概括、最典型的体现。

中国共产党的价值的形成及其历史发展,来自党自身,更来自中国最广大人民群众的需要、选择和真心实意的支持。我们说中国共产党的价值来自或者说根据党自身,是就共产党自身的性质而言的。这个党从诞生之日起,就以中国最广大的人民群众为主体确立了党与工人阶级、人民群众、中华民族、中国社会的价值关系;它的工人阶级性质和为人民大众服务的宗旨,它奉行的纲领、路线,实行的政策和策略,它的社会实践活动,它的行为形象,对于实现中国近代社会的独立和解放,对于实现中国工人阶级、最广大的人民群众利益、需要的满足,产生了不可估量的作用,体现了它的社会存在价值;它正确认识和尊重社会发展规律,按规律办事的自觉性和对历史进步趋势的顺应和推动、符合最广大人民群众利益的社会活动价值取向,诠释了历史活动合规律与合目的的有机统一,体现了它的社会历史价值。我们说中国共产党的价值更来自中国最广大人民群众的需要、选择和真心实意的支持,主要是就人民群众认同了共产党和共产党的领导地位,而共产党与中国最广大的人民群众实行了最紧密的结合而言的。正是因为有了共产党的领导和共产党与人民群众这种最紧密的结合,才有了党正确的纲领、路线、政策和策略的实现,才有了推动中国社会发展的不竭动力,才有了中国革命成功和建设成就的主体保证,也才成就了中国共产党的伟业和中国共产党的存在价值与历史价值。

2.政党价值的确认以人民群众的价值评价为主体根据

中国共产党自身价值的确认以人民群众的价值评价为主体根据,这是共产党与人民群众的价值关系决定的。中国共产党以人民群众为主体的党群价值关系,必然以人民群众的价值评价作为自己价值确认的根据。这是因为,共产党人创造价值不是以满足自己的需要为目的,而是以满足人民群众的需要为宗旨。所以,共产党人的存在价值和活动价值的实质在于是否满足人民群众的需要以及需要满足的程度如何。以人民群众为主体,把自己作为客体的中国共产党,其价值主要是指它的社会活动价值对于人民群众的意义和价值。作为活动结果和活动过程存在的价值,从价值的类型看,有经济价值、政治价值、精神文明价值、社会文明价值等。然而,对于共产党人的社会活动创造的价值、共产党人创造价值的价值评价和认同,不能以共产党人自己的自我意识和自我评价为依据,而是以人民群众的评价为主体根据。共产党人创造的经济价值,就是共产党人推动社会经济发展、创造的经济价值,对于人民群众物质生活需要的满足;共产党人创造的政治价值,就是共产党人推动社会政治发展、创造的政治价值,对于人民群众政治生活需要的满足;共产党人创造的精神文明价值,就是共产党人推动社会精神文明的发展、创造的精神文明价值,对于人民群众文化生活需要的满足;共产党人创造的社会文明价值,就是共产党人推动社会全面发展、创造的社会文明成果,对于人民群众和谐社会生活需要的满足。

共产党人在革命和建设中坚持以人民群众为自身价值的评价主体根据,坚持以人民群众价值主体论为基础的党群价值关系,既是对历史上一切阶级和政党政治道德的历史性超越,又是工人阶级政党政治道德的最高原则,是中国共产党人政治道德的最高境界。坚持以人民群众的价值评价为政党价值的评价根据,就与一切统治阶级、一切统治者区别开来,与一切剥削阶级政党区分开来。历史上的一切统治阶级及其政党,无不利用其执政地位去统治社会、压迫人民。尽管它们在争取执政地位、统治权力的竞选和争夺中,曾经关注人民群众对于以往执政绩效和政策价值取向的评价,甚至允诺选民以他们的利益为执政和政策的价值取向。但是,一旦它们获得执政地位和执政权力,最为关心的还是本阶级的评价,最为关注的还是本阶级执政地位的保持,最为致力的还是本阶级既得利益的维护。只有以解放全人类为己任的工人阶级政党,才能真正把人民群众放在主体地位,才会真正重视人民群众对自己执政的价值评价,才会真正珍视人民群众对于执政党政策和执政行为的真心实意的高兴、满意、拥护和支持。

3.坚持以人民群众为政党价值评价主体,关系执政认同

坚持以人民群众的评价为政党价值评价的主体根据,对人民这一价值关系主体和评价主体的认定,也是中国共产党获得政治认同和巩固执政基础的根本要求。能否始终保持以人民为主体的党群价值关系,坚持以人民群众的评价为执政党执政价值评价的主体根据,也是党赢得最广大人民群众爱戴和拥护的重要基础。共产党作为执政党,以人民群众为价值关系主体,以自己为价值关系客体,坚持以人民群众的评价为执政党执政价值评价的主体根据,保障了其执政理国的正确方向。以人民为价值关系主体和政党执政价值的评价主体,也就促使自身更加自觉地做到"立党为公,执政为民",坚持行政组织、行政权力、行政职责的人民性,自觉做对人民尽职尽责的社会公仆,自觉避免公共权力运用方向的失偏。以人民群众为价值关系主体和政党执政价值的评价主体,共产党人价值活动的选择、价值行为的取

向、价值目标的确立，体现的是人民功利原则；其价值创造、价值目标的实现，体现的是无私奉献原则。以人民群众为价值关系主体和政党执政价值的评价主体，它执政理国不是把人民群众当作实现自己利益和自己统治的工具，而是自觉地把自己作为实现人民群众利益的工具。这些恰恰是共产党人获得人民群众信任、拥护、爱戴和认同的现实基础。

以人民群众为主体的党群价值关系，以人民群众的评价为执政党执政价值评价的主体根据，不仅蕴含着共产党人执政的先进性和作为执政党存在的社会价值，更包含着共产党获得政治认同和巩固执政基础的现实基础。历史上，我国古代思想家就看到了统治者的选择权、改朝换代的决定权掌握在民众手中。孟子说："桀纣之失天下也，失其民也；失其民者，失其心也。得天下有道：得其民，斯得天下矣。"（《孟子·离娄上》）荀子也说："君者，舟也；庶人者，水也；水则载舟，水则覆舟。"（《荀子·王制》）可见，执政者与民众、民心的评价，关系到执政合法性和执政认同的大道理。以人民群众为党群价值关系主体和共产党人执政活动价值评价的最高裁决者，我们的党员和干部就能树立正确的地位观、权力观，就能科学地确立党群政治关系、权力关系。正确认识党群政治地位关系是执政条件下人民当家作主的新型平等关系，党群权力关系是以人民为权力本位的委托关系。以人民群众为党群价值关系主体和共产党人价值活动的评价主体，坚持人民群众是执政党和领导干部执政政绩和社会价值的最好检验者和最高裁决者，就能确立正确的执政观和政绩观，就会坚持民主执政、文明执政，靠民执政，真心实意地领导和支持人民当家作主，就会不图虚名不做虚功而做实事创实绩，不再搞什么"形象工程""政绩工程"，而是脚踏实地地建设群众真正满意的民心工程！

（三）以人民群众的价值实现为价值实现的最终目标

以最广大人民的根本利益的实现作为最终的价值追求和价值目标，以满足广大人民群众的利益、愿望和发展为党价值评价的最高标准，以实现、维护和发展最广大人民群众经济、政治、文化的根本利益来认定政党价值实现的程度，是共产党人党群价值关系的重要内容。

1.工人阶级政党党性的规定

共产党人以人民群众的价值实现为党的价值实现的最终目标，源自其工人阶级政党党性的规定。共产党人以人民群众的价值实现为政党价值实现的最终目标，是根本不同于封建社会统治者的民本思想和行政为民主张的。儒家的民本思想是非常丰富的，诸如利民、爱民、富民、教民、保民，制民恒产，视民如子、视民如伤，民贵君轻，忧民之忧、乐民之乐，等等；荀子也提出“天之生民，非为君也；天之立君，以为民也”（《荀子·大略》）的思想。但是，从本质上看，这些思想以及封建统治者及其思想家的所有为民主张，都有一定的虚伪性，都是以统治阶级自己为主体的官民价值关系，其所谓的为民服务、谋民利益的主张，只是实现和维护自己统治社会最终目标的手段而已。

从共产党人的党性来看，全心全意为人民服务是共产党人的宗旨，保护、实现和发展人民群众利益是共产党人义不容辞的责任。胡锦涛在党的十七大报告中告诫全党：“要坚持人民是历史创造者的历史唯物主义观点，坚持全心全意为人民服务，坚持群众路线，真诚倾听群众呼声，真实反映群众愿望，真情关心群众疾苦，多为群众办好事、办实事，做到权为民所用、情为民所系、利为民所谋。”[①]中国共产党作为工人阶级政党和执政党，它越是坚持其工人阶级的阶级性，就越是要成为整个劳动阶级及最广大人民群众的代表；它越是坚持其工人阶级政党的党性，就越是要把人民群众放在心上，把实现人民群众的主体地位作为执政的主旨；它越是把共产党的执政与人民当家作主同一起来，就越是要把人民群众价值主体地位的实现，把人民群众的价值实现，作为政党存在和执政社会价值实现的最终目标。全心全意关注人民的解放、人民的幸福、人民的发展，是庄严而郑重地写在共产党的旗帜上的。中国共产党一再强调要维护人民群众的主体地位，决不会允许狭隘的、排他性的“特殊利益集团”衍生，共产党人没有背离人民的、与人民利益对立的阶级的和政党的一己私利，它的根本利益和最大利益就是最大限度地实现占人口大多数的人民群众的根本利益和最大利益。以人民群众的价值实现为政党价值实现的最终目标，正是源自其工人阶级政党党性的内在规定性。

2.共产党人世界观、价值观的要义

以最广大人民群众的利益、愿望的价值实现作为政党价值实现的最高标准，是共产党人世界观、价值观的要义。共产党人的世界观是以人民群众

---

① 胡锦涛：《高举中国特色社会主义伟大旗帜　为夺取全面建设小康社会新胜利而奋斗——在中国共产党第十七次全国代表大会上的报告》，人民出版社2007年版，第54页。

为历史主体的世界观，它认为社会历史的发展是真善美的统一，是合规律性与合目的性的统一，是客观性与属人性的统一。社会发展规律，就其实质和本质而言，是人的活动的规律。共产党人正是从社会发展规律与人的活动的规律的统一性出发，认识了社会历史的真正本质，开创了人类自觉创造历史的进程。在其开创的这个历史进程中，人民群众不仅是历史活动的主体和创造者，更是历史和社会的主人，是历史发展与进步成果的消费和享用者。所以，共产党领导人民实现社会发展价值，与实现人民群众的利益和发展人民群众的利益的价值是同一的。我们共产党人坚持真理，遵循社会历史发展的客观规律，内在地包含着坚持人民群众的利益，自觉地追求和实现人民群众的最大利益和最大价值。共产党作为无产阶级政党，追求这种大善和大德，就是以对社会发展规律的科学把握为理论根据的。

共产党人的价值观就是以人民群众为主体的价值观。以人民群众为价值主体和评价主体是党群价值关系的实质，把政党活动价值与人民群众价值的实现有机结合起来，以人民群众的利益、愿望和发展的实现作为共产党人活动的价值实现标志，正是共产党人党群价值关系的本质规定。毛泽东曾强调指出，共产党人奉行的是人民功利主义，它以集体利益和个人利益相结合的原则为一切言论行动的标准，“以占全人口百分之九十以上的最广大群众的目前利益和将来利益的统一为出发点”[①]。这显然是政党利益与最广大人民群众最大利益的同一原则，是政党存在及其活动的社会价值与最广大人民群众的最大利益的实现同一的原则。以满足最广大人民群众的利益、愿望和发展的价值的实现作为政党价值实现的最高标准，归根到底，是从共产党以人民群众为主体的党群价值关系中，从共产党人的社会活动与人民群众的利益和发展的价值实现的关系中，获得的价值观念、价值评价标准和价值评价原则。

3.社会主义制度伦理的本质性规定

以实现、维护和发展最广大人民群众根本利益和根本价值的程度来认定执政党价值实现的程度，是社会主义制度伦理性的本质规定。执政党的领导权威不在于执政党的主观树立，执政党的合法地位也不在于执政党的自我巩固，执政党的工作价值更不在于共产党人的自我认可。执政党及其党员的存在价值，只能根据人民的评判，关键看为人民服务的情况如何，看

① 《毛泽东选集》第3卷，人民出版社1991年版，第864页。

人民群众的根本利益的保护、实现和发展的程度如何,看人民群众的根本价值实现的程度如何。从社会主义制度的本质、社会主义制度的人性和伦理性来看,共产党领导人民建设社会主义和谐社会,坚持以社会发展与人民群众利益的实现和发展的同一为尺度,追求人民群众的最大利益与和谐发展,无疑是共产党执政的社会主义制度最具有人性根据的道德原则、价值原则,是最具有合理性的伦理价值评价标准。共产党执政坚持以实现社会发展价值与人民群众利益的实现和发展价值的同一为尺度,从最广大人民群众的价值的实现出发,是与社会主义生产方式、生产目的和制度的优越性相一致的,是社会主义价值观念体系与资本主义价值观念体系相互区别的根本标志。社会主义制度的优越性和政治优势的体现和实现,也在于真实地以人为本,最大限度地满足人民群众的价值需要、实现人的全面自由的发展。生机勃勃的社会主义事业是人民群众创造的,人民群众是推动社会主义发展完善的主体,是社会主义制度的主人。包括发展在内的人民群众的根本利益和根本价值,同社会主义的根本要求和前进方向一致,人民群众的价值需求代表着时代的精神,反映着历史的潮流,决定着社会前进的方向。能否代表社会发展的趋势,代表最广大人民群众的根本利益和价值需求,是衡量一个执政党和制度存在价值的根本标志。共产党作为执政党,其存在价值和合法性基础的深层根据,正在于其一切言论行动恪守党的活动的价值趋向、社会发展价值的实现与人民群众价值实现同一的尺度。

共产党人坚持这一尺度,它以肯定的判断为我们对社会发展目标的科学把握提供价值辩护和道义支撑,也以批判的形式鞭挞畸形社会发展模式和行为模式,矫正人们的行为失范,促进社会全面健康和谐的发展。坚持执政党活动价值实现与人民群众价值实现同一的尺度,就要求共产党人、党的领导干部以此作为一切价值选择的出发点和落脚点,最根本的就是制定和执行体现人民群众意志和价值需求的路线、方针、政策,坚持人民的利益高于一切,一切为了群众,一切相信群众,一切依靠群众。在社会发展目标建构和实现中,要把社会发展的价值与人民群众的价值实现统一起来,把实现社会健康、全面、可持续的发展,实现社会与人的和谐发展,作为共产党人为之奋斗的价值目标和价值评价标准,特别是把人民的价值要求、人民的利益、人民群众的评论、人民群众的拥护,作为权衡利弊、确定发展目标的目的性依据,也作为选人用人等一切活动价值选择的目的性依据。

4.共产党自我价值认知的最高标准

以人民群众的价值实现作为党价值创造的最终目标、价值评价标准和价值实现尺度，就要求共产党人以此作为自我价值认知的最高尺度和最高标准，作为自我价值与社会价值、自我价值与群众价值关系判断的最高尺度和最高标准。共产党人的自我价值就在于通过其活动，现实地实现社会的全面进步，现实地满足人民群众不断增长着的价值需要，即实现社会价值和群众价值；共产党人自我价值的认知，也要把社会价值、群众价值的创造和实现作为自我价值存在的客观尺度和最高标准。人民群众对共产党人及其活动善恶得失的伦理价值判断，同样是把社会发展与人民群众的利益、愿望和发展等价值的实现的同一作为最高尺度和最高标准。“主要看是否有利于发展社会主义社会的生产力，是否有利于增强社会主义国家的综合国力，是否有利于提高人民的生活水平”[①]，是否始终代表中国先进生产力的发展要求，代表中国先进文化的前进方向，代表中国最广大人民的根本利益。其中，生产力标准、综合国力标准、先进生产力的发展要求、先进文化的发展方向是人民群众利益和价值实现的基础与保障，蕴含着人民利益标准。人民利益标准是“三个有利于”标准和“三个代表”重要思想的归宿，是最终目标和最高标准。社会主义生产力和综合国力、先进生产力的发展要求和先进文化的发展方向集中体现了人民群众的根本利益和根本价值，因而“三个有利于”标准和“三个代表”重要思想的价值主体、评价主体是人民群众，核心是人民群众利益和价值的实现。从这个意义上说，“三个有利于”标准和“三个代表”重要思想是当代共产党人活动的价值目标和价值标准，人民群众的利益、愿望和发展的价值的实现是判断共产党人一切活动的价值实现的最高、最终价值标准。

坚持共产党执政活动的价值实现、社会发展价值的实现与人民群众价值实现同一的尺度，要求共产党人确立社会发展的成果属于人民的理念，树立人民群众是现实价值关系、价值世界的确立者、评价者、裁判者和享有者的观念。在社会主义制度下，人民群众是社会主人和价值主体，他们理所当然应该享用他们所创造的物质文化成果。无论是发展先进生产力还是发展先进文化，归根到底都是要体现和落实在维护人民群众的根本利益和根本价值上。邓小平多次谈到，“人民拥护不拥护”“人民赞成不赞成”“人民高兴

① 《邓小平文选》第3卷，人民出版社1993年版，第372页。

不高兴”“人民答应不答应”是评判一切是非的根本标准，这充分体现了共产党人价值观的人民性特征。这就是以人民作为价值实现的主体，以人民利益和价值的实现作为最根本的价值标准，作为评价一切工作是非得失的根本标准。共产党人实践活动的结果是好还是坏，要看是否符合人民群众的利益、愿望和要求。局部的实践证明是可行的，如果从全局上看不符合人民群众的根本利益和根本价值，也是不能认同的。发展生产力，提高综合国力，最终都必须落脚到人民利益和人民价值的实现上。共产党人在一切社会活动中，要善于倾听群众的心声、呼声、怨声，把人民群众的利益、愿望作为其价值选择的合理取向；勤于为群众谋利益、谋发展，多办事、办好事、办实事，把人民群众利益、愿望等价值需求的现实实现，作为其现实价值的落脚点；把为人民利益和人民价值的不懈奋斗和无私奉献，作为其价值实现的过程。

把共产党执政活动的价值实现与人民群众价值实现统一起来，它要求共产党人、党的领导干部必须从主观动机上，把人民群众的利益和人民群众的价值及其实现放在最高最突出的位置，坚决反对个人主义、小团体主义、地方保护主义。共产党的先进性的重要标志就是全心全意为人民服务，代表最广大人民的根本利益，全体党员心中神圣的政治信仰就是人民的利益、人民的价值至高无上。个人主义从自我出发，把个人利益、个人价值作为价值判断的尺度，就会把个人利益、个人价值放在人民利益、人民价值之上，一事当前先替自己打算，斤斤计较个人得失，甚至不惜滥用权力牺牲国家与人民利益来满足自己的私欲；小集团主义以集体为幌子，把小集团的利益置于社会发展价值和人民利益、人民价值之上；地方保护主义遇事以本地方的利益出发，甚至不惜破坏政令法规，不惜损害其他地方和社会整体的利益，不惜违背市场规则和人民群众的根本利益和根本价值。很显然，这都是和政党价值的实现与人民利益、人民价值实现的同一为标准和根据的共产党人价值观根本对立、根本背离的。

（四）与人民群众价值创造活动内在统一的价值创造途径

共产党人价值创造和实现的根本机制和途径问题，就是揭示执政的共产党人的价值创造、价值实现的方式、方法及其机制、途径问题。共产党人价值创造和实现的根本机制和途径就是与人民群众的价值创造活动有机结合、内在统一，这是共产党人价值创造机制、实现途径的特质。

1.人民主体价值观的根本要求

胡锦涛在党的十七大报告中，总结了我国改革开放、巩固和发展社会主义的“十个结合”的宝贵经验，其中之一就是强调把尊重人民首创精神同加强和改善党的领导结合起来，这是很有政治分量和理论内涵的。他指出：“我国改革开放之所以成功，在于我们坚持了人民创造历史这一马克思主义的科学原理，真诚代表中国最广大人民的根本利益，紧紧依靠人民，最广泛地调动人民群众的积极性、主动性、创造性，从人民中凝聚力量、吸取智慧，不断加强和改善党的领导，使党得到人民充分信赖和拥护，始终发挥领导核心作用。”①共产党人的价值创造和实现与人民群众的价值创造活动有机结合、内在统一，其深刻道理就在这里，这正是人民主体价值观的根本要求。人民主体价值观本质上要求共产党人在价值创造活动中坚持依靠群众的原则，实现与人民群众价值创造活动有机结合。共产党人实现人民本位、人民主体的价值创造活动，要把服从人民群众的需要作为其价值创造活动的主体根据，把人民群众的利益作为自己价值创造活动的根本出发点和落脚点，这就使之能够也必须与人民群众的价值创造活动密切结合。

江泽民在庆祝中国共产党成立 80 周年大会上的讲话中指出：“全心全意为人民服务，立党为公，执政为民，是我们党同一切剥削阶级政党的根本区别。任何时候我们都必须坚持尊重社会发展规律与尊重人民历史主体地位的一致性，坚持为崇高理想奋斗与为最广大人民谋利益的一致性，坚持完成党的各项工作与实现人民利益的一致性。”②“人民群众是先进生产力和先进文化的创造主体，也是实现自身利益的根本力量。”③共产党人的价值创造活动与人民群众的价值创造活动有机结合起来，既是发挥人民群众的价值主体和历史主体作用，也是实现其领导作用的价值创造活动的根本实现途径。这是因为政党是现代政治生活的中心，在中国，执政的中国共产党是中国社会主义事业的领导核心。党的领导与执政决定着中国政治生活的基本格局，决定着中国社会主义建设和现代化发展的全局。无数事实证明，中国社会发展离不开中国共产党的领导，中国社会越发展，党的领导的实现价值和作用显得越重要。执政为民、有效执政、成功执政是共产党自身价值创造活动的重要问题，而执政为民、有效执政、成功执政不仅要有执政的战略和

① 胡锦涛：《继续把改革开放伟大事业推向前进》，《求是》2008 年第 1 期。

② 《江泽民文选》第 3 卷，人民出版社 2006 年版，第 279 页。

③ 《江泽民文选》第 3 卷，人民出版社 2006 年版，第 281 页。

体制保证，还要有根本的方法和实现机制、实现途径作保证。把人民作为“主体”，就掌握了分析问题和处理问题的根本方法。我们的路线方针政策都是从人民主体、人民本位的角度提出来的，也只有从人民主体、人民本位的角度才能理解。人民主体价值观是我们想问题、办事情的大局和根本方法，偏离这个大局和根本方法，我们就会犯全局性、根本性的错误。共产党人价值创造和实现活动与人民群众价值创造活动有机结合、内在统一，正是其落实执政为民，实现有效执政、成功执政，充分发挥党的领导作用的根本方式与方法、机制与途径选择，也是落实执政为民，实现有效执政、成功执政中发挥人民群众历史主体地位和决定作用的根本方式与方法、机制与途径选择。

2.新型党群价值关系的根本体现

共产党人坚持政党的价值创造和实现与人民群众的价值创造活动有机结合、内在统一的根本机制和根本途径，是其新型党群价值关系的根本体现。中国共产党作为一个执政的无产阶级政党，毫无疑问，其政党价值是通过实现其领导社会主义事业的领导作用，通过执掌社会主义国家政权的执政活动来实现的。而党与人民群众的价值关系问题就成为探讨党的价值创造、实现机制和途径的关键，党与人民群众价值创造活动的紧密结合则是其价值创造、实现的根本机制和途径。这是因为，执政的共产党人之所以在价值创造和实现活动中要与人民群众价值创造活动相结合，是根据其建立在新型党群关系、价值关系基础上的认识规律和工作规律。与人民群众相结合，是中国共产党人科学认识世界的根本认识路线和认识规律，是中国共产党人成功地改造世界的根本工作路线和工作规律，更是共产党人价值创造和实现的根本机制和途径。

回顾中国共产党80多年的历程，共产党人价值创造和实现活动与人民群众相结合，是中国共产党人历史经验、现实经验特别是改革开放以来的新鲜经验的科学结晶。与人民群众相结合，党才能真正贴近群众，通过切实有效的思想政治工作、意识形态工作、精神文明建设和文化工作，实现党对国家、社会的思想文化领导，创造、发挥和实现党的思想文化功能与价值。与人民群众相结合，通过领导和支持人民当家作主，党才能完善执政机制和公共决策机制，发挥党的执政功能和政治领导功能，实现党的执政和政治领导价值。与人民群众相结合，增强党的阶级基础，扩大党的群众基础，才能促进党的组织建设，提高党的影响力，发挥党的组织功能、凝聚功能，实现党的组织价值。与人民群众相结合，加强和改进党的群众工作，才能发挥党的利益表达、利益综合功能和联系群众功能，实现党的社会工作价值。执政党也只有在与人民群众的紧密结合中，才能卓有成效地推进自身建设，而自身的思想理论建设、组织纪律作风建设、制度机制建设和执政能力建设，就是创造和实现自身价值的根本保证。与人民群众相结合，就成为共产党人价值创造和实现的根本机制和途径。

3.共产党人价值创造活动的内在要求

坚持、实现共产党人价值创造活动与人民群众价值创造活动有机结合、内在统一，是共产党人价值创造活动的内在要求。共产党坚持人民主体论的价值观。作为执政的政治力量，共产党必须积极开发、利用党的社会参与和民众的社会参与两大参与资源，使党保持与人民和社会的密切联系。党成功执政、有效执政，需要巩固和发展广泛的社会基础，需要有足够的民主资源。共产党通过社会实践充分实现人民群众的利益和愿望，不是共产党人以英雄自居包打天下，充当救世主，施恩于人民群众，而是依靠群众，组织、领导群众自己解放自己，自己发展自己。人民群众是价值认识活动的主体，人民群众的实践是我们党价值认识的源泉，是我们党制定路线方针政策的主体依据，通过价值创造活动中党与群众的密切合作、良性互动，使执政党有效地引导、整合群众的利益，实现党的政策举措的人民价值取向。人民群众是价值创造活动的主体，是历史的创造者和社会发展的决定力量，人民群众的实践又是实现社会主义根本目的的决定性因素，通过价值创造活动中党与群众的密切合作、良性互动，使群众的社会参与转化为推动中国社会全面进步的根本力量。这就需要我们党“必须始终把体现人民群众的意志和利益作为我们一切工作的出发点和归宿，始终把依靠人民群众的智慧和力量作为我们推进事业的根本工作路线”①；这就需要“全党同志要始终坚持一切为了群众、一切依靠群众的根本观点，坚持党的群众路线”②。某些人提出所谓“精英治国论”，是与共产党人关于社会主义的依靠力量论、人民主体价值论根本不相容的。共产党人为了群众的价值创造活动，必须与人民群众的价值创造活动有机结合，其实现价值才能最大限度地满足人民群众的利益和愿望；共产党人为了群众的价值创造活动，也只有与人民群众的价值

① 《江泽民文选》第3卷，人民出版社2006年版，第271页。

② 《江泽民文选》第3卷，人民出版社2006年版，第280页。

创造活动有机结合，才能最大限度地实现其价值创造活动的价值。

共产党人价值创造、实现机制和途径的特点，要求我们的党员、干部充分认识其与人民群众的不可分离的共生关系，认识其价值创造活动与人民群众价值创造活动的统一关系。中国革命和建设的实践反复证明，群众离不开党这个实现群众利益的工具，党更离不开群众这一发挥自己历史作用的坚实基础。党和群众的血肉联系是党的政治生命，党和群众的密切合作是党执政的强大合力。只有在党和群众的共生关系中，才能实现人民群众对党的政策的信心、对执政党的信任、对党执政现实和执政理念的认同。党的领导、人民当家作主、依法治国的统一性，就体现这种共生关系和政治优势。在中国社会主义市场经济和现代化建设实践的大学校里，人民群众是最高明的老师。推进改革，促进发展，保持稳定，办法在实践中，点子在群众中。共产党人和各级领导干部要主动和群众的社会参与有机互动，开发党正确领导和有效执政的宝贵资源，保护公共权力正确运作和人民利益充分实现的政治资源。所以，执政的共产党人既要真心实意地尊重群众的实践创造精神，满腔热情地关注群众的实践，又要善于集中群众的实践经验，概括、提升群众实践的成功经验为制度、体制，政策、法律，路线、决策，进而引导群众的价值创造活动，以实现人民群众创造历史的作用，也发挥共产党人为了群众、依靠群众以推进社会发展的社会价值。

共产党人价值创造和实现的这种特殊性，只有变成执政党的执政理念、执政方略、执政模式、执政实践，才能真正落到实处。作为执政理念、执政方略，它是以人民群众为本位，以人和社会的全面发展为执政与发展的核心价值，以中华民族的伟大复兴为时代赋予共产党人的历史使命。作为执政模式、执政实践，要全面增强中国共产党的执政能力，要大力创新、积极实现党和社会主义制度的政治优势。这都要求我们执政党和领导干部在决策过程中密切联系群众，坚持实践标准和人民利益标准的统一，既以合乎最广大人民群众的价值追求为最高标准，还要用千百万人民的实践作为检验真理的尺度。同样要求我们执政党和领导干部在决策执行过程中密切联系群众，坚持真理观和价值观的统一，用人民群众的实践和人民利益标准判定和矫正党的价值认识和价值创造活动的正误，既确保党的决策的群众实践基础和人民利益取向，也确保党的决策变成群众的自觉行动。可见，与群众价值创造活动的结合，是共产党人价值创造和实现的根本的也是唯一正确的机制和途径。

再版同期声：今天，我们党在认识和处理好与人民群众之间的价值关系问题上，达到了比以往任何时候都更加清醒、更加自觉的高度。党的十八大以来，以习近平同志为核心的党中央高度重视党要管党、从严治党，组织开展一系列学习、教育、实践活动，要求全党正确认识和处理好与人民群众的价值关系。在党史学习教育动员大会上，习近平同志讲到我们党的百年历史，他强调："我们党的百年历史，就是一部践行党的初心使命的历史，就是一部党与人民心连心、同呼吸、共命运的历史。大革命失败后，三十多万牺牲的革命者中大部分是跟随我们党闹革命的人民群众；红军时期，人民群众就是党和人民军队的铜墙铁壁；抗日战争时期，我们党广泛发动群众，使日本侵略者陷入了人民战争的汪洋大海；淮海战役胜利是靠老百姓用小车推出来的，渡江战役胜利是靠老百姓用小船划出来的；社会主义革命和建设的成就是人民群众干出来的；改革开放的历史伟剧是亿万人民群众主演的。历史充分证明，江山就是人民，人民就是江山，人心向背关系党的生死存亡。赢得人民信任，得到人民支持，党就能够克服任何困难，就能够无往而不胜。反之，我们将一事无成，甚至走向衰败。"[①]"老区和老区人民，为我们党领导的中国革命作出了重大牺牲和贡献。这些牺牲和贡献永远镌刻在中国共产党、中国人民解放军、中华人民共和国的历史丰碑上。我们要永远珍惜、永远铭记老区和老区人民的这些牺牲和贡献，继承和发扬老区和老区人民的光荣传统，为实现'两个一百年'奋斗目标、实现中华民族伟大复兴的中国梦而不懈奋斗！"[②]这几段话既深刻地论述了我们党的初心、使命，又清楚明白地总结和论述了人民是我们党实现自身价值的根基和源泉。人民群众是我们价值创造的主体，也是我们党价值实现和价值评判的主体。我们党就是在与人民群众的紧密联系中，创造了我们国家和民族百年的辉煌历史。没有人民群众的积极参与和大力支持，没有在十分艰难困苦的历史条件下广大人民群众始终如一的支持和参与，就没有我们党的事业的成就，就没有我们的今天。习近平同志曾经深刻指出："'知屋漏者在宇下，知政失者在草野。'让群众满意是我们党做好一切工作的价值取向和根本标准，群众意见

① 习近平：《论坚持人民当家作主》，中央文献出版社 2021 年版，第 318 页。

② 习近平：《论中国共产党历史》，中央文献出版社 2021 年版，第 45 页。

是一把最好的尺子。"[1]"要真正让人民来评判我们的工作……任何政党的前途和命运最终都取决于人心向背。'人心就是力量。'我们党的党员人数，放在人民中间还是少数。我们党的宏伟奋斗目标，离开了人民支持就绝对无法实现。我们党的执政水平和执政成效都不是由自己说了算，必须而且只能由人民来评判。人民是我们党的工作的最高裁决者和最终评判者。"[2]今天作为执政党，我们更要牢记党奋斗发展的历史，搞清楚党与人民群众的价值关系，牢固树立人民群众价值主体论的基本立场、基本观点，自觉坚持以人民群众的价值追求为执政的最高标准，自觉接受人民群众的监督和评判，这仍然是我们党立于不败之地的法宝。

三、执政的共产党与人民群众之间的权力关系及其要求

执政作为执掌政权、管理国家和社会的一项政治活动，同权力紧密联系在一起。如何看待手中的权力(包括权力的来源、权力的性质)、如何运用权力，尤其是如何处理执政党同人民群众的权力关系等，是政党在执政活动中必须解决的重大问题。中国共产党作为马克思主义执政党，始终坚持人民群众是国家权力的主人，党是人民群众的一部分，代表人民群众的意愿掌握国家政权；党执政的出发点和落脚点就是执政为民，就是领导和支持人民当家作主；共产党的领导、人民当家作主和依法治国的有机统一，是实现人民当家作主权利的实现方式。

(一)以人民群众为权力本位

执政党掌握着国家权力，在执掌和运用权力的过程中，碰到的首要问题就是权力的归属(或曰权力的本位)问题，即权力是归掌权者个人或一党一派所有，还是归广大人民群众所有。可以说，权力归属问题是区分唯物史观和唯心史观的分水岭，是判断马克思主义政党的试金石。在这个问题上，世界上不同的执政党的认识和看法大不一样，甚至截然相反。执政党奉行什么样的权力本位观，从根本上说取决于党的思想理论、党的性质和阶级基础。中国共产党是以马克思主义理论为指导的工人阶级政党，党的指导思

---

① 习近平：《在党的群众路线教育实践活动总结大会上的讲话》，人民出版社2014年版，第10—11页。

② 习近平：《论坚持人民当家作主》，中央文献出版社2021年版，第50页。

想、党的性质和阶级基础以及党同人民群众的特殊关系，从根本上决定了党秉行“以人民群众为权力本位”，并把它作为观察和处理执政权力运行中一切问题的出发点和落脚点。

1.中国共产党是代表人民群众执掌国家权力的执政党，是权力受托者

政党是民主政治时代的产物，是代表一定阶级和阶层的利益，由有共同政治信仰的人们为实现其政治目标和政治理想而自愿加入的政治组织。政党既不同于一般社会团体和政治派别，也不同于国家政权，更不是国家政权本身，它是民众参与国家政治生活并借以控制和影响国家政权的工具。即便掌握着国家政权的执政党拥有强制性的武装力量，但作为一种政治组织，它实质上也是接受公众的委托、代表民意掌握政权、对政权施加影响、用以实现和维护民众利益的工具。

中国共产党作为马克思主义政党，虽然具有与其他政党不同的特殊性，但在代表民众的利益要求、借以控制和影响国家政权等功能方面则是相同的。作为中国工人阶级的先锋队、中国人民和中华民族的先锋队，中国共产党来自人民群众，扎根于人民群众，同人民群众同呼吸共命运，彼此之间建立了深厚的友谊，党一刻也离不开人民，人民也离不开党。在人民群众的支持和拥护下，推翻了腐朽的统治政权，建立了人民当家作主的人民共和国，共产党受人民群众的委托成为执政党，代表人民执掌国家政权。也就是说，在中国，执政的共产党只不过是人民群众的一部分，执政的主体不只是共产党一党，而是包括共产党在内的人民群众，党是从群众中来、受人民群众的委托来执掌权力、行使权力的。人民群众是国家权力的主人，共产党是权力的受托者。抗日战争胜利前夕，有位美国记者曾这样问毛泽东：“你们办事，是谁给的权力?”毛泽东当即回答：“人民给的。”并说：“人民要解放，就把权力委托给能够代表他们的、能够忠实为他们办事的人，这就是我们共产党人。我们当了人民的代表，必须代表得好。”[①]后来，共产党掌了权、执了政，毛泽东仍然强调党执掌的权力是人民群众给的。他说：“我们的权力是谁给的？是工人阶级给的，是贫下中农给的，是占人口百分之九十以上的广大劳动群众给的。我们代表了无产阶级，代表了人民群众，打倒了人民的敌人，

① 《毛泽东选集》第4卷，人民出版社1991年版，第1128页。

人民就拥护我们。共产党基本的一条,就是直接依靠广大革命人民群众。"[①] 这些论述鲜明地说明了共产党人的权力来源和权力归属问题,它包含两层含义:一是我们共产党人的一切权力并不是党自己的,都是人民委托给的,人民大众才是权力的主人;二是人民之所以把权力委托给共产党,是因为共产党人能够代表他们的利益和要求,能够忠实地为他们办事。执政的共产党如果不能代表人民群众了,不能忠实地为他们办事了,人民同样也会把自己的权力收回去。

2.唯物史观是人民群众权力本位的理论基础

中国共产党坚持人民群众权力本位,把人民群众作为国家权力的主人,是建立在马克思主义历史唯物主义基础上的。

马克思恩格斯所创立的唯物史观在人类历史上第一次正确地解决了人民群众在社会发展中的作用,认为人民群众是一切生产力中最重要的因素,是社会生产方式的主体,因而也就是社会历史的主体,是历史的创造者。历史上的人民群众即使处于经济剥削、政治压迫和思想束缚之下,手中没有影响和支配别人的权力,也依然会通过世代相续的实践活动推动社会生产力的发展,促进社会生产关系的变革,进而影响着政治权力的更迭。历史上一切真正的革命运动,实质上都是人民群众奋起摧毁腐朽的社会制度的斗争。毛泽东曾把人民群众的这种作用比作"铜墙铁壁"。人民群众在社会变革中的决定性作用,在社会心理方面也会强烈地显示出来。广大人民群众人心之所向代表了时代的精神,体现了历史的主流,预示着社会发展的方向。人心的向背是在历史进程中长期起作用的社会因素,因为它是以人民群众现实物质利益为基础的,是实际的社会矛盾的集中反映。顺应人民群众的基本愿望和要求,也就是顺应历史发展的潮流。历史发展的大势所趋与人民群众的人心所向在本质上是一致的。随着社会的不断发展,人民群众创造历史的自觉程度也不断提高,他们的基本愿望和要求越来越符合历史的必然性,他们的历史主动性和创造性必将日益充分地发挥出来。当大多数人民群众不能再忍受陈旧的生活形式,决意创造新的生活形式时,表明社会矛盾已经极端尖锐化,生产力将冲破旧的生产关系和上层建筑的束缚,社会变革就必然要发生。人民群众之心不可违,人民群众之心不可欺,人心向背决定着政治权力的稳固程度。这是一切执政者不可不慎重对待的问题。

---

① 《建国以来毛泽东文稿》第12册,中央文献出版社1989年版,第581页。

中国共产党作为马克思主义政党，在创立之时便明确提出以历史唯物主义作为党的哲学基础。1921 年 1 月，毛泽东在给蔡和森的一封信中说："唯物史观是吾党哲学的根据。"[①]在社会主义建设时期，毛泽东曾这样告诫党员干部："不要逞英雄。事业是多数人做的，少数人的作用是有限的。应当承认少数人的作用，就是领导者、干部的作用，但是，没有什么了不起的作用，有了不起的作用的还是群众。"[②]在 80 多年的奋斗历程中，中国共产党始终站在历史唯物主义立场上来观察一切社会、政治和历史问题，把是否坚持人民群众在社会发展中的主体地位作为衡量党的一切工作的根本标准。这就是说，马克思主义唯物史观关于人民群众在历史进程中的主体地位和作用，从根本上决定了我们党始终坚持人民群众的权力主体地位，将人民群众视作立党之本、执政之基和力量之源。

3.人民群众权力本位得到我国国体和国家宪法的确认

权力的归属是同国家政权的性质紧密联系在一起的。权力归谁所有，就会建立归谁所有的政权。历史上的一切剥削阶级都毫无例外地认为国家权力归少数统治阶级所有，于是他们建立起了具有剥削性质的国家政权，如封建专制政权、资产阶级统治政权。

在我国，人民群众为权力主体的地位决定了国家政权的性质不可能是为哪一党一派所享有，而必须是为广大人民群众所享有的政权组织，这一政权就是人民民主专政。人民民主专政性质的政权，是以毛泽东为代表的第一代中共领导人在继承和发展马克思主义关于无产阶级专政国家本质的思想的基础上根据中国的基本国情而创建的，它的实质是工人阶级领导(通过其先锋队组织中国共产党)的、以工农联盟为基础的人民民主政权。毛泽东在《论人民民主专政》中指出："中国人民在几十年中积累起来的一切经验，都叫我们实行人民民主专政，或曰人民民主独裁，总之是一样，就是剥夺反动派的发言权，只让人民有发言权。""对于人民内部，则实行民主制度，人民有言论集会结社等项的自由权。选举权，只给人民，不给反动派。""对人民内部的民主方面和对反动派的专政方面，互相结合起来，就是人民民主专政。"人民民主专政国家，实质就是人民的国家，这种"人民的国家是保护人民的"。[③] 为了强调国家的人民性，毛泽东还指出："我们是人民民主专政，各

① 《毛泽东文集》第 1 卷，人民出版社 1993 年版，第 4 页。

② 《毛泽东文集》第 6 卷，人民出版社 1999 年版，第 401—402 页。

③ 《毛泽东选集》第 4 卷，人民出版社 1991 年版，第 1475—1476 页。

级政府都要加上'人民'二字，各种政权机关都要加上'人民'二字，如法院叫人民法院，军队叫人民解放军。"[①]不难看出，人民民主专政是一种新型民主和新型专政相结合的国家政权。所谓新型民主，是针对以前的民主是少数人享有的民主而言，它是绝大多数人享有的民主；所谓新型专政，是针对以前的专政是少数人对多数人的统治而言，它是绝大多数人对少数人的统治。因此，人民民主专政的国家政权不但明确了对人民实行民主这个职能，而且突出了人民在国家政权中的主体地位，即人民当家作主的地位。

人民群众权力主体地位不仅得到了国家政权性质的确认，同时还得到了国家宪法的根本保护。《中华人民共和国宪法》总纲第一、二、三条明确规定："中华人民共和国是工人阶级领导的、以工农联盟为基础的人民民主专政的社会主义国家。""中华人民共和国的一切权力属于人民。人民行使国家权力的机关是全国人民代表大会和地方各级人民代表大会。人民依照法律规定，通过各种途径和形式，管理国家事务，管理经济和文化事业，管理社会事务。""全国人民代表大会和地方各级人民代表大会都由民主选举产生，对人民负责，受人民监督。国家行政机关、监察机关、审判机关、检察机关都由人民代表大会产生，对它负责，受它监督。"所有这些规定，都以国家根本大法的形式使人民群众拥有的权力主体地位得到切实有效的保护。

可见，在共产党执政的中国，人民群众权力的主体地位并不仅仅停留于一种观念上的东西，而是落实在国家政权的性质上，并得到了国家宪法的保护。

(二)执政为民是党与人民群众权力关系的根本要求

作为一种强制性的力量，权力有一个根本的特点，就是实现目标的工具性。权力本身不是掌权者所追求的最终目的，而只是掌权者为达到某种目的、实现某种价值、取得某种利益的工具、手段和途径。任何权力行为主体都有一定的权力目的或权力动机，不同的权力行为主体有着不同的权力动机。就国家政权来说，哪个阶级掌握了它，它就代表哪个阶级的利益，为哪个阶级实现自己的政治目的和经济利益服务。无产阶级可以利用国家权力实现自己的政治目的和经济利益，资产阶级也可以利用它实现自己的政治目的和经济利益。在我国，人民群众是国家权力的主体，共产党代表民众意

① 《毛泽东文集》第5卷，人民出版社1996年版，第135页。

愿执掌政权，是权力的受托者。那么，党在执政活动中应当坚持执政为民，做到“权为民所用、情为民所系、利为民所谋”，充分利用手中的权力，实现好、维护好、发展好人民群众的根本利益，这是人民群众权力本位的根本要求。

1.人民群众权力本位的权力观决定了共产党人执政为民的执政观

执政是同权力紧密联系在一起的，执政观同权力观也是密切相关的，有什么样的权力观，就会产生什么样的执政观。所谓执政观，无非是对执政行为总的看法和根本观点，主要是“为谁执政、靠谁执政”。在执政观上，无非有两种选择：一种是为一己一派执政，为少数人执政，依靠少数人执政；一种是为大多数人执政，依靠大多数人执政。这是两种根本对立的执政观。可以说，执政观不仅仅是一般观念形态上的东西，它是根本的执政立场和执政价值取向，直接关系到民众对执政党行为的信任和认同程度，关系到执政党执政基础的稳固程度。

为少数人执政、靠少数人执政，这是一种剥削阶级的统治观念，体现的是剥削阶级的政权本质。封建社会地主阶级的统治和资本主义社会资产阶级的统治，奉行的就是这种统治观念。历史上，地主阶级、资产阶级等在夺取政权过程中曾同人民群众站在一起，利用人民群众的力量建立起自己的统治，但一旦掌握了政权，成为社会的统治者后，他们很快就站到了人民群众的对立面，利用手中的权力剥削、压迫人民大众，甚至不惜使用暴力手段镇压人民为争取自身权利的各种斗争。在这些统治者眼里，人民群众只是压榨、宰割的对象，是他们实现执政目的的手段和工具而已。近代资产阶级政党产生后，打起了“平等、自由、民主”等旗号，标榜代表社会大多数人的利益要求，但本质上它们都是资产阶级在政治上的代言人，实行的仍然是资产阶级的剥削统治，为资产阶级少数人谋利益。对于这样的政权，广大人民群众是根本不会认同和支持的，相反会为争取自身的政治、经济和生存权利而进行不屈不挠的反抗和斗争，直至完全推翻它。因而，建立在为少数人执政观念基础上的政权是不会长久的，难以跳出“其兴也勃焉，其亡也忽焉”的历史周期率。

为大多数人执政、依靠大多数人执政，这是共产党人的执政观念，体现的是为劳动人民谋利益的立党宗旨和行动理念。马克思、恩格斯在《共产党宣言》中明确指出：“过去的一切运动都是少数人的或者为少数人谋利益的运动。无产阶级的运动是绝大多数人的、为绝大多数人谋利益的独立的运动。"①共产党不同于其他任何政党的根本之处，就在于它从诞生之日起就为自己确立了为人类解放而奋斗的目标，向全世界宣告共产党人没有任何人民利益之外的特殊利益，它的一切奋斗完全是为了人民大众的利益，在人类历史上第一次树立起"立党为公，执政为民"的旗帜。奉行这样的执政观，必然得到广大人民群众的真心拥护和支持，激发他们空前的积极性和创造性，执政党由此获得无穷的智慧和力量，执政地位自然日益巩固。

中国共产党是以马克思主义理论为指导建立和发展起来的无产阶级政党，党的性质、宗旨和阶级基础决定了它的一切行为是为了中国最广大人民的根本利益，革命是为了夺取并掌管国家政权，掌管政权是为了更好地实现、维护人民的根本利益。为人民执政、靠人民执政是中国共产党矢志不移的执政观念。我们党成立时的第一个纲领就明确表明，党的奋斗目标是"以无产阶级革命军队推翻资产阶级，由劳动阶级重建国家"，这个国家必须采用无产阶级专政，其任务是废除资本私有制，直至消灭阶级差别。建党初期，党的发起人李大钊在《平民主义》一文中也勾画出未来共产党人执政的初步设想。他说："纯正的'平民主义'，就是把政治上、经济上、社会上一切特权阶级，完全打破，使人民全体，都是为社会国家作有益的工作的人，不须用政治机关以统治人身，政治机关只是为全体人民，属于全体人民，而由全体人民执行的事务管理的工具。"②尽管党的一大纲领和党的创建者们的构想还不十分成熟，甚至带有某种空想的色彩，但它们已经很鲜明地申明了共产党夺取政权和执掌政权的目的是实现劳动人民的利益。纵观中国共产党80多年的发展历史，尤其是半个多世纪的执政历史，它始终高举"立党为公"旗帜、践行"执政为民"理念。正像毛泽东要求的："全心全意地为人民服务，一刻也不脱离群众；一切从人民的利益出发，而不是从个人或小集团的利益出发；向人民负责和向党的领导机关负责的一致性；这些就是我们的出发点。"③国家的权力是人民的，因此，"我们的人民政府是真正代表人民利益的政府，是为人民服务的政府"④。

---

① 《马克思恩格斯选集》第1卷，人民出版社1995年版，第283页。

② 《李大钊文集》(下)，人民出版社1984年版，第609页。

③ 《毛泽东选集》第3卷，人民出版社1991年版，第1094—1095页。

④ 《毛泽东文集》第7卷，人民出版社1999年版，第205页。

2.人民群众权力主体地位决定了党执政的根本目的是执政为民

人民群众的权力本位不仅决定了党执政为民的执政观和执政价值取向，而且也规定了中国共产党执政的根本目的是执政为民。

历史上的执政者无不把自己所代表的阶级、政党作为执政的主体，把人民群众作为执政的客体，以巩固本阶级、本统治集团的统治作为执政目的。这种统治政权从根本上说，执政主客体之间很难达到有效统一，往往处于一种对立状态。这样，即使执政者主观上想做到为民执政，但最终因为双方的这种对立而无法实现。这也就是历史上一些阶级、集团、政党在夺取政权过程中，还能够携手同人民大众联合，但在成为执政者后，很快自觉不自觉地走到了民众的对立面，最终被民众推翻的根源所在。

与历史上的执政者不同，中国共产党是受人民委托而执掌权力的，执政的主体是包括共产党在内的人民群众，执政的客体是国家和社会，而不是人民群众。这样，党执政的目的不是单纯为了巩固自己的执政地位，而是要代表和带领人民群众执掌好国家政权、管理好国家和社会、实现和维护好人民群众的根本利益。其实，对于共产党来说，执政是手段，为民才是目的。保持和巩固执政地位也是一种手段，是为实现和维护人民群众的利益提供一个施展抱负的活动平台和有效载体。对于共产党的各级领导干部来说，职位是手段，是载体，为民服务才是目的。1943 年 8 月，毛泽东在对中央党校学员的讲话中，非常深刻、生动地解释了共产党同人民群众的这种关系和对人民群众的态度问题。他说："不论是中国还是外国，古代还是现在，剥削阶级的生活都离不了老百姓。他们讲'爱民'是为了剥削，为了从老百姓身上榨取东西，这同喂牛差不多。喂牛做什么？牛除耕田之外，还有一种用场，就是能挤奶。剥削阶级的'爱民'同爱牛差不多。我们不同，我们自己就是人民的一部分，我们的党是人民的代表……在这个问题上，我们同国民党是对立的，一个要人民，一个脱离人民。"①

正是由于共产党是作为人民群众的一部分来执掌政权，从根本上克服了历史上执政主体与执政客体（人民群众）之间的根本对立，因而能够在执政活动中始终以人民群众的根本利益为最高标准，真正做到执政为民。毛泽东指出："我们的责任，是向人民负责。每句话，每个行动，每项政策，都要

---

① 《毛泽东文集》第 3 卷，人民出版社 1996 年版，第 57—58 页。

适合人民的利益，如果有了错误，定要改正，这就叫向人民负责。”[①]邓小平说：“中国共产党员的含意或任务，如果用概括的语言来说，只有两句话：全心全意为人民服务，一切以人民利益作为每一个党员的最高准绳。”[②]这样，中国共产党不仅在立党宗旨和理念上坚持执政为民，同时能够有效地将这种理念贯彻到执政活动中，化为具体的行动。正是从这个意义上说，执政为民是中国共产党一切行动的出发点和落脚点，是它存在的价值和意义所在。如果离开了“为民”这个根本目的，搞执政为己，或者表面上宣称执政为民，但实际上执政为己，那么就是有共产党之名而无共产党之实，与历史上的剥削阶级以及剥削阶级的统治没有什么两样，就失去了存在的价值和意义，对人民群众而言就是一文不值，最终会为民众所唾弃、所推翻。

（三）领导和支持人民当家作主是党群之间权力关系的核心

“当家作主”，是对人民权力主人地位的一种形象说法。一般而言，权力归谁所有，谁就是权力的主人，谁就在国家政治生活中当家作主，享有决定和处理国家重大问题的权力。在我国，国家权力属于人民群众，他们是国家权力的主人，因而他们在国家政治社会生活中应当享有“当家作主”的权力，这是社会主义民主政治的本质要求。领导和支持人民当家作主，这是共产党执政的根本要求，是共产党同人民群众之间权力受托者与权力所有者关系的核心。体现和实现这种关系，是执政的共产党人的根本责任；体现和实现这种关系，就要切实保障和实现人民群众的四项民主权力。

1.领导和支持人民当家作主是执政的共产党的根本责任

人民群众是国家权力的主人，他们在国家政治生活中当家作主，为什么人民当家作主的权利还要共产党去领导和支持呢？对于这个问题，一些党员领导干部并不是很清楚，至少在理论上还不很明白。这个看似简单的问题实则涉及一个深刻的理论，即权力的转让和代议制民主——作为权力主体的人民群众，需要把自己的权力转让、委托给执政党，而不是人人都直接去管理国家。

在人类历史上，资产阶级启蒙思想家们在阐述“人民主权”“社会契约”理论时，对权力是否可以转让的问题存在不同的看法。卢梭认为，人民的主

① 《毛泽东选集》第4卷，人民出版社1991年版，第1128页。

② 《邓小平文选》第1卷，人民出版社1994年版，第257页。

权是完全绝对的，完全神圣的，完全不可侵犯的，同时也是不可转让的。在《社会契约论》中，卢梭提出，“主权在民”就是把全部国家权力和主权完全转归人民，每个公民都应当参与法律的讨论和通过。他明确反对英国政制中的议会制(即代议制)，认为英国人民在选举国会议员时才是自由的，选举之后不过是奴隶，人民等于零。因此，在卢梭看来，古代城邦共和国是最理想的政治社会模式。在这种共和国里，居民往往不超过万人，所有公民都有权出席全体会议并投票表决，所有公民都有资格担任司法和行政职务，这些职务的获得不是通过选举，就是通过抽签。只有在这样的城邦国家中，人民才可能长久地保持自己的各项权利，这才是真正实现人民主权的原则。孟德斯鸠提出的“小国寡民”思想，就是以此为蓝本。显然，人类进入近现代社会以后，除了极少的袖珍小国外，这种“小国寡民”式的城邦制社会实在无法行得通。在一个人口较多的国家里，让广大人民群众都来掌握国家政权并行使国家权力、直接参与国家大政方针制定的做法，既不可能、不现实也没有必要，效果也不一定理想。于是，人们在政治实践中探索出一种代议制，即民众将自身的主权转让、委托给别人或某个组织，由他们代替自己行使国家权力，民众只需对受托者进行有效的控制即可。委托给谁呢？社会实践逐渐使人们认识到，把手中的主权托付给某个政治组织来行使，会有效得多。因为政治组织特别是政党，是以社会某个阶级、阶层利益的代表身份出现，政党中汇集了社会上许多优秀的先进分子，能够有效地把民众的意志、愿望、要求表达、综合起来，通过影响、控制甚至支配国家权力机关，更好地实现和维护民众的利益和意愿。这种由人民选派代表、由他们代表自己去行使管理国家的权力的做法(即权力所有者同权力行使者是分离的，由权力行使者按照权力所有者的意愿行使权力)，是一种间接式民主或代议制民主(代表制民主)，它是现代民主政治的普遍运作形式。

因此，在政党政治、民主政治时代，政党本身是没有任何强制性的权力的，执政党所执掌的国家权力只不过是人民委托的。这一点，连资产阶级政治学者们也是毫不否认的。他们普遍将政党称为“民众与政府联系的桥梁”“将国家机器与公民社会机构联系起来的机制”等。不管是“桥梁”还是“机制”，说的无非是政党与民众之间一种代表与被代表、委托与受托的关系。这种关系在西方国家是通过几年一次全国性的选举活动表现出来的，民众参与投票，推举某个政党上台执掌国家权力，这种选举活动体现的就是一种权力委托关系。在一些社会主义国家包括我国，人民政权是在经历了长期夺取政权的武装斗争之后建立的，没有进行全国性的公开选举活动的条件，但是我们也采用了各阶级、各阶层民众代表协商的方式，确定了执政党，选举了大家共同信任的人组成人民政府。社会各阶级、各阶层广大人民群众紧跟共产党走、拥护共产党领导他们走社会主义道路，认同共产党是其自身利益的代言人，信任共产党可以帮助他们夺回原本属于自己的政权和一切权力。所以才有前面所引述的毛泽东回答美国记者的那段意味深长的话语。

人民群众尽管将手中的国家权力托付给了共产党，但他们还是权力的所有者。因此，要体现人民是权力的主人，实现人民当家作主的权利，执政的共产党就应当自觉地把手中的权力当作实现人民群众利益的手段和工具，全心全意为人民服务，而不是像历史上一切剥削阶级统治者那样把国家权力当作维护少数人利益、镇压人民群众的暴力手段和工具，这是执政的共产党人义不容辞的责任和义务，也是执政的共产党同一切剥削阶级政党权力观和执政观的根本区别。毛泽东曾指出："我们是阶级使用的武器，我们阶级要胜利，就要选出先锋队来。群众是从实践中来选择他们的领导工具、他们的领导者。被选的人，如果自以为了不得，不是自觉地作工具，而以为'我是何等人物'！那就错了。我们党要使人民胜利，就要当工具，自觉地当工具。"①

2.领导和支持人民当家作主就是要落实人民享有的四项民主权力

在代议制民主政治情况下，要实现国家政权的民主性，体现人民当家作主的权利主体地位，马克思主义经典作家曾根据巴黎公社的经验提出了两条重要原则：一是确立人民代表机关在整个国家权力体系中的最高地位。因为只有人民代表机关才能最直接最广泛地反映全社会的普遍意志，并使之以法律的形式表现出来，成为国家政治活动以及国家公职人员行使国家权力的行为准则。二是确立人民代表机关对其他国家机关的领导地位。其他国家机关只能在人民代表机关的监督下，在法律的约束下，行使社会委托给它们的那部分权力。这样，广大人民才能把国家由一个站在社会之上的机关变成完全服从这个社会的机关，才能确保管理者能够按照人民的意志合理地运用权力，使人民当家作主的社会主义本质得到充分体现。

在我国，政权的运作形式是按照马克思主义经典作家们的设想构建的。我国宪法规定，国家的一切权力归人民所有，国家的政权组织形式即政体是

---

① 《毛泽东文集》第3卷，人民出版社1996年版，第373—374页。

人民代表大会制度，人大代表是由基层逐级经由中华人民共和国公民直接选举产生，对人民负责，受人民监督；全国人民代表大会是国家最高权力机关，国家行政机关、审判机关、检察机关都由人民代表大会产生，对它负责，受它监督；人民代表大会行使立法权、监督权、人事任免权、重大事项决定权等最重要的权力。这样，人民群众当家作主，最主要的就是通过人民代表大会来体现和实现。其中，有三个相互联系的环节不容忽视：一是党既然是代表人民执政，那么领导干部的选拔任用就要得到广大人民群众的认同；二是要有利于广大人民群众直接或间接地参与国家事务的管理；三是为了保证执政权力按照人民的意志行使，必须保证人民有权对执政者进行监督。这三个环节实际上是人民群众在国家政治生活中享有的民主选举权、民主决策权、民主管理权和民主监督权等权力。这四种权力紧密相连，构成一个统一的整体，体现的就是权力委托、对权力运作的影响和对权力受托者的控制行为，这是人民当家作主的具体体现。因此，共产党执政，领导和支持人民当家作主，就是要全面落实人民所享有的民主选举、民主决策、民主管理和民主监督等权力。所以，党的十五大报告指出："共产党执政就是领导和支持人民掌握管理国家的权力，实行民主选举、民主决策、民主管理和民主监督，保证人民依法享有广泛的权利和自由，尊重和保障人权。"[①]党的十六大报告再次强调指出："共产党执政就是领导和支持人民当家作主，最广泛地动员和组织人民群众依法管理国家和社会事务，管理经济和文化事业，维护和实现人民群众的根本利益。"[②]

首先，进一步完善选举制度，落实人民的民主选举权。选举体现的是一种权力授受关系，表明人民是国家权力的主人。我国自 1953 年第一部选举法颁布、实行全国范围的民主选举以来，特别是 1979 年新的选举法颁布实施以来，民主选举得到了巨大发展，人民群众尤其是农民品尝到了当家作主地位的味道。但不可否认，我国的选举制度还是有进一步完善的地方，特别是一些地方在选举活动中暴露出了一些问题，破坏了民主选举。比如，有些选举制度的具体规定和程序不科学、不完善；有的基层干部的民主意识淡薄，不尊重选举人意志的事情时有发生，等等。因此，党领导和支持人民当

① 江泽民：《高举邓小平理论伟大旗帜 把建设有中国特色社会主义事业全面推向二十一世纪——在中国共产党第十五次全国代表大会上的报告》，人民出版社 1997 年版，第 35 页。

② 江泽民：《全面建设小康社会 开创中国特色社会主义事业新局面——在中国共产党第十六次全国代表大会上的报告》，人民出版社 2002 年版，第 31—32 页。

家作主，当前的一项基础性工作就是进一步完善选举制度，落实人民的民主选举权，主要做好以下工作：一是完善候选人提名机制，确保选民的提名权得到落实。我国选举法规定，10人以上选民联名推荐的代表候选人与政党、团体推荐的代表候选人具有同等地位。这一条一定要加以落实，以确保人民积极推选反映自己意愿和要求的代表。二是完善相应的选举程序。如让选举委员会广泛介绍候选人情况，或让候选人到各选区进行自我介绍、发表演说，使选民更多地了解候选人。在选民对候选人缺乏充分了解的情况下，民主选举难免走形式。三是将竞争机制引入选举过程，实行差额选举。真正意义上的选举，是建立在选民有“选择”基础上的。选择，就是一种竞争，这种竞争对候选人来说是一种强大的压力，使他们能够尊重选民的愿望和意志，体现民主选举的精神。实践证明，等额选举容易使选举走形式，体现不出选民的意愿。

其次，大力推进决策的民主化、科学化和制度化建设，确保人民群众依法参与重大问题的决策。参与对重大事务的决策活动是社会主义国家公民最重要的政治权利。人民作为国家权力的主人，如果仅有选举权，将国家权力托付给一些人，而没有参与决策的权力，不能对政权运作施加影响，就很难体现他们当家作主的地位。民主决策的要义就是严格按民主程序办事，贯彻少数服从多数的原则，不搞一言堂、个人说了算。目前，我们应当从三个层面整体推进决策民主化的制度建设：一是全国人大和地方各级人大作为全国和地方最高的立法和决策机关，必须建立健全一系列民主决策机制，如社情民意反映制度、重大事项社会公示制度和社会听证制度、决策论证制和责任制等。二是各级行政领导机关，要健全完善相关决策的规则和程序，明确划分哪些事项应由领导办公会议讨论决定、哪些事项应由人民代表会议讨论决定、哪些事项应由全体人民讨论决定，并对人民代表会议的代表产生、议事内容、议事程序、议事原则等作出详细规定，不能随意简化手续和程序，防止决策的随意性。三是对基层组织而言，要切实落实村民委员会组织法和居民委员会组织法的规定。凡是牵涉公民利益的大事要事和群众普遍关心的问题，如当地的发展规划和改革方案、重要干部的任免等，都要提请全体公民或公民代表大会予以充分的民主讨论，按多数人的意见作出最后决定，决不能把村民自治搞成村委会少数人自治甚至村主任一人之治。

再次，健全群众自治组织和民主管理制度，组织人民群众积极管理基层各项事务。享有民主管理权，是人民当家作主的根本标志。众人的事，只有通过众人参与管理才能管好。在我国，基层群众自治组织包括村民委员会、居民委员会、职工代表大会等，是人民群众直接行使民主管理权的重要载体。新中国成立以来特别是改革开放以来，我们逐步建立了各系统、各阶层群众直接参与管理的基层自治组织和民主管理制度，基层民主管理虽然有较大的进展，但还有许多不尽如人意的方面，主要是村务民主管理中存在不民主、不规范等问题。我们要进一步健全基层自治组织和民主管理制度，逐步扩大人民群众管理基层事务的民主权利，重点做好以下工作：一是要完善村民自治，健全村民自治机制，包括村民会议决策制度、村务公开制度、村民管理制度、村民监督制度等，最大限度地调动广大村民的积极性。二是要加强和完善社区自治组织的制度建设，解决社区居委会普遍存在的职能不清、作用发挥不明显等问题，建设管理有序、文明祥和的新型社区，把城市社区居民自治推进到新阶段。三是要进一步完善职工代表大会制度，建立较完善的组织体系和工作机制，切实尊重并保证职工行使民主管理权力。

最后，进一步推进民主监督建设，确保人民群众对国家机关和各级官员进行有效的监督。监督通常与权力联系在一起，存在权力的地方就应有对权力的监督。人类政治发展的历史表明，凡是不受监督、不受制约的权力，必定被滥用。人民拥有监督权，是一项必不可少的民主权利，能防止受委托的公共权力被滥用，保证人民作为国家权力主体地位不受任何侵犯，是人民当家作主必不可少的一道“防火墙”。改革开放以来，我国在民主监督方面取得了较大的进展，但还有许多不尽如人意的地方。就进一步落实人民的民主监督权力而言，当前要做好两方面的工作：一是发挥好人民代表大会的监督作用。我国实行的是人民代表大会政治制度，人民代表大会既是最高的立法机关，又是最具权威的监督机关。人大代表除了行使立法权、决策权外，还要行使监督权，这是一项非常重要的权力，必须充分行使好。人大代表要始终反映民众的意志和意愿，倾听民众的呼声，对国家机关和国家领导人进行有力的监督。二是人民群众的社会监督。人民群众是最大的权力监督主体，只有广大群众积极参与监督，才能发挥监督的最大效应。目前，我国已逐步建立了一套比较有效的社会监督机制，包括群众团体监督、社会舆论监督和群众信访举报监督等。对这一监督机制，我们要不断予以完善，强化群众信访制度，发挥举报信、举报电话的作用，同时要加强对举报人的保护、奖励；加快新闻立法，发挥舆论监督的强大威力；发挥政协和其他社会团体的监督职能；建立社会协商对话制度，使各个权力机关通过对话接受群众监督。

(四)共产党的领导、人民群众当家作主和依法治国的有机统一是党群权力关系的实现方式

中国共产党是代表人民意愿掌权的执政党,是权力的受托者;人民群众是国家权力的主人,是权力的所有者。这种权力关系形成了共产党执掌权力,领导国家和社会生活、领导和支持人民当家作主的执政模式。新中国成立以来的实践充分证明,实现党与人民群众的权力关系的最佳途径和方式是把党的领导、人民当家作主和依法治国有机统一起来。其中,党的领导是实现人民当家作主的根本保证,依法治国是党领导人民治理国家、实现人民当家作主的基本方略,同时党在领导人民当家作主、依法治国的实践中不断坚持、改革和完善党的领导。

1.党的领导是实现人民当家作主的根本保证

在我国,共产党是执政党,是中国特色社会主义事业的领导核心,在国家社会政治经济生活中处于领导地位。发展社会主义民主政治、建设社会主义政治文明,实现人民群众当家作主,都始终离不开党的领导。这是由于两方面原因:其一,人民当家作主的社会主义制度是在中国共产党的领导下,紧紧依靠广大人民群众的支持和拥护,经过28年的艰苦卓绝斗争换来的。人民当家作主是社会主义民主的本质,它是人类社会有史以来真正为实现绝大多数人而不是为了某个小的集团、某一部分人利益的民主。这一民主需要有稳固的社会制度、国家制度予以保证。在我国,在党的领导下建立起人民当家作主的社会主义政治制度、经济制度,这一制度同共产党的领导是紧密联系在一起的。同时,党在执政活动中始终坚持人民群众是推动历史前进的根本动力的唯物史观,秉行执政为民的执政观念,坚定地相信群众、紧紧地依靠群众,带领人民群众依法管理国家和社会事务,管理经济和文化事业。这些都是实现人民当家作主的可靠保障。其二,实现和保证人民当家作主,是一个需要不断发展、不断巩固的相当长的历史过程。我国现在仍处于并将长期处于社会主义初级阶段,由这一历史阶段的国际环境和我国经济与社会结构的条件所决定,我国社会还存在着阶级和阶层差别,各阶级阶层在根本利益一致的基础上也存在着一些不同利益和利益发展要求之间的矛盾。在这种情况下,需要有一个能够代表人民群众根本利益的强大政治组织,能够从最广大人民的根本利益出发,正确处理社会利益矛盾,协调社会利益关系,正确全面地反映和维护广大人民群众的利益。在当代

中国，只有中国共产党堪当此重任。党除了人民的利益之外，没有任何自己的私利，人民的利益高于一切。同时，党还具备很强的动员号召力、组织协调力和社会整合力，拥有强大的政治经济资源。所有这些都使党能够以超脱的姿态，以人民利益为最高准则，高屋建瓴、审时度势、统筹全局，正确对待和处理各种矛盾和冲突，保持社会的稳定和发展，积极稳妥地推进社会主义民主政治建设，保证人民当家作主落在实处。

2.依法治国是党领导人民治理国家、实现人民当家作主的基本方略

在我国，党的领导和人民当家作主的民主权利，离不开依法治国的基本方略。所谓依法治国，就是广大人民群众在党的领导下，依照宪法和法律的规定，通过各种途径和形式管理国家事务，管理经济文化事业，管理社会事务，保证国家各项工作都依法进行，逐步实现社会主义民主的制度化、法律化。从一定意义上讲，依法治国是人民民主专政的一种具体实现形式和方式。早在1938年毛泽东就指出过："从马克思列宁主义的观点看来，阶级的专政与党的专政是有分别的东西，党只是阶级的最觉悟的一部分人的组织，党应当而且只能在无产阶级专政国家中起领导作用，党不应当而且不能代替阶级去实行专政。"①在当代中国，无论是党的领导还是人民当家作主，都必须得到法治的保障并在法治范围内实施，严格依法办事，任何组织和个人都不允许有超越宪法和法律的特权。

依法治国是发展社会主义民主、实现人民当家作主的方式。社会主义民主和社会主义法制是不可分的。"文化大革命"结束后，邓小平在深刻总结历史经验和教训的基础上指出："为了保障人民民主，必须加强法制。必须使民主制度化、法律化，使这种制度和法律不因领导人的改变而改变，不因领导人的看法和注意力的改变而改变。"②从制度和法律上保证民主的实现，这是我们党对社会主义民主政治建设规律认识的一个重大转变。在中国，实现人民当家作主的各项权利，只有通过宪法和法律，使国家的各项工作在法治的轨道上进行，使全社会成员在宪法和法律范围内活动，才有可能做到。坚持依法治国，可以有效地保护公民的民主权利不受非法侵犯，防止某些人滥用民主权利。比如，依照国家宪法和有关法律，人民群众选举自己

① 中共中央文献研究室编：《毛泽东著作专题摘编》(下)，中央文献出版社2003年版，第1869页。

② 《邓小平文选》第2卷，人民出版社1994年版，第146页。

的代表，组成人民代表大会，人民代表大会则依法代表人民行使当家作主的权利，把人民的意志依照立法程序变成法律，依法选举国家机关领导人并依法对其实施监督。如果没有依法治国这一治国基本方略，“中华人民共和国一切权力属于人民”这一宪法基本原则就无法操作和实现。历史和现实证明，没有社会主义法制，不坚持依法治国，国家政局很可能会随着领导人意志的转变而出现波动，难以有序地推进各方面的建设，不可能真正巩固和发展社会主义民主政治，人民当家作主的权利随时会遭到破坏。所以邓小平强调：“不要社会主义法制的民主，不要党的领导的民主，不要纪律和秩序的民主，决不是社会主义民主。相反，这只能使我们的国家再一次陷入无政府状态，使国家更难民主化，使国民经济更难发展，使人民生活更难改善。”①

当然，必须明确，坚持依法治国，绝不是不要党的领导，更不是要以依法治国代替党的领导。恰恰相反，依法治国能够保证党更好地实施领导作用。法是统治阶级意志的体现，有着鲜明的阶级性。体现无产阶级意志的法与体现资产阶级意志的法，在阶级实质上是根本不同的。有人说，法律高于一切。相对于任何个人和组织而言，我们承认法律高于一切。但超出了特定的范围说法律高于一切，则是片面的、形而上学的和绝对化的提法。共产党所做的一切，都是为了人民群众的根本利益。为了人民群众的根本利益，共产党人要勇于坚持真理，修正错误。人民的利益高于一切。当情况发生了变化，需要适应新的情况，更好地维护最广大人民群众的根本利益，党就要通过国家机关依照法律程序，及时地修改或废除相关过时的法律。而宪法和法律的制定、修正、修改或废除，都离不开党的领导。最广大人民群众的利益、需求和呼声，是我们宪法和法律合法性的全部来源，也是其得以永葆活力的动力和源泉。只有以全心全意为人民服务为宗旨、坚持为人民执政、靠人民执政的中国共产党，才能使党领导人民群众依法治国的方略真正落到实处，保证最广大人民群众在依法治国实践中的主人地位和根本利益的实现。

3.在领导人民当家作主、依法治国的实践中不断坚持和完善党的领导

党在领导和支持人民当家作主、坚持依法治国过程中，还要不断改革和完善党的领导方式和执政方式，提高党的领导能力和执政能力，提高党发展

---

① 《邓小平文选》第2卷，人民出版社1994年版，第359—360页。

社会主义民主政治的能力。

中国共产党是从领导武装斗争转变而来的执政党，加上执掌政权后很长一段时间里在计划经济体制下领导国家和社会建设，因而形成了一种动员型、行政干预型的领导方式和执政方式，习惯于运用党的政策主张进行领导，这种领导方式和执政方式如果用一句简单的话概括，可以叫作“代替人民当家作主”。这种“代替”型的方式，在社会主义市场经济日益完善、人民群众民主意识大大增强的条件下，不仅显得远远不适应，而且成为一些地方领导干部强奸民意、肆意侵害人民利益的手段，引起了社会民众的不满。因此，要实现党执政为民的目的，在执政方式上必须体现民意，符合人民的意愿，不是代替人民当家作主，而是由人民自己当家作主，这就是上面所讲述的“领导和支持人民当家作主”。由“代替人民当家作主”转向“领导和支持人民当家作主”，标志着中国共产党在领导方式和执政方式认识上的重大突破。党的十六届四中全会作出的《中共中央关于加强党的执政能力建设的决定》将这一领导方式和执政方式概括为“科学执政、民主执政、依法执政”。这三个方面紧密相连，构成一个完整的统一体。其中，科学执政讲的是执政要合乎客观规律性，是民主执政和依法执政的前提；民主执政讲的是执政的人民性，是科学执政和依法执政的基础；依法执政讲的是执政的规范性，是科学执政和民主执政的基本途径。

按照党的十六届四中全会精神，完善党的领导方式和执政方式，领导和支持人民当家作主，当前要着重抓好以下几个关键环节。

第一，党的执政活动应当主要通过各级国家政权组织（即各级人民代表大会及其所产生的行政机关、审判机关、检察机关）来进行，通过各国家机关依法履行职能来实现对国家和社会事务的领导，而不是在国家政权组织体系之外。各级党委要在同级人大、政府、司法机关等各种组织中发挥领导核心作用，支持人大、政府、司法机关依照法律独立负责、协调一致地开展工作；各级国家机关的党组、党员领导干部和广大党员要贯彻实施党的路线方针政策，贯彻实施党委的重大决策和工作部署。

第二，依法进入各级国家政权组织，掌握和控制国家权力。这是执政活动本身性质所要求的。因此，承担执政责任的各级党员领导干部（各级党委领导班子成员），应当尽可能多地在国家机关中担任相应的职务，实行交叉任职，一身二任。领导干部以国家工作人员的身份活动时，按宪法、法律和法规行事；以党员负责同志的身份活动时，按党章和党内法规行事。相应地，应当改革和完善干部人事制度，以适应依法执政的需要。

第三，党提出的各种执政主张（包括路线、方针、政策和措施），应当按照法定程序转化为国家意志，使党的主张和人民的意志相统一，并以此在全社会推行。这种转化的形式和载体主要有两类：一是以宪法、法律、法规等制度化、规范化的形式体现出来的，作为全社会成员共同遵循的制度和规则；二是以工作报告、发展规划、预算决算、决议决定等具有法定效力的形式体现出来的，作为当年或者一定时期内国家机关的施政纲领和工作部署。因此，从坚持依法执政的要求来讲，应当逐步改变以党委文件的形式直接管理国家事务的做法，由主要依靠政策办事向主要依靠法律办事转变。正如江泽民指出的那样："建国后我们党作为执政党，领导方式与战争年代不同，不仅要靠党的政策，而且要依靠法制。凡是关系国家和人民的大事，党要作出决定，还要形成国家的法律，党的领导与依法办事是一致的。党领导人民制定宪法和法律，党也领导人民执行宪法和法律。"[①]只有这样，人民群众的权力主体地位和当家作主的权利才能落在实处。

第四，党的各级领导干部要把领导和支持人民群众当家作主作为自己的政治责任，学会在宪法和法律的范围内正确行使领导职责。共产党的领导、人民群众当家作主和依法治国的统一，是以党的领导为关键，以人民群众当家作主为核心，以依法治国为保证的统一。党能否切实担负起领导和支持人民群众当家作主的政治责任，是关系人民群众能否实现当家作主的关键；党会不会、能不能在宪法和法律的范围内正确地行使职责，关系到依法治国方略的实现。因此，党的各级领导干部必须充分认识党群权力关系的实质，牢固树立正确的权力观，切实担负起领导和支持人民群众当家作主的政治责任。同时，要提高依法治国的能力和水平，学会在宪法和法律的范围内正确地行使自己的领导职责。这是我国社会民主政治发展的要求，也是保持党与人民群众正确权力关系的客观要求。

再版同期声：作为马克思主义执政党与人民群众的权力关系，是建立在人民群众权力主体论基础上的。人民群众是我们国家一切权力的主体和主人，这是我们权力的性质决定的。正如习近平同志指出的："我国社会主义制度保证了人民当家作主的主体地位，也保证了人民在全面推进依法治

① 中共中央文献研究室编：《江泽民论有中国特色社会主义（专题摘编）》，中央文献出版社 2002 年版，第 307—308 页。

国中的主体地位。这是我们的制度优势,也是中国特色社会主义法治区别于资本主义法治的根本所在。坚持人民主体地位,必须坚持法治为了人民、依靠人民、造福人民、保护人民。"[①]执政的共产党是代表人民群众执政,受人民委托执政的。因此,"执政为民"是共产党执政的基本要求。这里始终是一个委托和代表关系,始终存在一个接受委托和代表的资格问题。委托谁、选择谁做代表,权力在人民。这也就决定了在这个关系中人民群众始终是主导的方面,党领导和支持人民当家作主是我们党与人民群众权力关系的核心。这个关系不能颠倒也不容颠倒。习近平同志指出:"党员、干部特别是领导干部要清醒认识到,自己手中的权力、所处的岗位,是党和人民赋予的,是为党和人民做事用的,只能用来为民谋利。各级领导干部要树立正确的权力观、政绩观、事业观,不慕虚荣,不务虚功,不图虚名,切实做到为官一任、造福一方。"[②]他要求中青年干部"要守住权力关,始终保持对权力的敬畏感,坚持公正用权、依法用权、为民用权、廉洁用权"[③]。他曾经对任县委书记的同志作了"做焦裕禄式的县委书记"的专题报告,讲到"要正确行使权力,依法用权、秉公用权、廉洁用权,做到法定职权必须为,法无授权不可为,保持如临深渊、如履薄冰的谨慎,做到心有所畏、言有所戒、行有所止,处理好公和私、情和法、利和法的关系"[④]。在"不忘初心、牢记使命"主题教育总结大会上的讲话中,他还特别批评了"在一些党员、干部中,不愿担当、不敢担当、不会担当的问题不同程度存在。有的做'老好人'、'太平官'、'墙头草',顾虑'洗碗越多,摔碗越多',信奉'多栽花少种刺,遇到困难不伸手','为了不出事,宁可不干事','只想争功不想揽过,只想出彩不想出力';有的是'庙里的泥菩萨,经不起风雨',遇到矛盾惊慌失措,遇见斗争直打摆子。这哪还有共产党人的样子?!不担当不作为,不仅成不了事,而且注定坏事、贻误大事"[⑤]。同时,他深刻批判了领导干部中存在的特权思想、特权现象和官僚主义倾向,指出:"领导干部要坚决反对特权思想、特权现象,保持对人民的赤

① 习近平:《论坚持人民当家作主》,中央文献出版社2021年版,第112页

② 习近平:《论坚持人民当家作主》,中央文献出版社2021年版,第308页。

③ 《习近平在中央党校(国家行政学院)中青年干部培训班开班式上发表重要讲话强调 筑牢理想信念根基树立践行正确政绩观 在新时代新征程上留下无悔的奋斗足迹》,《人民日报》2022年3月2日。

④ 习近平:《做焦裕禄式的县委书记》,中央文献出版社2015年版,第10页。

⑤ 《习近平谈治国理政》第3卷,外文出版社2020年版,第542页。

子之心。”[①]“官僚主义实质是封建残余思想作祟，根源是官本位思想严重、权力观扭曲，做官当老爷，高高在上，脱离群众，脱离实际。”[②]要“坚决反对特权思想、特权现象，使党员干部知敬畏、人民群众有信心”[③]。而且特别强调："中央政治局的同志必须带头树立正确政绩观，始终做老实人、说老实话、干老实事，自觉反对形式主义、官僚主义。中央政治局的同志不仅要带头不搞形式主义、官僚主义，而且要同形式主义、官僚主义的种种表现进行坚决斗争。”[④]这个斗争是我们党作为执政党坚持自我革命的一部分，是我们党的一项长期的重要任务。

四、执政的共产党与人民群众之间的地位关系及其要求

中国共产党是代表中国人民执掌政权的执政党，是中国社会主义事业的领导核心。正确认识和处理执政、改革开放和市场经济条件下党与人民群众的新型地位平等关系，对于我们党破解新形势下的党群关系问题，具有重大理论意义和现实意义。

（一）党与人民群众的平等社会地位关系

中国共产党是一个领导人民掌握全国政权并长期执政的党。执政的党与人民群众的地位是平等的。这种平等关系是马克思主义指导下的新型党群关系的基础，是党和人民群众共同奋斗的结果。能不能保持这种平等的党群关系，是党能否保持先进性的体现，也会直接影响到党执政的合法性问题。

---

① 《习近平在十九届中央纪委二次全会上发表重要讲话强调　全面贯彻落实党的十九大精神　以永远在路上的执着把从严治党引向深入》，《人民日报》2018年1月12日。

② 中共中央纪律检查委员会、中共中央文献研究室编：《习近平关于党风廉政建设和反腐败斗争论述摘编》，中国方正出版社、中央文献出版社2015年版，第75页。

③ 《中共中央政治局召开会议　决定召开十九届二中全会　研究部署党风廉政建设和反腐败工作　中共中央总书记习近平主持会议》，《人民日报》2017年12月28日。

④ 《中共中央政治局召开民主生活会　以认真学习贯彻习近平新时代中国特色社会主义思想　坚定维护以习近平同志为核心的党中央权威和集中统一领导　全面贯彻落实党的十九大各项决策部署情况为主题进行对照检查　中共中央总书记习近平主持会议并发表重要讲话》，《人民日报》2017年12月27日。

1.党与人民群众的平等关系是无产阶级政党阶级性和革命性的体现

政党作为民众政治参与的工具，存在着与民众的地位关系问题。中国共产党与人民群众之间的地位关系，是一种平等的关系，这是无产阶级政党特有的阶级性和革命性的体现。早在160年前，马克思、恩格斯在创立共产主义者同盟时，就指出："无产阶级的运动是绝大多数人的、为绝大多数人谋利益的独立的运动。"①马克思、恩格斯的观点表明无产阶级政党是最革命、最先进的无产阶级的代表，党代表和体现了最广大人民群众的利益。这就奠定了党与人民群众之间平等地位关系的基础。正是这种阶级基础决定了革命时期党和人民群众都处于无权的境地，共同为夺取政权而斗争，党群之间是平等的地位关系，也正是这种平等的地位关系使党能够与人民群众始终保持情同鱼水和血肉的密切联系。这是中国革命成功的根基。众所周知，传统的阶级社会，剥削阶级在革命时期与其他阶级、阶层也会结成联盟和平等的关系，但是随着其执政地位的获得，这种平等关系总是或快或慢地消失，代之以政治上的统治与被统治关系。在等级森严的封建社会，无论怎么改朝换代，统治者总是强调等级秩序、身份伦理，讲究"君君""臣臣""父父""子子"的身份差序，整个社会是由普通百姓到皇帝的金字塔型权力结构，皇帝有着至高无上的权力，而平民群众则处于社会最底层，人格、权利极度萎缩。对这种差别有序的身份关系和等级有别的地位关系，老百姓是深恶痛绝的。共产党在领导中国革命的历史过程中，破天荒地第一次创立并形成了党和人民的新型政治关系，即党和人民的地位平等关系。共产党、党领导的军队、党的干部，与人民群众平等相处、同甘共苦，特别是共产党人全心全意为人民服务的宗旨和行动，深深地感动了中国人民，他们肯认了党的先进性和党的领导地位，革命的热情被极大地调动起来，心甘情愿地接受党的领导，加入到革命的洪流中，甚至不惜牺牲自己的生命保护我们党的干部和战士，形成了世界上其他任何政党都无法比拟的情同手足、血肉相连的党群关系，党的各项事业得以在艰难困苦的条件下不断兴旺发展。

民主革命时期党群之间关系是平等的，这一点从来没有人怀疑过。夺取政权以后，党由革命党成为执政党，党群平等的地位关系变化了吗？从无产阶级夺取政权以后建立的社会主义国家政权的性质讲，执政的中国共产

① 《马克思恩格斯选集》第1卷，人民出版社1995年版，第283页。

党与人民群众仍然是新型政治平等关系，与旧社会的官吏不同，与以往的一切统治者根本不同。共产党作为执政党，同其他执政党一样，也经历了从不执政到执政、从无权到有权的政治地位的变化，同样行使着执掌政权、管理社会的职能。但是以解放全人类为己任的共产党人，不同于其他任何执政党和执政者，在共产党人执政的国家，明确规定人民群众是社会权力的主体和主人，共产党是代表人民群众执掌政权的。因此共产党人丝毫没有压迫人民、统治人民的资格和权力。从本质上看，党群关系是被委托者与委托者的关系。共产党执掌政权的地位、管理社会的职能，只意味着党群地位关系形式上的变化，而不是等级身份序次的变化，并没有改变党群之间政治地位平等关系的实质。从这个前提出发，管理社会的实质只是按照人民的意志和愿望服务于民众的工作。我们党就是这样做的，所以我们与人民群众的血肉联系继续保持了下来，甚至在我们党犯了“文化大革命”的严重错误之后，人民都没有抛弃我们党，仍然坚定不移地跟着共产党走社会主义的道路。

2.坚持党与人民群众的平等关系是党的先进性的体现

坚持党与人民群众的地位平等关系，既是对中国社会旧的政治道德的历史性超越，也是中国共产党人政治道德的最高境界。这既体现了党自身的先进性，也是党赢得最广大人民群众爱戴和拥护的重要基础。保持党与人民群众的地位平等关系，使党与其他阶级政党区分开来。在世界历史上，没有人民群众的参与，就没有革命的成功，已经是普遍规律。但是人民群众在革命中往往成为改朝换代的工具，一旦取得政权，新的剥削阶级就会利用其统治地位继续剥削和压迫人民，因为统治阶级关心的只是本阶级的利益。只有以解放全人类为己任的中国共产党人，才把自己当成人民群众在特定时期实现特定任务的工具。这要求全党特别是党的干部，必须尊重人民群众，要信任人民群众、关心人民群众；要求我们党和党的干部，必须尊重人民群众作为社会主人的“主人翁”地位，自觉坚持“立党为公，执政为民”的执政理念，坚持人民群众的利益高于一切，以全心全意为人民服务作为根本宗旨。

不论在民主革命时期，还是在建设社会主义现代化的新时期，这种新型的平等关系都在中国共产党人身上得到了极好的体现。党始终把人民群众视为社会的主体，在革命时期，全体党员、党的各级干部包括高级干部，还有党领导的人民军队，都认真践行与人民群众的新型政治平等关系，与人民群众同甘共苦。他们不怕牺牲、无私奉献的精神，使广大人民群众受到了身心的震撼。在社会主义建设的新时期，党和群众的新型平等关系，极大地激发了中国人民建设社会主义的积极性和创造性，特别是共产党人全心全意为人民服务的宗旨和行动，深深地感动了人民群众，使广大人民群众能够始终如一地支持党的领导，一心一意地建设社会主义。因此，这种新型的平等关系是党和人民群众在革命和建设中的共同选择。

3.执政党始终保持与人民群众的地位平等关系也是对党能否保持自身先进性的一种检验和考验

夺取政权以后，执政的中国共产党与人民群众仍然是新型政治平等关系。与旧社会的官吏不同，与以往的一切统治者也不同，党始终是最广大人民群众利益的代表，始终是为人民谋利益的工具，执政条件并没有改变党群平等关系的实质。社会主义政治制度就是要实现人与人的真正平等，社会主义文明的重要标志就是要实现人的全面自由的发展。在整个社会生产过程中，党群之间建立的是平等、友爱、互助、合作的社会主义新型关系。党政干部的职业不同只是社会分工的不同，与其他职业的劳动者之间，是地位平等、互相服务的关系。干部与群众之间在政治上是平等的，只有分工不同，没有高低贵贱之分。

共产党从不执政到执政，全心全意为人民服务的根本宗旨不变，为人民服务的角色不变，只是由革命时期为人民服务、实现人民利益的工具，变成了执政条件下为人民服务、实现人民利益的工具。党作为执政条件下为人民服务、实现人民利益的工具，就是要永远保持社会公仆的政治角色，也只有保持社会公仆的政治角色，共产党作为社会主义国家的执政党，才能赢得执政的合法性，执政党的地位才能保持和巩固。

如果执政党随着执政地位的确立，脱离了群众，当官做老爷，站在人民头上作威作福，这对于工人阶级政党来说，就背离了党自身的阶级性和先进性。党执政后，脱离群众的危险增加了，特别是在党的执政地位处在没有真正意义的竞争的情况下，党联系人民群众的天然的压力没有了，很容易出现脱离人民群众的现象，而脱离了人民群众，党的执政就失去了根基。因此，执政党要经受住脱离群众的考验、保持党的先进性，就要始终自觉保持与人民群众的地位平等关系。

4.执政党始终保持与人民群众的地位平等关系也是执政党扩大执政基础、增强执政合法性的需要

政党都具有一定的阶级性，但成为执政党后，政党所代表的基础也发生

了重大变化。从执政合法性的角度来看,需要巩固党的阶级基础,扩大党的群众基础。而保持与人民群众的密切联系和地位平等关系,是巩固党的阶级基础的要求,更是扩大党的群众基础的需要。执政党同领导革命斗争的党有着重大的区别。革命党是以某个阶级为基础,尽可能争取更多的人的支持,以实现革命的目标。我们党就是代表中国工人阶级与一切拥护和支持革命的人民群众的利益和要求,开创农村包围城市的革命道路,取得民主革命胜利的。成为执政党之后,党面对的是整个社会,它不再是一部分人的代表,而是要成为中国最广大人民群众根本利益的代表。这就需要我们党通过制度来保障每一个公民享有平等的社会地位、政治地位和权利;在制定党和国家的政策中要体现全体人民根本利益,特别要整合不同利益群体的政治、经济、文化等各种利益。我们党表达利益的范围越广泛,党的领导核心作用实现得越充分,党的执政领导地位就越巩固。

(二)共产党领导核心地位与人民群众社会主人地位的统一关系

共产党的领导核心地位与人民群众社会主人地位是辩证统一的关系。没有党的领导核心地位,人民群众的社会主人地位就没有保障。离开了人民群众的支持,共产党的领导核心地位也无法得到确立和实现。正确理解二者的统一关系,是保持党与人民群众地位平等关系的客观要求。

1.共产党领导核心地位与人民群众社会主人地位统一于共产党是人民群众的先锋队

党与人民群众有着密切的联系,我们党作为执政党与人民群众的关系是息息相关、生死与共的共生关系。执政党既不是在群众之外,更不是在群众之上,而是植根于、存在于群众之中的。我们的党员来自人民群众,是人民群众的一部分,而不是凌驾于人民之上的特殊的群体,是人民群众为党不断输送新鲜的血液,离开人民群众,党员队伍就面临枯竭的危险。但是党员又不同于一般人民群众,他们是人民群众中的先进分子。作为无产阶级的先锋队,"共产党员在民众运动中,应该是民众的朋友,而不是民众的上司,是诲人不倦的教师,而不是官僚主义的政客。"[①]共产党是先锋队,是群众的代表,应该成为群众的楷模,这是共产党有别于过去其他政治力量的根本所在。共产党是生活在群众"海洋"中的"鱼"、结在群众这条"藤"上的"瓜"。

① 《毛泽东选集》第2卷,人民出版社1991年版,第522页。

只有正确认识这种党与群众的地位关系，才能克服官僚主义，克服“当官做老爷”的错误思想。在整个中国特色社会主义事业中，中国共产党是中国工人阶级的先锋队，同时是中国人民和中华民族的先锋队，是中国特色社会主义事业的领导核心。这既是对执政党性质的科学表述，也是对执政党历史使命的准确认识。

2.共产党领导核心地位与人民群众社会主人地位统一于人民群众的利益就是共产党的最高利益

自从现代意义的政党产生以来，政党与人民群众之间相互依存的关系经常会受到挑战，引起危机的根本因素是人类不能回避的利益问题。一般说来，政治集团获得民众支持的重要因素就是与人民（或选民）之间存在共同利益。但共同利益的范围各式各样，可能是与这一部分或那一部分选民的利益一致，也可能是在不同的时期与人民有一定的共同利益。共产党之所以代表工人群众的利益，之所以不同于其他阶级政党，最根本的原因在于，“一方面，在无产者不同的民族的斗争中，共产党人强调和坚持整个无产阶级共同的不分民族的利益；另一方面，在无产阶级和资产阶级的斗争所经历的各个发展阶段上，共产党人始终代表整个运动的利益。”[①]因此，无产阶级“若不从其他一切社会领域解放出来从而解放其他一切社会领域就不能解放自己的领域”[②]。换句话说，无产阶级的利益就是广大人民群众的利益，党代表无产阶级的利益，就是代表人民群众的根本利益。与资产阶级政党宣称代表所有选民的利益相区别，“无产阶级的运动是绝大多数人的、为绝大多数人谋利益的独立的运动。”[③]因而，无产阶级决不代表其他反动阶级的利益。马克思、恩格斯的这个说明，进一步强调了党是绝大多数人民群众利益的代表者，而其他阶级的个人加入共产党，是建立在他们已经改变各自旧的阶级立场的前提下，他们的主张和行动应体现人民群众的利益和党的利益。

3.共产党领导核心地位与人民群众社会主人地位统一于人民群众的认同决定党的领导地位

马克思、恩格斯认为，无产阶级不是被动地接受党对阶级利益的代表，

① 《马克思恩格斯选集》第1卷，人民出版社1995年版，第285页。

② 《马克思恩格斯选集》第1卷，人民出版社1995年版，第15页。

③ 《马克思恩格斯选集》第1卷，人民出版社1995年版，第283页。

党的领导核心作用的发挥，主要在于工人乃至人民群众的认可。共产党作为执政党的执政地位是在同人民群众的密切联系中获得和稳固的，没有人民群众的支持和拥护，执政党就不能生存。苏联共产党垮台的教训值得我们党深刻汲取。苏联共产党是列宁亲手建立的世界上第一个执掌政权的共产党，在掌握政权七十多年之后，在国内没有反对党、国外没有外来势力干预的情况下，不战而败。之所以出现如此悲惨的境地，其中一个根本原因就是苏联共产党背离了宪法中为人民服务的承诺，党内出现了既得利益集团和特权阶层，破坏和割断了与广大人民群众血肉相连的关系，最终失去了人民群众的支持、拥护，只能在人民群众的不满、失望、冷漠和抗议中离开执政舞台。1989 年前后，苏联国内曾经作过一个"苏联共产党究竟代表谁"的调查，结果令人十分吃惊，认为苏共代表劳动人民的只占 7%，当苏联共产党的总书记戈尔巴乔夫宣布解散苏共时，没有遇到任何抵抗，人民群众没有起来保卫苏联共产党，党的各级组织也没有抵制。这与在苏共夺取政权前后以及反对外国武装干涉和卫国战争时期，人民群众前赴后继、流血牺牲来捍卫国家尊严、党的事业，形成了鲜明的对照。这一深刻的教训告诫我们：一是要始终牢记执政党执政地位的来源和权力的实质，执政为民，保持社会公仆的政治角色；二是看到执政地位从来不是凝固不变的，法律对执政党地位的维护是在人民群众认同党的执政本质和绩效的情况下发生作用的。如果党的执政本质和绩效不能得到人民群众的认同，不能让人民群众满意，人民群众会随时作出新的选择。因此，执政党只有永葆公仆本色，慎权、慎微，一心为民，才能获得人民群众持久的信任和认同。

4.共产党领导核心地位与人民群众社会主人地位统一于共产党是人民群众事业的领导者和推动力量

马克思、恩格斯在创立世界上第一个无产阶级政党的时候，就指明了党与人民群众之间的基本关系，即党是无产阶级解放事业的推动力量和领导者。如前所述，"在实践方面，共产党人是各国工人政党中最坚决的、始终起推动作用的部分；在理论方面，他们胜过其余无产阶级群众的地方在于他们了解无产阶级运动的条件、过程和一般结果。"[①]这是马克思、恩格斯在创立学说之初就表达的思想，同时，他们也阐述了党必须以工人群众为依托，无产阶级是无产阶级政党实现领导功能的阶级基础。即是说，无产阶级政党

① 《马克思恩格斯选集》第 1 卷，人民出版社 1995 年版，第 285 页。

的阶级属性决定了它必须依托无产阶级才能实现自己的领导作用。革命政党总是要依赖时代最先进的阶级而生存，而这个阶级是否先进则取决于它能否走在生产力发展的前列。在马克思、恩格斯时代，也就是在机器大工业时代，无产阶级代表着先进生产力的方向，这个物质基础也决定了无产阶级在政治上的先进性。马克思、恩格斯在《共产党宣言》中写道："在当前同资产阶级对立的一切阶级中，只有无产阶级是真正革命的阶级。其余的阶级都随着大工业的发展而日趋没落和灭亡，无产阶级却是大工业本身的产物。"[①]这说明，无产阶级政党只有依靠无产阶级，才能表达自己的政治方向，无产阶级是共产党人实现领导地位的阶级基础。随着社会的发展，无产阶级的内涵发生了变化，今天执政的共产党只有全心全意依靠工人阶级这个基础，依靠广大的人民群众，才能保持领导核心的地位。

（三）共产党执政地位与人民群众当家作主的统一关系

党的十六大报告指出：共产党执政就是领导和支持人民当家作主，最广泛地动员和组织人民群众依法管理国家和社会事务，管理经济和文化事业，维护和实现人民群众的根本利益。共产党执政与人民群众当家作主的统一性，是共产党执政规律的内在要求。从社会主义民主政治的实质来看，党与人民群众之间的领导与被领导关系、支持与被支持关系、服务与被服务关系是统一的。党的十七大报告指出，人民当家作主是社会主义民主政治的本质和核心。执政党和党政干部的权力是人民的，是受人民委托、按人民意志运作的公共权力，执政党的社会功能和职责只是领导和支持人民群众当家作主、为人民服务的工具，而不能把公共权力当成掌权执政者的私有物，更不能成为其谋取私利的"资本"。

1.尊重人民群众的主体地位

社会主义社会的主体是人民群众，其基本政治特征就是民主执政，人民在国家事务管理中当家作主。从政治学的角度来看，人民当家作主的价值基础和法律根据就是国家一切权力属于人民群众，而实现方式就是人民群众通过各种途径和方式管理国家事务。这就决定了国家权力运行必须完全服务于人民群众并受其监督与制约。中国共产党人把人民当家作主的这种政治文明形式概括为一种新型的民主，即人民民主。人民民主，以人民群众

---

① 《马克思恩格斯选集》第1卷，人民出版社1995年版，第282页。

为主体，强调了国家权力的人民性。

第一，坚持权为民所用、情为民所系、利为民所谋。党和人民群众的关系，是鱼水关系，党不能离开群众而生存，党的最伟大的力量，就在于拥有人民群众的信赖与支持。党执政是人民的选择，这意味着党的权力来自人民。权力授之于人民，用权就必须对人民负责，这是权力的本质属性。用权要符合人民群众的意愿与要求，出发点要放在为人民群众解决实际问题上，要对人民真情关怀、热情服务、倾情奉献，不能凭借权力欺民、扰民、损民；在任何时候用权都要有限度、有分寸，不能随心所欲，毫无节制，更不能搞权力“寻租”，以权谋私；权力如何使用要听取人民群众的意见，接受人民群众的监督，任何党员干部都不能因为党是执政党而拒绝群众的监督；要千方百计为人民群众谋利益，维护人民群众的权益，发展人民群众的利益，使人民群众长期得实惠，切实尊重人民群众的主体地位。

第二，要把人民当家作主制度化。民主、平等意识是社会主义政治文明的核心范畴和内在要求，尊重人民群众的主人和主体地位是社会主义政治文明自身完善和发展的内在动力，否则，社会主义政治文明就失去了正确方向。执政党要从制度上、法律上保障和确认人民当家作主的权利不受侵犯。坚持和完善人民代表大会制度，加强党领导的多党合作和政治协商制度，实现其联系群众广泛性和多层次性的功能；理顺党组织同群众团体的关系，支持工会、青年团、妇联等群众团体按照法律和各自的章程开展活动，维护他们的合法权益，把广大群众团结在党的周围，扩大执政党的社会基础。

2.党必须依法执政

党作为执政党，执掌国家政权，治国理政，最本质的内容就是代表最广大人民群众的根本利益，领导和支持人民当家作主。党的领导和人民当家作主是一致的，这种一致性充分体现在国家宪法和法律中，充分体现在社会制度的设计和安排中，受到制度和法律的保障。因此党的执政行为依照宪法和法律的规定和制约，党必须依法执政。

第一，依法执政要求党必须在宪法和法律规定的范围内活动。正确认识和处理权与法的关系，牢固树立法律面前人人平等的观念，不允许有任何超越法律之上的特权存在，更不允许以权越法、以权压法、以权乱法。在依法治国实践中，党要善于把反映人民利益和要求的主张通过法定程序转化为国家意志，成为法律，依法推进民主政治建设。这就是坚持党的领导和人民当家作主的有机统一过程。这个过程，使党的政策具有更高的权威性、更强的稳定性和更明确的规范性，从制度上、法律上保证党的路线、方针和政策的贯彻实施，保证党的领导权力的正确运用和领导活动的科学化，从而保证党始终发挥总揽全局、协调各方的领导核心作用。在干部问题上，党要善于把党员中的先进分子推荐到国家权力机关中工作，通过他们的先锋模范作用来宣传党的路线、方针、政策，扩大党的影响。

第二，要保证执政的有效性。共产党要牢固掌握国家权力，稳定执政地位，关键是赢得执政的合法性，而这种合法性的基础是实现代表的真实性和执政的有效性。所谓有效执政，就是执政给人民带来了符合社会发展内在规律和人民现实要求的社会、经济、政治、文化等方面发展的实际效果。要保证执政的正确、有效，就要掌握马克思主义的科学世界观和方法论，正确地把握社会发展的一般规律和中国社会主义发展的特殊规律，按规律办事，坚持以人为本，着力提高人民群众的物质文化生活水平，促进人的全面发展。多年来，由于缺乏明确的以人为本的科学发展观作指导，我们在致力于经济快速发展的同时，也积累了不少矛盾和问题，主要是城乡差距、地区差距、居民收入差距持续扩大，就业和社会保障压力增加，教育、卫生、文化等社会事业发展滞后，人口增长、经济发展同生态环境、自然资源的矛盾加剧，经济增长方式落后，经济整体素质不高和竞争力不强等。在政府行使职能过程中，过多地依靠权力，少的是服务，经常强调的是对人民的要求，而不是研究解决老百姓的需求。这些发展中出现的问题，在一定程度上影响人民群众积极性、创造性的发挥，影响人民群众对党的领导水平和执政能力的认同。针对这种状况，我们党提出坚持以人为本，树立全面、协调、可持续的发展观，强调政府职能由管理向服务转变，建设服务型政府。党的十七大在深入贯彻落实科学发展观的基础上，特别突出了加快推进以改善民生为重点的社会建设，提出必须在经济发展的基础上，更加注重社会建设，着力保障和改善民生，推进社会体制改革，扩大公共服务，完善社会管理，促进社会公平正义，努力使全体人民学有所教、劳有所得、病有所医、老有所养、住有所居，推动建设和谐社会。

3.建立党群良性互动关系

保持党与人民群众的平等关系，实现党的执政地位与人民群众当家作主的统一，就要努力建立党群之间的良性互动关系。

第一，要求执政党保持社会公仆的政治角色。共产党以全心全意为人民服务为人生目的，以最大限度地实现人的解放和发展社会主义、共产主义事业为自己的崇高事业；社会主义制度以满足最广大人民的根本利益、最大限度地实现人的解放和发展为基本价值取向。正是这种一致性，决定了具有执政地位的共产党，要牢固树立执政为民的思想，保持社会公仆的政治角色，通过发挥社会主义制度的政治优势回报人民，实现自己在执政条件下为人民服务的工具功能。从现象上看，执政党与人民群众的地位关系发生了变化，即共产党从不执政到执政，从夺权到掌权的执政地位的变化。但从共产党执政的实质来看，它执掌政权、管理社会的职能的变化只意味着党群关系地位的形式上位差的变化，而不是本质上原来平等的社会地位的根本改变。执政党和从政者要确立正确的地位观，要有正确的自我定位，执政党、从政者与人民群众的政治地位是平等的，执政党、从政者没有也不能谋取与人民群众对立的地位和特权，更不能使形式上的地位差别被绝对化，甚至被制度化，造成地位、权力差别的合法化。在现实生活中，一些权力机关的党员干部，态度粗暴，工作作风简单，处理公务常常有一种居高临下的优越感，不仅听不得不同意见，更缺乏承认错误的勇气，其思想深处就是一种特权地位和不平等意识，是一种主子地位和为民做主、替民做主的意识。这种特权和不平等意识，在执政党内和权力机关一定程度上存在，是妨碍执政党与人民群众血肉联系的最大障碍。

第二，执政党要在执政过程中使党群合作制度化。党执政以后，党联系人民群众的方式与执政前有了很大的不同，执政党与人民群众的代表方式和密切联系群众的实现方式也发生了变化。我们党始终是中国最广大人民群众根本利益的忠实代表，是人民当家作主的国家政权的领导者。执政条件下这种代表的关系没有改变，但是代表的方式发生了变化；执政条件下党与人民群众血肉联系的本质没有变，但实现方式发生了变化。主要依靠政权和制度的力量，建立科学合理的代表机制以及相应的制度体制，在代表与被代表之间形成一种紧密联系、良性互动的关系，通过决策、执行等权力运行方式，运用民主和法制等手段实现这种代表，保证代表者能够始终代表被代表者的利益，能够按照被代表者的意愿作出科学决策，这个过程本身就是密切党与人民群众的血肉联系的过程，也是党在执政的过程中不断增进和密切党与人民群众的血肉联系的过程。

第三，要发挥党组织和党员的桥梁和纽带作用。对于执政党来说，政党组织和党员是党的有机主体，是维系和整合社会的重要载体，其活动方式和行为取向，体现着党的形象和影响力，为执政党创造着广阔而深厚的社会基础。执政党能够密切党与人民群众的血肉联系，实际是通过基层党组织和党员的桥梁和纽带作用实现的，通过服务社会、深入群众的活动，使党组织和党员真正成为社会最广大人民利益的代表，成为人民群众的贴心人。因此，激活基层组织和党员的内在活力和战斗力，盘活执政党基层组织的政治资源，对于实现党和人民的血肉联系至关重要。在新的历史条件下，党的基层组织的功能已从组织或者动员革命与生产为轴心转变为以社会关怀和利益协调为轴心。党组织和党员应该随着功能的变化，改变自己的活动方式和内容，把服务人民群众作为自己的工作重点，通过开展各种服务活动，保持党与社会和人民的直接联系；广泛地吸纳社会的优秀分子加入党内，以保持党的社会基础的广泛性；自觉身体力行全心全意为人民服务的宗旨，发挥党员的先锋模范作用。但是，社会主义的政治实践证明，一些社会主义国家政党，因长期执政而脱离社会，因长期掌权而脱离群众，成为凌驾于社会和人民之上的政治力量和统治力量，从而失去社会、失去人民而导致失去政权、失去执政地位，教训发人深省。因此，要明确新时期基层党组织的历史使命、现实目标及实现方式，教育党员正确认识党与群众的天然联系和新型政治平等关系，增强党组织和党员联系社会、影响社会和整合社会的能力，发挥党组织和党员深入社会、服务社会、联系群众的作用，使党组织和党员与人民群众保持最直接、最密切的联系，成为人民群众公认的利益代表者和维护者。

第四，要疏通和拓展党同人民群众联系的渠道。时代在发展，党联系群众的渠道和方式，也要与时俱进，不断完善和拓展。随着改革开放的深入和市场经济的发展，人民内部不同群体的利益要求也呈现多样化态势。执政党要保持和密切与最广大人民群众的联系，就要积极疏通和拓展同人民群众联系的渠道，创新联系的方式。执政条件下党联系群众的方式方法主要是依靠制度和体制的力量。党联系群众的渠道分为体制内和体制外两种：体制内是指党的各级组织、党的干部与全体党员发挥联系群众的作用，这是党联系群众的主要载体和渠道，但由于多方面的原因使得党群双向沟通不够通畅。要使这一渠道通畅，最为重要的是党员干部克服特权思想和官僚主义作风，主动联系群众。要教育党员干部认清新形势下同人民群众保持良好关系的极端重要性，自觉加强与人民群众的密切联系。体制外是指党的统战部门和群众组织，这是党联系群众的常设组织，也是党联系群众最为直接最为广泛的渠道。通过这些渠道，党能将自己的触角伸向社会的各个方面。现有的联系群众的途径和方式，存在着过于单一、单向运作的弊端。要进一步疏通和拓宽党联系群众的渠道，在联系群众的实践中创造和改进方式方法，通过各种渠道、采取多种方式，加强党与人民群众之间的联系和沟通，使人民群众与党组织和党员之间保持良好的互动关系，使我们党与人民群众的血肉联系不断得到巩固和加强。

党的执政地位不是与生俱来的，也不是一劳永逸的。任何执政党的存在和发展离不开人民的支持，没有人民，就没有执政党存在的合法性。共产党人只有深刻理解党与人民群众的平等政治地位关系，自觉建立和维护这种平等关系，保持与人民群众的血肉联系，才能更好地赢得人民的信任，才能巩固党的执政地位。

再版同期声：我们党的章程开宗明义，中国共产党是中国工人阶级的先锋队，同时是中国人民和中华民族的先锋队，是全心全意为人民服务的党。在执政的条件下，我们党是领导和支持人民当家作主的执政党，是代表人民执政的党。党就在人民中间，与人民群众是一体的，是人民的主心骨。因此无论是从整体意义上还是从个人的意义上说，党与人民群众的地位关系都是一种政治地位平等的关系。对于一个长期执政的党来说，最大的危险莫过于因为脱离人民群众而被群众所抛弃。一些执政党，背离执政初期许下的诺言，取得政权以后，就高高在上，独断专权，忘记甚至背离人民意志，消极腐败，结果没有一个不垮台的。应当承认，在国际共运史上，还没有一个政党执政超过 70 年的成功先例。我们党始终强调人民群众是我们执政的根基，强调"江山就是人民，人民就是江山"，"打江山，守江山，守的是人民的心"。习近平同志多次告诫全党："对我们这样一个长期执政的党而言，没有比忘记初心使命、脱离群众更大的危险。只要我们始终同人民生死相依、休戚与共，人民就会铁心跟党走，党就能长盛不衰。"①相反，"如果自诩高明、脱离了人民，或者凌驾于人民之上，就必将被人民所抛弃。任何政党都是如此，这是历史发展的铁律，古今中外概莫能外"②。与此同时，我们始终保持对党内和国家机关内部各种腐败现象和问题的高度警惕和高压态势，下大力气从严治党，不断整治党内和干部队伍内部大量存在的官僚主义、形式主义、贪图享乐、不思进取等不良风气，严厉惩治腐败，不断加大惩治腐败

---

① 《习近平谈治国理政》第 4 卷，外文出版社 2022 年版，第 63 页。

② 习近平：《论坚持人民当家作主》，中央文献出版社 2021 年版，第 50 页。

的力度，努力探寻执政党走出“其兴也勃焉，其亡也忽焉”周期率的道路。在建党百年，执政超过70年之际，面对党内新老交替，大量没有经历过战争年代考验的新一代党员干部走上领导岗位，我们党在十八大后开展了群众路线教育实践活动，使干部队伍中存在的形式主义、官僚主义、享乐主义和奢靡之风得到有力整治，群众反映强烈的突出问题得到有效解决，党在人民群众中的地位和公信力大大加强。在十九大闭幕之后，习近平同志带领十九届中央政治局常委参观了党的一大会址，并发表“走得再远不能忘记来时的路”主题讲话，告诫中央政治局领导同志：“事业发展永无止境，共产党人的初心永远不能改变。唯有不忘初心，方可告慰历史、告慰先辈，方可赢得民心、赢得时代，方可善作善成、一往无前。”①“一个人也好，一个政党也好，最难得的就是历经沧桑而初心不改、饱经风霜而本色依旧。”②随后，又在全党深入开展了“牢记初心、不忘使命”主题教育工作，开展了党史学习教育。按照“守初心、担使命，找差距、抓落实”的总要求，针对党员干部队伍中存在的“四风”等问题，仍然把反对形式主义、官僚主义作为突出要求，突出问题导向，开展学习教育和专项整治，力戒虚功、务求实效，取得良好效果。

特别值得欣慰的是，以习近平同志为核心的党中央，在党的十八大以后，十年磨一剑，坚持“把全面从严治党纳入‘四个全面’战略布局，以前所未有的勇气和定力推进党风廉政建设和反腐败斗争，刹住了一些多年未刹住的歪风邪气，解决了许多长期没有解决的顽瘴痼疾，清除了党、国家、军队内部存在的严重隐患，管党治党宽松软状况得到根本扭转”③。2022年1月18日，习近平同志在中央纪委第十九届中央委员会第六次全会上发表长篇讲话，他总结我们党近十年反腐败斗争深刻经验指出：“古人说：‘成其身而天下成，治其身而天下治。’党的十八大以来，我经常讲跳出历史周期率问题，这是关系党千秋伟业的一个重大问题，关系党的生死存亡，关系我国社会主义制度的兴衰成败。如何跳出历史周期率？党始终在思索、一直在探索。毛泽东同志在延安的窑洞里给出了第一个答案，这就是‘让人民来监督政府’；经过百年奋斗特别是党的十八大以来新的实践，党又给出了第二个答案，这就是自我革命。自我革命就是补钙壮骨、排毒杀菌、壮士断腕、去腐生

① 《习近平谈治国理政》第3卷，外文出版社2022年版，第498页。

② 《习近平著作选读》第2卷，人民出版社2023年版，第298页。

③ 习近平：《全面从严治党探索出依靠党的自我革命跳出历史周期率的成功路径》，《求是》2023年第3期。

肌，不断清除侵蚀党的健康肌体的病毒，不断提高自身免疫力，防止人亡政息。勇于自我革命和接受人民监督是内在一致的，都源于党的初心使命。一百年来，党外靠发展人民民主、接受人民监督，内靠全面从严治党、推进自我革命，勇于坚持真理、修正错误，勇于刀刃向内、刮骨疗毒，保证了党长盛不衰、不断发展壮大。”①他还指出：“领导干部特别是高级干部要明大德、守公德、严私德，做廉洁自律、廉洁用权、廉洁齐家的模范。要织密监督的‘天网’，扎紧制度的篱笆，发挥巡视利剑作用，推动全面从严治党向基层延伸，让人民群众真正感受到清正干部、清廉政府、清明政治就在身边、就在眼前。”②

读了总书记上述论述，我们有理由坚信，始终与中国人民休戚与共的中国共产党一定能够带领中国人民创造出更加幸福美好的新生活。

五、执政的共产党与人民群众之间的利益关系及其要求

利益关系是最根本的社会关系，也是政党与人民群众之间最根本的关系。一个政党能够代表人民群众的利益，就能够得到人民的拥护和支持，反之，就会遭到人民群众的抛弃。革命战争时期，共产党同人民群众之间在共同利益基础上建立起生命攸关、骨肉相连的关系。共产党执政掌权以后，随着地位的变化，党和人民群众之间的利益关系悄悄地发生了一些变化，党群关系出现一些新情况新问题。正确处理党与人民群众之间的利益关系，建立新型的党群利益关系格局，成为执政的共产党面临的重大现实问题。

（一）与人民群众根本利益的一致性是党群利益关系的基础

胡锦涛在党的十七大报告中指出：全心全意为人民服务是党的根本宗旨，党的一切奋斗和工作都是为了造福人民。要始终把实现好、维护好、发展好最广大人民群众的根本利益作为党和国家一切工作的出发点和落脚点，尊重人民群众主体地位，发挥人民群众首创精神，保障人民群众各项权益，走共同富裕道路，促进人的全面发展，做到发展为了人民、发展依靠人民、发展成果由人民共享。这充分表明，共产党与人民群众之间的利益关

① 习近平：《全面从严治党探索出依靠党的自我革命跳出历史周期率的成功路径》，《求是》2023年第3期。

② 习近平：《增强推进党的政治建设的自觉性和坚定性》，《求是》2019年第14期。

系，是建立在根本利益一致基础上的利益代表关系。

1.与人民群众利益的一致性是党的先进性的本质体现

政党总是代表一定阶级、阶层和集团利益的，共产党也不例外。与其他政党本质的区别就在于，共产党公开申明，自己是代表最广大人民群众根本利益的，共产党没有也不允许有任何特殊的私利。与人民群众根本利益的一致性，是共产党性质和宗旨的集中体现。

作为马克思主义政党，与其他政党最大的不同是什么？对于这个问题，马克思主义政党的创始人马克思和恩格斯早在《共产党宣言》中就明确作出了界定："过去的一切运动都是少数人的或者为少数人谋利益的运动。无产阶级的运动是绝大多数人的、为绝大多数人谋利益的独立的运动。"①共产党的性质，共产党与其他政党的本质区别，就是为绝大多数人谋利益，而不是为少数人谋利益，更不是为个人谋私利。中国共产党在其党纲和党章中明确规定，中国共产党的宗旨，就是全心全意为人民服务，党没有也不允许有任何特殊的私利。党自身发展的实践证明，正是因为共产党坚持了这样的宗旨，所以能够始终得到最广大人民群众真心实意的拥护和支持。

党建立初始，处在阶级阵线泾渭分明的战争时期，共产党人的信仰和动机，就是为无产阶级争取解放而奋斗，为最广大人民群众的利益而奋斗，而共产党的队伍也只有紧紧依靠人民群众才能生存和发展。因此，在革命时期，共产党没有任何私利，与人民群众根本利益的一致性无论是从理论上还是实践上都是非常彻底的，党和人民群众之间形成生死与共、血肉相连的密切关系。江泽民在《推动党风廉政建设和反腐败斗争深入开展》的重要讲话中，曾经这样回顾："在革命战争时期，参加党、参加革命队伍，就要准备奉献个人的一切乃至牺牲生命，大家都为崇高的革命理想和人民的利益而奋斗。在反对派残酷统治的政治环境和极其艰苦的生活环境中，为了取得革命胜利，广大党员、干部只有紧紧依靠人民群众，从人民群众中获得支持和力量，才能生存，才能发展，否则就会失败。党领导人民打土豪、分田地，抗击日本军国主义侵略，反对国民党反动统治，都是代表人民群众利益的，人民群众发自内心地拥护我们，我们党同人民群众形成了血肉联系。"②

执政之后，共产党的地位发生了变化，中国共产党作为执政党，掌握了

① 《马克思恩格斯选集》第1卷，人民出版社1995年版，第283页。

② 《江泽民文选》第3卷，人民出版社2006年版，第179页。

国家政权，掌握着调动全国人、财、物等资源的公共权力，而且权力之大，可调动的资源之多，都是未执政时无法比拟的。大批党员干部担任了从中央到地方各个部门各个地区的领导职务，手中都掌握了这样那样的权力。党的地位变化，党员干部的地位变化，对各级党组织和每个党员干部都是一个极大的考验。其中，最主要的考验就是权力和利益的考验，最大的风险就是“脱离群众”。用江泽民的话说就是“党的各级干部能否真正懂得我们的权力是人民赋予的，能不能正确地运用手中的权力？能不能始终保持同人民群众的密切联系，永远不脱离群众？”[①]应该肯定，对于这个问题，我们党的三代中央领导集体都是十分清醒的，从延安时期毛泽东同黄炎培关于如何走出“历史周期率”的探讨，进京前夕把掌握全国政权比作“赶考”；到邓小平反复强调，要坚持不懈地加强党的建设，要把党“管”好；再到江泽民“三个代表”重要思想突出和强调对执政党廉政建设和反腐败问题的“深深思考”，以及胡锦涛对“立党为公，执政为民”的执政理念的科学阐述和实践探索，都说明这个问题。

然而，从现实来看，权力和利益的确具有很强的双面效应和腐蚀作用。权力既可以成为执政党为人民谋利益的工具，也可能成为执政党党员和干部谋取私利的手段；在利益的诱惑面前，执政党内部也难以避免“自然的惰性发作”，并逐渐“由少数演变为多数”。共产党成为执政党以后，“党内一些人逐渐不思进取、好逸恶劳，贪图享乐、不愿意艰苦奋斗的思想滋长起来了，利用手中掌握的权力谋取私利的现象不断发生了，形式主义、官僚主义的不良作风也泛滥起来了”[②]。这些人就是利用执政党这一特殊条件，利用了党和人民赋予他们的权力谋取私利，不惜损害国家和人民的利益。这个问题不只是导致苏联共产党垮掉的根本问题，其他社会主义国家执政的共产党、包括中国共产党人，执政后特别是长期执政后都无一例外地遇到这样的问题。它说明共产党在权力和利益考验面前，也可能垮掉，也可能丧失政权。其中根本原因，就在于权力的异化和私利的膨胀，忘记了初心使命以至于危及了党自身的先进性，失去了人民群众的信任、拥护和支持，苏联共产党和其他社会主义执政党的倒台是这样，国民党和其他执政党的下台也是如此。对此，江泽民告诫全党：“现在，有些原社会主义国家的执政党已经垮掉了，

① 卢先福主编：《十七大精神深度解读——党的建设篇》，人民出版社2008年版，第6页。

② 《江泽民文选》第3卷，人民出版社2006年版，第181页。

丧失了政权，教训十分深刻。如果我们不警惕、不警觉，让那些与我们党的性质和宗旨相违背的错误思想和腐败行为蔓延开来，那将带来灾难性后果。”①

可见，在执政条件下，共产党最大的风险，从根本上说，是从利益关系上脱离群众。执政前，共产党可以调动的资源非常有限，从高级干部到普通党员都过着十分艰苦的生活，无利可图、无利可争，没有脱离群众的条件和环境。执政后，党掌握着社会公共权力和公共资源的支配权，这种利益环境的变化，从一定意义上为执政者的“自然惰性发作”提供了可乘之机，也为执政者脱离群众埋下伏笔，这正是古今中外一切政权难以走出“历史周期率”的根本症结所在。因为执政者时时刻刻都面对着“利益”的诱惑和“权为谁所用”“利为谁所谋”的现实选择。特别是在市场经济和改革开放新的历史条件下更是如此，也正因为如此，利益关系必然成为执政党防止职权丧失和政党变质的突出问题和焦点问题。

2.执政的共产党与人民群众根本利益一致性的内涵

从逻辑关系看，共产党没有自己特殊的私利，已经蕴含着共产党与人民群众根本利益一致性的思想。二者的不同就在于，共产党没有自己特殊的私利，强调的是共产党性质的内在规定性，而与人民群众根本利益的一致性，侧重于执政党与人民群众之间利益关系的规定性。从利益关系基础的视角看，与人民群众根本利益的一致性，本身具有十分丰富的内涵。

与人民群众根本利益的一致性，内含着党群利益关系相互关联的依存性和互动性，这是利益关系统一性的内在依据。党群利益关系是一个矛盾统一体。矛盾双方相互依存，相互作用，推动事物的发展，这是马克思主义哲学的基本常识，党群利益关系作为矛盾共同体也不例外。执政党和人民群众作为矛盾双方，相互依赖、相互依存、互为发展。人民群众的利益遭到破坏，共产党的利益必然受到损失，同样，共产党的利益一旦受到损失，人民群众的根本利益就得不到基本保障。人民群众只有在共产党领导下，才能从根本上实现自己的利益；共产党只有在为人民群众谋利益的实践中，自身的价值和利益才能得到发展和保障。从内在关联和互动的角度看，与人民群众根本利益的一致性，就不仅是党群利益关系的基础，更是执政党和人民群众利益关系相互作用、相互推动的动力机制和合力机制。当然，从良性循

① 《江泽民文选》第3卷，人民出版社2006年版，第181页。

环来看,是密切党群关系的动力机制和合力机制;如果处理不好,就可能会成为破坏党群关系的阻力机制和离心机制。这是一个客观的道理。

与人民群众根本利益的一致性,体现着党群利益关系的一贯性和一致性,这是利益关系统一性的现实基础。党群利益关系的一贯性是指无论是过去、现在还是未来,只要党的性质不变、宗旨不变,党和人民群众之间的利益关系就不能变,与人民群众根本利益一致性的原则就不能动摇。一致性是指执政党要始终保持自己的路线、方针和政策与人民群众根本利益的一致,保持自己的理论和实践与人民群众根本利益的一致,保持自己的言论和行动与人民群众根本利益的一致。也就是说,与人民群众根本利益的一致性,不是一种抽象的理论或者空洞的说教,而是贯穿于执政党和人民群众利益关系方方面面、贯穿于执政党执政实践始终的立场、观点和方法,是制定路线、方针、政策的依据和行动的指南。

与人民群众根本利益的一致性,涵盖党群利益关系的和谐性与公正性,这是利益关系统一性的价值体现。强调党群利益关系的依存性、互动性、一致性和一贯性,并不否认党群之间利益关系的差异性和不平衡性,特别是在执政和社会主义市场经济条件下,党群利益关系更多地表现为执政党的权力部门同人民群众之间的利益关系,政府官员与普通百姓之间的关系,社会管理者和被管理者之间的关系;表现为作为公共利益代表的执政党主体和社会不同利益主体之间的关系,国家利益、集体利益和个人利益之间的关系;表现为党和国家长远利益、根本利益和人民群众眼前利益、现实利益之间的关系等等。与人民群众根本利益的一致性,其着力点并不在于要实现利益关系的完全等同,实践证明也不可能实现完全的等同。而是实现利益关系的相互包容和相对平衡,利益双方或多方达成共识和认同,即形成利益关系之间的和谐和公正。从这样的角度看,与人民群众根本利益的一致性,蕴含执政党社会利益关系整合的价值取向和价值目标。

与人民群众根本利益的一致性,表明了执政党和人民群众利益关系的非对抗性和可协调性,这就从根本上奠定了认识和解决党群利益矛盾的方法论基础。执政党和人民群众利益关系,是一种建立在根本利益一致基础上的利益关系,因此作为一对矛盾,本质上属于非对抗性质的矛盾,也可以说属于人民内部矛盾,可以通过相互调整、相互协调得到解决。非对抗性是指利益矛盾的性质,协调性是指解决矛盾的方式。从这样的角度看,与人民群众根本利益一致性,是研究和解决党群利益关系科学的思想方法和工作方法。

值得反思的是，目前我们的一些党员和领导干部，对“与人民群众根本利益的一致性”的理解，无论是从理论上还是实践上都存在许多误区，比如，把一致性等同于没有任何矛盾和差异的一致，因而认为一致性是不存在的；把一致性理解为依附性，不懂得党的性质决定了这种一致性的内在基础；把一致性归结为服从性，不懂得人民群众的利益是这个一致性的基础，如此等等，忽视了对“党与人民群众根本利益的一致性”的内在关联性基础、实践基础、价值基础和方法论基础的正确理解，而这些恰恰是实现党群利益关系真正统一性的基础。理论上的曲解必然导致行动上的混乱，在实践中，确有个别党员领导干部打着“全局利益和根本利益”的旗号，损害人民群众的现实利益；忽视党群之间利益关系的和谐和公正性，用权力意志去统一群众的利益，损害人民群众的直接利益，甚至影响和破坏了人民群众的长远利益；还有一些领导干部忽视利益关系的现实性基础，津津乐道于“替民做主”“逼民致富”等，尽管有时主观愿望是好的，但是实际效果却得不到人民群众的认同，甚至损害人民群众的利益，影响党群关系，应当引起高度重视。更为严重的是，直到如今，许多人还不承认执政党和人民群众之间存在着利益关系特别是利益矛盾这一现实，更缺乏对其利益关系基础的深入探讨。实际上，这恰恰是中国共产党执政特别是长期执政迫切需要研究和解决的问题，江泽民在《推动党风廉政建设和反腐败斗争深入开展》的讲话中明确提出：“成为执政党特别是长期执政以后，我们遇到的一个突出问题，就是如何使广大党员、干部始终树立正确的利益观。”①“要特别警惕人们所说的‘既得利益’问题。”②“历史事实说明，不少剥削阶级的政党或政治集团在执政以后，利用手中掌握的权力攫取本阶级、本集团和执政官员个人的私利，并极力维护和不断扩大这种私利，结果形成了一个欺压人民、侵害人民利益的既得利益集团。正因为这样，他们终究要受到人民群众的反对。”“如果走到了那一步，我们党就必然要失败。”③可见，江泽民不仅把利益矛盾问题作为执政党的“突出问题”，而且提醒全党，如果破坏了与人民群众根本利益“一致性”的基础，形成“既得利益”集团，党和人民群众之间的利益关系就会转化为对抗性关系，我们党就会走向失败。

① 《江泽民文选》第3卷，人民出版社2006年版，第181页。

② 《江泽民文选》第3卷，人民出版社2006年版，第183页。

③ 《江泽民文选》第3卷，人民出版社2006年版，第184页。

3.根本在“权为民所用”，核心是“利为民所谋”

由共产党的性质和宗旨决定，共产党和人民群众之间的利益关系，就是建立在根本利益一致性基础上的代表关系。这同时决定了党的根本出发点和立足点，就是要始终代表最广大人民群众的根本利益。执政后，由于共产党掌握社会公共权力和公共资源，代表人民群众的根本利益相应地被赋予新的要求。

党能不能始终代表人民群众的根本利益，最根本的问题就是能不能解决好“权为谁所用”的问题。这也是构建新型党群利益关系新格局的根本问题和核心问题。权力的本质是社会利益关系的集中体现。执政党代表谁的利益，不仅反映了执政党的性质，而且直接决定国家政权的性质。党始终代表人民群众的根本利益，直接决定国家政权的根本性质就是人民群众当家作主，国家权力的所有权、享有权、监督权属于人民群众。在共产党领导人民群众夺取政权之后，当家作主、做国家的主人是人民群众根本利益最集中的体现。从这个角度看，执政后，共产党代表人民群众的根本利益，最根本的就是要保证和实现人民群众真正成为国家主人，享有国家主人的地位、权力和利益。在我国，执政的共产党代表人民群众掌握国家权力的使用权，其根本问题和核心问题就必须要解决好社会公共权力的归属、使用和监督问题，确保权为民所有、为民所用，权力的使用由人民群众来监督。只有如此，才能从根本上代表人民群众的根本利益，才能从根本上保证执政的共产党同人民群众之间的血肉联系。

社会公共权力的归属权、使用权和监督权的相互制约，构成权力运作的有机整体。失去了使用权和监督权的实际操作，归属权就是空的；离开归属权和监督权的制约，使用权就会发生异化；没有归属权和使用权的轨道，监督权就是一种摆设。因此，执政党代表人民群众的根本利益，保证人民群众国家主人的地位、权力和利益，应该在两个层面上实现，一是制度的保障，从根本制度上保证人民群众是国家的主人，这一点我们已经做到了。二是权力运作机制的保证，这方面还存在许多问题，特别是归属权、使用权和监督权在运作过程中的相互制约还存在脱节现象，特别是人民群众权力主体在一定程度上的“缺位”问题和公共权力运行中的“潜规则”，成为当前中国政治体制改革无法回避的现实问题，这恰恰是在实际操作层面上解决“权为民所用”的根本性问题。如果一个社会公共权力运作缺少公众的参与和监督，公共权力就会变成少数人或者个人为所欲为的工具，权力腐败和权力异化就难以避免;如果公共权力的运作缺少公开和公正的程序,公权就会变成私权、既得利益集团就会蔓延滋生,人民群众的根本利益就会受到损害。对此,党的十七大报告鲜明提出:“完善制约和监督机制,保证人民赋予的权力始终用来为人民谋利益”,“要坚持用制度管权、管事、管人,建立健全决策权、执行权、监督权既相互制约又相互协调的权力结构和运行机制。健全组织法制和程序规则,保证国家机关按照法定权限和程序行使权力、履行职责。完善各类公开办事制度,提高政府工作的透明度和公信力。”[①]这是从权力机构和权力运行机制上解决“权为民所用”的根本性突破。

共产党能不能代表最广大人民群众的根本利益,核心就是要解决好“利为谁所谋”的问题,即从社会公共资源的归属、使用和分配上保证人民群众是社会公共资源和社会财富的所有者、占有者和享受者。这是共产党代表人民群众根本利益的关键所在,也是构建执政党和人民群众新型利益关系格局的核心问题。从道理上讲,人民群众是国家的主人,是社会财富的创造者,也应该是社会公共资源和社会财富的所有者、占有者和享受者。但是在实际运作过程中,由于执政党掌握着国家权力的使用权,同时也就掌握着社会公共资源和社会财富的使用权和支配权,在“权为谁所用”的同时,不可避免地衍生出了“利为谁所谋”的问题。利益关系和权力关系是密切相关的,如果说权力关系是利益关系的集中体现,那么利益关系就是权力关系的深层动因。这就是说,执政的共产党代表人民群众的根本利益,在权力关系上切实保证和实现人民群众国家主人地位、权力和利益的同时,在利益关系上也必须切实保证和实现人民群众作为社会公共资源的主人,保证人民群众充分享有社会公共资源的所有权、占有权和享受权。人民群众是社会公共资源的主人,执政党代表人民执掌政权,就应该是社会公共资源的代表者和“守夜人”,这是执政党和政府的根本职能所在。由于在政党政治的背景下,执政党是社会公共权力的实际操作者,同时必然成为社会公共资源的实际支配者。执政党代表和维护人民群众公共资源的途径和方法,一是通过执政党的路线、方针、政策来实现,二是通过各级政府的职能来实现。这两方面缺一不可。执政党的路线、方针、政策直接规定着社会公共资源使用和分配的方向,发挥着导向的功能和作用;政府的职能有效地保证社会公共资源的使用和分配,发挥着实际操作的职能和作用。

---

① 《中国共产党第十七次全国代表大会文件汇编》,人民出版社 2007 年版,第 32 页。

目前我国在社会公共资源的使用和分配问题上，存在的主要问题不是导向的问题，而是实际操作层面上的问题。党的路线、方针、政策，始终得到人民群众的拥护和支持，但是，在实际操作过程中往往变了味，突出的问题是社会公共资源的分配不公：一些职能部门、权力部门利用自己的职权侵吞社会公共资源，把社会公共财富变成部门的"小金库"，权力利益化、职能利益化、权力寻租、职能敛财、以权谋私、以职谋利，成为社会公共资源在使用和分配上的最大"不公"；社会不同利益群体之间对社会公共资源的占有和享有方面也存在严重的"不公"，一些垄断行业、垄断企业利用社会公共资源优势，转化为集团或者个人利益；更有一些特权阶层趁着改革或开发的机会，把公共财富转化为个人财富等等，导致不同社会利益群体和利益主体之间在公共资源使用和占有方面的严重"不公"，成为影响党群关系的最突出问题。尤其是在我国执政党和国家权力高度一致的政治背景下，政府的职能和作用直接影响党和人民群众的关系，直接影响人民群众对执政党的拥护和认同。也正是从这一点上，必须明确执政的共产党要代表人民群众的根本利益，必须始终坚持"利为民所谋"，一方面要自觉当好社会公共资源和公共财富的"守夜人"，特别是不能监守自盗，成为社会公共财富的蛀虫；另一方面还要把社会公共资源按照公开、公平和公正的原则分配好，维护社会不同利益主体之间的公正和社会利益秩序的平衡，这也是政府义不容辞的职责。在实际操作环节上，一方面要加强和完善对公共权力运行的规范、制约、监督和调控机制，保障社会公共资源和公共财富的合理流动和公正分配；另一方面要坚决惩治和有效预防腐败，旗帜鲜明地反对腐败，保障社会公共资源和公共财富的安全。

（二）人民群众利益的至上性是党群利益关系的实质

胡锦涛在2003年的"七一"重要讲话中明确提出："相信谁、依靠谁、为了谁，是否始终站在最广大人民的立场上，是区分唯物史观和唯心史观的分水岭，也是判断马克思主义政党的试金石。对于马克思主义执政党来说，坚持立党为公、执政为民，实现好、维护好、发展好最广大人民的根本利益，充分发挥全体人民的积极性来发展先进生产力和先进文化，始终是最紧要的。全国各族人民是建设中国特色社会主义事业的主体，人民群众积极性创造性的充分发挥是我们事业成功的保证，不断实现最广大人民的根本利益是我们党全部奋斗的最高目的。”①不断实现人民群众的根本利益，是党赖以生存和发展的内在依据和存在方式；人民群众利益至上性，是执政党和人民群众关系的实质；始终坚持人民群众利益高于一切，是执政党必须遵循的基本原则。

1.共产党赖以生存和发展的内在依据

人民群众的拥护和支持，是共产党的立党之本、执政之基、力量之源。执政党如何真正得到最广大人民群众的拥护和支持？最重要的就是要始终坚持把人民群众的利益放在第一位，全心全意为人民群众谋利益，这是执政的共产党赖以生存和发展的内在依据和存在方式。

首先，始终坚持把人民群众利益放在第一位，全心全意为人民群众谋利益，是党的全部奋斗的最高目标和最高要求。党的目标和要求是党的性质和任务的集中体现，是党存在和发展的内在依据和内在动力，反映了政党存在的现实必然性，即政党“为什么存在”的问题。共产党“为什么存在”，就是为最广大人民群众谋利益，这是共产党的性质使然，也是共产党存在的价值和意义所在。人民群众的根本利益，对共产党而言，具有至高无上的地位和价值，是共产党的立党之“本”、生存之“基”。我们党的存在和发展充分证明了这一点。胡锦涛指出：“我们党 80 多年的一切奋斗，无论是战争年代浴血奋战推翻‘三座大山’，无论是建立社会主义制度、开展大规模的社会主义建设，还是进行社会主义改革开放和现代化建设，归根到底都是为了实现好、维护好、发展好最广大人民的根本利益。”②

其次，始终坚持把人民群众利益放在第一位，全心全意为人民群众谋利益，也是判断党的全部工作和方针政策的最高衡量标准，是共产党的执政之基。任何政党执政，都存在一个合法性的问题。所谓合法性，简单说，就是公民对执政党的认同。合法性所表达的信息是双向的，而不是单向的。执政党要巩固自己执政的权力和地位，决不能以权力的所有者自居，而应该十分明确权力属于人民，要利用权力不断实现民众的利益，才能不断获取民众的信任、拥护和支持。从一般意义上看，任何执政党、任何政治权力都应该如此，否则就会导致权力的丧失。因此，为人民群众谋利益，获得人民群众的拥护和支持，这是共产党执政的合法性之基，在这一点上，共产党和其他

① 中共中央文献研究室编：《十六大以来重要文献选编》（上），中央文献出版社 2005 年版，第 369—370 页。

② 胡锦涛：《在“三个代表”重要思想理论研讨会上的讲话》，人民出版社 2003 年版，第 17 页。

执政党没有什么不同。共产党与其他执政党的不同之处，就是共产党执政的合法性同执政动机、目的和效果及衡量标准，本质上都是一致的。共产党执政，目的就是为了实现好、维护好、发展好人民群众的利益；党的全部任务和责任，就是为人民谋利益，团结和带领人民群众为实现自己的根本利益而奋斗；党的一切工作和方针政策，都要以是否符合最广大人民群众的利益为最高标准。这是共产党执政的合目的性之基，是共产党获得人民群众认同和支持的内在根据。

最后，始终坚持把人民群众利益放在第一位，全心全意为人民谋利益，是党获得人民群众拥护和支持的根本途径，是共产党存在和发展的力量之源。人们用"安泰"和"大地母亲"的关系来比喻共产党和人民群众的关系，人民群众是党的智慧宝库和力量源泉，离开了"大地母亲"，"安泰"一事无成，同样离开了人民群众，共产党就失去了智慧和力量。那么，如何把人民群众的智慧和力量转化为共产党的智慧和力量呢？利益关系是最基本的连接点和转化点。对于这一点，早在 1934 年，毛泽东在《关心群众生活，注意工作方法》讲话中，就作出了深刻的说明："要得到群众的拥护吗？要群众拿出他们的全力放到战线上去吗？那末，就得和群众在一起，就得去发动群众的积极性，就得关心群众的痛痒，就得真心实意地为群众谋利益，解决群众的生产和生活的问题，盐的问题，米的问题，房子的问题，衣的问题，生小孩子的问题，解决群众的一切问题。"[①]由于共产党坚持把人民群众的利益放在第一位，全心全意为人民谋利益，得到人民群众最广泛的拥护和支持，以小胜大，以弱胜强，取得革命战争的伟大胜利。在执政条件下，特别是在建设社会主义和谐社会的伟大事业中，党要获得群众的拥护和支持，必须始终坚持把人民群众的根本利益放在第一位，全心全意为人民群众谋利益不动摇。真正做到心里装着群众，凡事想着群众，工作依靠群众，一切为了群众，为群众诚心实意办实事、尽心竭力解难事、坚持不懈做好事；关心群众疾苦，体察群众情绪，维护人民群众合法权益，解决好人民群众最现实、最关心、最直接的利益。只要我们党始终如一，就能获得最广大人民群众的拥护和支持，党就能从人民群众中获取智慧和力量，就会无往而不胜。

2.人民群众利益至上性的内涵

人民群众利益的至上性，包含着人民群众利益具有基础性、根本性和唯

---

① 《毛泽东选集》第 1 卷，人民出版社 1991 年版，第 138—139 页。

一性的重要特征,体现了执政党利益观的崇高性和先进性的本质特征。从党同人民群众利益关系看,人民群众利益的至上性,也是共产党与人民群众利益关系的实质和核心。

首先,相对于共产党人的利益而言,人民群众利益的至上性,集中体现了人民群众利益的基础性、根本性和唯一性。从本源上看,人民群众利益至上性,内含着人民群众利益的基础性,人民群众利益,是共产党的立党之本、执政之基、力量之源,是共产党人一切奋斗的动机和一切实践的目的,是共产党赖以存在的内在根据和得以发展的力量源泉。从实践上看,人民群众利益至上性,内含着人民群众利益的根本性,即人民群众利益,作为共产党的核心价值观,是党的路线方针政策和一切言论和行动的根本出发点、立足点和归宿,并从根本上规范和制约着执政党执政理念、执政方式和执政实践。从利益关系上看,人民群众利益至上性,内含着人民群众利益的唯一性,即除了人民群众的根本利益之外,共产党没有自己特殊的私利。

其次,从共产党人的利益观来看,人民群众利益的至上性,集中体现了共产党人利益观的崇高性和先进性。共产党人利益观,简单说,是共产党特别是执政的共产党在整合和协调与人民群众之间利益关系时,所应遵循的基本原则和行为规范。人民群众利益的至上性作为执政党与人民群众利益关系的实质,反映在共产党人的利益观上,就要求共产党人无论何时何地都必须始终坚持把人民群众的利益放在高于一切的地位,特别是当个人利益和人民群众的利益发生矛盾时,要以人民群众利益为重。正如江泽民所说:"领导干部一定要树立正确的利益观,要'先天下之忧而忧,后天下之乐而乐',时刻把党和人民的利益、国家的利益放在首位。不论社会怎么发展,对共产党员来说,全心全意为人民服务这个宗旨不能变,吃苦在前、享受在后这个原则不能变。每一名党的领导干部,都要廉洁奉公、艰苦奋斗,做到无论在何种情况下都忠诚于党和人民的事业,不改变革命的初衷。"[①]共产党人的利益观是建立在群众史观基础上、以人民群众为利益本位的崇高的利益观,这种利益观是党的先进性的集中体现。按照马克思主义的政党观,政党是阶级社会中一定的阶级、阶层和社会集团为了维护自己的利益,特别是为了取得和保持国家政权而建立起来的一种政治组织。这种政治组织一经成立,为了团结和凝聚本阶级群众朝着统一的目标共同奋斗,必须代表本阶级

① 《江泽民文选》第3卷,人民出版社2006年版,第184页。

的利益，为本阶级实现自己的利益指明方向和道路。这就要求政党在内在本质方面展现本阶级优点，同时保持对本阶级群众的先进性，才能得到本阶级群众的认可和支持。因此，先进性是政党的生命和灵魂。离开先进性，政党在理论上就会丧失其存在的根据，在实践上就会失去存在的阶级基础。共产党人的先进性是共产党在与其他政党和政治群体比较中，在本质属性及其推动社会全面发展和进步而发挥功能作用过程中，一贯体现的长处和优势。党的先进性是多方面的，最为根本的就是一个“为什么人”的问题，共产党人始终把人民群众的利益放在第一位，吃苦在前，享受在后，无论何时何地，都不能以权谋私、与民争利。

最后，人民群众利益的至上性，是执政的中国共产党和人民群众之间利益关系的实质和核心。所谓实质，就是指事物本身所固有的、决定事物性质、面貌和发展的根本属性。从实质上看，人民群众利益至上性，就是贯穿于执政的共产党和人民群众利益关系始终并决定其性质、面貌和发展的根本属性。人民群众利益至上性，决定执政党的基本职能就是要实现好、维护好和发展好人民群众的根本利益，执政党和人民群众之间利益关系的表现形式、基本走向和发展都是由此决定的。这就是中国共产党和人民群众利益关系与其他政党和人民群众利益关系的本质区别，也是执政的中国共产党和人民群众利益关系的根本属性。所谓核心，就是最重要的部分。从关系上看，人民群众利益至上性，是指人民群众利益是执政党和人民群众利益关系的最重要部分，执政党的一切路线方针政策必须以实现人民群众利益为核心，同时要求执政党必须牢固树立以人民群众利益为主体、共产党是实现人民群众利益工具的利益观，摆正和人民群众的位置，自觉做好人民的“公仆”。

目前，在对“人民群众利益至上性”的认识和实践方面，仍然存在不少问题。其中，最值得关注的是，有的人公然倡导执政条件下共产党人应该确立先天下之乐而乐的利益观。实践证明，倡导共产党人先天下之乐而乐，倡导共产党人享受在前，必然导致一部分党员，特别是一部分党员领导干部忘记了共产党全心全意为人民服务的宗旨，人民群众的利益就得不到基本的保证，甚至还会受到漠视和损害，一些腐败分子就会充分利用手中掌握的社会公共权力和公共资源谋取私利、与民争利，共产党内就极有可能形成“既得利益集团”，社会公共权力极易出现异化和变质，执政党就会失去赖以生存的根基，党的执政合法性就会受到质疑。特别是在社会转型和利益分化时期,更容易出现权力部门、职能部门既得利益垄断化、私有化和集团化的趋势。江泽民曾告诫全党:“由于我们党处在执政地位并长期执政,党内有一些人逐渐产生了一种错误的思想倾向,他们把党和人民赋予的职权,把自己的地位、影响和工作条件,看成是自己的所谓‘既得利益’,不是用这些职权和条件来为党、为人民更好地工作,而是用来为自己捞取不合理的、非法的私利。他们甚至把这些东西看成是谁也碰不得、动不得的私有财产,想方设法地要去维护和扩大这种所谓‘既得利益’。这是十分危险的。”①

3.关键在于协调好各方面利益关系

由于执政党和人民群众的利益关系是建立在根本利益一致基础上的利益代表关系,因此,坚持人民群众利益至上性关键在于协调好各方面的利益关系。这是当前构建社会主义和谐社会新的历史条件下,执政党代表最广大人民群众的根本利益、实现社会主义和谐社会价值目标的根本要求,也是正确处理新时期党群利益关系必须要解决好的一个全新课题。

随着我国人均 GDP 突破 1000 美元,我国社会进入发展的黄金机遇期和矛盾突显期,利益关系发生着和以往任何时期不同的新变化:一是利益诉求的多样化和无序化趋势显著增强。我国改革开放的深入发展,使得传统的单一性社会逐步解体,多样性社会逐步形成,人们在利益诉求方面明显呈现多样化和急功近利的显著特点。同时,由于政治体制改革的相对滞后,使得参与市场竞争的主体没有享受完全平等的权利,特别是一些特权和行业垄断的存在,使得利益关系表现出明显的权力特征和关系特征,呈现出无序化态势。有人概括为“三多”:即争论多,比如目前对国企、医疗、教育、住房改革评价不一,甚至全盘否认改革,认为是改革带来国有资产流失、下岗失业等一系列社会问题;矛盾多,由改革、征地、拆迁、贫富差距等引发的矛盾越来越多,各类信访案件大量增加;群体性突发事件多,一些人民内部矛盾得不到及时处理和化解,转化为各类显性事件,特别是群体性事件。二是不同利益群体在形成中凸显博弈的力量,利益群体冲突博弈初见端倪。经济结构的调整过程实际上是利益群体的形成过程。随着我国社会主义市场经济体制的建立和逐步完善,我国在计划经济条件下形成的共同体被逐步打破,并不断形成新的利益群体,特别是社会强势群体的崛起、中间群体的扩大、弱势群体的形成,改变了传统的社会结构和利益阶层。各种利益群体之

① 《江泽民文选》第 3 卷,人民出版社 2006 年版,第 183—184 页。

间矛盾成为社会矛盾的新特点，著名社会学专家郑杭生概括为四个特点：①矛盾的主体越来越以利益群体的面目出现，具有利益群体冲突博弈的性质；②矛盾的焦点往往直接间接集中到政府，地方政府往往首当其冲，不得不站在第一线；③矛盾的表达往往采取多渠道、多样化的维权形式，而维权的目标和手段常常脱节；④矛盾的互动往往采取激化甚至尖锐、恶性冲突的方式，具有倾向激化、诉诸冲突的趋势。[①] 三是利益分配关系不协调，利益群体分化的趋向明显。近年来，我国不同群体之间利益分化的程度远远高于利益共享的程度，社会利益分配关系、结构失衡问题突出，区域之间、城乡之间、行业之间利益发展不平等，贫富差距凸显。按照国际上通行的对贫富差距划分的标准，我国内地的贫富悬殊基尼系数已经达到甚至超过了国际警戒线。四是利益冲突的潜在风险扩大，无直接利益冲突成为社会矛盾的新警号。特别是党群关系、干群关系的矛盾尤其突出：一种是平日损害群众利益的积怨，一有导火索，哪怕街头一个普通的小摩擦事件，甚至一句话，都可能引起一场群体性事件；另外一种是本来与政府无关，但是个别群众之间的民间性冲突可能发展为针对地方政府的“干群冲突”。所谓的“无直接利害冲突”，就是指社会冲突的诸多参与者与事件本身无关，而只是表达、发泄一种不满情绪。因此，在建设社会主义和谐社会过程中，执政党要始终坚持人民群众利益至上性，关键在于协调好各方面的利益关系。

首先，要把协调执政党和人民群众之间利益关系，作为贯穿于协调社会其他利益关系过程始终的主线。从目前社会利益关系来看，突出表现为各种利益关系的纵横交错。纵向看，有中央和地方之间的利益关系。横向看，有不同区域、不同行业、城乡之间、利益群体之间的利益关系。纵横交错的各种利益关系相互制约、相互作用，形成牵一发而动全身的利益关系网络。在这个网络系统中，主要矛盾就是党群和干群之间的利益关系，即“利为谁所谋”的问题，这个问题解决得如何，直接关系到其他利益关系的解决。因此，坚持人民群众利益至上，作为执政党来说，就必须始终坚持一切以最广大人民群众的利益为重作为执政党协调利益关系的根本价值导向，特别是在协调执政党和人民群众利益关系时，始终坚持人民群众利益至上性的基本原则，立党为公、执政为民，真正做到权为民所用、情为民所系、利为民所

---

① 参见郑杭生：《当前我国社会矛盾的新特点及其正确处理》，《中国特色社会主义研究》2006 年第 4 期，第 32 页。

谋,这样才能有效地抵御因利益矛盾引发的社会“综合震荡效应”,使不同利益群体之间的利益摩擦减少到最低限度,这也是推进党群利益关系和社会利益关系和谐的根本保证。而现实生活中存在的权力寻租、贪污腐化、以权谋私、公权私用等就是典型的个人利益与人民群众利益之间的根本性冲突。这种冲突不仅是引发党群利益关系恶化的总根源,而且也成为引发社会矛盾激化的“导火索”,特别是当前社会出现的“无直接利害冲突”现象,从某种程度上反映了部分群众的利益在广义上受到损害,因而发泄不满和不信任情绪,这种情绪可能蔓延到对党和政府、对社会的不满。因此,正确处理好执政党、政府与人民群众的利益关系,成为正确引导和处理好各种社会利益关系和利益矛盾的主线,必须引起高度重视。

其次,要把维护社会公正作为执政党特别是政府最主要的社会职能,作为协调利益关系的最重要方面。作为执政党,维护社会公正,体现在两个方面。一是确保社会公共权力和社会公共资源的共同享有,即公共权力、公共资源必须为人民群众服务,为公众所享有,形成社会共享机制,而不能以权谋私或者用权不公、厚此薄彼。二是通过宏观调控和法律政策引导,维护不同区域、不同行业、城乡之间和不同利益群体之间利益关系的相对平衡,使全体人民共享社会发展成果,防止社会两极分化。目前,我国在这两方面都在不同程度上存在问题和不足,社会公共权力、社会公共资源的私有化倾向和社会财富的分配不公,严重影响人民群众对党和政府的信任,也就是说,当今执政党和政府信任危机的深层根源在于社会公共权力和公共资源的使用、分配不公和社会成果共享机制的不健全。同时,我国社会利益分化所导致的直接后果,就是社会群体矛盾冲突加剧。强强冲突、强弱冲突、弱弱冲突,这种由利益分化导致的恶性冲突,成为社会的不和谐因素。要从根本上解决这些问题,执政党和政府必须实现职能的转换,切实以维护社会公正为己任,做到“五个兼顾”:兼顾国家、企业和个人的利益,努力实现“三方共赢”;兼顾发展中能力强的群体与能力弱的群体利益,保护和激励强势群体,保障和扶持弱势群体;兼顾改革中得益较多群体与得益较少群体的利益,逐步扩大利益共享机制;兼顾先富群体和后富群体的利益,倡导先富带动后富,促进共同富裕;兼顾不同行业群体之间利益,合理调控收入差距,使各行各业的劳动者通过诚实劳动和合法经营获取合理的利益。从一定意义上说,实现社会公正,就实现了社会公共资源和发展成果的共享,实现了利益关系的平衡,这是人民群众的最根本利益,也是始终坚持人民群众利益至上性最重要的环节和方面。

再次，要精心设计协调各方面利益关系的制度体系。协调社会各方面利益关系，制度更带有全局性、根本性和长期性。制度设计的根本在于价值取向，即“为什么人”的问题。执政的共产党利益协调制度设计的价值取向，必须始终坚持人民群众利益至上，换言之，执政党利益协调的目的最终是使最广大人民群众的利益得到满足和实现。围绕这样的价值目标，利益协调的制度体系应该涵盖公共利益实现、利益分配、利益整合、利益诉求、利益补偿等不同方面。在当前和今后一个时期应着力解决好以下几个问题：一是要按照改革风险共担、改革利益共享的基本原则，逐步建立和完善平等、公正、科学、合理的社会利益分配机制。将不同社会群体之间的利益差距控制在与生产力发展水平相适应、社会大多数成员能够容忍和认同的限度，有效遏制改革风险和发展代价与改革带来的利益相脱节、相背离的势头，防止社会既得利益集团和特权阶层的出现，让广大人民群众共享改革发展的社会成果。二是要努力缩小社会各阶层的利益差别。不同社会阶层之间的利益差别成为影响社会利益和谐最突出的问题之一。执政党必须充分发挥政策导向作用，充分利用税收、金融等经济杠杆，理顺分配关系，加大收入的再分配调节力度，通过补偿性再分配、救济性再分配、保障性再分配等多种方式，努力缩小不同阶层的利益差距。三是要从制度上保障社会成员利益的相对均衡。要正确处理效率和公平的关系，合理的收入分配制度是社会公平的重要体现，要按照党的十七大提出的要求，深化收入分配制度改革，坚持和完善按劳分配为主体、多种分配方式并存的分配制度，建立劳动、资本、技术、管理等生产要素按贡献参与分配的制度，初次分配和再分配都要处理好效率和公平的关系，再分配更加注重公平。逐步提高居民收入在国民收入中的比重，提高劳动报酬在初次分配中的比重，创造条件让更多群众拥有财产性收入，保护合法收入，调节过高收入，取缔非法收入等，保障社会成员利益相对均衡。四是要坚持依法办事。要坚持用宪法和法律法规规范公众行为，提高利益表达和利益博弈的理性化程度，打击非理性和非法的过激行为。对执政党来说，在依法治理社会利益分配领域非法活动的同时，更重要的是要严厉惩治权力腐败，保障市场竞争的公平合理。通过利益协调的制度体系来实现人民群众利益至上性的实质，对执政党来说，关键要从利益关系中跳出来，不能既当运动员，又当裁判员，既是经营者，又是立法者和管理者。

最后,要从根本上构筑利益协调的坚实基础。从根本上看,社会利益矛盾是社会基本矛盾在社会利益关系方面的反映。社会基本矛盾能否解决的根本在于生产力的发展,社会利益关系协调的基础也在于生产力的发展。执政党只有把大力发展社会生产力作为执政兴国的第一要务,坚持科学发展观,从利益关系上保护和发展生产力,在发展的基础上不断提高人民群众的物质生活水平,满足人民群众日益增长的物质文化需要,使人民群众共享发展成果,才能从根本上找到化解社会基本矛盾的出路。从利益协调和利益创造之间的关系来看,在社会阶层和利益主体多元化的今天,要推进利益和谐,单靠利益协调是远远不够的,必须坚持利益创造与利益协调的统一。用形象比喻,利益创造就是"生产蛋糕",利益协调是"切好蛋糕",前者更带有基础性和前提性。执政党要协调好各方面的利益关系,发展才是硬道理,只有积极扩大社会财富,把蛋糕做大做好,用增量调整的方法,化解人民群众日益增长的利益需求与供给的矛盾,才能从根本上筑牢利益协调的坚实基础。创造利益和利益协调,是推进当前社会利益关系和谐不可或缺的两个方面,是新时期执政党始终坚持人民群众利益至上性的关键所在。

(三)做实现人民群众利益的工具是党群利益关系的根本要求

在党的八大上,邓小平曾对中国共产党与人民群众之间的地位关系作出明确的界定,这就是著名的工具论,即认定在执政的共产党和人民群众之间的利益关系中,共产党是工具,人民群众是利益主体,党要自觉做实现人民群众利益的工具。这是党群利益关系的根本要求。

1.共产党是实现人民群众利益的工具

在利益关系中,最深层次的问题,就是目的和手段的关系问题,这是一切执政党都无法回避的重大现实问题,共产党亦不例外。在共产党和人民群众的利益关系中,人民群众利益是目的,共产党是实现人民群众利益的工具和手段,这是中国共产党同其他政党的本质性区别。

毫无疑问,西方执政党也非常重视民众的拥护和支持,并把满足民众的需要和利益作为扩大执政合法性基础和巩固执政地位的重要手段和措施。正因为如此,有的人认为,为民众谋利益,不是共产党的专利,其他执政党也必须如此,甚至有些地方做得比共产党更好等等。事实并非如此,我们只要稍加分析,就可以清楚看出:西方执政党如同邓小平所讲的资产阶级政党一样,是把人民群众作为实现自己利益(目的)的手段,人民群众是实现政党利益的工具。可见，在西方政党那里，政党利益高于民众的利益。换句话说，政党利益是政党一切言论和行动的动机、目的、出发点和归宿，实现人民群众的利益只不过是为了实现政党利益的一个筹码，群众的意志最终成为政党利用的手段。对于这一点，西方政党和资产阶级政党也毫不隐瞒其“实用主义”工具论的立场和态度。

共产党与西方执政党和资产阶级政党的本质区别，就在于在目的和手段的关系问题上，共产党始终坚持人民群众利益为目的，自觉地把自己作为实现人民群众利益的工具，即共产党的一切言论和行为的出发点和立足点，都是以实现人民群众利益为目的，一切路线、方针、政策都是以实现人民群众的利益为宗旨，共产党除了人民群众的利益，没有任何政党和个人特殊的私利，共产党是实现人民群众利益的工具。这里的“工具”，具有两方面的含义：从党的性质看，“工具”是共产党全心全意为人民服务宗旨的具体体现，要实现全心全意为人民服务的宗旨，共产党首先必须自觉把自己作为实现人民群众利益的“工具”，“工具”是共产党全心全意为人民服务宗旨特有的实践形式；从党的功能和作用上看，共产党是实现人民群众利益的工具，蕴涵着人民群众是利益主体，共产党是带领、组织和帮助人民群众实现自己的利益的“导体”“载体”“手段”，“工具”的功能和作用就是为人民群众这个利益主体“服务”的。

特别是在执政之后，共产党掌握了社会公共资源和公共权力，这一方面为实现人民群众利益提供了有利的条件，同时也为政党和个人谋取特殊利益和个人私利留下可乘之机。因此，在权力和利益考验面前，党内确实有一部分党员干部“工具”意识开始颠倒和扭曲，人民赋予的权力成为与民争利的工具，为人民服务的职能变成了为小集团和个人谋利的手段，其中最突出的就是权力和利益的联合，即政府职能特权化、公共权力私有化问题。一些政府职能部门把担负的为人民群众利益服务的职能，变成谋取部门和个人利益的特权；一些权力部门把人民群众赋予的权力变成个人的私有财产用来投资，目前社会存在的“强强联合”，往往就是官商联合、政企联合、权资联合，社会财富大量流向掌握社会公共权力和公共资源的强势群体。不仅如此，由于社会公共权力和职能部门的介入，强势群体的意志和利益得到充分的表达和体现，使得社会在政策导向、资源分配、社会保障甚至在价值导向方面都向强势群体倾斜，这是造成当前社会利益关系严重失衡特别是贫富阶层急剧分化的根本原因，也是影响党群关系最突出的问题。职能部门特权化和公共权力私有化对整个社会造成的危害是巨大的。当前我国社会普遍存在的市场经济秩序的混乱，社会公正的丧失，群众不满情绪蔓延、群体冲突不断等一系列社会问题，都与此相关，甚至可以说，都是由此引发的。因此，在执政之后，如何有效防止政府职能特权化和公共权力私有化，使共产党真正成为实现人民群众利益的工具，这是构建社会主义和谐社会的当务之急，也是执政党有效解决党群利益关系的根本要求。

2.人民群众利益的主体性

中国共产党自觉把自己定位为实现人民群众利益的“工具”，这样，在执政党和人民群众之间利益关系中，人民群众利益的主体地位就凸显出来。也就是说，实现人民群众利益是共产党的价值目标和为之奋斗的最高目的，这是中国共产党区别于其他政党的本质属性，也是执政的共产党同人民群众之间利益关系的根本特征。

在执政党和人民群众利益关系中，对人民群众利益的主体性理解和认识，目前还存在许多片面性和表面性，有些党员和干部甚至严重误解。比较突出的，就是在人民群众既是受益主体又是利益创造主体的关系问题上，一些领导干部只把人民群众当作利益的创造主体，而对受益主体的权利没有得到有效的尊重和保护，甚至严重侵害受益主体的基本权利。比如改革开放以来，我国的社会财富得到较大的增长，这已经得到全世界的公认。但是，从总体上看，一些涉及千家万户、人民群众普遍反映的问题却又没有得到很好的解决，特别是一些领导干部对人民群众普遍关注的教育问题、医疗保健和养老问题置若罔闻，甚至认为这些问题不是政府的事；我国广大农民、流动于城乡之间的农民工、城市失业群体和贫困群体等特殊群体利益得不到基本保障的问题等，都与我国国力增长和物质财富的增长不相适应，而这些问题解决得不好，最广大人民群众受益主体的地位和权利得不到保障，就会严重影响执政党和人民群众之间利益关系的协调。

坚持人民群众利益的主体性，对于执政党来说，就是要做到始终把实现好、维护好、发展好最广大人民群众的根本利益作为党和国家一切工作的出发点和落脚点，尊重人民主体地位，发挥人民首创精神，保障人民各项权益，走共同富裕的道路，促进人的全面发展，做到发展为了人民、发展依靠人民、发展成果由人民共享。在当前，主要应处理好以下三方面的关系：一是要正确处理好目的和手段的关系。相对于人民群众利益这个目的，执政党的一切活动具有工具的性质，执政党要充分尊重人民群众的主体地位，切实保障人民群众基本权利和基本利益的实现。这不仅要从根本制度上的保障体现，同时要体现在具体的制度和机制上，还要体现在执政党的执政实践中。特别是在建设社会主义和谐社会事业中，一定要保持社会发展的速度和人民群众生活水平提高幅度相适应，要随着国家国力的增强和财力的提高，把工作重点转移到保障和发展民生上，不断改善和提高人民群众的生产和生活水平，使人民群众真正成为改革开放和社会发展成果的受益主体。二要正确处理受益主体和创造主体之间的关系。人民群众是受益主体和创造主体的统一。要充分调动人民群众创造社会利益的积极性、主动性和创造性，使人民群众真正成为社会利益的创造主体和实践主体，最根本的就是要把人民群众的利益作为执政党一切大政方针和一切决策、一切言论和行动的根本出发点、主要支撑点和最终归宿点，把社会主义事业发展成为惠及全体人民的事业，使人民群众同时成为社会利益的受益主体。特别是在当前社会利益大分化时期，这是有效整合社会不同利益群体之间利益关系的基本联结点，也是构建和谐党群利益关系的关节点。三要正确处理好人民群众根本利益和直接利益、长远利益和现实利益、全局利益和具体利益之间的关系。要把实现人民群众最直接、最现实和最具体的切身利益，作为构建和谐党群利益关系的关键。

3.自觉做实现人民群众利益的工具

共产党是实现人民群众利益的工具，在共产党没有掌握政权之时，这种工具作用的发挥，主要体现为共产党人为人民群众的解放而斗争，领导和带领人民群众推翻旧的剥削制度，解放生产力，实现人民群众当家作主。可以说，这一时期共产党人是实现人民群众解放和自由这一根本利益的工具。在执政之后，共产党作为实现人民群众利益的工具，其作用和功能都出现许多新的变化，根本性变化就是共产党人代表人民群众执政掌权，能够充分利用政权的力量，去实现、维护和发展人民群众的利益。这一方面为共产党人发挥工具作用提供了有利条件，同时也对共产党人发挥工具作用提出了更高的要求，即执政的共产党必须自觉以执政的方式履行工具的职能，要努力提高做实现人民群众利益工具的能力和水平，坚持人民群众评价标准，同时要深刻警惕把人民群众当工具思想的泛滥，这是执政的共产党同人民群众利益关系的根本要求。

首先，作为执政的共产党要真正成为实现人民群众利益的工具，必须始终坚持“立党为公，执政为民”的执政理念，并把这一理念贯穿于党和国家的制度、体制建设中，贯穿于党和国家的大政方针中，渗透和体现于党执政的全部理论和实践中，以执政的方式自觉履行工具的职能。由于中国共产党“立党为公，执政为民”的执政理念，本质上是共产党人作为实现人民群众利益工具地位和作用的集中体现和高度概括，这就从根本上决定了共产党人要自觉做实现人民群众利益的工具。其一，必须把“立党为公，执政为民”的执政理念内化为执政党的全部共产党员特别是各级领导干部的理想、信念、情感、意志、价值目标和价值追求，变成他们的实践精神、思想观念和行为准则，成为他们的党性意识和自觉行动，才能发挥工具的职能和作用。其二，要把“立党为公，执政为民”的执政理念外化为党和国家的制度、体制和机制。在执政条件下制度、体制、机制是执政党实现工具功能的主要载体和工具，执政理念从根本上决定着制度、体制和机制的性质，是制度、体制和机制的灵魂。共产党要做实现人民群众利益的工具，就必须按照“立党为公，执政为民”的核心理念来设计和安排各项制度、体制和机制，使之成为实现人民群众利益的有力工具。其三，要把“立党为公，执政为民”执政理念具体化为社会的价值目标和评价标准，贯穿于党的路线、方针、政策和一切执政理论和执政实践中。价值目标和评价标准就是执政理念的具体化、规范化和可操作化，社会的价值目标和评价标准从根本上决定和规范着共产党人的价值取向和行为选择。“立党为公，执政为民”只有具体化为社会的价值目标和评价标准，做实现人民群众利益的工具，才能成为共产党人自觉的价值取向和行为选择。

其次，真正成为实现人民群众利益的工具，执政的共产党必须努力提高人民群众利益实现工具的能力和水平。是工具，就有优劣之分，好的工具能够发挥其应有的职能，保证目标的实现。相反，工具的性能不好，不能达到预期的目的，甚至损害主体的利益，这种工具最终就会被抛弃。对于执政的中国共产党来说，也面临这样的问题。不可否认，党的目的是为了实现最广大人民群众的利益，但是如果仅有良好的动机，而缺乏实现目标的能力和素质，同样无法真正成为实现人民群众利益的工具，从这样的角度来理解，加强党的执政能力建设，其目的就在于提高执政党做实现人民群众利益工具的能力和水平。根据时代发展，特别是党的先进性的要求，党的十六届四中全会把党的执政能力归结为：驾驭社会主义市场经济的能力，发展社会主义民主政治的能力，建设社会主义先进文化的能力，构建社会主义和谐社会的能力，应对国际局势和处理国际事务的能力。这些能力是党治国理政的基本能力，也是实现好、维护好和发展好人民群众利益的基本能力。党的十六大报告要求，各级党委和领导干部，要不断提高科学判断形势的能力、驾驭市场经济的能力、应对复杂局面的能力、依法执政的能力、总揽全局的能力。要能够以宽广的眼界观察世界，正确把握时代发展的要求，善于进行理论思维和战略思维；要坚持按客观规律和科学规律办事，及时研究解决改革和建设中的新情况新问题，善于抓住机遇加快发展；要能够正确处理各种社会矛盾，善于协调不同利益关系和克服各种困难；要增强法制观念，善于把坚持党的领导、人民当家作主和依法治国统一起来；要能够立足全党全国工作大局，坚定不移地贯彻党的路线方针政策，善于结合实际创造性地开展工作。党的十七大报告进一步提出，继续加强党的执政能力建设，着力建设高素质的领导班子，要求必须把提高领导水平和执政能力作为各级领导班子建设的核心内容抓紧抓好。要按照科学执政、民主执政、依法执政的要求，改进领导班子思想作风，提高领导干部执政本领，改善领导方式和执政方式，健全领导体制，完善地方党委领导班子配备改革后的工作机制，把各级领导班子建设成为坚定贯彻执行党的理论和路线方针政策、善于领导科学发展的坚强领导集体。以加强领导班子执政能力建设影响和带动全党，使党的全部工作始终符合时代要求和人民期望。这些都是作为执政党的党员特别是各级领导干部必须具有的能力和素质，也是在当今时代决定执政的共产党人能否真正担负起作为中国最广大人民群众根本利益实现工具的基本要求和必要条件。

再次，是否当好人民群众的工具要由人民群众评判。共产党人作为实现人民群众利益的工具，其工具的属性、功能和作用如何，其工作效果如何，不是看其自我感觉，也不是看其是否符合什么理论和原则，而是要看其是否符合人民群众的利益、愿望和要求，是否实现人民群众的利益。评判者只能是人民，评价标准就是看是否真正使人民群众的根本利益得以实现。以合乎人民群众利益作为最高评价标准，这是马克思主义政党工具论的基本要求，能否自觉坚持这一标准，是检验一个政党真假马克思主义的试金石。共产党人要自觉做实现人民群众利益的工具，必须坚持人民群众是政党工具属性和功能的评价者，这不仅要求坚持以人民群众的利益和愿望作为工作的出发点和立足点，而且必须尊重人民群众的权威，坚持以人民群众拥护不拥护、赞成不赞成、高兴不高兴、答应不答应作为判断一切功过是非的标准。党和国家的方针政策及其一切工作，其价值取向是否正确，工作成效是否突出，都要以人民群众的评判作为标准和依据。凡是符合人民群众的利益和要求，能够得到人民群众满意、拥护和支持的事情，都要尽最大努力积极去做，并且努力做好；凡是不符合人民群众利益和要求的事情，就要坚决纠正。要开通正确反映人民群众意愿的途径和渠道，形成保证人民群众意愿得到正确反映的制度和机制，把自觉接受人民群众的监督和评判作为实现党的工具功能和作用的重要保障，这是马克思主义工具论的必然要求。

最后，还要特别警惕把群众当作工具现象的泛滥。以谁为主人，以谁为工具，这是工具论的要害问题，这也是执政的共产党和人民群众之间利益关系的要害问题。共产党人自觉尊重人民群众的主体地位，自觉把人民群众的利益放在高于一切的位置，把自己定位于人民群众实现其特定利益的工具，这是一种共产党人特有的以人民群众为主体的工具论，是共产党人性质和宗旨的最高体现。然而，在现实生活中，一些党员和领导干部，往往自觉不自觉地把共产党和人民群众之间的位置和关系颠倒了。在思想认识上，一些领导干部往往以“父母官”自居，“为民做主”“替民请命”的“官本位”“权本位”思想根深蒂固；在利益关系上，把人民群众当作实现自身利益的工具，把自己当作利益的主体和主人，为了实现自己的利益，不惜牺牲人民群众的利益。为了个人政绩而大搞形式主义、耍花架子、弄虚作假、虚报浮夸、玩数字游戏等；为了部门利益而不惜损害人民群众的利益，利用公共职能和公共权力侵吞社会公共资源和公共财富；特别是一些大案要案，更是以大量侵吞国家财产和严重损害人民群众利益而触目惊心。这些问题，不仅反映出一些党员和领导干部思想认识上对党群利益关系的颠倒，更重要的是反映了制度和体制上尚没有真正建立起人民群众当家作主的社会管理体制，没有形成对人民负责的社会运行机制，这就不可避免地出现思想认识上和行动上的双重颠倒。把人民群众当作工具，从根本上背离了党的性质和党的宗旨。中国共产党的性质和宗旨，决定了党同各种消极腐败现象是水火不相容的。共产党人自觉做实现人民群众利益的工具，必须坚决惩治和有效预防腐败，坚持标本兼治、综合治理，惩防并举、注重预防的方针，扎实推进惩治和预防腐败体系建设，从源头上防范腐败，从制度上严惩腐败，从机制上杜绝腐败，不断提高党员干部拒腐防变的能力，坚决纠正损害群众利益的不正之风，切实解决群众反映强烈的问题，坚决查处违法违纪案件，对任何腐败分子，都必须依法严惩，决不姑息！

再版同期声：利益关系是最根本的关系。中国共产党所以能够走过百年艰难历程而保持强大生命力，就在于她是中国最广大人民群众利益的代表，她始终坚持了自己的初心使命，全心全意为了中国人民的利益而奋斗。《中国共产党章程》明确规定，“党坚持全心全意为人民服务，在任何时候都把群众利益放在第一位，同群众同甘共苦，保持最密切的联系”。我们党始终要求全党做到“必须坚持尊重社会发展规律和尊重人民历史主体地位的一致性、为崇高理想奋斗和为最广大人民谋利益的一致性、完成党的各项工作和实现人民利益的一致性，永不脱离群众，与群众有福同享、有难同当，有盐同咸、无盐同淡。”[①]新的历史时期，要求全党“深刻认识党的性质宗旨，坚持一切为了人民、一切依靠人民，始终把人民放在心中最高位置、把人民对美好生活的向往作为奋斗目标，推动改革发展成果更多更公平惠及全体人民，推动共同富裕取得更为明显的实质性进展，把十四亿中国人民凝聚成推动中华民族伟大复兴的磅礴力量”[②]。党的十八大以来，我们党带领全国人民奋力拼搏，坚决打赢了脱贫攻坚战，使十几亿中国人民从此摆脱贫困，走上了文明富裕的小康之路，开辟了中华民族伟大复兴的新天地。这是改革开放新时代中华民族、中国最广大人民的最根本的利益之所在。

近年来，理论界一些人，甚至一些所谓搞党建理论研究的人，曾经貌似公允地推崇一种理论，说市场经济条件下，我们党应该有人民利益之外的自己独特的利益。在这个关系到党基本理论的大是大非原则问题上，公然违反党章，制造混乱。党的十八大以来，以习近平同志为核心的党中央，旗帜鲜明地强调：“我们党没有自己的特殊利益，党在任何时候都把群众利益放在第一位。这是我们党作为马克思主义政党区别于其他政党的显著标志。”[③]习近平同志在讲话中曾经引用古人言“与天下同利者，天下持之；擅天下之利者，天下谋之”。他指出：“共产党人必须牢记，为民造福是最大政绩。我们谋划推进工作，一定要坚持全心全意为人民服务的根本宗旨，坚持以人民为中心的发展思想，坚持发展为了人民、发展依靠人民、发展成果由人民共享，把好事实事做到群众心坎上。”[④]在治国理政的理论和实践中，我们党始终十分鲜明地要求全党坚持人民主体论，坚持人民至上、坚持以人民为中

---

① 习近平：《在党史学习教育动员大会上的讲话》，《求是》2021 年第 7 期。

② 习近平：《论坚持人民当家作主》，中央文献出版社 2021 年版，第 319 页。

③ 《习近平谈治国理政》第 4 卷，外文出版社 2022 年版，第 53 页。

④ 《习近平在中央党校(国家行政学院)中青年干部培训班开班式上发表重要讲话强调　筑牢理想信念根基树立践行正确政绩观　在新时代新征程上留下无悔的奋斗足迹》，《人民日报》2022 年 3 月 2 日。

心。这在市场经济条件下，是具有特别重要的意义的，是具有关乎党的生死存亡的特别重大的理论和实践意义的。最近几年，在全世界都面临的重大疫情面前，我们党始终鲜明地把人民生命安全和身体健康放在第一位，始终坚持人民至上、生命至上，不惜一切代价保护人民生命安全和身体健康，这在全世界是绝无仅有的，是只有把人民利益放在高于一切位置的中国共产党才能做到的，受到全世界的高度赞赏。

对于中国社会来说，改革开放以来，利益的意义和作用更加凸显，利益原则成为几乎所有领域通行的原则，各种利益诉求和利益表达更加直接、更加直白。随着市场经济的深入发展，在市场机制和利益原则的驱使下，形成了对我们党员干部围追堵截的严重态势，我们党员特别是干部队伍中，很多人沦陷，成为各种利益和利益集团的代言人。这是一个十分严重的、关乎党的生死存亡的重大问题。在党的十八大之后，面对党内大量出现的被市场经济条件下的各种利益和利益关系俘虏的党员干部，面对党内大量存在的消极腐败、不正之风，以习近平同志为核心的党中央，以大无畏的革命精神，大刀阔斧，壮士断腕、去腐生肌，补钙壮骨、排毒杀菌，不断清除侵蚀党的健康肌体的病毒，不断提高自身免疫力，给出了跳出历史周期率的第二个答案，这就是自我革命。习近平总书记在党的二十大报告中明确指出："腐败是危害党的生命力和战斗力的最大毒瘤，反腐败是最彻底的自我革命。只要存在腐败问题产生的土壤和条件，反腐败斗争就一刻不能停，必须永远吹冲锋号。"他特别强调："坚决查处政治问题和经济问题交织的腐败，坚决防止领导干部成为利益集团和权势团体的代言人、代理人，坚决治理政商勾连破坏政治生态和经济发展环境问题，决不姑息。"[①]十年磨一剑，我们党"把全面从严治党纳入'四个全面'战略布局，以前所未有的勇气和定力推进党风廉政建设和反腐败斗争，刹住了一些多年未刹住的歪风邪气，解决了许多长期没有解决的顽瘴痼疾，清除了党、国家、军队内部存在的严重隐患，管党治党宽松软状况得到根本扭转"[②]。正如我们党在《中共中央关于党的百年奋斗重大成就和历史经验的决议》中指出的："党中央发扬钉钉子精神，持之以恒纠治'四风'，反对特权思想和特权现象，狠刹公款送礼、公款吃喝、公款旅

① 习近平：《高举中国特色社会主义伟大旗帜　为全面建设社会主义现代化国家而团结奋斗——在中国共产党第二十次全国代表大会上的报告》，人民出版社 2022 年版，第 69 页。

② 习近平：《全面从严治党探索出依靠党的自我革命跳出历史周期率的成功路径》，《求是》2023 第 3 期。

游、奢侈浪费等不正之风，解决群众反映强烈、损害群众利益的突出问题，推进基层减负，倡导勤俭节约、反对铺张浪费，刹住了一些过去被认为不可能刹住的歪风，纠治了一些多年未除的顽瘴痼疾，党风政风和社会风气为之一新。”[①]这个过程中，中国最广大人民群众的利益始终是我们党的最高遵循，中国最广大人民群众的认同和支持始终是我们党最深厚的基础和底气。我们党自身的自我革命精神则是应当给予高度赞扬的，正如习近平总书记满怀激情表达的：“我将无我、不负人民，始终代表最广大人民根本利益，才能本着彻底的自我革命精神检视自身、常思己过，坚决同一切损害党的先进性和纯洁性的因素作斗争；才能摆脱一切利益集团、权势团体、特权阶层的‘围猎’腐蚀，并向党内成为这些集团、团体、阶层同伙的人开刀，永葆党的生机活力；才能让人民信赖我们、支持我们，真心实意帮助我们改正缺点，坚定跟着党一起奋斗。全面从严治党是新时代党的自我革命的伟大实践，开辟了百年大党自我革命的新境界。”[②]他指出：“中国共产党根基在人民、血脉在人民、力量在人民。中国共产党始终代表中国最广大人民根本利益，与人民休戚与共、生死相依，没有任何自己特殊的利益，不代表任何利益集团、任何权势团体、任何特权阶层的利益。任何想把中国共产党和中国人民分割开来、对立起来的企图，都是绝对不会得逞的！9500多万共产党人不答应，14亿多中国人民也不答应！”[③]面对这样伟大的党，人民和历史已经给予并将继续给予最高评价！

六、构建和谐的党群关系

共产党与人民群众的关系是风雨同舟、血肉相连的密切关系，这种关系经历了战争年代血与火的考验，接受了和平时期无数困难挫折的挑战，今天在全新的时代历史环境中，在中国共产党人执政的条件下，在社会主义市场经济的大潮中，又面临更加严峻的考验。面对新的考验，我们需要对党群关系给予更加深刻的审视和思考。特别是在构建社会主义和谐社会的新的历史过程中，需要更加认真地思考和研究如何构建适应社会主义和谐社会要求的和谐的党群关系问题。

---

① 《中共中央关于党的百年奋斗重大成就和历史经验的决议》，《人民日报》2021年11月17日。

② 《习近平著作选读》第2卷，人民出版社2023年版，第588页。

③ 习近平：《在庆祝中国共产党成立100周年大会上的讲话》，人民出版社2021年版，第11—12页。

(一)改革开放与市场经济条件下我国党群关系的新特点

党的十一届三中全会以来,我们党执政的经济基础和执政环境发生了重大变化:由过去相对封闭和僵化的局面转变为全面改革开放的新形势,由过去计划经济体制的环境转变为社会主义市场经济体制的新环境。以改革开放和市场经济为显著时代特点的新形势、新环境对我们社会从思想观念到政治、经济、文化和社会的制度、体制,乃至人们的生活方式、行为方式产生巨大的冲击,也导致党群关系出现了若干新特点。

1.由依附性向自主性转变是党和人民群众关系变化的突出特点

计划经济条件下,几乎排斥一切不依赖于国家的活动,包括人们的一切经济活动和经济行为几乎都由执政党和行政管理者直接干预和控制,几乎没有群众的自主活动和广泛的自主参与。党群关系的密切在事实上带有浓厚的依附色彩,人民群众对党和政府有着较强的依赖性,依赖于国家事无巨细的计划和对大事小事的指导。广大民众基本没有相对独立的经济利益,当然也就缺少为谋取自己利益的自主活动及动力。改革开放以来,随着市场经济体制的建立和完善,市场主体鲜明的自主性质与平等地位激发着人们自觉的利益追求和广泛的自主参与,政府不再替民众决定市场行为,市场参与、利益选择成为民众自己的事情。人民群众在市场活动中自主地选择、自主地决策,独立地对自己的市场行为负责。这样,人民群众作为市场的微观主体,变成了相对独立和自主的活动主体,党的微观指导变成了宏观为主的领导,人民群众对党的依赖性逐渐减少,而自主性空前增强。这种自主性的增强必然催生人们的平等意识和诉求。改革开放越深入,市场经济越发展,人们的平等观念也愈深入人心,党和人民群众之间的关系日益趋向真正意义上的平等。同时,改革开放和市场经济条件下,党群关系上的这种自主性特点和平等化趋势以及表面松散和疏远的现象,恰恰反映了党群之间深层次的依存联系和依赖关系的实质,人民群众迫切要求执政党根据民众的意志,通过制度安排、法律规范和政策引导来维持市场公共秩序,创造公平竞争的环境,并在他们需要的时候提供法律许可范围内的服务。

2.党和人民群众之间的利益关系发生了变化

战争年代和计划经济条件下,党和人民群众的关系是以政治目标为核心、以意识形态整合为纽带的。计划经济往往被称之为命令经济、统制经济,它在本质上否定了人们自己直接的经济利益,致使人们对自身利益缺乏正确认识，也缺乏正当追求的意识，人们独立的经济利益和相关的活动被“计划”的力量冲淡和泯灭，而以普遍贫穷和平均主义“大锅饭”为特征的利益关系使党和人民群众利益的一致性被片面夸大、差异性被抹杀。而改革开放和市场经济条件下，利益作为人们思想和行为的原动力，作用更加突出。人民群众中利益关系出现分化和多元化特点，人民群众利益关系的表达和实现也愈加复杂化，党与人民群众联系的核心和纽带由政治目标导引型转变为利益代表型。执政党要保护好、实现好、发展好人民群众多方面的发展着的利益，人民群众则更关注执政党改革开放和市场经济的政策导向和价值取向。原本政治目标和意识形态型联系逐渐转变为以全面代表和公平实现人民利益为核心、以党对社会公民利益合理有效的整合为纽带。这是党群关系变化的一个显著特点。

3.党和人民群众之间的联系渠道和作用机制实现了由规约型到参与型的转变，这也是党群关系变化的一个新特点

计划经济条件下党群之间关系是以计划和命令为主的、以规约为特点的，近似于封闭运行的刚性行政型联系渠道，以实现上通下达和党群联系。它有一元化领导、社会运行高效率、党群联系形式密切的优势，但是群众民主参与的积极性、主动性和创造性却受到了束缚和限制，不能充分释放出来。改革开放之前，我国的政党制度，在阶级基础的巩固和群众基础的广泛上，在政党的领导力量和实现力量上，在维护政治稳定和政治发展的功能上，都具有其他政党制度所不可比拟的优越性。社会主义政治制度否定了政治生活中少数人对多数人的统治，在人类历史上第一次推行广大劳动人民当家作主的民主政治，使人类政治文明的主体扩展到大多数民众，正是从这个意义上我们说它是新型的和真正意义上的民主政治。但现实生活中，也有其缺陷和不完善之处，主要是党的建设和民主政治建设中缺乏制度体制创新。长期以来，我们将政治民主中无阶级性的一般原则，如剥夺专制还权于民，政务公开化取代神秘化，政治生活由少数有权者垄断转变为广大公民的平等参与等原则，同“多党制”等有阶级性的东西混淆等同，拒之于党内民主、人民民主的建立完善的借鉴之外，致使党内民主长期停留在战争年代、新中国成立初期“开展批评与自我批评”“让人讲话”“允许发表并听取不同意见”的水平上，这在长期的执政实践中就凸显了民主参与不足的缺陷。领导方式中的党政不分、以党代政，致使执政党联系群众的渠道不畅，联结作用发挥不充分；执政方式中的权力过分集中和行政命令体制，致使官僚主

义、家长制现象普遍存在，既阻碍了党内民主和人民民主的健康发展，也成为滋生腐败现象和制约群众民主参与的积极性、主动性和创造性的制度源头。在社会政治文明建设方面，人民当家作主作为社会主义新型民主的本质和政治制度建构的价值基础，社会主义制度中主人与主体的统一作为新型民主的真正优势，都要通过与之相适应的一定的形式、体制、程序体现和实现出来。如果这种与之相适应的形式、体制、程序缺失或者倒错，就会不可避免地产生民主内涵与实现形式、程序的矛盾，如果缺乏制度、体制的保障，社会主义民主政治的优势就不能充分发挥，甚至影响政治关系的良性确立，制约社会主义政治文明的发展，致使人民群众民主参与的热情和积极性的降低。而改革开放以来，我们党在加强党内民主建设和党内运行制度建设方面，在社会政治文明建设方面，经历了从侧重价值原则、行为取向的条例、规章、纪律建设到制度创新和制度保障的根本转变，为建立新型党群关系奠定了坚实基础。改革开放以来，在我国社会主义民主政治的进程中，注重了权力合理配置和权力运行的公开化、透明化，设置了对权力相应的程序约束、规范和控制，进一步拓展了实现人民民主权利、责任的渠道。这一方面更有利于发挥权利对权力的监督、制衡和约束功能，抑制或消除诸如政治腐败、政治专权、官僚主义、家长制、效率低下等现象；另一方面开辟了发挥公民权利对公共权力的监督、牵制和控制功能，以最大限度地保障公共权力为公共利益服务的作用，创造了民众广泛进行政治参与并充分行使民主权利的条件。这就为建立适应社会主义市场经济和社会主义民主政治要求的新型党群关系提供了良好的条件。

（二）党群关系面临的严峻考验和挑战

新的历史条件下，在党与人民群众的联系出现上述新特点的同时，也在党与人民群众之间的权力关系、地位关系和利益关系方面不可避免地引发一些令人意想不到的变化。这些变化对执政的共产党人与人民群众之间在长期革命和建设实践中建立起来的十分密切的关系形成了前所未有的考验和严峻的挑战。

首先是来自党与人民群众权力关系的挑战。这就是在市场经济和全面对外开放的条件下，如何从思想观念到政策安排、到制度体制和社会运行机制上，真正体现和实现人民群众权力主体的地位，并在这个基础上建立起党群之间良好的权力关系。这是一个全新的重大的历史课题。由于社会主义改革的不完全到位，党内许多人对人民群众自主性的空前增强和党群关系上的平等化趋势以及表面松散和疏远的现象缺乏正确的认识，对党群之间深层次的依存联系和依赖关系的实质缺乏深刻的理解和把握，因此不能完全适应经济社会发展的要求和人民群众的愿望。这就表现为执政党中的一些人，特别是领导干部，在思想深处不是真正把人民群众作为权力的主人，而以为自己作为执政党就是执掌政权的主体，是社会权力的主人，是社会的领导者、管理者，而人民群众既然已经把权力赋予执政党，就只能是被领导和管理的对象，这就非常容易出现自觉不自觉地使自己与人民群众之间的关系演变为统治与被统治关系的问题，从而从根本上破坏了共产党与人民群众之间形成平等关系的基础。这样的思想观念影响着社会民主法制的进程，影响着人民群众权力主体地位实现、保障制度和机制建设的进程。这是社会主义政治文明和政治建设要解决的突出问题，是社会主义政治体制改革的重点和难点所在，也是影响党群关系最重要的思想观念根源所在。这种状况与人民群众民主和法制观念的不断强化，参与社会管理和社会事务的要求不断增强，形成矛盾和对立，也对执政党与人民群众的密切关系形成严峻的挑战。

其次是来自党与人民群众地位关系的挑战。在我国社会主义政治建设中，党的领导、人民群众当家作主和依法治国的有机统一，是执政的共产党与人民群众政治地位关系的核心内容和制度保证。在这样的制度安排下，党的领导就是党领导和支持人民群众当家作主，党与人民群众地位关系的实质就是在社会主义民主和法制建设框架下的政治地位平等关系。党要在社会主义民主政治和法制建设的前提下，从事领导和管理社会的职能，这就为党与人民群众之间的地位平等关系奠定了政治制度的保障。但是由于我们社会主义初级阶段政治文明与政治建设的不完善和政治体制改革的暂时不能完全到位，党的领导、人民群众当家作主和依法治国的有机统一尚不能得到完全的制度保障、科学的实现机制和正确、有效的政策体现。这就在许多方面使党与人民群众之间的政治地位平等关系，受到来自旧的传统观念、社会制度体制和运行机制的阻隔与限制，自觉不自觉地仍然带有传统社会不平等的统治与被统治关系的痕迹。这成为影响党与人民群众之间密切联系与平等关系的根源性问题。这个问题不从根本上解决，我们党与人民群众之间的关系就很难实现真正的密切与和谐。

最后是来自社会利益关系的挑战。随着改革开放和市场经济条件下人民群众利益关系分化、多元化和表面化特点的出现，党群利益关系的表达和实现也愈加复杂化。这就客观地要求执政党要始终把握好改革开放和市场经济制度与政策的价值取向和价值导向。要最大限度地保护好、实现好、发展好最广大人民群众的利益，协调和处理好社会各部分、各方面的利益关系，全面代表和公平实现各部分、各阶层人民群众政治、经济、文化和各方面的利益，有效整合全社会的利益关系，并以此为纽带，加强与最广大人民群众的密切联系。毫无疑问，这对于执政的共产党人来说，也是一个以往革命和建设实践中没有遇到的、全新的历史性课题。利益问题是一切社会问题的总根源，是一个十分敏感的问题，又是一个无法回避和摆脱的问题。特别是在我们这样的处于社会主义初级阶段的国家，在经济、文化都不十分发达的情况下，地域的广大、生产力和社会发展的多层次性以及改革开放的不断深化和经济社会的高速发展，使人们的利益关系在市场经济中呈现异常复杂的局面。协调处理好社会各阶层的利益关系，首先必须依靠社会的制度安排和政策导向。要以科学的、文明的社会主义制度使最广大人民群众的利益得到应有的实现和保障，要以公正的、开放的社会政策，体现以人为本和公平、正义的指导原则，实现对社会的善治。要避免由于利益关系把握不好，出现明显的社会不公而引发各种社会矛盾和问题。尤其要高度警惕和防止出现由于维护少数执政者的既得利益而与人民群众出现利益的分离和思想的隔阂。这是对执政的共产党人的严峻考验。如果执政党不能做到“立党为公，执政为民”，不能做到“科学执政、民主执政、依法执政”，公平、公正地处理好社会的各种利益关系，党群关系就会受到严重威胁。在经济社会发展的特殊时期，特别是进入社会利益关系深刻调整的特殊时期和各种以利益关系为根源的矛盾高发时期，党群关系将面临更加严峻的挑战。这也是我国现阶段出现局部性党群关系淡漠甚至紧张的一个重要原因。

在我国经济社会发展现阶段，如党的十六届六中全会决定指出的，我国已进入改革发展的关键时期，经济体制深刻变革，社会结构深刻变动，利益格局深刻调整，思想观念深刻变化。这样的情况下，我国社会总体上是和谐的，但是也存在不少影响社会和谐的矛盾和问题。表现在党群关系方面就是，虽然党群关系在总体上是和谐的，但也出现一些不和谐的问题。这种不和谐的问题在一些局部往往还表现为比较集中和突出的问题。认真研究党群关系上出现的新情况和新问题，积极探索如何建立起适应新形势和任务要求的和谐的党群关系问题，已经成为迫在眉睫的重大任务。

（三）建立和谐党群关系的基础性条件

建立与社会主义和谐社会相适应的和谐党群关系，是社会主义民主政治发展的必然要求，是我国经济社会发展现阶段的必然选择和客观要求，也是构建社会主义和谐社会的首要条件。

执政的共产党与人民群众之间和谐的党群关系，就是在社会主义政治和法律制度的安排及保障下，按照共产党党纲、党章中关于党的性质、宗旨的要求，遵循党与人民群众之间执政的实质性主体与代表性主体的本质关系，在社会政治生活、经济生活、文化生活及社会生活中，营造平等相处、相互信任、相互尊重、和谐共融的党群关系。

这种和谐的党群关系，从根本上是以执政的中国共产党是人民群众中的一部分，是工人阶级、中国人民和中华民族的先锋队为基础的。这是执政的共产党、党的领导干部及全体党员正确的社会定位的依据。共产党是来自人民、植根于人民群众之中的，是人民群众中的一部分，这是党的性质、宗旨已经确定了的。当然党是人民群众中先进的一部分，它之所以先进，就在于它是以最广大人民群众的利益为最高利益，全心全意为人民群众谋利益的，党要带领人民群众去改变旧世界，建设美好的社会生活。也正是基于这一点，人民群众真心实意地拥护和支持共产党的领导，跟着共产党走社会主义道路，寻求富强、民主、文明、和谐的社会主义新生活。在这种党群关系中，执政的共产党是代表最广大人民群众的利益执掌政权的，虽然他们是社会主义事业的领导者，但他们不是在人民群众之上的官僚阶层，而是生活和存在于人民群众之中，作为人民群众中的一部分，与人民群众同甘苦共患难、共同开创社会主义事业的领导者。因此从本质上看，党与人民群众能够形成水乳交融、血肉相连的和谐关系。

《人民论坛》曾于2006年10月31日刊载了署名王晓河的一篇文章，给人以启示，该文题为《摆正自己的位置》，文中叙述了两个干部给自己的定位。“一个是牛玉儒，在接受呼和浩特电视台的专访时，记者问他，作为呼市这个‘大家庭’的家长，新的一年有什么新的打算？牛玉儒温和而坚决地纠正她：我不是‘大家’的家长，我是为‘大家’服务的，这个位置一定要摆正。一个是浙江省杭州市余杭区原副区长马惠明，他利用职务之便，收受贿赂共计245万余元。他说：由于分管工业和开发区工作，与企业老板的接触与交往就成了自己工作的一部分。这种接触多了，看到的听到的都是商人的那一套游戏规则，时间一长，我产生了'角色错位'，将自己混同于一个'商人'，做人做事只强调回报、收益等一套规则。对于位置，一个摆正，成为典范；一个错位，成为罪犯。两相对照，令人警醒。"①

这一事例给人以启示就在于它道出了一个基本的道理，这就是共产党人必须摆正自己的位置。这对于党员干部个人来说，是其党性的最基本体现，是其安身立命的根本点；对于整个党来说，就是确定党的理论、路线和方针、政策的基本依据，是党处理党群关系和其他一切社会关系的基本依据，是今天我们建设和谐的党群关系的基本依据。共产党诞生的时候，就是这样给自己定位的，老一辈革命家们就是用这样的定位要求全党、要求自己，从而赢得了人民群众的最大信任和支持，建立和保持了与人民群众之间堪称楷模的最紧密、最和谐的党群关系。今天我们仍然不能丝毫离开这个定位！"位置如定盘星，差之毫厘，谬以千里；位置如根基，根基不牢，摇摇晃晃。"②

和谐的党群关系就是党与人民群众之间的正确的价值关系、权力关系、地位关系和利益关系的现实表现和具体实现。党与人民群众关系的和谐，是建立在执政党与人民群众关系本然基础上的。执政的共产党与人民群众之间的关系，真实的具体内容和要求就表现为以人民群众主体论为本质特征的价值关系、权力关系、地位关系和利益关系及其规定性和具体要求上。这种党群关系是不同于其他一切政党的，是崇高的，同时又是执政的共产党性质、纲领、宗旨和党的队伍、组织等本质属性的必然要求。执政党只有在实践中真正实现和坚持这种党群关系，体现和实现执政的共产党与人民群众之间关系的本真，真正把自己放在价值客体的地位，努力实现和满足人民群众价值主体的价值需要、真正树立人民群众权力主体的观念，做到权为民所用，努力维护和实现人民群众的一切权益、真正坚持人民群众利益主体论，做到努力实现、维护和发展好最广大人民群众的利益，党与人民群众之间才有可能真正建立起和谐的关系。如果不是这样，口头上讲一套，实际工作中是另外一套，不仅难以实现党群关系和谐，甚至会引起人民群众的不满，导致党群关系的恶化。

和谐的党群关系是以党与人民群众之间的平等关系为必要条件的。执

---

① 王晓河:《摆正自己的位置》,《人民日报》2006年10月31日。

② 王晓河:《摆正自己的位置》,《人民日报》2006年10月31日。

政的共产党与人民群众之间是一种平等的关系。这种平等是在社会主义民主政治框架下，在宪法、法律和社会主义制度的规范与约束下，党与人民群众之间保持政治地位上平等的关系。党作为社会主义事业的领导核心，其职责最主要的就是领导和支持人民群众当家作主，领导和支持人民群众依法行使自己管理国家和社会事务的权力并以宪法和法律规范党自身的活动。党作为执政党，要正确行使代表人民群众执掌国家政权、监督政府工作的职责，保持社会的安定有序，保障人民群众的合法权益，最大限度地实现好、维护好、发展好人民群众的根本利益。而人民群众则要在党的领导下，自觉发挥主人翁的作用，正确行使自己的权利和义务，共同搞好社会管理，促进社会发展。同时要依法监督党的组织和个人，监督他们是否按照宪法和法律的规范科学执政、民主执政、依法执政，监督他们在社会政治生活、经济生活、文化生活和社会生活中是否遵守法律和制度的规范，是否认真履行执政党的职责。党与人民群众就是在这种良性互动和相互作用中平等相处、和谐发展的。如果没有党与人民群众之间的这种平等的关系，或者这种平等关系遭到破坏，党与人民群众之间的和谐关系就失去了基本保障。

（四）和谐党群关系的实现和发展

在共产党执政的条件下，不断实现和发展党与人民群众之间和谐的党群关系，是巩固和发展共产党执政地位的要求，也是最大限度地实现好、维护好和发展好中国最广大人民群众根本利益的要求。这是我们在全新的历史条件下必须认真思考和研究的重大现实问题。

在实现和维护党与人民群众的平等关系、和谐关系中，党始终处于主导的地位。这主要是因为执政党的地位使党具有地位优势、政治优势和组织优势，对整个社会处于宏观的指导和领导地位，其政策和制度的价值取向和利益导向，对党群关系具有决定的意义，是形成一定的党群关系的制度性根源。执政党可以而且必须利用政策导向、制度安排和宏观指导，处理好各种社会矛盾及问题，最大限度地实现、维护和发展人民群众的利益，从而使和谐的党群关系具有基础性条件，得到切实保障。这是人民群众对执政党的最重要和最主要的要求，能够实现这样的要求，和谐的党群关系就具有了最基本的保障。反之，如果人民群众的根本利益不能够得到实现、维护和发展，人民群众不满意，党群关系就会遭到破坏，党与人民群众之间就无法和谐相处。苏联共产党垮台的重要原因，就是苏共没有实现、维护和发展好人民群众的根本利益，而只是保护了少数特权阶层的利益，人民群众不满意，党群关系严重不和谐，其中教训是极为深刻的！同时党的组织和个人执掌着人民群众赋予的管理社会的权力，肩负着管理社会、服务民众的职责，他们的素质如何，他们工作作风、执政能力如何，都将在人民群众中产生一定的影响，直接影响和决定党与人民群众之间的关系是否和谐。

由于在和谐的党群关系中，执政的共产党始终处于主导地位，那么就要求共产党人坚持党的性质、宗旨，坚持党与人民群众之间正确的关系定位，按照建立和维护党与人民群众之间和谐的党群关系的要求，正确处理执政理国和党的建设的一切事务，同时要加强党的自身建设，使党的一切理论实践都有利于和谐党群关系的实现和维护。

首先，党要始终不渝地坚持自己的性质宗旨，"立党为公，执政为民"，始终不渝地坚持人民的利益高于一切，正确处理党与人民群众之间的利益关系，把实现好、维护好和发展好中国最广大人民群众的利益作为党执政理国和处理一切社会事务的出发点、落脚点和最高原则、最高标准。这是共产党人的马克思主义基本立场，是人民群众拥护执政党、能够与执政党建立起和谐的党群关系的基础。过去战争年代十分恶劣的环境中，我们党就是依靠这一点赢得人民群众的信任支持，建立起十分密切的党群关系的。今天社会主义市场经济条件下，执政的共产党仍然必须坚持这样的基本立场，才能够巩固和加强党与人民群众和谐的党群关系。

其次，执政党要大力推进社会主义民主进程。民主是社会和谐的必要条件，也是和谐党群关系的必要条件。共产党执政与其他政党执政的不同，就在于它是以人民群众当家作主为前提条件的，是代表人民群众行使执政权的。共产党只有大力推进社会主义民主进程，真正尊重群众、按照人民的意愿办事，让人民群众真正当家作主，人民群众才能够信任党、支持党，党才能真正具有凝聚力和向心力，也才有和谐的党群关系。近年来，我们社会的民主进程有了新的发展，尤其是广大的农村和社区等基层民主蓬勃发展，人民群众自己管理自己的事务，提高了管理的水平，也让人民群众体会到了当主人的自豪感，更加尊重和拥护党的领导，因此党群关系更加和谐。当然总体看来我们社会的民主程度还有待于进一步提高，一些地方和部门党群关系、干群关系紧张，其主要原因是仍然缺乏民主的制度和机制，部分地方政府和领导干部在工作中没有很好地尊重民意，决策不讲民主，甚至独断专行，人民群众的意愿得不到充分的表达和实现，人民群众不满意。因此大力推进社会主义民主进程仍然是建立和谐党群关系的重要着力点。

再次，要在经济社会发展中更加注重公平。公平正义是社会和谐的基本条件，也是建立和谐党群关系的重要基础和条件。人民群众要求执政党能够为他们提供良好的工作、生活社会环境，要求有公平正义的社会制度和氛围，特别是与他们的各种利益实现直接相关的社会制度和体制，要体现公平正义的价值导向。历史记载诸葛亮用法颇严，但公正无私，所以能够令行禁止，深受爱戴。正如《三国志》记载："尽忠益时者，虽仇必赏；犯法怠慢者，虽亲必罚……终于邦城之内，咸畏而爱之，刑政虽峻而无怨者，以其用心平而劝戒明也。"做事公正，则不怒自威。执政党及其领导干部能够公平、公正，就能真正体现和代表最广大人民群众利益，因而得到人民群众的拥护和支持，就能够保持党群关系的亲密和谐。如果办事不公，不能正确处理各阶级、阶层的利益，甚至只照顾某些利益集团或为个人及亲友牟取私利，失去公平、正义，就损害了人民群众的利益，使党群关系、干群关系的和谐缺少了基本条件。而且作为执政党，最重要的是要能够在社会制度建设中，最大限度维护社会的公平正义，使社会的制度建设体现公平正义的价值导向，党群关系就能够和谐。相反，如果执政党的政策导向和制度建设不能够体现公平正义的原则，就不可避免地引发社会矛盾，甚至引起社会的动荡，就从根本上破坏党群关系和谐的基础。因此加强和谐党群关系建设，必须高度重视社会制度导向、体制导向、社会政策导向的公平正义。

最后，党群关系的和谐来自执政党的清正廉洁。中国历史上历来有清官人人敬仰，贪官人人唾骂的传统。明嘉靖年间无极县令郭允礼曾写下"公生明，廉生威"，北宋大清官包拯也曾说过"廉者，民之表也；贪者，民之贼也"。历史事实表明：得民心者，一呼百应；失民心者，百呼不应。尤其是执掌政权的人，更是必须为政清廉。清正廉洁，民心就顺，民心就聚，党群关系、干群关系就和谐。但古往今来，几乎所有的统治者都在执掌政权后不久，就演变为既得利益者，并千方百计利用手中的权力维护既得利益，形成既骄又躁既得利益集团，因此他们也难免落得垮台的下场，形成了一个"兴勃亡忽"的历史周期率。毛泽东早在进城之前就思考和回答了如何跳出这一历史周期率的问题，告诫全党要牢记"两个务必"，即务必继续地保持谦虚、谨慎的作风，务必继续地保持艰苦奋斗的作风。但是我们党执政五十多年后的今天，我们的一些党员干部似乎忘记了历史的教训和领袖的告诫，自觉不自觉地发生了脱离群众、贪图安逸、消极腐败甚至腐化堕落的演变，因此他们与人民群众之间的关系也不可避免地发生了巨大的变化，昔日亲如鱼水、情同血肉的关系，演变为今日被人戏称为“油水关系”甚至“鱼肉关系”。这就从反面告诫我们必须按照党的十七大要求，从严治党，加强党风廉政建设，筑牢拒腐防变的思想道德防线，以优良的党风促政风带民风，努力营造和谐的党群、干群关系。

还有一点十分重要，即和谐党群关系来自党员干部的实干作风。现在一些地方党群关系、干群关系不和谐，一个重要原因就在于领导干部脱离群众，作风漂浮，不讲真话，不为群众办实事，人民群众不满意，甚至对党员干部、对地方政府产生信任危机。特别在我国现阶段，各种社会矛盾集中显现，处理矛盾、协调利益关系的难度加大，要求执政党的各级组织及其领导干部，要真正置身于群众之中，与人民群众同呼吸、共命运，以扎实的作风、勤奋的工作，以人民群众最关心、最直接、最现实的利益问题为重点，认真解决关系人民群众切身利益的问题，让广大人民群众真正体会到社会主义的温暖、体会到党的温暖，这是我们营造和谐党群关系的重要条件。因此，各级党组织及领导干部必须发扬党的优良传统作风，真正像胡锦涛、温家宝等中央领导人倡导并身体力行的那样，深入基层、深入群众，真正到群众中去，和广大人民群众打成一片，切身体会群众疾苦，真实倾听群众呼声，真情为群众解决困难，最大限度满足人民群众愿望。只有这样，特别对于执政党更是只能这样，才能得到人民群众的爱戴和拥护，党群关系、干群关系才能更加和谐。

再版同期声：全新的历史条件下，党与人民群众之间的关系出现了许多新特点，构建和谐的党群关系成为客观要求。如何认识和适应这一客观要求，主要取决于我们党，取决于党治国理政的大政方针和各级党组织、广大党员干部的工作和作风。对此我们党是始终有着清醒的认识的。党的十八大之后，我们党在全党部署开展的群众路线教育实践活动中，习近平同志发表了重要讲话，他深刻论述了新形势下坚持党的群众路线，密切党与人民群众关系的极端重要性。他特别强调：“党要继续经受住执政考验、改革开放考验、市场经济考验、外部环境考验，就必须始终密切联系群众。在任何时候任何情况下，与人民同呼吸共命运的立场不能变，全心全意为人民服务的宗旨不能忘，群众是真正英雄的历史唯物主义观点不能丢，始终坚持立党为公、执政为民。”[①]重新强调这些基本观点，为的是让我们干部始终高度重视与人民群众的关系问题，密切党与人民群众的紧密联系。2020年，习近平同志在与基层代表座谈时特别讲到“民心是最大的政治”，“社会主义中国发展到今天，取得的成就不是天上掉下来的，更不是别人恩赐施舍的，而是广大人民群众在党的领导下用勤劳、智慧、勇气干出来的！”[②]因此，要尊重人民群众，相信和依靠人民群众，推动党和国家的事业更好发展。他虽然工作繁忙，但还总不忘抽出时间，经常深入基层，深入群众，亲自了解人民群众现实生活状况和意愿要求。特别对随着社会发展，人民群众不断产生的各种新期盼、新要求，他都给予高度重视。部分困难群众的现实状况和要求，更是他时时牵挂的。每年春节前，他都会带着基层干部去生活相对困难的群众家走访，了解他们的生活状况和要求。他告诫我们党年轻的同志们：“中国共产党领导人民取得革命胜利，是赢得了民心，是亿万人民群众坚定选择站在我们这一边。我们要继承发扬革命传统和优良作风，始终把人民利益放在最高位置，不忘初心、牢记使命，贯彻党的群众路线，尊重人民主体地位，始终同人民站在一起、想在一起、干在一起。”[③]只要我们的党员干部都能按照总书记的要求，知民情、懂民意，深刻把人民群众的安危冷暖放在最重要对位置，不忘初心，牢记使命，一心为民，努力奉献，我们党与人民群众的关系就能够始终保持良好的状态，我们的事业就一定会更加兴旺。

---

① 《习近平谈治国理政》第1卷，外文出版社2018年版，第367页。

② 《习近平谈治国理政》第4卷，外文出版社2022年版，第61页。

③ 《习近平谈治国理政》第4卷，外文出版社2022年版，第64页。

第三篇

现阶段群众路线实现方式和群众工作理论研究

——创新群众路线的实现方式和群众工作思路

群众路线是我们党根本的政治路线和工作路线。我国现阶段党的群众路线应当具有不同于民主革命时期、计划经济时期的实现方式，群众工作也必须根据党的地位、任务的根本性转变和现阶段党群关系的特点、状况实现根本性转变。要创新群众路线的实现方式和群众工作思路与方法、机制。

一、群众路线的实现和群众工作理论创新

马克思主义群众观是无产阶级政党正确认识和处理党群关系的理论基础，也是党的群众工作的理论基础。无产阶级政党要按照马克思主义群众观的要求，确定自己的政治路线、组织路线和工作路线，指导党的各项工作。我们党把这样的路线明确表述为"群众路线"，并且坚持以群众路线指导党的一切理论和实际工作，在长期的革命和建设实践中形成了群众路线的工作方法和工作作风。这种工作方法和工作作风成为我们党的政治优势和优良传统。今天我们推进中国特色社会主义事业仍然不能离开这一政治优势，并且在新的历史条件下，要认真研究群众路线的实现问题，研究群众路线实现方式的创新问题，推进群众工作理论和群众工作方式的创新。

（一）群众路线是我们党的根本路线

谈到群众路线，首先让我们回顾一下党的十一届六中全会作出的《关于建国以来党的若干历史问题的决议》，这个决议中把群众路线作为毛泽东思想的活的灵魂并作了全面论述，指出群众路线就是一切为了群众，一切依靠群众，从群众中来，到群众中去。把马克思列宁主义关于人民群众是历史的创造者的原理系统地运用在党的全部活动中，形成党在一切工作中的群众路线，这是我们党长时期在敌我力量悬殊的艰难环境里进行革命活动的无比宝贵的历史经验的总结。毛泽东同志经常强调："只要我们依靠人民，坚决地相信人民的创造力是无穷无尽的，因而信任人民，和人民打成一片，那就任何困难都能克服，任何敌人最终都压不倒我们，而只能被我们所压倒。"[①]他还指出："领导群众进行一切实际工作时，要取得正确的领导意见，必须从群众中来、到群众中去，实行领导和群众相结合，一般号召和个别指导相结合。这就是说，把群众的意见集中起来，化为系统的意见，又到群众中坚持下去，在群众的行动中考验这些意见是否正确。如此循环往复，使领导的认识更正确、更生动、更丰富。这样，毛泽东同志就把马克思主义的认识论同党的群众路线统一起来了。党是阶级的先进部队，党是为人民的利

① 中共中央文献研究室编：《毛泽东邓小平江泽民关于艰苦奋斗、居安思危、保持同人民群众血肉联系的论述》，中央文献出版社 2003 年版，第 17 页。

益而存在和奋斗的，但是党永远只是人民的一小部分；离开人民，党的一切斗争和理想不但都会落空，而且都要变得毫无意义。我们党要坚持革命，把社会主义事业推向前进，就必须坚持群众路线。”[①]这段文字不仅全面阐述了群众路线的内容，而且论述了它在中国革命中的地位及伟大意义，成为我们理解和把握群众路线的重要依据，也是我们坚持党的群众路线的指南。

我们党的群众路线是在党长期的革命斗争中形成和发展起来的。早在我们党建党之初，就提出了关于群众路线的基本思想。1922 年党的二大关于党的章程的决议案就规定："党的一切运动都必须深入到广大的群众里面去。"[②]1928 年 7 月召开的党的六大通过的政治决议案指出："党的总路线是争取群众。"[③]据有关历史考察，最先使用"群众路线"概念的是李立三，他在 1928 年 10 月的一次谈话中第一次使用了这一概念。之后，毛泽东、周恩来等同志都曾多次使用这一概念。在第二次国内革命战争时期反"围剿"的艰苦环境中，以毛泽东为代表的坚持正确路线的共产党人，愈加深刻地认识到群众路线的重要性，对此有过很多重要论述。抗日战争时期，我们党关于群众路线的思想得到了认真概括、提炼。特别是 1943 年 6 月毛泽东为党中央所写的决定《关于领导方法的若干问题》中，全面系统地阐述了群众路线包含的内容和实施步骤，科学地分析了"从群众中来，到群众中去""集中起来，坚持下去"这种正确的领导方法的全过程及其各个环节，标志着群众路线具有了成熟的形态。党的七大把群众路线提到关乎党的生存与发展、关乎党的性质的高度。毛泽东在党的七大政治报告中，把密切联系群众作为我们党的三大作风之一，作了集中论述。在刘少奇所作的修改党章的报告中明确指出："党的群众路线，是我们党的根本的政治路线，也是我们党的根本的组织路线。"[④]党的七大之后，群众路线进一步为全党所熟悉，在各项工作中得到了普遍和自觉的运用。历史事实一再证明，群众路线成为我们党克敌制胜的法宝。中国新民主主义革命短短 28 年的时间，推翻了压在中国人民头上的三座大山，建立起社会主义的新中国，就是中国共产党人坚持党的群众路线的伟大胜利。

我们党的群众路线是马克思主义群众观的具体应用，其基本观点体现

① 中共中央文献研究室编：《新时期党的建设文献选编》，人民出版社 1991 年版，第 150—151 页。

② 《中共中央文件选集》(1)，中共中央党校出版社 1982 年版，第 58 页。

③ 《中共中央文件选集》(4)，中共中央党校出版社 1983 年版，第 180 页。

④ 《刘少奇选集》上卷，人民出版社 1981 年版，第 342 页。

了马克思主义对待人民群众的基本立场、基本观点和基本方法。对群众路线的内容，毛泽东、刘少奇等老一辈革命家曾经做过许多具体的论述。这些论述是从基本观点和工作方法两个角度展开的。从基本观点的角度，群众路线强调了一切为了群众和一切依靠群众的观点。在刘少奇 1945 年所作的《论党》的报告中，进一步把这种观点具体化为：第一，一切为了人民群众，全心全意为人民群众服务的观点。第二，一切向人民群众负责的观点。第三，相信群众自己解放自己的观点。第四，向人民群众学习的观点。刘少奇指出："一切为了人民群众的观点，一切向人民群众负责的观点，相信群众自己解放自己的观点，向人民群众学习的观点，这一切，就是我们的群众观点，就是人民群众的先进部队对人民群众的观点。我们同志有了这些观点，有了坚固的明确的这些群众观点，才能有明确的工作中的群众路线，才能实行正确的领导。"[①]关于群众工作的工作方法，毛泽东也曾经做过许多具体的论述。他在 1943 年撰写的《关于领导方法的若干问题》一文中，对"从群众中来，到群众中去"的领导方法作了详细、生动的论述，他指出："在我党的一切实际工作中，凡属正确的领导，必须是从群众中来，到群众中去。这就是说，将群众的意见(分散的无系统的意见)集中起来(经过研究，化为集中的系统的意见)，又到群众中去作宣传解释，化为群众的意见，使群众坚持下去，见之于行动，并在群众行动中考验这些意见是否正确。然后再从群众中集中起来，再到群众中坚持下去。如此无限循环，一次比一次地更正确、更生动、更丰富。这就是马克思主义的认识论。"[②]这些论述构成了党的群众路线成熟的理论概括和实践方式、方法。这些基本观点和基本方法要贯穿到党的一切政治路线、组织路线和工作路线中去，贯穿到党的一切工作方针、政策和实际工作中去，得到贯彻落实，党的群众路线就能够得到实现。

新中国成立以后，在社会主义革命和社会主义建设的过程中，党的群众路线的基本观点得到了进一步的丰富发展。特别是经过"文化大革命"和改革开放的实践，我们党对群众路线的认识更加深刻。1977 年，邓小平针对"文化大革命"造成的严重破坏，大声疾呼恢复群众路线的传统。他说："毛泽东同志倡导的作风，群众路线和实事求是这两条是最根本的东西……对我们党的现状来说，我个人觉得，群众路线和实事求是特别重要。"[③]党的十

① 《刘少奇选集》上卷，人民出版社 1981 年版，第 354 页。
② 《毛泽东选集》第 3 卷，人民出版社 1991 年版，第 899 页。
③ 《邓小平文选》第 2 卷，人民出版社 1994 年版，第 45 页。

一届六中全会通过的《关于建国以来党的若干历史问题的决议》,将群众路线和实事求是、独立自主并列为毛泽东思想的三个活的灵魂。党的十三届六中全会专题讨论党群关系,作出了《中共中央关于加强党同人民群众联系的决定》,在我们党的历史上集中研究党群关系问题并作出专门的决定,这还是第一次。《决定》强调,人民群众是我们党的力量源泉和胜利之本。能否始终保持和发展同人民群众的血肉联系,直接关系到党和国家的盛衰兴亡。《决定》论述了党的群众路线的内涵、地位和极端重要意义,指出:“我们党的性质、宗旨和指导思想,决定了党必须把为人民谋利益作为自己全部活动的出发点和归宿。党在长期斗争中创造和发展起来的一切为了群众,一切依靠群众,从群众中来到群众中去的群众路线,是实现党的思想路线、政治路线、组织路线的根本工作路线,是中国共产党的优良传统和政治优势。历史经验反复证明,什么时候党的群众路线执行得好,党群关系密切,我们的事业就顺利发展;什么时候党的群众路线执行得不好,党群关系受到损害,我们的事业就遭受挫折。”同时指出:“我们党执政以后,有了更多更好的为人民服务的条件。由于地位的变化,现在又实行改革开放,发展商品经济,如果不能正确地运用权力,如果不能自觉抵制资产阶级和其他剥削阶级腐朽思想的侵蚀,就会滋长脱离群众的危险。全党同志必须时刻警惕这种危险,经受住执政和改革开放的考验,努力保持和发展党同群众的密切联系。”①要求全党认真贯彻群众路线,不仅要改进工作作风和工作方法,并且要同保证决策的民主化、科学化联系起来,同深化政治体制改革联系起来,同推进廉政建设联系起来,同加强党内监督和党外监督联系起来,并相应作出明确的规定。这里最鲜明的一个特点,就是在社会主义现代化建设和改革开放的社会实践基础上,把党的政治路线、组织路线、思想路线同群众路线真正融会贯通起来,把群众路线系统地运用到我们党的全部活动中,这是对党的群众路线的新发展。

从党的群众路线在中国革命和建设历史中的形成、发展过程看,它与党的思想路线、政治路线和组织路线形成了一种紧密联系、不可分割的关系,只要我们认真坚持党的群众路线,坚持一切为了群众、一切依靠群众的群众观点和从群众中来、到群众中去的工作方法,就能够与人民群众保持比较密

① 中共中央文献研究室编:《十三大以来重要文献选编》(中),人民出版社1991年版,第928—929页。

切的党群关系，就能够保证我们思想路线、政治路线和组织路线上的正确，能够最大限度地减少工作中的失误。即使犯了这样那样的错误，甚至包括“文化大革命”那样严重的错误，也能够得到人民群众的谅解，继续得到人民群众真心实意的拥护和支持，从而比较快地改正错误，继续推进我们的事业。因此，我们党历来强调坚持群众路线，把群众路线作为我们党根本的政治路线、根本的组织路线和根本的工作路线。刘少奇在《论党》中指出：“党的群众路线，是我们党的根本的政治路线，也是我们党的根本的组织路线。这就是说，我们党的一切组织与一切工作必须密切地与群众相结合。”[①]

今天，我们的事业有了巨大的发展变化，我们党执政的基础得到了进一步的巩固和加强，但是党的群众路线仍然是我们根本的政治路线、组织路线和工作路线，是我们根本的工作方法。离开了这一路线，就可能出现这样那样的错误和失误，我们的事业就可能遭受损失，因此群众路线仍然是我们不能须臾离开的根本路线。

（二）执政条件下群众路线实现方式要发生根本性转变

群众路线作为我们党的根本路线，只有贯彻到党的一切理论、政策和实际工作中，才能够得到坚持和实现。要做到这一点，就需要有符合时代要求和工作需要的群众路线实现方式。今天我们党是在改革开放和社会主义市场经济条件下执政的党，群众路线作为党的根本路线，要贯彻落实到党治国理政的各项工作实践中去，贯彻落实到党领导的经济社会发展的各项事业中去，就必须认真研究和解决群众路线的实现方式问题，找到能够体现群众路线本质要求的正确的实现方式。这是在新的历史条件下，坚持党的群众路线的关键环节。

要使党的群众路线在实际工作中得到实现，在坚持上述基本观点和基本方法的同时，在革命和建设的不同时期，面对党所面临的不同历史任务，需要采用不同的具体实现方式。在民主革命初期，在革命的发动和准备时期，党的中心任务是动员广大群众参加革命战争。面对这样的任务，党的群众路线的实现就是要通过党的各种工作，宣传群众、动员群众、组织群众，使人民群众能够真心实意地拥护共产党的纲领和政治目标，从而与党同心同德地去进行斗争，争取革命的成功。在这一时期，坚持党的群众路线与坚持

---

① 《刘少奇选集》上卷，人民出版社 1981 年版，第 342 页。

党的阶级路线是一致的，要大力支持人民群众的革命行动，鼓舞人们积极地去进行争取解放的革命斗争，所以群众工作的主要方式是开展群众运动。同时，还要在动员群众、组织群众方面做大量的工作。要关心群众生活，注意工作方法。1934 年，毛泽东在江西瑞金的一次讲话中就特别强调了这一点。他指出："我们应该深刻地注意群众生活的问题，从土地、劳动问题，到柴米油盐问题。妇女群众要学习犁耙，找什么人去教她们呢？小孩子要求读书，小学办起了没有呢？对面的木桥太小会跌倒行人，要不要修理一下呢？许多人生疮害病，想个什么办法呢？一切这些群众生活上的问题，都应该把它提到自己的议事日程上。应该讨论，应该决定，应该实行，应该检查。要使广大群众认识我们是代表他们的利益的，是和他们呼吸相通的。要使他们从这些事情出发，了解我们提出来的更高的任务，革命战争的任务，拥护革命，把革命推到全国去，接受我们的政治号召，为革命的胜利斗争到底。"①他以江西长冈乡和福建才溪乡扩大红军的工作为例，赞扬他们的工作得到了广大群众的真心实意的爱戴，他们的战争动员的号召得到广大群众的拥护。毛泽东指出："要得到群众的拥护吗？要群众拿出他们的全力放到战线上去吗？那末，就得和群众在一起，就得去发动群众的积极性，就得关心群众的痛痒，就得真心实意地为群众谋利益，解决群众的生产和生活的问题，盐的问题，米的问题，房子的问题，衣的问题，生小孩子的问题，解决群众的一切问题。我们是这样做了么，广大群众就必定拥护我们，把革命当作他们的生命，把革命当作他们无上光荣的旗帜。国民党要来进攻红色区域，广大群众就要用生命同国民党决斗。"②毛泽东还尖锐地批评了只管扩大红军和动员运输队，对群众生活问题一点不理的做法。在这里毛泽东把群众路线的工作方法论述得非常清楚，他指出，我们是革命战争的领导者、组织者，我们又是群众生活的领导者、组织者。他称赞兴国的同志创造了一流的工作，把群众生活和革命战争联系起来了，把革命的工作方法问题和革命的工作任务问题同时解决了，是革命战争的良好的组织者和领导者，又是群众生活的良好的组织者和领导者。③ 显然，这就是在特定历史条件和历史任务面前，我们党的群众路线的有效实现方式。

经历了长期的革命战争，我们党逐步形成了调查研究的工作方法，形成

---

① 《毛泽东选集》第 1 卷，人民出版社 1991 年版，第 138 页。

② 《毛泽东选集》第 1 卷，人民出版社 1991 年版，第 138—139 页。

③ 参见《毛泽东选集》第 1 卷，人民出版社 1991 年版，第 140 页。

了从群众中集中起来，又到群众中坚持下去，以形成正确的意见的基本领导方法。到1945年党的七大上，党的群众路线作为党的三大作风之一得到了高度的概括和阐发。这次会议上毛泽东作了《论联合政府》的报告，其中对密切联系群众的作风从基本观点、基本要求到具体的工作方法，作了详细的论述，许多经典的论述至今仍然应当作为我们的座右铭，如“全心全意地为人民服务，一刻也不脱离群众；一切从人民的利益出发，而不是从个人或小集团的利益出发；向人民负责和向党的领导机关负责的一致性；这些就是我们的出发点。共产党人必须随时准备坚持真理，因为任何真理都是符合于人民利益的；共产党人必须随时准备修正错误，因为任何错误都是不符合于人民利益的。”“应该使每个同志明了，共产党人的一切言论行动，必须以合乎最广大人民群众的最大利益，为最广大人民群众所拥护为最高标准。应该使每一个同志懂得，只要我们依靠人民，坚决地相信人民群众的创造力是无穷无尽的，因而信任人民，和人民打成一片，那就任何困难也能克服，任何敌人也不能压倒我们，而只会被我们所压倒。”[①]这就是马克思主义的群众观点。

在民主革命时期，我们确立了马克思主义的群众路线，确立了群众路线的基本观点、工作方法和工作作风，成功地找到了群众路线的实现方式，使党的群众路线得到了很好的贯彻落实。但是进入社会主义时期，在我们党成为执政党的历史条件下，党的群众路线的实现方式就应当随着历史任务的根本性变化，而发生根本性的变化。

当然这里所说的根本性变化，并不意味着要放弃或者改变马克思主义的群众观点。群众路线的基本观点仍然是我们必须坚持的，问题在于这些群众观点的实现方式显然与民主革命时期不能完全一样，它要随着共产党人执政的新形势和新任务，随着执政环境和条件的变化而变化，要转变群众工作的实现方式，使群众路线在全新的历史条件和历史任务中得到贯彻落实，发挥其应有的作用。

群众路线实现方式的转变主要是要适应执政、改革开放和市场经济的历史条件的变化，采用恰当的方式，使党的群众路线在实际工作中得到真正的贯彻落实。

首先，执政条件下坚持党的群众路线，最重要的就是要把群众路线贯穿

---

① 《毛泽东选集》第3卷，人民出版社1991年版，第1094—1095、1096页。

到国家的制度建设和法制建设中去，通过制度和法律的力量使群众路线得到贯彻落实。各种社会制度都有其明确的价值导向性和价值趋向性，都具有其鲜明的阶级性。依靠制度的力量，充分发挥制度的导向和规范作用，在社会主义制度和民主法制的框架下，明确地把党的群众观点和群众路线贯穿到执政党执政理国的一切工作和事务中去，使群众路线成为国家宪法和法律的价值导向，成为国家制度建设的价值导向和价值取向，把人民群众的利益愿望通过制度和法律的形式实现出来、固定下来，以制度和法律的规范力和约束力切实保证人民群众当家作主，保证党的群众路线能够在党和国家工作的一切领域都得到真正的贯彻落实。这是民主革命时期不可能做到的，又是社会主义时期能够做到、必须做到的。这是社会主义条件下、共产党执政条件下，坚持党的群众路线的最重要的特点和本质要求。

其次，要把坚持党的群众路线与社会主义民主法制建设的进程统一起来，在社会主义民主和法制建设进程中体现和实现党的群众路线。人民群众是社会主义社会的主体和主人。社会主义民主的实质就是人民群众当家作主。而社会主义民主、法制建设作为社会主义政治文明和政治建设的核心内容，也是人民群众当家作主的具体体现和实际内容。因此，坚持党的群众路线，把马克思主义群众观点贯穿到社会主义民主和法制建设的过程中，通过社会主义民主，使人民群众能够真正以社会主人的身份参与社会事务管理，监督各级政府及其工作人员科学执政、民主执政、依法执政；通过社会主义法制建设，把依法治国的理念落实到实际工作中，使人民群众的各种权益得到宪法和法律的支持和保障，不仅是坚持党的群众路线的必然要求，也是搞好社会主义民主和法制建设的必然要求。这是群众路线得到实现的基本方式和最重要的保障。特别在社会主义市场经济条件下，在全面对外开放的环境中，人民群众的民主意识和法制观念日益增强，能不能尊重人民群众的民主权利，能不能把民主和法制建设与党的群众路线紧密结合起来，直接关系党的群众路线的实现，也直接关系社会的民主法制进程。

再次，要把坚持党的群众路线与党的执政实践统一起来，贯穿到治国理政的一切实践中。共产党成为执政党，执掌国家政权，领导和支持人民群众当家作主，带领人民群众搞好经济社会发展及各项事务，推进社会主义经济建设、政治建设、文化建设和社会建设，实现社会主义的物质文明、政治文明、精神文明和社会文明，推进社会主义社会全面进步，是执政的共产党人的责任和义务。而这些历史任务的实现，从根本上说来是为了人民群众的，是实现好、维护好和发展好人民群众利益的具体体现和实际工作。要做好这些工作，就要坚持党的群众路线，充分相信和依靠人民群众，带领人民群众共同建设社会主义新生活、共同享有社会主义社会发展的新成果。这就是党的群众路线的实现。

最后，要把坚持党的群众路线与加强党的自身建设统一起来，把群众路线落实到执政党的思想建设、组织建设、作风建设和能力建设中。执政的共产党肩负着领导13亿中国人民建设社会主义社会的伟大历史使命。这一伟大历史使命对党的先进性建设和执政能力建设，对党的思想建设、组织建设、作风建设、制度建设和反腐倡廉建设都提出了比民主革命时期更高的要求。特别是在经济全球化、政治多极化的国际环境中，在改革开放和社会主义市场经济条件下执政的党，只有始终坚持马克思主义的群众观点和群众路线，尊重实践、尊重群众，在人民群众的生动、丰富的社会实践中，不断加强党的思想建设，才能够使党始终坚持实事求是的思想路线，解放思想、与时俱进，永远保持强大的生命力和战斗力；只有始终坚持马克思主义的群众观点和群众路线，坚持相信和依靠人民群众的基本立场、基本观点和基本方法，才能够搞好党的组织建设，使党的阶级基础不断得到巩固、党的群众基础不断得到扩大，成为能够成功领导社会主义事业的坚强核心；只有真正把党的群众路线贯穿到全体党员的思想和行动中去，使党的各级组织和广大党员干部能够始终保持与广大的人民群众密切的联系，党的作风建设才能够经得起执政、改革开放和市场经济的考验，永远保持先进性和纯洁性。在一个拥有13亿人口的国家成功执政的党，必须是一个具有较强的执政能力的党。能否成功地领导广大人民群众搞好社会主义事业，是对党的执政能力的考验。党的各级组织和广大党员干部只有始终坚持党的群众路线，紧紧地依靠广大的人民群众，真心诚意地为最广大人民群众谋利益，领导和支持人民群众当家作主，科学执政、民主执政、依法执政，不断锻炼和提高自己的执政能力和执政水平，才能够实现成功执政、长期执政。归根结底，只有把党的群众路线及其要求落实到党的一切理论、路线、方针、政策中去，落实到党的各级组织和广大党员、干部的思想和行动中，一切为了人民群众、一切依靠人民群众，按照广大人民群众的要求，不断加强党的自身建设，党才能够始终保持与广大人民群众的紧密联系，永远保持其先进性和纯洁性，成为成功执政、长期执政的党。

(三)群众路线实现方式的变革迫切要求群众工作创新

群众工作是我们党在长期革命斗争中形成的政治优势,它在革命和建设实践中发挥了基础性作用,是党的革命之本、执政之本。但是,在经历了建党80多年、执政50多年实践之后的今天,我们深深感觉到需要对党的群众工作从更为广阔和深刻的层面上进行理性的认识和思考,从执政的角度作出新的诠释,尤其需要研究和思考群众工作新的时代意义和要求,实现群众工作的与时俱进。

我们党的群众工作产生于20世纪二三十年代的民主革命时期,它作为党的群众路线的实现方式,主要服务于党在民主革命时期的中心任务,即动员和组织革命力量,实现民主革命的目标。进入社会主义建设时期,党的群众工作环境发生了巨大的变化,群众工作的主要任务仍然是围绕党在社会主义时期的中心任务,动员和组织人民群众支持和参加社会主义革命和社会主义建设,在这一点上,我们党始终是十分清醒的。但是客观地分析,由于我们群众工作理论和认识上有些问题没有搞清楚,全党更多的是在手段的意义上、策略的意义上看重群众工作,而没有从根本上理解群众工作的基础性和目的性意义,从而从这样的意义上对群众工作作出实质性设计和制度性安排,结果发生了两个方面的情况:一是党的中心工作偏离了正确的轨道,使群众工作随之发生方向性问题;一是群众工作方式方法仍然停留在民主革命时期的老的模式上,不能很好地适应新的形势和任务的要求。不得不承认这是造成我们今天群众工作被动局面的一个重要原因。吸取历史的经验教训,面对新世纪全新的环境和条件,我们所要做的不只是讨论是否需要群众工作的问题,更重要的是要明确群众工作的新形势、新要求,明确我们的群众工作应当如何适应这些新形势、新要求而实现根本性变化和理论与实践的创新。

1.正确认识群众工作的现状和面临的形势

执政、改革开放和市场经济条件下,群众工作面临全新的任务和要求,特别是进入新世纪新阶段,国际局势发生新的深刻变化,世界多极化和经济全球化的趋势继续在曲折中发展,科技进步日新月异,综合国力竞争日趋激烈,各种思想文化相互激荡,各种矛盾错综复杂,敌对势力对我国实施西化、分化的图谋没有改变,我们仍面临发达国家在经济、科技等方面占优势的压力。同时,我国改革发展处在关键时期,社会利益关系更为复杂,新情况、新问题层出不穷。这种国际国内形势使我们党的群众工作的重要意义凸显。

国际形势风云变幻使群众工作意义凸显。进入新世纪，国际局势发生新的深刻变化，综合国力竞争日趋激烈，各种矛盾错综复杂，我们时刻面临各方面的巨大压力和挑战。这是一场实力的较量，也是一场人心的争夺战。这种形势下，需要我们通过群众工作引导人民群众正确认识国际形势变化的本质和特点，正确认识这种新的国际形势下，我们民族和国家的根本利益之所在，中国最广大人民群众根本利益之所在，凝聚民心、组织力量、团结一致，共同应对国际斗争的风险，实现中国特色社会主义事业发展的宏伟目标。这是群众工作的意义所在，也是群众工作应当发挥作用、能够发挥作用的阵地所在。

国内形势的巨大变化使群众工作意义凸显。经过改革开放的发展，今天我们的市场经济已经有了一定的发育，我们的事业充满生机与活力，我们的成就引起世界瞩目。但是，我们也不可避免地遇到了一些十分复杂的矛盾和问题，这些问题集中表现为发展不够全面，不够协调，持续发展能力较弱，如城乡差距拉大、就业压力增加、区域差距扩大、资源短缺和生态环境遭到破坏、社会的发展明显滞后于经济的发展等问题，而且随着改革的深化和各种利益矛盾的凸显，正确处理这些矛盾的难度加大，使改革、发展和稳定的社会环境面临一定的压力。这样的情况下，要实现经济社会的科学发展、和谐发展，人民群众的理解、信任、支持和充分参与成为至关重要的因素，群众工作就更加具有不可替代的作用和意义。我们必须通过深入、细致的群众工作，使广大人民群众正确认识形势，正确看待各种矛盾和问题，坚定信心，同时充分理解中央作出的一系列重大决策，积极参与贯彻落实科学发展观、正确协调和处理各种社会矛盾与问题、促进社会健康持续发展的社会实践，把我们的事业更好地推向前进。

全面建设小康社会和构建社会主义和谐社会的任务要求使群众工作意义凸显。经过30年的奋斗，我们已经总体进入小康社会，正在为全面建设小康社会的宏伟目标而奋斗。党的十六届六中全会又作出了《关于构建社会主义和谐社会若干重大问题的决定》，要在中国共产党领导下，实现全体人民共同建设、共同享有的社会主义和谐社会，这是一个关系中国特色社会主义事业前途命运、关系中华民族伟大复兴的战略决策，也是一个关系中国人民世世代代梦想的伟大事业。但是这一事业的进程必然是充满困难、矛盾和斗争的过程，需要全党、全国人民统一思想，坚定信念，团结奋斗，克服困难,争取胜利。尤其是在现阶段各种社会矛盾和问题集中显现,加剧了全面建设小康社会和构建和谐社会的艰巨性,更加需要思想认识和行动的统一,需要广泛的社会沟通和协调,需要最大限度地激发社会活力。在这方面,群众工作具有不可替代的作用和独特的优势。我们要通过深入广泛的群众工作,使人民群众加深对全面建设小康社会和构建社会主义和谐社会重大意义的认识,自觉行动起来,为实现这一伟大历史任务而努力奋斗。

巩固党的执政基础的要求使群众工作意义凸显。我们党执政50多年了,长期执政不仅面临领导和促进社会发展的严重压力,而且使巩固执政基础的任务更加艰巨。一方面,在长期执政中执政党往往自觉不自觉地忽视和容忍了党自身建设和一些社会问题的积累与深化,久而久之使执政基础受到威胁;另一方面,社会公众往往自觉不自觉地产生对社会发展及其带来的收益期望值不断增高,满意度逐渐下降的趋势,使执政党面临社会认同的压力。加之我们是在经济文化落后,有着几千年封建社会的历史基础上建立社会主义国家的,我们要用仅仅几十年的时间,走完别的国家用几百年时间走完的道路,不可能事事尽如人意,不可能不出现曲折和反复,包括党的自身建设也不可能不出现一些问题,甚至是比较严重的问题。这样的情况下,要能赢得全体人民始终如一的满意和支持是十分困难的。这就是我们党必须面对的不断巩固执政基础的严峻任务。面对这样的任务,我们党要保持与时俱进的精神状态,保持政治上的清醒和理论上的成熟,保持谦虚谨慎和艰苦奋斗的作风,最重要的是要保持党同人民群众的密切联系。要使全体共产党员始终与人民群众情感交融、同甘共苦,要使党执政的全部理论、路线、方针、政策始终得到广大人民群众的支持,党的执政基础才能够不断得到巩固和加强。毫无疑问,这就要求我们必须始终高度重视党的群众工作。尤其是在今天,我们党大量新成分的加入,使党在长期革命战争中形成的包括密切联系群众在内的优良传统和作风在淡化着,市场经济和改革开放给我们党纯洁的组织和思想作风带来巨大的冲击,使巩固党的执政基础任务的严重性和紧迫性更加突出。这样的情况下,要保持党的先进性,保持党与人民群众的密切联系,保证党能够始终代表中国最广大人民群众的利益,始终得到最广大人民群众的信任、支持,解决党长期执政的根基问题,就必须大力加强党的群众工作。

实现中华民族伟大复兴的历史使命使群众工作意义凸显。实现中华民族的伟大复兴,是近代以来无数志士仁人不懈追求的社会理想,实现这样的宏伟目标,需要全体中华儿女的共同努力奋斗,需要几十年甚至上百年的艰苦奋斗。在这样的历史伟业面前,我们需要政治上的强大,需要经济上的富有、文化上的先进、科学技术上的领先等,而这一切,又源自我们民族的凝聚力,源自我们十几亿中国人民的紧密团结、和衷共济、共创辉煌。这种历史使命要求我们党必须坚定地站在时代潮流的前头,团结和带领全国各族人民,实现推进现代化建设、完成祖国统一、维护世界和平与促进共同发展这三大历史任务,在中国特色社会主义道路上实现中华民族的伟大复兴。能否肩负起这一伟大使命,从某种意义上可以说取决于我们党的群众工作。十几亿中国人民的智慧和力量是实现中华民族伟大复兴的根基和力量源泉所在。只有依靠党的群众工作去团结各族人民,凝聚民心、聚集民力、集中民智,形成包括海内外爱国华人在内的强大力量,组织和带领这支力量去共赴艰难,开创伟业,中华民族的伟大复兴才是指日可待的。

群众工作意义凸显的形势下,党的群众工作存在的问题又是我们不能不正视、不能不引起高度重视的。一是启蒙式的群众工作模式已经失去存在的合理性。我们党的群众工作是在民主革命时期适应革命斗争形势需要产生的。长期的封建、半殖民地半封建统治下,人民群众对自己的命运茫然,对阶级剥削、阶级压迫的实质一无所知。这种情况下党的群众工作具有启蒙的意义,要向人民群众揭露阶级剥削、压迫的实质,启发劳苦大众提高认识掌握自己的命运,激发人民群众革命的积极性。这种群众工作模式是无产阶级先锋队组织、带领人民群众实现推翻旧政权、建立人民当家作主崭新社会的目标的必要方式。尤其在革命时期,这种群众工作方式不仅是合理的、必要的,甚至是唯一的。但是,在执政条件下,尤其在进入新世纪以后,这种启蒙式的群众工作模式就完全失去了其存在的合理性。这是因为进入新世纪,中国社会不仅经济上有了巨大发展,而且中国社会的政治文明和精神文明也已经完全今非昔比了。在市场经济和全面改革开放的形势下,中国社会的文明进程大大加快,中国已经融入了现代国际社会。不仅社会的主体——人民群众的科学文化素质空前提高,民主意识空前觉醒,而且现代通信手段、各种媒体、互联网构成的信息高速公路使信息的传递几乎无障碍化。因而民主正日益成为人民群众的普遍诉求,社会生活和社会事务的公开化、透明化成为大势所趋。社会主体自主意识的觉醒和社会生活的巨大变化,已经不仅使启蒙式的群众工作不再为人民群众所认可、接受,而且甚至引起群众的抵触。我们如果继续坚持这种群众工作模式,就不能不使群众工作的作用和影响受到严重的制约和削弱。二是群众工作的地位受到严重冲击。群众工作是我们党的政治优势和优良传统,我们党历来十分重视群众工作。但是,今天党的群众工作地位受到严重冲击,一方面是基于以往人们对群众工作的认识,在很多人的思想观念中,似乎随着时代的发展,群众工作已经应当退出历史舞台了。另一方面,随着执政条件下社会的法制化、政治的民主化进程,社会生活中的许多问题要依靠法制解决、依靠规则解决,在企业和一些单位管理工作要靠现代管理制度、科学管理方法等,似乎群众工作没有存在的必要性了。在党的一些文件中,虽然还经常注意到群众工作问题,但往往也只是把它放在干部作风的层面上强调。群众工作作为党的根本政治工作和根本政治路线的地位,受到严重冲击。三是党员干部队伍成分的深刻变化对群众工作产生巨大的影响。党员队伍和干部队伍是群众工作主体中的核心部分,他们的自身素质如何,特别是他们对群众工作的理解和重视程度、开展群众工作的热情和能力,对群众工作具有重大的影响。今天我们党的队伍特别是党的干部队伍成分发生了根本性变化,曾经参加过民主革命的党员干部,已经基本上全部退出工作岗位,新中国成立初期参加工作的党员干部也已经基本退出工作岗位,一大批"文化大革命"以后、20世纪七八十年代参加工作的党员走上了领导岗位。他们虽然科学文化素质比较高,但是较为普遍的一个弱点是缺少社会工作特别是群众工作的经验。他们中的许多人由于从小生活在比较优越的环境中,缺少对社会生活尤其是占人口大多数的工人、农民生活的切身体验,因此甚至缺少对人民群众的感情,缺少对群众工作的热情。这种状况不能不对群众工作产生消极的影响,它不仅影响到群众工作的实际效果,而且也影响到群众工作理论和实践问题的研究,与群众工作被弱化趋势的出现有着直接的关系。四是群众工作内容脱离实际,严重影响群众工作效果。群众工作内容应当是由现实社会生活决定的,是适应党的中心工作需要、反映人民群众要求的,因而是活生生的,而不是死的教条、空洞的说教。但是,由于我们的一些干部对群众工作还是停留在启蒙式教育的理解上,因而一提群众工作,就是教育群众,经常拿一些绝对正确又与实践脱节、没有多少实际意义的大道理,一些所谓马列主义的大理论,教育群众。而对新的历史条件下广大人民群众关心的、对人民群众现实生活和实际利益影响比较大的问题、焦点热点问题,却漠不关心,或很少研究,不能作出具有说服力的回答,更缺少具有实际意义的解决问题的思路和措施。这种所谓群众工作不仅不能起到应有的作用,而且败坏了群众工作的声誉,损害了党的执政资源。五是群众工作形式死板、僵化,方式方法严重滞后,限制了群众工作作用的发挥。群众工作因其群众性,而更加应当具有活生生的、丰富多彩的形式,其方式方法应当是适应时代发展和社会要求的。特别是随着新世纪信息化、网络化的发展,群众工作需要有新的、能够更好发挥作用的形式,才能保证其应有的效果。但是目前我们党群众工作基本上仍然沿用着几十年前的方法,沿用着"左"的指导思想占统治地位条件下那些形式主义的、会议式的、空洞说教的方式方法。在很多同志那里,似乎群众工作就是给人说理,就是开会、作报告,就是搞一些形式主义的口号式的表面文章。这种群众工作不仅已经无法发挥其应有的作用,甚至必然引起群众的反感,产生很坏的影响。六是群众工作运行机制严重不适应新的事业发展要求。革命战争年代,我们党的群众工作有一个非常适应形势要求的运行机制,革命任务和目标一经确立,就按照任务要求,通过组织有序、深入细致的群众工作贯彻下去,宣传、动员、组织群众,为实现革命的目标和任务而斗争。即使在白色恐怖时期的地下工作中,群众工作有严格的保密纪律要求,同时又是采取非常适应环境和条件变化的、灵活多样的方式,以实现发动和组织群众的目的。它既有严格的纪律,又有灵活的形式,二者有机统一于革命形势和任务,使群众工作生动有效。但是执政以后,我们党的群众工作已经越来越缺乏能够适应形势和任务要求的行之有效的制度运行机制。特别是"文化大革命"中,群众工作受"左"的指导思想的严重束缚,在很多情况下,变成了目标脱离实际、内容空洞无物、形式死板僵化的东西,成了领导随心所欲指挥群众的工具。延续到今天,群众工作仍然没有走出这种尴尬的境地,没有形成能够保证其有效运行的制度和良好的运行机制。在社会生活法制化、民主化、程序化等趋势日趋明显的今天,群众工作这种无序化状态不是作为个别现象,而是作为一个带有整体性的问题存在,必然严重影响其应有作用的发挥。

2.正确把握群众工作的新要求

今天整个世界发生了并正在继续发生着深刻的、巨大的历史性变化。我们必须从经济社会发展进程和社会生活变化的特点中把握群众工作的新要求,提高群众工作的适应性,才能保持群众工作的生命力,更好地发挥其应有的社会作用。那么,新的历史条件对群众工作提出了什么样的新要求呢?概括起来可以说,它要求群众工作必须具有渗透力、说服力、感染力、凝聚力、引导力、亲和力、文化力和影响力。要能够渗透在各项社会事业、各项工作中，渗透在社会生活各个领域、各个方面，更加具有渗透力；要以马克思主义的辩证唯物主义和历史唯物主义说明现实社会的现象和问题，说明党和国家的大政方针，说明中国特色社会主义的前途和命运等，更加具有说服力；要能够以对人民群众的深厚感情、以对国家和民族事业的高度责任心和使命感，以为人民群众根本利益而努力奋斗、不惜牺牲的精神感染大众，感染社会，更加具有感染力；要能够以正确的理论、模范的行动、良好的形象、斐然的业绩凝聚人心、凝聚力量，更加具有凝聚力；要能够以不断适应时代和历史发展的精神状态、先进理论和模范行为，引导社会舆论和社会行为趋向，引领社会发展，更加具有引导力；要坚持以人为本，坚持为民负责，以对人民群众深厚的感情，坚持为人民群众办实事、解难事，坚持全心全意为人民服务，密切与人民群众的血肉联系，更加具有亲和力；要适应新世纪科学文化的发展，把反映时代特征的先进文化同具有悠久历史的优秀的民族文化、传统文化结合起来，更加具有文化力；要加强群众工作理论和实践的创新，使其更加适应新世纪社会生活的巨大变化，具有更强的影响力。根据这些要求，我们在新世纪历史条件下的群众工作要更加突出以下特点：

第一，适应和平发展的时代主题和社会主义初级阶段的基本国情，根据党的基本路线要求，在群众工作的目标和任务上，更加突出以经济建设为中心，促进社会全面发展。这是我们的中心工作，也是群众工作最主要的着力点和落脚点，是群众工作最主要的目标。我们要通过各种形式的群众工作，动员和组织最广大的人民群众积极参与经济建设、政治建设和文化建设，贯彻落实科学发展观，尽快提高我们的综合国力，更好、更快地发展我们的各项社会事业，实现社会的全面进步和人的全面发展，才能更好地实现、维护和发展中国最广大人民群众的利益，在国际斗争中保持更加有利的态势。同时，随着经济社会发展进入各种矛盾高发期，要使群众工作的着力点向协调和处理好各种社会矛盾特别是人民内部矛盾方面转变，这是保持社会稳定、促进改革发展的必要条件。

第二，适应经济全球化和全面对外开放形势的要求，在群众工作方式上，更加具有开放性。今天的群众工作更加需要成为一种开放式的、人民群众广泛参与的工作。随着我们整个社会的全面开放，一方面，社会生活的联系更加紧密，各种社会矛盾一旦发生，情况就将是十分复杂的。另一方面，社会生活的公开性更加突出。各种媒体的发展特别是互联网的飞速发展，当今社会从一般意义上已经没有什么秘密可言。这样的形势下，群众工作必须更加具有开放性。群众工作的主体要尽可能广泛，要更加注意依靠广大人民群众开展群众工作。只有尽可能广泛的群众参与，才能最大限度地保证群众工作的有效性。群众工作内容要更加适应占人口大多数的人民群众的利益和要求，代表尽可能多的人民群众的利益、愿望和要求。群众工作方式方法上要能够适应各方面、各层次群众参与的要求，更加灵活、开放。近年来，许多城市出现的社区居民自治和社区文明建设，就是一种非常好的开放式的群众工作，取得了很好的效果。随着市场经济的发展，社会流动性加强，适应流动人口增加的特点，要最大限度地增加群众工作的覆盖面，使群众工作能够有效地作用于整个社会。近年来，我们更多地关注了进城农民工的生活、待遇和社会地位等问题，这也是一种十分重要的群众工作。

第三，适应政治文明建设要求，群众工作实现途径上，更加注重民主沟通。当今中国，民主作为一种现代政治文明的主要方式，已经越来越多地为中国的广大群众所认识和重视，越来越多地成为影响和制约中国社会生活的重要因素。这就要求我们的群众工作从内容到形式都必须更加适应这种政治文明进程的要求，成为推进政治文明进程的一条有效的路径。近年来在全国许多基层出现了群众参与的民主管理、民主议事等事务，实际上也是群众工作的新形式。有些地方已经多年坚持了一种名为“民情恳谈”的制度，把干部、群众经常坐在一条板凳上推心置腹、平等交流作为一种基本的工作形式，通过制度确定下来，长期坚持。这种制度不仅有效地化解了许多矛盾，密切了党群关系、干群关系，密切了群众之间的关系，而且使党委、政府的决策能够更加适应群众的要求，反映群众的意愿，推进了民主决策，收到了很好的效果。这些实际上也是一个民主沟通、民主参与的方式，是群众工作的有效方式。这些方式方法所以能够给群众工作新的活力，原因在于它们体现了社会民主进程的要求。随着人民群众民主意识和要求的不断觉醒、不断增强，我们需要在这方面作出更多的积极探索，创造更多、更好的体现社会主义民主的群众工作实现方式。

第四，适应信息化的形势和社会联系方式快捷性特点，群众工作形式上，更加具有多样性和适应性。今天以信息化为先导的高新技术迅猛发展，各种传媒手段更加发达，人们之间的联系在时间上更加快捷、在空间上更加广大，促进了信息的快速传播和思想的广泛交流。这就要求群众工作必须在工作形式上更加具有灵活性、多样性和快捷性，内容上更加具有适应性，才能更好地发挥其应有的作用。例如，随着互联网的迅猛发展和上网人数的激增，网上的联系沟通和舆论宣传工作成为一种不可忽视的群众工作方式。要充分利用网络媒体快捷、海量、互动的优势，整合传统媒体资源，增加群众工作的覆盖面和渗透力。随着各种传媒手段技术的不断升级和使用覆盖面的快速扩大，这种新型的群众工作模式也渐趋成熟。要更加注重利用各种传媒手段，通过各种群众喜闻乐见的形式，开展群众工作，寓群众工作于各种文化和社会生活中。适应社会联系广泛、信息传播迅速的特点和民众民主意识的增强，要使群众工作反应和变化更加快捷，更加注重民主参与和公共信息披露机制。

第五，积极应对意识形态工作新形势要求，群众工作内容上，要更多地注意政治性与民族性、文化性的结合。今天中国作为一个正在和平发展的社会主义大国，不仅要面对来自西方发达国家经济强势的巨大压力，而且要随时面对西方敌对势力西化和分化的威胁。这种威胁在意识形态领域表现得十分突出。这实质上是争夺民心、争夺阵地的斗争。群众工作作为党联系和组织广大人民群众的有效方式，必须坚持鲜明的政治性，坚持以发展着的马克思主义指导和统一人们对社会历史的认识，坚持以社会主义基本制度和发展道路引领人民群众的社会实践。在群众工作中，要加强共产党人的政治性原则与中华优秀传统文化的结合，把中国化的马克思主义、中国特色的社会主义、社会主义的核心价值观渗透和贯穿于社会意识和社会生活的各个方面，使之成为主流意识形态，使之成为凝聚人心、组织力量的核心，使群众工作真正成为中国特色社会主义事业兴旺发达的有效工作方式，成为中国最广大人民群众根本利益的实现方式。

3.积极探索群众工作新思路

今天，群众工作形势已经发生了巨大变化，要适应历史条件的变化，适应执政、改革开放和市场经济环境的新要求，就不能简单沿用以往群众工作的做法和经验，必须更新群众工作观念，积极探索群众工作理念、思路和工作机制创新。这是在新形势下全党面临的一项重大的战略任务。

首先，要在全党深入进行马克思主义群众观教育，引导全体党员干部牢固树立正确的群众观，充分认识新形势下群众工作的极端重要性。在全党深入开展马克思主义群众观教育已经成为势在必行的迫切任务。这是因为，如前所述，我们党的成分已经发生了深刻变化，党内许多人对马克思主义群众观的内容和要求已经十分陌生，对群众的地位、作用和群众工作的意义等重大的理论和实践问题的认识十分肤浅，甚至有许多认识的误区。一种典型的观点，即肯定执政党要做群众工作，但是他们认为所谓群众工作就是笼络人心，收买民众的工作，因此是任何统治者都会做的。尤其在现代社会，选举政治似乎就是一种群众工作。他们认为共产党人的群众工作同其他社会统治者笼络人心的计谋没有什么本质的区别，也是一种权宜之计。有人则堂而皇之地将其视为巩固政权、维护执政地位的“权宜之计”。这种思想观念在党内还是有一定市场的。我们党内的一些同志，甚至是一些领导干部，对这种观念也在一定程度上有所认同。其实这是统治阶级的旧观念的影响，从根本上说是源自把人民群众视为为统治阶级服务的工具的观念。这种观念下，强调群众工作的重要性，要求大家积极探索新形势下的群众工作新思路，只能是事倍功半，甚至可能产生南辕北辙的结果。因此，必须结合新世纪国际、国内发生的重大变化，加强对广大党员、干部的群众观教育，教育和引导全党树立与现代社会发展相适应的新的马克思主义群众观，充分认识对于执政的共产党人来说群众工作的特殊重要意义，提高做好群众工作的自觉性、主动性和进行群众工作研究、探索的积极性。

其次，要切实加强群众工作理论和实践研究，提高全党特别是各级领导干部的群众工作能力与水平。我们党的群众工作近年来出现弱化的问题，是由多方面的原因造成的。其中重要的原因是关于群众工作的理论和实践问题研究严重落后于社会生活的深刻变化，群众工作理论仍然停留在民主革命阶段的认识水平上，对群众工作的一些基本理论和实践问题很少有人做较为深入系统的研究。这种状况严重限制了各级领导干部群众工作能力和水平的提高，限制了群众工作实践的开展。党的十七大前后，这种局面开始发生一些积极的变化，随着科学发展观的提出和贯彻落实，随着中央对民生问题的高度重视，理论界和实际工作领域对群众工作的被动局面开始给予重视和关注，一些地方党委和政府对群众工作做了一些积极的探索，出现了一些可喜的现象。但是总体看来，在群众工作的制度化、规范化，群众工作内容和方式方法的科学化、多样化，群众工作效果的有效性等方面还有许多需要进一步研究和探索的问题。这就需要采取切实有效的办法，在全党大力加强群众工作理论和实践问题的研究，把握新世纪对党的群众工作提出的新要求，积极探索、创新群众工作理论和方式方法，提高全党的群众工作实际能力和水平，这是做好新形势下群众工作的基本要求和必要条件。

再次，深入实际调查研究，倾听群众呼声，了解群众愿望和诉求，从中发现群众工作的新思路。什么样的群众工作最适应时代和社会发展的要求，人民群众最清楚。只有在人民群众的社会生活和实践中，才能找到正确的答案。随着我国经济社会发展进入一个十分关键的历史时期，人民群众对社会生活的方方面面产生一些新的期盼和要求，我们的党员干部要深入到人民群众中去，深入了解人民群众的愿望和现实状况，悉心听取人民群众的意见和要求，寻求群众工作新的切入点、新的方式方法和运行机制等，这是对群众工作调查研究的过程，也是群众工作的实际过程。我们的党员、干部只有在人民群众的社会生活和社会实践中才能真正提高对群众工作的感情和认识，并且在大量调查研究的基础上，不断总结群众工作实践创新的经验，上升到理论的层面，加以概括，以提高群众工作理论水平，提高做好群众工作的实际能力，也才能够真正找到新形势下群众工作的新理论和新思路。

最后，要适应新世纪群众工作的新要求，不断提高自身素质。新世纪的群众工作是一种面向全社会的具有最大广泛性的工作，它必然要求我们的党员干部具有能够适应新世纪社会生活的全面素质。不仅需要有适应新世纪要求的科学文化素质，需要有广泛的政治、经济等社会生活知识和较强的民主意识、民主作风，有与新世纪社会生活相适应的较强的政治文明观念，有能够与各方面群众沟通融合的交际能力和素质等，更重要的是随着新世纪经济全球化进程的发展和社会生活变化速度的不断加快，我们的党员干部必须不断提高自己的综合素质，使自己能够始终保持与时俱进的精神状态和与当代社会相适应的素质与能力。这是开展群众工作必要的条件。

总之，今天我们党的群众工作应当是一种全新的群众工作，应当具有能够适应新世纪要求的特征，具有与时俱进的形式、内容和运行机制。我们应当积极探索，勇于创新，努力开创群众工作的新局面。本课题研究就试图在这方面做些有益的工作。

再版同期声：中国特色社会主义新时代，坚持党的群众路线仍然是我们党不可须臾离开的法宝，是我们战胜前进道路上各种困难、风险和考验，实现中华民族伟大复兴，不可缺失的最重要的法宝。但是，面对新时代的新形势、诸多的新问题和新课题，我们要研究和解决如何坚持用好这一法宝的问题，也就是一个毫不动摇的坚持党的群众路线，并找到适应新形势、新任务下群众路线实现方式，实现党的群众工作创新的问题。党的十八大以来，我们党在全党深入开展的一系列主题学习教育活动，无一不与这一根本性问题相关。习近平总书记在各种会议、视察、调研等场合，有大量精辟的讲话、深刻的论述，都与此直接相关。全体党员干部需要认真学习领会，把坚持党的群众路线，做好群众工作，变成自己履行职责、为党工作、奉献社会、服务群众的行动指南、行为准则和得心应手的工作路线和方式方法。我们认为这是一项硬任务，也是一项硬功夫，是新时代全党特别是各级领导干部必须高度重视和坚持的基本立场观点，也是干部必备的真本领、真能力。这里最关键的是要深入研究新形势下人民群众不断增长的物质文化需求，把握群众的新期盼、新要求，根据形势和任务要求，创新群众工作思路，创新工作方式方法。正如习近平同志曾经强调："党的十八大以来，我们先后开展一系列集中学习教育，一个重要目的就是教育引导全党牢记中国共产党是什么、要干什么这个根本问题，始终保持党同人民的血肉联系。贯彻党的群众路线，首先要对群众有感情，真正把自己当作群众的一员、把群众的事当作自己的事。要深入研究和准确把握新形势下群众工作的特点和规律，改进群众工作方法，提高群众工作水平。信访是送上门来的群众工作，要通过信访渠道摸清群众愿望和诉求，找到工作差距和不足，举一反三，加以改进，更好为群众服务。领导干部要学网、懂网、用网，了解群众所思所愿，收集好想法好建议，积极回应网民关切。要高度关注新业态发展，坚持网上网下结合，做好新就业群体的思想引导和凝聚服务工作。"①我们欣喜地看到，近年来，尽管我们党实现了空前大面积的新老交替，大量新党员走上领导岗位，但是群众路线没有丢，群众工作的方式方法在随着社会发展不断发展变化，党与人民群众之间的联系具有了许多新特点，但是却更加顺畅、更加紧密。特别在前所未有的三年疫情中，我们的党员干部始终与广大人民群众团结战斗在抗疫第一线，身先士卒，无私奉献，经受了考验，受到广大人民群众的高度认同和大力支持。我们相信，群众路线这个我们党坚持近百年的法宝，在新的历史条件下，依然能够发挥出它巨大的生命潜力，帮助我们党实现我们的初心使命。2023 年 3 月 8 日，《人民日报》第 1 版刊登的一篇文章，题目是《从群众中来到群众中去(总书记的人民情怀)》，读来深受感动，深有同感，不禁引来作为我这段文字的结束语："党的十八大以来，习近平总书记走遍大江南北，从人民群众的火热实践中汲取治国理政的智慧和力量。""为民造福是最大政绩，让群众满意是我们党做好一切工作的价值取向和根本标

① 《习近平在中央党校(国家行政学院)中青年干部培训班开班式上发表重要讲话强调　筑牢理想信念根基树立践行正确政绩观　在新时代新征程上留下无悔的奋斗足迹》，《人民日报》2022 年 3 月 2 日。

准。”“人民的信心和支持是国家奋进的力量。群众路线是我们党永葆青春活力和战斗力的重要传家宝。”“从群众中来、到群众中去，践行群众路线，我们永远在路上。”[①]

二、执政条件下群众工作定位

执政条件下党的群众工作定位，是与实现执政党功能和执政党使命紧紧联系在一起的。在共产党执政的社会主义条件下，政党的功能可以主要概括为政治领导、利益协调和整合、社会治理等方面。而实现政党功能的基本途径，就是作为执政党生命线的群众路线的实现方式——群众工作。

（一）实现执政党功能的基本途径

政党作为社会政治生活的主体，在社会政治体系和政治发展的舞台上，以其特有的功能发挥着不可替代的作用。政治学的基本原理认为，政党作为近现代一种极重要的政治现象，一般具有如下功能：联系政府与公众的桥梁、利益的聚合与协调、整合政治体系、组织与监控政府、政治决策、动员并参与选举、政治社会化、社会服务等。施雪华在《政党政治》一书中，就把现代政党功能概括为组织选举，输送精英；执掌政权，制定政策；利益综合，反映民意；民主监督，法治理国；政治教育，强化认同；社会稳定，中庸定势六个方面。[②] 蔡长水教授主编的《执政党建设概论》一书认为，政党在现代政治体系和政治过程中的功能主要有：反映民意和利益综合；政治录用和输送精英；政治整合和维持稳定；政治灌输和教育。[③] 这都说明，政党要反映它所代表的人民的利益要求，并注意与其他利益要求相协调，通过政治体系的运作，以政党为中心掌握政权，组织监控政府，提供各种决策，通过整合服务社会来贯彻执行。概括一句话来说，就是通过政治领导、表达民意、协调利益、整合社会来执掌政权。显然，政党的这些功能暗含了政党执政的内在规定和合法性诉求，即实现与民众的联系、社会治理以获得民众的认同。

工人阶级政党作为执政党的功能，从一般执政党的共性来看，其首要的基本的功能就是政治领导、执掌政权、治理国家。这包括与此相关的掌握政

① 张洋：《从群众中来到群众中去（总书记的人民情怀）》，《人民日报》2023年3月8日。

② 参见施雪华：《政党政治》，三联书店（香港）有限公司1993年版，第五章。

③ 参见蔡长水主编：《执政党建设概论》，九州出版社2003年版，第5—6页。

权、组织监控政府、制定政策和法律的政治领导功能，整合政治秩序、实现凝聚民众、政治认同等政治社会化功能；包括社会利益和公民利益的利益代表和利益表达功能；包括对社会和公民以及不同阶层利益关系、利益矛盾的协调、整合和综合功能；还包括管理社会、维持社会秩序和社会稳定、治理社会环境的功能等等。从共产党执政的特性而言，其首要的基本的功能概括地说就是实现共产党执政、依法治国与领导和组织、支持和保证人民当家作主的有机统一。具体地说，就是确保共产党执政和依法治国的人民本位的价值取向，坚持为人民执政、靠人民执政，领导、支持和保证人民当家作主。共产党要实现这一首要的基本的功能，也要落实和发挥共产党执掌政权、保持政治体系的运作、制定政策和法律、整合政治秩序的政治领导功能，实现和保障政治监督、凝聚民众以获得政治认同的政治社会化功能；落实和发挥社会利益和不同阶层的公民利益的代表、表达功能，社会利益和不同阶层公民的利益关系、利益矛盾的协调和处理、整合和综合的功能；落实和发挥依法治国与领导和依靠、组织、支持人民管理社会、治理国家，监督和保证社会管理的科学和有效，完善和优化社会治理和社会环境治理的功能等。

中国共产党作为无产阶级的执政党和中国特色社会主义事业的领导核心，其执政党功能如何真正实现和发挥好？实现和发挥执政党功能的基本途径是什么？那就是通过执政条件下卓有成效的群众工作。

首先，通过群众工作实现和发挥共产党执政的功能，这是由党和群众密不可分的共生关系决定的。党和群众的密切关系和血肉联系，既是共产党卓有成效地做群众工作的社会基础，又是共产党作为执政党通过群众工作实现和发挥执政党功能的先决条件。中国共产党在长期的革命和建设实践中已经形成了与人民群众的血肉联系，培养了与人民群众的鱼水深情，也养成了做群众工作和走群众路线的光荣传统；执政后其掌握的政治经济社会资源无与伦比，这不仅包括党和群众密不可分的共生关系的政治优势和社会基础，而且最重要的是控制制度设计、制度创新和制度安排的制度优势，更有条件利用掌权及权力、制度资源配置等政治优势，继承发扬党密切联系群众的政治优势和做群众工作、走群众路线的光荣传统。共产党只要自觉地、积极地加以继承利用和再开发，形成密切联系群众的社会和制度机制，形成科学有效的利益代表和整合机制等，就能形成党群内在联动的社会治理模式，使民主参与和社会整合进入制度化轨道，既充分发挥共产党的领导和作为执政党的功能，又满足了人民日益增长的参与要求，充分发挥人民群众当家作主的政治参与功能，完全可以实现中国特色的政治文明发展的目标，不仅创造出比资产阶级政党执政更真实、更有效的政治参与功能和民主发展的形式，而且在实质上可以实现人民当家作主的权利以体现民主的真实内容。共产党执政与群众工作有机结合，正是中国政治发展和政治文明建设的途径。

其次，把群众工作作为实现和发挥共产党执政党功能的基本途径，这是由共产党执政的特殊规律所决定的。共产党执政的政治逻辑和内在规律是：共产党执政、社会主义制度、人民当家作主是一个有机统一的过程，是一种真正平等与民主、自由与开放的新型现代文明的创建和实现过程。毋庸置疑，在这个过程中，中国共产党的领导地位和执政地位是在党和群众的相互依存关系中，在党和群众的密切联系中得以巩固和加强的。党的领导权威的强弱、执政水平的高低与党群关系密切的程度是正比例关系。通过群众工作，密切党群关系是党的领导得以加强和执政地位得以巩固的根本所在，舍此别无选择。社会主义就是要创造比资本主义民主更高的政治民主，人民当家作主就是要充分发挥和实现人民的社会主人地位和当家作主的权利，这就要求执政党对群众工作比革命时期还要更为重视，并获得全面深刻系统的政治认知。对于执政的共产党人来说，群众工作不仅是执政的前提和基础，是其一切工作的出发点和归宿，是其根本的政治路线和工作路线，而且是其贯穿于执政的各项工作的核心，或者从一定意义上说就是其执政的全部工作。这是由执政的共产党的性质、宗旨决定的不容违背的特殊规律。在共产党执政条件下，共产党执政与人民群众当家作主有机统一，这就意味着执政和群众工作有机统一。群众工作之于共产党执政，特别是有效执政和成功执政，应当是基础的和第一位的，是贯穿始终的、有机统一的过程。

共产党执政与群众工作的有机结合，正是共产党执政的特殊规律的根本要求。当前，特别应该指出的是，对群众工作在执政党工作中的地位和作用，我们党的一些党员和干部，认识还很不到位。一是人们仍然只是从优良传统的意义上理解和认识群众工作。当然，党的群众工作的优良传统是不能丢掉的，但是仅仅满足于从坚持“传统”意义上认识群众工作显然是十分不够的。二是从工作方法、手段的意义上理解群众工作，没有从事关执政基础的意义上理解。在民主革命时期，群众工作和群众路线是党的根本路线，是党的思想路线、政治路线和工作路线，它对于党的存在与发展具有根本的意义。今天，对于执政党的存在与发展，群众工作仍然具有根本性意义。但是，我们党内一些人，把群众工作只作为领导者的一种工作方法，作为处理事务的方式手段，没有从共产党执政的本质和规律的高度认识其意义，而是作为一种执政的工具、手段、策略或者是一种权宜之计。三是没有与共产党的执政职能和任务结合起来认识。有些人把群众工作看成外在于共产党的执政职能和执政任务的形式和活动，成为“作秀”表演和形式主义的“花架子”，没有渗透贯穿于执政党活动的全过程。四是没有认识到群众工作对于执政成效及构建社会主义和谐社会的作用和意义。我们党的一些干部，没有把群众工作作为科学执政、成功执政的基本途径，没有把群众工作作为发挥人民群众建设社会、治理社会主体作用、实现党群联动构建社会主义和谐社会目标的执政活动。如此等等。因此，必须实行根本的群众工作的观念更新。要认识到，创新党的群众工作，和谐党群关系，事关立党之本、执政之本。坚持和实现党的执政本质，完成党执政理国、构建社会主义和谐社会的历史使命，必须高度重视和认真做好群众工作。毋庸置疑，中国共产党的领导地位和执政地位，是在党和群众的相互依存关系中得以巩固和加强的；共产党人的科学执政、正确执政和有效执政，社会主义和谐社会的创建，是在党和群众的密切联系中得以进行和实现的；党的领导权威和领导作用的大小、执政水平的高低和执政的群众满意度，与党的群众工作状况及党群关系状况呈正比例关系。这就要求执政党对群众工作比革命时期还要更为重视，并有正确、全面、深刻、系统的政治认知。

最后，实现和发挥共产党执政党功能与群众工作有机结合，这是由共产党领导的中国特色的人民民主制度决定的。中国共产党五十多年的执政政治实践证明，它领导的人民民主制度，作为一种有广阔发展空间的民主政治模式和政治生存态势，有独特的个性与优势。中国共产党是社会主义国家的执政党，它的执政必须同时具备合法性的两个方面，一是保证党的执政与社会主义制度的内在原则的一致性，二是要赢得最广大人民群众的信任和支持。这是社会主义社会性质和社会主义国家政党制度所决定的。党的十六大报告指出：“共产党执政就是领导和支持人民当家作主，最广泛地动员和组织人民群众依法管理国家和社会事务，管理经济和文化事业，维护和实现人民群众的根本利益。”[①]党的十七大报告指出：“人民民主是社会主义的

① 《江泽民文选》第3卷，人民出版社2006年版，第553页。

生命。发展社会主义民主政治是我们党始终不渝的奋斗目标”,“要坚持中国特色社会主义政治发展道路,坚持党的领导、人民当家作主、依法治国有机统一”,“深化政治体制改革,必须坚持正确政治方向,以保证人民当家作主为根本”,“坚持国家一切权力属于人民,从各个层次、各个领域扩大公民有序政治参与,最广泛地动员和组织人民依法管理国家事务和社会事务、管理经济和文化事业”。[①] 从形式上看,执政党与人民群众的关系是管理者与被管理者的关系,但实质上执政党和从政者的权力的唯一特性是公共性,公共权力本质上属于人民群众,执政党、从政者与人民群众权力关系的本质是服务与被服务的关系。全心全意为人民服务,立党为公,执政为民,是执政的共产党同一切剥削阶级政党的根本区别,也是社会主义民主政治对执政党的根本要求。人民民主制度作为民主政治的一种崭新模式,实质就是“共产党领导人民当家作主”。江泽民对党的领导与人民当家作主的关系做过精确的阐述:“党对国家政治生活的领导,最本质的内容就是组织和支持人民当家做主。”[②]党领导作用的充分实现,党执政实践的人民满意,社会主义优越性的体现,离不开群众工作和群众路线的支持,甚至可以说,它只能贯穿、融入和渗透于群众工作和群众路线之中。党的群众工作既使党保持与人民群众的密切联系,保证党的政策法规体现人民性,又使人民对执政党和党的执政理念、政纲和政策法规能获得较为充分的了解以作出理性选择,从而保障党的执政理念、执政纲领的人民认同与充分实现,保障社会主义民主政治优势的真正实现。

(二)实现政治领导功能的基本途径

在执政条件下,党的群众工作是实现共产党作为执政党政治领导功能的基本途径。党的政治领导功能主要包括以下方面:一是落实和发挥共产党执掌政权、为人民组织和控制政府、保障政治体系的良性运作,领导、支持和保证人民当家作主、实现人民政治监督的政治控制功能;二是创新制度和体制、制定政策和法律、整合政治秩序的政治领导功能;三是宣传教育群众、凝聚群众以获得政治认同的政治社会化功能。而上述功能的真正体现和充分实现,务必以党卓有成效的群众工作为基本途径。

---

① 《中国共产党第十七次全国代表大会文件汇编》,人民出版社2007年版,第27、28页。

② 中共中央文献研究室编:《十三大以来重要文献选编》(中),人民出版社1991年版,第942页。

第一,群众工作是落实和实现共产党为人民执掌政权、组织和控制政府、保障政治体系的良性运作,领导、支持和保证人民当家作主、实现人民政治监督的政治控制功能的基本途径。作为社会主义国家的执政党、人民的执政党,为人民执好政、掌好权是其重要的和首要的执政党功能,而落实和实现好这一重要的和首要的执政党功能务必要以群众工作为基本实现途径。这是因为,共产党是为人民执掌政权,成立和组织的是人民政府,是为人民执政,靠人民执政,要保证政治体系的良性和正常运作,保障人民群众对政府及其权力运作的监督,实现人民政权为人民的旨归,必须坚持一切为了群众、一切依靠群众的群众路线,以新形势下的群众工作创新为基本的实现途径。党的十六大报告明确指出:“共产党执政就是领导和支持人民掌握管理国家的权力,实行民主选举、民主决策、民主管理和民主监督,保证人民依法享有广泛的权利和自由,尊重和保障人权”。党的十七大报告明确指出:“扩大人民民主,保证人民当家作主。人民当家作主是社会主义民主政治的本质和核心。要健全民主制度,丰富民主形式,拓宽民主渠道,依法实行民主选举、民主决策、民主管理、民主监督,保障人民的知情权、参与权、表达权、监督权”。要保证执政的共产党始终代表最广大人民群众的根本利益,坚持执政为民的执政本质,把全心全意为人民服务作为我们党全部执政活动的出发点和落脚点,也作为组织和控制人民政府权力运行价值取向的出发点和落脚点,必须充分发挥人民群众这一极为重要的执政资源,领导和支持人民群众当家作主。这就必须创新群众工作方式,发挥人民群众参政议政的积极性和创造性,扩大人民群众参政议政的范围和程度。在领导干部的选拔任用上,要坚持群众路线,保证人民群众有知情权、参与权、选择权和监督权,切实保障人民对人民公仆拥有绝对和决定意义的人民选择权。在执掌政权和权力的运作上,要坚持群众工作和群众路线,发挥人民群众监督和控制政权的主体和主人作用,保证执政党掌握权力的人民性和为人民的价值取向,保障人民权力为人民的执政本质的实现。在防止共产党执政后权力的异化和权力的寻租上,要坚持群众工作和群众路线,通过保持和发展与人民群众的密切关系和血肉联系,力戒国家权力同社会分离、人民权力同人民群众分离,切实防范权力的官僚化和既得利益化,以增强人民群众对执政党的信任感,有效避免执政党的现实合法性危机。

第二,群众工作是实现共产党创新制度和体制、制定政策和法律、整合政治秩序的政治领导功能的基本途径。政党功能的一个重要方面表现为能够以科学的思维方法正确揭示社会发展规律并作出正确的决策。在当代西方国家,各政党用纲领、政策和领袖的个人魅力在公开的选举竞争中争取选民的支持,并以选举竞争中所形成的“民意”作为合法执掌国家权力的依据和政策选择的民众政治意愿,尽管西方国家的主要政党在本质上维护资产阶级整体利益,而为了获取执政权,就不能不在维护资产阶级整体利益的同时,尽可能地反映公民的利益和要求,从而使政府及其政策建立在“人民同意”的基础之上,这无疑是一种民主的进步。所以,客观上选举竞争为公民参政提供了制度机制,政党通过在选举中发挥公民参政的组织和中介作用,使公民的意愿更容易和更有效地得以实现,公民则通过政党的选举竞争影响政府行为和公共政策。

在共产党执政的社会主义国家,执政党作为广大人民利益的代表者,创新制度和体制、制定政策和法律、整合政治秩序的政治领导功能的实施过程,本身就是落实共产党领导、支持和保证人民当家作主的政治参与功能的基本途径。这个过程是以人民为主人和主体的,是共产党人通过群众工作和走群众路线实现的。群众工作就是最大限度地实行人民民主、进一步拓宽联系群众的渠道,努力形成便于反映群众利益和要求的党群联系机制,形成执政党和群众共商大事的良性互动、有机统一政治模式,及时将人民群众的利益和要求反映在制度机制的创设和政策法律的制定上,通过制度机制、政策法律的科学性、人民性和合理性,有效培育政治生态,优化政治关系,整合政治秩序。在共产党执政过程中,与共产党执政活动统一的、常态的、与群众平等对话交流的群众工作,实际上建立了政党作为公共政策制定者与公民之间的沟通渠道,使制度的完善和创新、政策的制订和适时调整能够及时吸纳群众的意愿。从社会主义民主政治过程上看,执政党群众工作的制度化成为决策科学化、民主化的最为有效的手段。在深入细致的群众工作中,人民群众可以向执政党和决策者公开表达政治意愿与利益诉求,而政党就能够把千差万别的、纷繁复杂的个人意志聚合起来形成“民意”、形成制度、形成政纲、形成政策法律,并以此为基础建构国家的上层建筑、治理国家与社会。这实际上是把公民的政治参与同执政党和政府的公共产品生产联系起来,把群众工作制度与代议制度联结在一起,从而确立了中国特色的代议制民主和人民民主。共产党通过无时不在的群众工作,畅通了民意表达的渠道,提高了实现人民意愿的概率,保证了制度创设和政策法律制定的人民民主的真实性和有效性,保证了政治秩序和政治环境整合与治理的人民性和有效性。

执政党加强和落实在制度和体制的完善与创新、政策和法律的制定、社会政治关系和政治秩序整合功能方面的群众工作，就要深入群众、身入群众、心入群众，把握群众的脉搏，了解群众渴求致富的愿望、谋求发展的需要，集中好群众的意见、要求、智慧和创造，以创设人民群众满意称心的制度体制和机制，制定、贯彻好代表群众利益的路线方针政策；就要发挥人民群众优化社会关系、整合政治秩序的主体作用，根据人民群众的愿望进行上层建筑的改革和生产关系的完善，协调人们的政治关系和经济关系，实现政治秩序、经济秩序和政治关系、经济关系的最优化，激发和发挥群众的积极性和创造力；用人民群众拥护支持的制度体系、政策法规和发展目标凝聚群众、聚集力量，实现人民群众的充分参与，实现党群中国社会主义民主政治的事业共创和责任共担。执政党是社会主义事业的领导核心，围绕落实制度建构、政策法律制定、整合政治秩序的政治领导功能这个历史重任的群众工作，既是执政党的政治奠基工程，又是执政党的施政过程；既是执政力量源泉的发掘工程，又是政治发展目标的主体保障工程。

第三，群众工作是实现共产党宣传教育群众、凝聚群众以获得政治认同的政治社会化功能的基本途径。马克思主义政党理论认为：政党要通过制定行之有效的政治纲领号召群众，争取群众的信任与拥护，通过一定的组织把本阶级成员联系起来，共同行动、实现本阶级的目标。这是因为，“任何一个代表着未来的政党的第一个任务，都是说服大多数人民相信其纲领和策略的正确。”[①]所以，执政党发挥政治社会化功能的途径，就是实现代表群众，凝聚民众以获得政治认同为重要内容的群众工作，就是制度、体制、程序及路线、方针、政策协调型群众工作和服务型群众工作。

建设社会主义民主政治和法治国家，深化政治体制改革，领导和支持人民当家作主，切实维护好、实现好人民当家作主的政治权力，这是执政党的一项政治社会化功能。执政党要成为社会主义民主政治和法治要求的代表，一刻也离不开群众工作，制度、体制、程序及路线、方针、政策协调型群众工作既是执政性、政治性群众工作，也是密切党群关系、执好政的政治基础。执政党的地位，使通过与人民群众的密切联系，谋求和保证制度、体制、程序的科学性、人民性与合法性，并在群众中得到顺利贯彻落实，成为政治社会

① 《列宁选集》第3卷，人民出版社1995年版，第476页。

化的首要任务;使谋求和保证路线、方针、政策的群众性、正确性与合理性,并在群众中得到正确贯彻落实,成为政治社会化的首要任务。否则,我们党领导人民建立的制度体制和机制程序的科学性、人民性与合法性,我们党领导人民制定的路线、方针、政策的群众性、正确性与合理性,就缺少了群众基础和社会基础,也就丧失了最广大人民群众认同的政治合法性基础,更丧失了制度体制、机制程序和路线方针、政策措施获得充分实现和贯彻落实的可靠性根据。

执政党服务型群众工作是获得人民群众真心实意拥护和支持的执政根基工作,是维护和巩固党执政地位的民心工程。执政党及党的各级组织,都要切实为群众服好务,做好新时期执政党实现人民利益和意志的工具,给群众带来实实在在的利益,满足人民群众日益增长的需求。掌握权力是执政党的根本标志,在长期执政条件下,党长期处于权力中心,是社会主义各项事业的领导核心,党本身就被视为政治权力的象征。在这种情况下,群众工作就是执政党实现社会政治整合和执政认同的重要途径。通过群众工作,在权力运作中可以更多更广地反映人民群众的意愿,并形成对权力的有效制约。这主要是因为,执政党的群众工作扩大群众的政治参与、保障人民群众当家作主,是在执政新形势下党联系群众的重要方式,更是执政党的领导方式和执政方式的重要实现形式,是落实执政党政治社会化功能的基本途径。否则,如果执政党过度地仰仗权力,过多地借助和依赖行政的、经济的乃至强制和镇压的手段,将直接导致党的说服教育功能和政治社会化功能的退化,使说服引导越来越变成强迫服从,而群众也产生了越来越多的离心甚至敌对倾向。一旦人民群众对党的漠视情绪和离心倾向积聚到一定程度,执政党的危机就发生了。苏联、东欧国家党的衰变、瓦解就说明了这个问题。而当代社会主义国家在总结经验教训,加强与改善无产阶级政党的领导、实现其政党功能时,总是强调要密切党同人民的联系,强调要走群众路线,“从群众中来,到群众中去”。这实际上从实践中证明了发挥无产阶级政党的政治社会化功能与群众工作统一的重要性。政党本来就是高度组织化了的群众参与的工具,执政党的群众工作通过密切党群联系和信息沟通,直接简化、贯通了公民参政的途径,降低了公民参政和作出选择的成本,增强了公民参政的效能,也更有效地实现了执政党政治社会化的功能。

（三）实现利益协调和整合功能的基本途径

落实和发挥执政党对社会利益和不同阶层公民利益的代表、表达功能，落实和发挥社会利益和不同阶层公民的利益关系、利益矛盾的协调和处理功能、整合和综合的功能，同样有力证明了党的群众工作与执政活动和政党功能实现途径的一致性。

第一，群众工作是落实和发挥执政党对社会利益和不同阶层公民利益的代表、表达功能的基本途径。在改革开放和市场经济条件下，我们党提出“必须始终保持工人阶级先锋队性质，更好地代表最广大人民的利益”；指出“三个代表”重要思想是我们党的历史得出的重要结论；始终践行“三个代表”重要思想，是一个需要全党同志特别是党的高级干部深刻思考的极其重大的问题。而要做到代表，做好代表，始终代表，是建设什么样的党和怎么建设党的重大问题，同时也是完善群众利益代表机制、畅通人民群众的利益表达机制的重大问题。

在执政的条件下，做好党的群众工作，是构成党执政的合法性基础、形成良性互动党群关系的基础性工作，是党有效执政、成功执政的有力支持系统。而做到代表好和始终代表人民群众的利益，才能建立起密切的党群联系和良性互动的党群关系。这就要求执政党首先确认人民群众利益诉求的正当性，创新群众工作，构建多渠道沟通机制和利益表达机制。

人民群众顺畅的利益表达和执政党对人民利益代表的实现，是一个非常复杂的问题。从我们所做的社会调查看，对于某种利益的关注度，不同的阶层、不同的行业、不同的职业，甚至不同的文化程度、不同的年龄和性别，等等，都会表现出极大的差异性，呈现出复杂性。如对于某种利益的关注度比较中，不同的社会阶层存在明显的差异。我们课题组调查的数据显示：农民最关注“征地、拆迁和企业改革中维护群众利益”（30.6％）；其余诸多职业的人最关注的问题均为“增加就业岗位”问题，其中尤其以大学生（48.1％）和农民工（48.6％）关注此项的比例为最高。文化程度不同和收入不同的人虽然最为关注的都是“增加就业岗位”，但比例仍有差异，初中以下文化程度（38.8％）高于大专以上文化程度（27.8％），低收入的人（42.7％）高于高收入的人（28.8％）。“对行使民主监督权力的看法”，49.9％的干部对自己行使民主监督权力表示满意（很满意的占 12.9％，基本满意的为 37.0％），而群众的满意度就低了近 15 个百分点（很满意的为 12.5％，基本满意的为 23.3％）。

群众中有27.3%的人对此表示不太满意和很不满意(19.3%的人表示不太满意,8%的人为很不满意);文化程度为初中及以下的人对行使民主监督权力的满意率是最高的,对此表示很满意的占22.6%,基本满意的为27.0%,而高中、大专及以上的人群的满意率就相对低了点,分别仅有11.1%和10.3%对目前自己行使民主监督权力明确表示很满意;从年龄上看,老年人的满意度是最高的:18.2%的很满意,39.0%的基本满意;青年人中不满意的比例是最高的:16.9%的认为不太满意,6.2%的人认为很不满意。而“对实现平等就业权力的看法”,从性别上来看,男性和女性之间有着很大差别:男性中有42%的对此表示很满意(12.9%)或基本满意(29.1%),而女性中只有36.7%的持有此观点(很满意的占10.3%,基本满意的占26.4%),更应该关注的是,男性中有24.7%表示不太满意(17.7%)或很不满意(7.1%),而女性中这一比例高达34.1%(不满意的占25.2%,很不满意的占8.9%)。从文化程度上来看,随着文化程度的不断提高,反而对此问题的满意度逐渐降低:初中及以下、高中、大专及以上文化程度的对此表示很满意的分别为22.6%、12.3%、7.7%;从收入上来看,高收入者的满意度最低:认为很满意的仅有5.4%,认为基本满意的有30.1%,而低收入者中32.9%的对此表示不太满意(21.2%)或很不满意(11.7%),这一比例是不同收入者中最高的;在这一问题上,干部和群众有着迥然不同的看法:干部中41.7%的对此表示很满意(9.9%)或基本满意(31.8%),而群众中高达33.7%的群众表示不太满意(22.2%)或很不满意(11.5%),比干部中持有相同观点的高近10个百分点(干部中认为不太满意的为19.9%,很不满意的为4.2%);从年龄上来看,老年人的满意度最高(16.9%很满意,31.2%基本满意),中年人的满意度最低(9.4%很满意,29.1%基本满意),另外有30.9%的中年人对此表示不太满意(21.4%)或很不满意(9.5%);党员的不满意率明显低于非党员:24.4%的党员表示不太满意(19.3%)或很不满意(5.1%),但是竟有高达33.1%的非党员有此感受(22.8%的不太满意,10.3%的很不满意)。[①]

由此可见,如此纷繁复杂的利益要求,如此程度不同的利益关注,使执政党代表人民群众的利益要求十分困难,人民群众的利益表达渠道也是需要多层次的。固然可以而且必须充分利用法律的、制度的规范,利用社会管

---

① 为了本课题的研究,我们采用比例随机抽样方法进行该项问卷调查。本次调查共发放问卷1560份,回收有效问卷1512份,有效率96.92%。

理体制系统来解决这些问题，但是这些刚性的东西有其有效性的一面，也总有其一定的局限性。尤其从构建社会主义和谐社会的角度看，党的群众工作可以发挥其统一思想、整合利益、凝聚力量的作用，成为落实和发挥执政党对社会利益和不同阶层公民利益的代表、表达功能的基本途径。特别是唯有执政的共产党人创造性的群众工作，才能实现党与人民群众间经常的、适时的、广泛的密切联系，才能畅通党与人民群众的联系及利益表达的渠道，即时地、及时地了解不同群众的多方面、多层次的利益要求，把握人民群众对于不同利益的关注程度，以解决人民群众最关心、最直接、最现实的利益问题为重点，适时地调整我们的路线方针和政策措施，以满足人民群众多方面、多层次的利益需要。

第二，群众工作是落实和发挥执政的共产党对社会利益和不同阶层公民的利益关系、利益矛盾的协调和处理功能的基本途径。群众工作作为我们党联系群众的主要方式，是实现党利益协调功能的基本途径。社会现实迫切要求执政党更充分地实现利益矛盾的处理和利益关系的协调等政党功能，执政党也务必做好实现利益矛盾的协调、利益关系的调整类型的群众工作。

改革开放、社会主义市场经济取向和经济全球化趋势，给人们的社会价值观念和利益取向带来新的变化，致使人们思想活动的独立性、选择性、多变性、差异性明显增强，人们认识问题的起点、角度和标准多种多样，在许多问题上，不同的阶层会有不同的认识，即使同一阶层，因为角色不同，价值选择和利益取向也各不相同，甚至大相径庭。另外，改革开放的中国处在多变、快变的变动过程中，发展的每一步都涉及资源的分配和利益的调整，利益主体多元化，阶级阶层分化重组加快，新兴利益群体涌现，人民内部的利益矛盾凸显，各阶层的利益关系复杂。例如，国有、私有、民营、外资企业之间甚至其内部的就业方式、劳资关系、组织结构、利益关系、分配方式就有许多差别，由此形成人们的地位关系、利益关系及价值判断、利益选择日益趋向复杂化。不少工人“为别人打工”的事实，使他们“领导阶级”“社会主人翁地位”的价值观念出现迷惘，在利益关系中往往处于被动服从的地位，大量承受着城里人社会歧视、地位低下的进城农民工也很难再有“社会主人”的感觉，其利益还常常有拖欠工资等被侵害的问题，如此等等，这些都使得他们的价值观念、利益趋向和行为方式往往处在不适、紊乱、矛盾和变动之中。如果不及时进行利益关系的协调、利益矛盾的处理，就有可能影响人们的社会心态和社会情绪,影响人们的价值观念和利益取向,还会损害人们正常的社会联系和社会关系,更会破坏良好的社会秩序和安定团结的政治局面。这就提出了执政党要发挥好其利益协调功能的紧迫性和重要性问题。

群众工作是有效解决人民内部利益矛盾,理顺群众情绪以建立和谐人际关系的基础性工作。执政党的各级组织关于利益矛盾的处理、利益关系的调整、协调的群众工作,既是密切党群关系的社会基础工作,也是保持社会稳定和协调发展的群众性基础工作。社会和谐的根本标志是人际关系的和谐,而利益和谐是人际关系和谐的利益基础,是一切和谐问题最核心的焦点。党要发挥好执政党的利益协调功能,始终代表最广大人民群众的根本利益,就要正确处理人民内部的利益矛盾,特别是协调好人民内部各个利益群体之间的利益关系,处理好人民群众的局部利益与整体利益、眼前利益与长远利益、先富群体利益与后富群体利益、先富地区利益与后富地区利益等利益关系。党的十七大强调,构建社会主义和谐社会是一个不断化解社会矛盾的持续过程。我们要始终保持清醒头脑,居安思危,深刻认识我国发展的阶段性特征,科学分析影响社会和谐的矛盾和问题及其产生的原因,更加积极主动地正视矛盾、化解矛盾,最大限度地增加和谐因素,最大限度地减少不和谐因素,不断促进社会和谐。党的群众工作,可以了解并引导人们的思想动向和利益趋向,及时掌握人们之间的利益关系和利益摩擦,适时地协调利益关系、化解利益摩擦,疏导不同利益群体的对立情绪和对抗心态,实现不同社会群体利益取向的多样性与差异性的统一,这对于构建宽容与和谐的人际关系和社会环境,具有重要作用。同时,发挥党的群众工作密切联系群众的优势,使之与科学执政、民主执政、依法执政有机结合起来,把群众工作寓于民主化、法制化手段调解、处理人民内部的各种利益关系和利益矛盾的过程中,就能够及时地掌握社会矛盾的现状和变化,防止矛盾的冲突和激化,正确化解各种利益矛盾和利益冲突。可以说,群众工作是实现社会和谐发展的重要基础工作,它能够沟通老百姓,密切党和群众的联系;它能够掌握社情民意,正确引导群众合理合法地表达自己的利益诉求,理性地面对各种矛盾纠纷和利益冲突;它能够在和风细雨中妥善协调、正确处理各阶层各方面的利益关系,有效调解和化解人民内部大量的利益矛盾及利益纠纷。

第三,群众工作是实现利益的整合和综合功能的基本途径。随着我国社会主义市场经济的不断发展,以公有制为主体、多种所有制经济共同发展的基本经济制度和按劳分配为主体、多种分配方式并存的分配制度的不断完善，工业化、城镇化和经济结构调整加速，社会组织形式、就业结构、社会结构的变革加快，使我们党面临并将长期面对一些亟待解决的突出矛盾和问题，主要是不同社会群体利益的整合和综合问题。这就需要执政的中国共产党人提供一种不断解决矛盾和化解冲突的机制，包括有效的矛盾疏导机制、顺畅的社会流动机制、合理的利益协调和整合机制、安全的社会保障机制，等等。群众工作对于这些有效机制的建设和落实具有重要意义。

政党按照其代表的阶级利益和群众的发展愿望要求，对社会利益需求加以分析、取舍、集中、整合后传输给政治系统和公共权力系统，就是政党基本的利益集约、聚合功能和利益整合、综合的功能。执政党、公共权力、公民是现代社会的三大支柱，而公民与公共权力往往有利益的矛盾和冲突，而政党则要充当协调公共权力和公民利益的桥梁、中介的角色。共产党执政，就是要发挥好这一角色，落实政党的人民利益集约、聚合的功能和利益整合、综合的功能，落实人民当家作主的执政本质。这就需要共产党更加充分地发挥利益整合和综合这一执政功能。一方面，必须广泛地了解城乡、区域、社会各个层面的人民群众的利益需求，增强发展协调性，努力实现经济又好又快发展。这就要求在全党牢固树立群众观念和全心全意为人民服务的宗旨，通过党的各级组织的群众工作，保持与最广大人民群众的经常性沟通，全面系统地把握人民群众的社会发展愿景和真实利益要求。另一方面，必须要对来自社会方方面面的利益需求进行科学的整理，进而形成党的路线、方针、政策乃至法律、制度，形成中国特色社会主义经济建设、政治建设、文化建设、社会建设的基本目标和基本政策构成的基本纲领。

在政治参与和社会参与过程中，人民群众因其众，其利益表达不仅千差万别，还可能充满矛盾与冲突，而执政党群众工作的经常化、制度化，就成了缓和冲突、疏导矛盾的经常化和制度化机制，政党通过群众工作实现利益的集约、聚合和整合、综合，能使为数众多的人、为数众多的利益要求被吸纳进入政纲、政策和法律规范，从而以一种制度化和代表性的公共利益取代了冲突、对抗和分裂的个人利益。因此加强和创新执政条件下的群众工作，能够使人民群众利益表达和参政议政进入方便化、快捷化和制度化、秩序化轨道。而在现实生活中，只有当最广大人民群众的利益表达和参政议政成为无时不在、无所不能时，公民的利益表达才能顺利地随时地输入政治系统而进入决策、政策和政纲，才能真正增强民众政治参与的效能和热情。离开这种经常性的群众工作，即使是程序化、制度化的民意表达和利益诉求，也难以避免即时性和短暂性。

(四)实现社会治理功能的基本途径

社会主义民主政治,是共产党执掌政权并在社会政治生活、国家事务和政体运作中处于领导地位的新型政党政治,同时也是共产党执政与领导、支持和保证人民群众当家作主的新型民主政治。在这种新型政党政治与新型民主政治的同一中,执政党的社会治理功能与作为执政的基本工作的群众工作是同一的,或者说,执政党的群众工作就是实现其社会治理功能的基本途径。

胡锦涛在党的十七大政治报告中指出:"社会活力显著增强,同时社会结构、社会组织形式、社会利益格局发生深刻变化,社会建设和管理面临诸多新课题。"同时强调"完善社会管理,维护社会安定团结",指出"社会稳定是人民群众的共同心愿,是改革发展的重要前提。要健全党委领导、政府负责、社会协同、公众参与的社会管理格局,健全基层社会管理体制。最大限度激发社会创造活力,最大限度增加和谐因素,最大限度减少不和谐因素,妥善处理人民内部矛盾,完善信访制度,健全党和政府主导的维护群众权益机制"。[①] 这就明确了在构建社会主义和谐社会的新的社会管理格局中,党委处于领导核心地位,政府要担当社会管理的职责,社会组织要承担协同党和政府进行社会管理的功能,公民个人要发挥广泛参与社会管理的作用。而这务必要坚持党的群众路线,依靠党的政治优势,即卓有成效的群众工作为基本途径。

第一,执政党的群众工作是发挥党在社会管理中领导核心作用的基本途径。在现代政治和行政格局中,政党是不直接参与社会管理的,往往是通过其组建的政府行使管理社会、服务社会的功能。执政党管理社会的功能,只表现在其在管理社会体制中的领导核心作用。党的十六届六中全会强调,构建社会主义和谐社会,关键在党,强调必须充分发挥党的领导核心作用,为构建社会主义和谐社会提供坚强有力的政治保证。而党在构建社会主义和谐社会中,领导核心作用的充分发挥和充分实现,需要加强党的先进性建设和执政能力建设。不断提高激发社会创造活力的本领,提高管理社会事务的本领,协调利益关系的本领,处理人民内部矛盾的本领,也就是开

① 《中国共产党第十七次全国代表大会文件汇编》,人民出版社 2007 年版,第 13、39 页。

展群众工作、维护社会稳定的本领。这就需要各级党委加强对构建和谐社会的领导，建立有效的领导机制和工作机制，充分发挥基层组织和党员在构建和谐社会各项工作中的先锋模范作用。只有创新群众工作，才能充分发挥党管理社会中的领导核心作用，团结带领亿万人民，不断推进社会主义物质文明、政治文明、精神文明与社会文明建设，最终实现国家富强、民族振兴、社会和谐与人民幸福。

要充分发挥和实现党的领导核心作用，就是要发挥和落实凝聚人心、整合社会、维护社会整体和谐的作用。党在构建社会主义和谐社会中，领导核心作用的充分发挥和充分实现是与其得到最广大人民群众的信任、拥护和支持分不开的。任何政党、任何政府，要生存和发展，要执掌政权，必须有生存发展的社会根基，有牢固的执政合法性基础。“合法性包括法治、效率、择优、专业分工等衡量标准，但最重要的尺度是获得和保持公民的信任。现代社会，公民对政府的认同、支持与信任，是以政府充分理解、尊重公民的利益要求、权力资格和权力地位为交换条件的。”[①]执政党的群众工作是实现执政党与民众结合、领导与群众结合的有效领导机制，是实现党群联系、上下贯通连心的有效工作机制，是执政党与群众以诚换诚的信任建构过程，也是执政党以心换心的民心构筑工程。相信只有在群众工作中，执政党获得了最广大人民群众真心实意的信任、拥护和支持，党的领导核心作用才能真正充分发挥和充分实现。

第二，执政党的群众工作是整合社会管理资源，实现社会和谐和有效治理的基本途径。党的十六届六中全会强调，我们要建设的社会主义和谐社会，是在中国特色社会主义道路上，中国共产党领导全体人民共同建设、共同享有的和谐社会。执政党通过党的各级组织的群众工作力量，团结社会各阶层，始终保持最广泛的社会基础，才能有效执政、成功执政、长期执政。我们的社会生产力是不断发展的，社会的阶级阶层结构也是经常变动的，执政党要时刻关注社会阶级阶层的新变化。在新的历史条件下，我们党要通过群众工作的创新，既坚持以工人阶级为基础，又必须依据社会结构的变化扩大党的群众基础，兼容和接纳在市场经济中有影响的社会新阶层，还特别需要关注现阶段主要社会人群，关注他们的生存发展和利益需求，尤其要力求和实现社会各阶级阶层之间的团结合作与和谐共处。

---

① 鄞爱红：《服务型政府的伦理精神》，《哲学动态》2005年第2期。

执政党的群众工作是有效整合社会管理资源，实现社会和谐和有效治理的基本途径。党的十七大报告中强调："重视社会组织建设和管理。"[①]要构建社会主义和谐社会，必须有效整合社会管理资源，坚持科学执政和民主执政，保障人民群众在社会管理和构建和谐社会中的主体地位，必须团结一切可以团结的力量，调动一切积极因素，形成促进和构建社会和谐的强大合力。既要充分发挥执政党的领导核心作用，又要充分发挥政府在服务中实施管理、在管理中体现服务的负责精神，还要充分发挥非政府组织的社会协同作用，更要充分发挥人民群众充分参与社会管理的主体的作用。而有效整合社会管理资源，务必贯通和融入党的群众工作；形成促进和构建社会和谐的强大合力，实现社会的和谐与有效治理，务必贯通和融入党的群众工作。

第三，党的群众工作是充分发挥群众参与社会管理，实现社会和谐和社会有效治理的基本途径。人民群众的政治参与原本就是共产党的政治优势。在战争年代，恰恰是人民群众的参与，才使共产党领导的军队不断从胜利走向胜利。在执政的条件下，人民群众参与社会管理，恰恰是构成社会主义管理新格局的本质特征。胡锦涛在党的十七大的政治报告中强调：要健全基层党组织领导的充满活力的基层群众自治机制，扩大基层群众自治的完善民主管理制度，把城乡社区建设成为管理有序、服务完善、文明祥和的社会生活共同体。这就是在强调社会主义管理新格局的优势。真正的和谐社会是国家权力与公民权利良性互动的社会，是国家的行政管理与公民的自主管理相统一的社会。党的十六届六中全会也强调，要加强基层基础工作，认真研究和把握新形势下党的群众工作的特点和规律，千方百计把群众工作做深做细做实，始终保持党同各社会阶层人民群众的血肉联系，最大限度地协调好阶层关系，巩固和发展新世纪、新阶段的统一战线，力求最大限度地实现人民群众在参与社会管理和社会主义和谐社会建设中的主体作用。

中国社会主义和谐社会的构建，迫切要求保持党同人民群众的血肉联系，巩固全国各族人民的大团结，殷切期待全党和全国人民的合力共建。这是因为，实现社会和谐和社会的有效治理，必须坚持以人为本，做到发展为了人民、发展依靠人民、发展成果由人民共享，促进人的全面发展。实现构

---

① 《中国共产党第十七次全国代表大会文件汇编》，人民出版社2007年版，第39页。

建社会主义和谐社会的目标和任务，创建民主法治、公平正义、诚信友爱、安定有序、人与自然和谐相处的美好社会，需要全体人民共同参与、共同奋斗。只要每个人奉献出自己的一份努力、一份激情，就奠定了构建和谐社会的最坚实的群众基础。我们有理由相信，具有群众工作政治优势和光荣传统的共产党，始终代表最广大人民群众利益的先进政党，一定能够团结带领亿万人民，万众一心，共建和谐。

再版同期声：执政条件下群众工作实际上就是执政党治国理政的全部工作。做出这样的结论并不夸张，因为我们党治国理政的所有工作，都离不开人民群众的参与和支持，可以毫不夸张地说，没有什么工作是可以脱离人民群众的支持和参与能够达到预期目标的。这就是习近平总书记所说的，"任何一项伟大事业要成功，都必须从人民中找到根基，从人民中集聚力量，由人民共同来完成。违背人民意愿，脱离人民支持，任何事业都会成为无源之水、无本之木，都是不能成功的"①。因此，习近平总书记多次告诫全党："人民是我们党执政的最大底气，是党和国家最深厚的根基。历史教训深刻启示我们，一切脱离人民、偏离人民、背离人民的政治力量，终究会走到人民的对立面，失去人民的支持。要始终与人民同呼吸、共命运、心连心，始终保持党同人民的血肉联系。要坚持贯彻以人民为中心的发展思想，坚持人民主体地位，做到发展为了人民、发展依靠人民、发展成果由人民共享。"②要让最广大的人民群众参与到我们的伟大事业中来，真心实意地与我们一道成就民族复兴大业，就必须坚持党的群众路线，做好新形势下的群众工作，把14亿中国人民的力量凝聚成推动中华民族发展壮大的磅礴力量。

这些就足以深刻说明今天我们党的群众工作应有的正确定位。

三、群众工作目标

执政、改革开放和市场经济条件下，党的群众工作目标是与党的执政目标、与社会主义制度确立和发展的价值目标紧密联系在一起的，是与改革开放和市场经济条件下党执政理国的各项任务紧密联系在一起的。共产党的执政本质和根本目标是立党为公、执政为民，社会主义确立和发展的价值目

① 习近平：《在纪念孙中山先生诞辰150周年大会上的讲话》，人民出版社2016年版，第6页。

② 习近平：《新发展阶段贯彻新发展理念 必然要求构建新发展格局》，《求是》2022年第17期。

标与实现人民群众根本利益的一致性，决定了党的群众工作作为执政党的基础性工作，其总目标就是实现好、维护好、发展好人民群众的根本利益，现实地满足人民群众的物质需求、政治需求、文化需求和社会环境需求。

（一）实现好、维护好、发展好人民群众的根本利益

从一定意义上说，党的群众工作就是党执政的基本工作或者说全部工作。党的群众工作的目标，就是要在执政和改革开放中，实现共产党执政目标与社会主义发展目标。这就要探索共产党执政规律，探索社会主义发展规律，创新共产党的领导方式和执政方式，创新中国特色社会主义的发展模式，而这本身就内在地包含了群众工作目标的根本转换和对群众工作目标的新要求。

执政条件下党的群众工作，以实现好、维护好、发展好最广大人民群众的根本利益为总目标，对落实党的执政方略、全面建设和发展中国特色社会主义的中国共产党来说，是一个至关重要的和全新的课题。江泽民指出："人民群众的整体利益总是由各方面的具体利益构成的。我们所有的政策措施和工作，都应该正确反映并有利于妥善处理各种利益关系，都应认真考虑和兼顾不同阶层、不同方面群众的利益。但是，最重要的是必须首先考虑并满足最大多数人的利益要求，这始终关系党的执政的全局，关系国家经济、政治、文化发展的全局，关系全国各族人民的团结和社会安定的全局。最大多数人的利益是最紧要和最具有决定性的因素。这是马克思主义的基本观点，各级领导机关和领导干部必须充分认识和认真实践。"[①]纵观共产党执政的历史和社会主义在20世纪的历史运动，苏联共产党的执政体制和苏联社会主义模式，就是因为没有实现好、维护好、发展好最广大人民群众的根本利益，才最终导致了苏联党的垮台和苏联社会主义的衰败，并引发了20世纪末共产党执政的严重挫折和社会主义的深刻危机。正是这种挫折和危机，逼迫共产党人全面反思党如何执政和社会主义如何发展这个重大历史课题。中国共产党从新中国成立开始，就思考这个问题，特别是随着对自身执政实践和社会主义发展的反思，随着对国际共产主义运动在20世纪大起大落的深思，我们党从十三大，经过十四大、十五大、十六大到十七大，对于共产党执政和社会主义发展与实现好、维护好、发展好最广大人民群众的根

① 《江泽民文选》第3卷，人民出版社2006年版，第279—280页。

本利益之间深刻的、相互决定关系的理解和把握逐步深化。邓小平“三个有利于”标准的理论，就是对社会主义如何发展思考的标志性成果，它带来的中国社会主义超常发展的活力和人民的满意，致使整个世界开始重新认识和评价社会主义的价值和生命力。江泽民“三个代表”重要思想的阐述，全面开启了共产党如何建党、如何执政的思考，提出了在新的历史条件下社会主义成功的关键、共产党有别于其他政党的全新的领导方式和执政方式成功的标志，就是实现好、维护好、发展好最广大人民群众的根本利益。中国共产党深刻地认识到，社会主义从健康和谐走向成功的发展过程，也同时是执政党形成和创建科学执政、有效执政的执政体系、执政方式和执政模式的过程。在这个过程中，共产党不仅要在历史教训中认识社会主义发展规律与共产党执政规律，更要在实践中探索社会主义发展的特殊规律，探索无产阶级政党执政、社会主义国家建设与实现人民群众利益的一致性的规律。

首先，同革命时期的群众工作目标相比，执政时期党的群众工作目标发生了根本的转换。原则上看，执政党的群众工作没有自己独特的目标，这在于它不是外在于执政党的执政使命和新时期的发展目标的，而是与完成执政党使命和新时期的发展目标相联系并渗透于其中的。因为共产党在革命与建设时期的历史使命和活动目标的不同，同革命时期的群众工作目标相比，执政时期党的群众工作目标发生了根本的转换。如果说，革命时期共产党的群众工作目标是与作为革命党的共产党的社会使命相联系，实现共产党的执政地位和社会主义制度的建立，以使中国人民从“三座大山”的压迫下解放出来，实现人民群众求解放的根本利益。那么，建设时期共产党作为执政党，它的群众工作是落实共产党执政使命：即解决如何执好政（中国共产党如何执掌好政权）和如何治好国（中国的社会主义如何发展好）两大课题并实现有机统一。对于执政的共产党来说，一方面，共产党作为工人阶级和人民群众利益的代表，人民群众寄予更高的政治期望和更高的政治伦理要求，它必须坚持人民利益高于一切的利益观；另一方面，执政地位的变化和执掌权力的事实，使它同人民群众的地位关系、权力关系、利益关系问题更加敏感和突出。那么，与执政党使命和新时期的发展目标相联系并渗透于其中的群众工作的总体目标，就是最大限度地、全面地实现好、维护好、发展好人民群众的根本利益。而要实现这个群众工作的总体目标，还有一系列的具体的群众工作的目标，即满足人民群众日益发展着的物质需求、政治需求、文化需求、社会和谐需求，等等，构成群众工作的目标体系。更为根本和至关重要的在于，执政党要落实和完成的群众工作的总目标和目标体系，是“立党为公，执政为民”执政本质的根本要求和社会主义制度本质的根本要求的耦合，既是执政党的使命、执政的根本目标所在，同时也是发展中国社会主义的目标和目的所在。

其次，党以实现好、维护好、发展好最广大人民群众的根本利益为群众工作的总目标，是共产党人执政的价值目标、价值取向和特殊规律的根本要求。从伦理学或价值论的意义上看，权力合理性就是指权力从根本上和总体上有利于人类的幸福。由于政治权力到目前为止都是在有限的共同体（如国家）内产生和发生作用的，因而权力的合理性主要是指权力从根本上和总体上有利于社会共同体全体成员的幸福，是最大限度地谋求、促进和增加社会共同体全体成员的幸福。我们共产党执掌政权，执政本质和根本目标是立党为公、执政为民，全心全意为人民服务。执政党确立一切重大经济关系、政治关系、社会关系的价值导向，改革开放和社会发展的政策措施制定的利益关系趋向，进行制度、体制、机制改革的价值取向，一切执政实践、执政活动、执政行为的价值目标，都在于实现好、维护好、发展好最广大人民群众的根本利益。江泽民强调：“我们党要始终代表中国最广大人民的根本利益，就是党的理论、路线、纲领、方针、政策和各项工作，必须坚持把人民的根本利益作为出发点和归宿，充分发挥人民群众的积极性、主动性、创造性，在社会不断发展进步的基础上，使人民群众不断获得切实的经济、政治、文化利益。”[①]党的十六届四中全会《决定》明确指出：通过全党共同努力，使党始终成为立党为公、执政为民的执政党，成为科学执政、民主执政、依法执政的执政党，成为求真务实、开拓创新、勤政高效、清正廉洁的执政党，归根到底成为始终践行“三个代表”重要思想、永远保持先进性、经受住各种风浪考验的马克思主义执政党，带领全国各族人民实现国家富强、民族振兴、社会和谐、人民幸福。这种要求，从根本上说，就是要解决好为谁执政、靠谁执政和怎样执政的问题。我们共产党执政，首先就是必须解决好为了人民、代表人民、造福人民这个根本的出发点和落脚点的问题，而坚持权为民所用、情为民所系、利为民所谋是共产党执政的根本的价值目标和价值取向，实现好、维护好、发展好最广大人民群众的根本利益是执政党以群众工作为实现途径的一切执政活动的根本目标。

① 《江泽民文选》第3卷，人民出版社2006年版，第279页。

党以实现好、维护好、发展好最广大人民群众的根本利益为群众工作的总目标，既是我们党执政经验的科学总结，也是新形势下共产党执政的特殊规律的根本要求。对于执政的共产党来说，其执政地位的获得、巩固和持续，决定于最广大人民群众真心实意的选择，又根据于以实现好、维护好、发展好最广大人民群众的根本利益体现政党自身先进性的执政本质这一政治前提。我们共产党执政，要坚持科学执政、民主执政、依法执政。我们党是为民执政，靠民执政，是领导、支持和保证人民当家作主，而不是代替人民当家作主。在任何时候、任何情况下，我们都必须依靠群众工作，始终保持同人民群众的血肉联系，紧紧依靠最广大人民来执好政、掌好权。而执政党执政的社会基础问题，与国家和社会的关系问题，本质就是正确处理执政党与人民群众的关系问题。执政党调整、改革和完善领导方式和执政方式，调整领导、动员和整合社会的方式，实质就是利用执政条件和制度资源密切执政党与人民群众的关系。而这一切，本身就是党的群众工作。执政党在新时期、新阶段，通过群众工作的创新和发展，密切党群关系，盘活社会资源，持续获得社会认同，充分实现党的领导和执政的正确、有效，根本目标和根本目的又是实现好、维护好、发展好最广大人民群众的根本利益。这是共产党执政特殊规律的根本要求，是共产党执政条件下党的群众工作的根本目标和根本要求。执政党的每一个党员、干部，都应是群众工作的模范，都应是为人民服务、对人民尽责的社会公仆，其所思所想，所行所为，当尽在为群众办好事、办实事，只有“利归天下，誉属黎民”，才能赢得群众的拥护和支持。

最后，党以实现好、维护好、发展好最广大人民群众的根本利益为群众工作总目标，是社会主义的发展目的和特殊规律的根本要求。共产党不能为执政而执政，为巩固政权而巩固政权，必须把着力点放在落实和实现共产党执政的社会主义本质上。党确立以实现好、维护好、发展好最广大人民群众的根本利益为群众工作的总目标，这是共产党执政实现社会主义制度优越性本质的根本要求。新世纪新阶段我们党要构建的社会主义和谐社会，是中国共产党领导全体人民共同建设、共同享有的和谐社会，加快推进社会主义全面发展和社会主义物质文明、政治文明、精神文明、社会文明协调发展，根本目的就是实现好、维护好、发展好最广大人民群众的根本利益。应该说，社会主义事业的发展，共产党执政的社会使命和现实取向，始终贯穿着“以解决人民群众最关心、最直接、最现实的利益问题为重点”这根红线，其改造社会的人文价值目标，执政理国的政策导向，执政活动的根本价值目标，就是最大限度地实现人民的利益、人民的幸福、人民的发展。只有通过社会主义社会的全面发展，实现好、维护好、发展好最广大人民群众的根本利益，党的领导和执政才真正奠定合法性的社会基础。

由此，党的群众工作目标就要适应这一根本要求，坚持和实现人民群众历史主体与社会主人的统一，尊重社会发展规律与尊重人民历史主体地位的一致性。所以，要十分明确地告诫全党，把我们认识和处理一切问题、认识和处理党和国家一切事务的出发点、立足点和标准都统一到人民群众的根本利益上来，旗帜鲜明地反对部门利益和既得利益问题，尊重人民作为社会主人和利益主体的社会地位。最大限度地实现人民的利益、人民的幸福、人民的发展作为共产党执政的根本目标，作为党在新世纪新阶段建设发展社会主义的总目标，就成为党的群众工作的总目标。

(二)满足人民群众的物质需求

在共产党群众工作的目标体系中，最重要的是推进社会经济建设快速持续健康地发展，公平合理地实现人民群众的物质利益。

首先，维护、满足和发展人民群众的物质利益是共产党人的首要责任。物质需要是人们生存发展的第一需要，是满足其他需要的物质基础。维护、满足和发展人民群众的物质利益，是执政的共产党人首要的义不容辞的责任和义务。共产党人推翻“三座大山”、解放全中国，最直接的目的就是让人民群众有饭吃、有衣穿，能够翻身当家做主人；建设时期，执政的共产党人进行社会主义建设，就是为了让人民真正实现自己的愿望，过上幸福生活；我们实行改革开放，就是要进一步解放和发展生产力，建设社会主义和谐社会，保持经济持续快速协调健康发展，就在于不断满足人民群众日益增长的物质文化需要。发展经济、进行改革开放、发展市场经济、调整产业结构、参与经济全球化，等等，最终目的都在于维护、满足和发展人民群众的物质利益，实际地提升人民的物质生活水平、生活质量和幸福指数。这也是首要的群众工作。因此我们党始终坚持以经济建设为中心，始终把发展作为解决中国一切问题的关键。改革开放以来我们的经济总量有了长足的发展，社会财力和物质基础更加雄厚，虽然还不能实现充分满足中国最广大人民群众日益增长的物质文化需求，但是13亿多中国人民的温饱问题已经基本解决，人民群众的物质生活有了极大的改善，也正是因为这一点，我们党得到了最广大中国人民的充分肯定和高度认同，党群关系更加密切。

其次，公平合理地实现人民群众的物质利益是群众工作的重要目标。在共产党执政的社会主义制度下，公平、公正地实现人民群众的物质利益，是执政党实现社会发展的目的和群众工作的重要目标。社会发展了，蛋糕做大了，如何分配问题，是分配政策问题，同时也是群众工作的重要问题。这是落实执政党利益表达功能和利益综合功能的体现。政党政治之所以能够成为现代文明社会中的一种普遍现象，就是因为政党具有利益表达功能和利益综合功能。随着我国经济市场化程度的不断提高，整个社会逐步从封闭、半封闭向全面开放转变，与之相应的是社会结构、经济结构、产业结构的重大变化和经济成分、就业方式、组织形式、利益关系、分配方式的日益多样化。与此同时，城乡差距、地区差距、贫富差距已经拉大。解决收入差距过大和分配不公已经成为社会上的一个焦点问题，已经成为执政党关注和人民群众反映强烈的问题。

物质利益和谐是社会和谐的根本要求，也是人民群众基本的正当合理的需求。解决物质利益和谐问题，不能忽视收入差距过大和贫富悬殊问题。这就不仅要着力消除腐败及政府权力失偏等导致贫富悬殊的非市场化因素，而且更要发挥执政党的利益协调和整合功能，调整和改革分配政策。要妥善协调和处理各方面的利益关系，正确反映和兼顾不同方面群众的利益，进一步密切党同各阶层群众的利益联系，最大限度地整合不同利益群体，实现社会的物质利益和谐，满足人民群众的物质需求。我们不能轻视和忽视群众工作在改革定位、政策取向、协调物质利益矛盾方面的重大作用。党的十七大在改革完善收入分配制度、整顿和规范收入分配秩序方面作出了一系列重大战略部署，我们有理由相信，只要扎扎实实地贯彻落实十七大精神，把现阶段出现的收入差距过大问题放在改革发展和群众工作中给予高度重视、认真解决，就一定能够很好地解决这一问题。

最后，满足人民群众的物质需求，当前重要的问题还包括实施积极的就业政策，发展和谐劳动关系。就业是民生之本，实现充分就业是建设和谐社会的基础性环节。在我国现阶段就业问题较为突出，有大量的引导就业、促进教育、指导服务就业、支持创业、规范发展就业、帮扶就业等工作需要我们去做。这些工作都是群众工作的重要内容。要把扩大就业作为经济社会发展和调整经济结构的重要目标，实现经济发展和扩大就业良性互动。实现这样的目标，需要大力发展劳动密集型产业、服务业、非公有制经济、中小企业，多渠道、多方式增加就业岗位；实行促进就业的财税金融政策，积极支持自主创业、自谋职业；健全面向全体劳动者的职业技能培训制度，加强创业培训和再就业培训；深化户籍、劳动就业等制度改革，逐步形成城乡统一的人才市场和劳动力市场，完善人员流动政策，规范发展就业服务机构；强化政府促进就业职能，统筹做好城镇新增劳动力就业、农村富余劳动力转移就业、下岗失业人员再就业工作，同时加强大学毕业生、退役军人就业指导和服务；扩大再就业政策扶持范围，健全再就业援助制度，着力帮助零就业家庭和就业困难人员就业，这些都是群众工作的重要内容。特别是要完善劳动关系协调机制，全面实行劳动合同制度和集体协商制度，确保工资按时足额发放；严格执行国家劳动标准，加强劳动保护，健全劳动保障监察体制和劳动争议调处仲裁机制，维护劳动者特别是农民工合法权益。如此等等。这是执政党的执政活动，也是政府的行政行为，同时也是党的各级组织和各级政府的群众工作。只有把群众工作与这些执政活动和行政行为有机结合、融为一体，才能实现满足人民群众物质需求的执政目标，同时也实现群众工作的目标。

（三）满足人民群众的政治需求

发展社会主义政治文明，领导和支持人民群众当家作主，切实地实现人民群众的政治利益，是群众工作目标体系中的重要内容。

首先，满足人民群众的政治需求，领导和支持人民群众当家作主，是建设社会主义民主政治的根本要求。发展社会主义政治文明，作为我们政治建设的价值目标，为我国政治文明建设指明了方向；它作为体现国家本质和政权组成形式的制度、体制模式，其核心和精髓是高度的社会主义民主。社会主义民主政治的本质，就是满足人民群众的政治需求，实现人民当家作主。在政治文明的主体地位上，社会主义政治制度否定了政治生活中少数人对多数人的统治，在人类历史上第一次推行广大劳动人民当家作主的民主政治，使人类政治文明的主体扩展到大多数民众，正是从这个意义上我们说，它是新型的和真正意义上的民主政治。共产党执政，就是领导和支持人民群众当家作主，掌握管理国家的权力，实现民主选举、民主决策、民主管理和民主监督，保证人民依法享有广泛的权利和自由。领导和支持人民群众当家作主，切实地实现人民群众的政治利益，当然首先需要切实可行的制度、体制保证，同时也需要贴近实际、富有成效的群众工作来保障。

人民当家作主是社会主义新型民主的本质和政治制度建构的价值基

础，社会主义制度中主人与主体的统一作为新型民主的真正优势，都要通过与之相适应的一定的制度、形式、体制、程序体现出来、实现出来。如果这种与之相适应的制度、形式、体制、程序缺失或者倒错，就会不可避免地产生民主政治内涵与现实实现形式、程序的矛盾，社会主义民主政治的优势不能充分发挥，人民当家作主的本质就不能真正实现，人民群众的政治需求就不能满足，甚至影响执政党和人民群众良性政治关系的确立，制约社会主义政治文明的发展。不能回避的是，我们在政治制度的建构中，是十分强调政治性的，强调权力属于人民的原则，强调政治权力运行的执政为民原则，而在实现政治制度的程序方面，我们却或多或少地忽略了程序的政治性原则。比如在政治程序方面，我们过多地运用了传统政治程序中单向度的上权对下权的控制程序，缺少权力对权力的相互制衡程序，更缺少权力对权力的制约监督程序、保障人民当家作主、自下而上的约束、监督管理者的程序。然而，社会主义民主政治和政治文明所要求的政治程序，是对国家权力实施监督、控制从而保护人民当家作主权力的有效力量，就应该在程序上有实现人民民主权力、责任的渠道。如果缺乏相应的程序约束、规范、控制的保障，缺乏结果公平、公正的价值取向的政治保证，就会出现权力的滥用，而失去监督、控制、纠错、补救的机会，那么，人民当家作主就会扭曲变形而难以实现。社会主义民主政治制度、机制、程序的建立、完善和创新的过程，实质就是扩大社会主义民主，弘扬和完善人民当家作主的政治参与、人民选择和监督公仆的过程，这一过程同时也是群众工作过程。

随着市场经济的蓬勃发展、利益主体的逐渐成熟与社会利益群体的分化，经济社会格局的重大变革必然引起人们政治观念和行为特征的深刻变化。改革的深化和民主政治的发展，使人们的社会责任感、主人翁意识增强，民众投身改革，关心政治，形成了新中国成立以来前所未有的政治参与新格局。但是我们现有的公民参政制度化程度还很低，政治参与的制度资源仍严重短缺，制度、体制、程序还有待于进一步完善和创新，即使在人民积极要求介入政治过程的基本趋势下，人民群众政治参与的热情还不够高，政治参与的广泛度仍严重不足，人民群众政治参与的形式和渠道还有待于扩大。切实推进社会主义民主建设，迫切要求把民主政治建设进程寓于群众工作之中，使二者成为统一的进程。

其次，满足人民群众的政治需求，实现人民群众的政治利益，是共产党执政规律的内在要求。共产党执政的本质与人民当家作主具有内在统一性。共产党执掌权力的实质不是统治社会统治人民，因此共产党人不能有谋求特权的特权地位和特权意识，不能有为民作主、替民作主的主人地位和主人意识。共产党执政的本质，是保持社会公仆角色，发展社会主义民主，领导和支持人民当家作主，最广泛地动员和组织人民群众依法管理国家和社会事务，管理经济和文化事业，维护和实现人民群众的根本利益。党作为实现人民利益、意志的工具，推进民主政治建设的核心是领导和支持人民当家作主，实现人民群众的政治利益和意志。把民主政治建设寓于群众工作过程之中，即寓于党领导和支持人民群众当家作主的过程之中，对于党的领导方式和执政方式的改革和完善是一个带有根本性、全局性的问题，对于充分实现社会主义政治制度优势、满足和实现人民当家作主的政治利益需求也是一个带有根本性、全局性的问题。它将卓有成效地推进执政党科学执政、民主执政、依法执政的进程，以便发挥人民群众的执政主体作用，最大限度地保障人民群众当家作主的权利；它将创造民众广泛进行政治参与并充分行使民主权利的条件，以便发挥公民权利对公共权力的监督、牵制和约束作用，最大限度地保障公共权力为公共利益服务。

满足人民群众的政治需求，需要共产党人通过群众工作，创新群众政治参与的实现步骤和具体途径。大力发展社会主义政治文明，领导和支持人民当家作主，在实现步骤和具体途径上，只能把完善民主程序、机制和规则，把领导方式和执政方式的改革与发展人民民主的群众工作联系起来，通过贴近实际的群众工作，开发政治参与的制度资源，采取多形式、多渠道，扩大公民有序的政治参与，保证人民群众依法并按照自己的意愿行使民主选举、民主决策、民主管理和民主监督的权利。以机制、程序创新保证民主政治的发展，以扩大基层民主，进行公民民主程序的操练，民主意识、民主作风的培养，民主习惯、民主思维方式等民主理念的养成，奠定政治文明发展的社会基础和群众基础，为社会主义民主政治的运作和巩固提供深层的合法性支持。这样，我们才真正创造性地实践了毛泽东当年提出的人民当家做主人，靠民主避免人亡政息、跳出历史周期率的新路。

最后，满足人民群众的政治需求，需要把反腐倡廉作为加强执政党建设的重大任务，作为建设社会政治文明和促进社会和谐的群众工作的紧迫任务。当前，发生在一些领导干部中的腐败现象引起社会的高度关注和人民群众的强烈不满。特别是近年来，部门利益问题日益突出，引起社会关注。在决策或履行职能过程中，有些部门过多从本部门利益出发，过于强调、维护与谋取本部门利益，影响了决策的战略性、全局性和前瞻性，不仅降低了政府行政效率，增加了经济运行成本，而且损害了社会公正与群众的利益。增添了国家经济及政治风险，也严重损害了广大人民群众的政治利益。这就不仅要加强法制建设和党的建设，出重拳打击腐败以形成"不敢腐败"的社会环境，遏制住腐败发生蔓延的趋势，同时更要通过群众工作的创新，有效保护、组织和动员人民群众的政治参与、政治监督积极性，创造"不能腐败"的社会条件，遏制住腐败滋生蔓延的势头。要使群众工作实现制度化、程序化，使群众工作与执政活动有机统一、融为一体，就能够发挥人民群众广泛的疏而不漏的政治监督作用，这对于抑制、防范和纠正权力腐败，融洽党群关系、干群关系，满足群众的政治需求，就显得极为重要和关键。

（四）满足人民群众的文化需求

促进以人民群众为主体的文化建设，满足人民群众的文化需要，也是群众工作目标体系的内容之一。

首先，满足人民群众的文化需求，加强社会主义文化建设，是执政党的重要使命。先进文化是人类社会发展的灵魂，是历史发展的精神内核，社会主义先进文化是中国特色社会主义的精神标志和精神动力。党的十七大报告指出，当今时代，文化越来越成为民族凝聚力和创造力的重要源泉、越来越成为综合国力竞争的重要因素，丰富精神文化生活越来越成为我国人民的热切愿望。并且提出要坚持社会主义先进文化前进方向，兴起社会主义文化建设新高潮，激发全民族文化创造活力，提高国家文化软实力，使人民基本文化权益得到更好保障，使社会文化生活更加丰富多彩，使人民精神风貌更加昂扬向上。这就把社会主义文化建设的重要性，提到了前所未有的战略高度。

不断满足人民群众日益增长的文化生活的需要，自觉加强社会主义文化建设，是中国共产党对社会主义发展目标和发展模式认识深化的体现。把精神文明作为社会主义的重要特征、发展动力和发展目标，是我们党的一贯主张。社会主义文化不仅是社会主义全面发展的目标和标志，也是社会主义和谐发展模式的重要内涵。深刻认识文化建设在中国社会主义发展与人民生活中的战略意义，努力推动社会主义文化建设，满足人民群众日益增长的文化需要，是执政的共产党应有的发展理念和发展目标。

自觉加强社会主义文化建设，是中国共产党面对新世纪的挑战作出的理性选择。在当今世界,政治、经济和文化的交往越来越呈现全球化的态势,世界范围内各种思潮相互交错、相互激荡,文化的矛盾和冲突也越来越成为国际竞争的重要因素。一个政党的成功执政,不仅要拥有坚实的经济、政治资源,同时也必须拥有先进的文化资源。人民群众不仅有物质需求、政治需求,也有文化生活的需求。执政党必须不断提高建设社会主义先进文化的能力,提高领导意识形态斗争的能力,用先进的思想文化占领社会主义文化阵地,有效地抵御各种落后的、腐朽的、反动的文化侵袭,打赢思想文化领域的争夺战,也满足人民群众丰富多彩的文化生活的需要。

其次,不断满足人民群众日益增长的文化生活的需要,自觉加强社会主义文化建设,是中国共产党对人民群众的文化需要和文化权益的自觉认识。丰富的精神生活,健康有益的文化环境,是人民群众的文化需要和文化权益。执政党通过发展面向现代化、面向世界、面向未来的,民族的科学的大众的社会主义文化,以不断丰富人们的精神世界,增强人们的精神力量,是对人民群众的文化需要的积极回应、对人民群众文化权益的保障。我们的文化建设也只有紧紧围绕为人民服务的宗旨去开展,使之根植于群众之中,才会充满生机和活力,才能不断满足人民群众日益增长的多方面多层次的精神文化需求,为促进全民族思想道德和科学文化素质的提高,为经济发展和社会进步提供精神动力和智力支持,为中华民族的伟大复兴振奋精神、增添力量。

最后,促进以人民群众为主体的文化建设,是党的群众工作的重要目标,是满足人民群众的文化需要和发展需要的根本途径。社会主义文化建设的显著特点和根本要求是必须坚持以人为本。党的十七大报告指出:"要充分发挥人民在文化建设中的主体作用,调动广大文化工作者的积极性,更加自觉、更加主动地推动文化大发展大繁荣,在中国特色社会主义的伟大实践中进行文化创造,让人民共享文化发展成果。"广大人民群众既是文化建设的主体,也是文化建设的重要目标。共产党作为执政党,在文化建设中,必须始终把握这一显著特点,坚持这一重要目标。党的群众工作也必须适应这一特点,坚持和实现这一目标,把培养人、完善人、提升人作为文化建设实践活动的核心,把人的发展作为根本目的,坚持主体建设优先、育人固本的原则,努力实现文化建设过程与主体建设过程的统一。人民群众作为社会主义文化建设实践的主体,他们既是社会主义文化的建设者,享有创造、建设和评价先进文化的权利,也是先进文化的自觉捍卫者,负有维护先进文化的义务，还是享受文化建设成果的受益者。因此，必须把群众工作寓于文化建设之中，坚持以人为本的原则，高扬人的主体地位，充分发挥人在创建活动中的自主性、主动性和创造性，把文化建设的过程作为主体建设的过程，关心人、爱护人、理解人、尊重人，鼓舞人、激励人、凝聚人、哺育人，这样才能使文化建设因群众的广泛参与而富有个性、丰富多彩、生机勃勃，达到预期的目的。

推动以人民群众为主体的精神文化建设，离不开群众工作。把精神文化建设与群众工作有机结合，使之植根于人民群众之中，才能调动起人民群众自觉建设的积极性、主动性和创造性，才能创造出人民群众承认、人民群众满意的有价值的精神产品和文化成果，现实地满足人民群众的精神文化需要；把精神文化建设与群众工作有机结合，人民群众才能在建设中实现自我超越和自我发展，促进素质的全面发展，实现人民群众求发展的根本利益。

（五）满足人民群众的社会环境需求

充分发挥人民群众在管理社会方面的权利，促进社会的全面、和谐发展，满足人民群众对社会环境的需求，同样是群众工作的重要目标之一。

首先，共产党执政条件下的社会管理、治理过程，本身就是密切党与人民群众血肉联系的群众工作过程。共产党执政条件下的社会管理、治理过程，只能是以群众为主体的社会管理和社会治理过程，它是不断增进和密切党与人民群众血肉联系的过程，也是不断满足人民群众对社会环境优化的需求的过程。这是因为，在共产党执政条件下的社会治理过程，不是传统意义上的统治社会，不是靠国家机器、政府的权威和自上而下的权力运行将社会秩序掌控在统治者利益需要的范围内，执政党和人民群众也不是统治与被统治、管理与被管理的地位对立关系。共产党执政过程，就是要通过制度设计、民主法律手段的完善，启动党群合作、双向互动的社会治理过程。在共产党执政条件下，社会管理过程是党领导和支持人民当家作主，最广泛地动员和组织人民群众依法管理国家和社会事务，管理经济和文化事业，维护和实现人民群众的社会利益的过程。它是党群密切关系的过程，是通过群众工作实现党群密切合作和良性互动，达到价值目标的认同及社会合力的最大化，形成社会秩序的有效控制和社会行为的有效规范，最大限度地实现人民的意志，增进社会公共利益和人民群众根本利益的实现过程。共产党执政的群众工作优势，是实现社会治理目标的政治基础，这就在于它能够最大限度地调动人民群众自觉参与和自觉创造，能够形成社会有效治理与和谐发展的最大合力和内聚力。

其次，群众工作是实现社会和谐与提高和谐程度、和谐水平的重要基础，是满足人民群众社会环境需求的基本保障和基本目标。社会和谐、安定有序是人民群众对社会环境的要求，共产党执政和社会主义制度的一致性决定了人民群众是我们国家实现社会治理、维护社会安定和谐的主体，决定了群众工作是实现社会和谐与提高和谐程度、和谐水平的重要基础。特别是随着人民群众社会主人和市场主体地位的进一步确立，人民群众参与社会治理和社会事务的主动性、积极性和创造性大为增强，以发挥人民群众主人和主体作用为目标的群众工作，对于实现共产党执政的政治优势，巩固党的阶级基础、扩大党的群众基础，优化执政环境和社会治理秩序，具有根本意义。把党的群众工作与党的执政方式、制度建设和治国方略、治国机制结合起来，通过发挥群众工作联系广泛性的优势，可以联系执政党与参政党及各阶层、各行业、不同利益群体的最广大的人民群众，使之在平等对话、共同协商、感情交流中实现社会的整合和各种社会力量的有机聚合，而这不仅对于维护和谐、促进和谐、巩固和谐、以平安稳定保障和谐，实现和提高我国社会的和谐程度与和谐水平，而且对于确保人民安居乐业、社会安定有序、国家长治久安，满足人民群众对社会环境的需求，具有重要的基础性作用。特别是在当前我国矛盾突发期、发展关键期这一特殊的社会历史条件下，这种基础性作用更加突出。

再次，群众工作以满足人民群众的社会环境需求为基本目标，必须使之与依法治国有机结合起来。理解和坚持党的执政、治国与群众工作的统一性，才能真正依法行政、依法治国，才能行好政、治好国，才能满足人民群众对社会环境的要求。依法治国是我们国家的基本治国方略，也是中国共产党执政的基本方略。执政党和党政干部是社会主义国家上层建筑的行为主体，是依法治国的实践执行主体，在我国，依法治国与坚持党的领导和人民当家作主在本质上是一致的。国家的宪法和法律是人民群众意志的体现，也是党的主张的体现。执行宪法和法律，是按广大人民群众的意志办事，也是贯彻党的路线、方针、政策的重要保障。这就决定了在社会主义社会，共产党的领导、依法治国与群众工作必须实现有机统一：一是党领导和支持人民治理国家；二是党依法治国，执政为民，实质是按照人民的意志执政理国。

在执政条件下，党的领导的制度体现就是执政，而政党执政的根本基础在于从法律上和实践上获得拥有国家一切权力的人民的支持与拥护。中国是实行人民民主专政的社会主义国家，人民民主在政治上赋予了社会与民众强大的自主地位，在这样的民主条件下，执政党唯有做到依法治国、依法行政与群众工作紧密结合，其执政、治国才能正确有效，执政党地位才能巩固与持久。在现实生活中，一些权力机关的公务员工作作风简单，态度粗暴，处理公务常常有一种居高临下的优越感，不仅听不得不同意见，更缺乏承认错误的勇气，其思想深处就是一种特权意识，这种意识的存在，是败坏群众工作、妨碍与人民群众密切联系的最大障碍，也是影响执政、治国科学有效的最大障碍。

最后，群众工作以满足人民群众的社会环境需求为基本目标，要求执政党的社会管理、治理与群众工作的结合成为制度化机制。执政党要在执政过程中通过群众工作的制度、机制的设计，民主、法律手段的完善，启动党群合作、上下互动的社会管理、治理过程。执政党的群众工作实现社会管理和治理，主要依靠政权和制度的资源和力量，建立科学合理的代表机制以及相应的制度体制、程序规则，在代表与被代表之间形成一种紧密联系、良性互动的关系，通过决策、执行等权力运行方式，运用民主和法制等手段实现这种代表，保证代表者能够始终代表被代表者的利益，能够按照被代表者的意愿作出科学决策，能够及时有效地受到被代表者的监督。执政党和从政者要善于创新群众工作机制和实践方式，最重要的是通过科学合理的代表机制领导人民实施社会治理而不是包办代替人民管理社会、治理国家，是通过具体的工作机制、实践方式代表群众、联系群众、服务群众而不是代替群众，包办和包揽一切。否则，执政党就难以实现社会管理、治理的目标，也难以实现群众工作的目标。

再版同期声：习近平总书记曾经多次讲过："人民对美好生活的向往是我们党的奋斗目标，解决人民最关心最直接最现实的利益问题是执政党使命所在。"[①]这一点我们党始终是十分清楚的。我们党的群众工作就是要把党的大政方针落实到基层，充分调动和发挥出亿万人民群众的积极性、创造性，组织和发动亿万人民群众去实现党的奋斗目标。因此从这样的意义上又可以说群众工作就是我们党的全部工作。群众工作的目标就是要发动和

① 习近平：《论坚持人与自然和谐共生》，中央文献出版社 2022 年版，第 8 页。

组织起亿万人民群众的力量去实现党的奋斗目标。随着社会的发展，人民群众的愿望和期盼在不断变化，随时了解人民群众的新期盼，不断满足人民的新期盼新要求，是我们党始终如一的任务。在2023年3月召开的十四届全国人民代表大会第一次会议上，习近平总书记参加江苏省代表团讨论时，就高质量发展问题发表讲话。他指出："必须以满足人民日益增长的美好生活需要为出发点和落脚点，把发展成果不断转化为生活品质，不断增强人民群众的获得感、幸福感、安全感……人民幸福安康是推动高质量发展的最终目的。基层治理和民生保障事关人民群众切身利益，是促进共同富裕、打造高品质生活的基础性工程，各级党委和政府必须牢牢记在心上、时时抓在手上，确保取得扎扎实实的成效。"[①]这就是新时期党的全部工作的最终目标、最高目标，也是党的群众工作的最高目标。当然这一目标还要具体化为一系列具体工作目标和工作任务，贯彻落实到具体工作中去。

四、群众工作任务

执政条件下党的群众工作任务是与履行执政党功能、落实执政党使命的根本要求相统一的。这种根本要求包括，实现执政党与人民群众的血肉联系，最大限度地发挥人民群众的积极性、主动性、创造性，形成社会发展合力等等。那么满足这种根本要求，也就成为群众工作的根本任务。

(一)密切党群关系，实现执政党与人民群众的紧密联系

共产党在执政时期的群众工作任务之一，就是密切执政党的党群关系，实现执政党与人民群众的紧密联系。之所以把实现执政党与人民群众的血肉联系作为执政的共产党群众工作的一项根本任务，是因为它是共产党保持其生命力和政治优势的要求，是共产党党群关系特殊性的根本要求，也是共产党履行执政党功能、实现执政党使命的根本要求。

首先，党与人民群众的密切联系，是中国共产党人的生命力之所在，也是我们党的政治优势。密切党与人民群众的联系，是无产阶级政党世界观、人生观、价值观的本质要求，也是包括权力观、地位观、利益观、使命

① 《习近平在参加江苏代表团审议时强调　牢牢把握高质量发展这个首要任务》，《人民日报》2023年3月6日。

观、宗旨观在内的无产阶级政党的政治理性的本质要求。保持与密切党与人民群众的紧密联系的自觉性，就源于无产阶级政党的理性思维和政治自觉。

“始终保持同人民群众的血肉联系，是我们党战胜各种困难和风险、不断取得事业成功的根本保证。”[①]中国共产党从成立之日起，就与人民群众建立起了密切的联系，中国共产党的历史，就是保持和密切党与人民群众的紧密联系的历史。保持和密切党与人民群众的联系，是中国共产党人生命力之所在，也是我们党的优良传统和最大的政治优势。人民为本，人民至上，人民利益高于一切，全心全意为人民谋利益，这是我们共产党人一切工作的出发点和归宿。在长期的革命和建设中，正是因为我们党贯彻执行了群众路线，保持和密切了党与群众的血肉联系，才赢得了群众的拥护和爱戴，才获得了取之不尽的力量源泉，取得了一个又一个胜利；正是因为我们党保持和密切了党与群众的血肉联系，才经受住了各种艰难困苦环境的考验，成为中国人民坚强的领导核心。中国共产党八十多年的历程启示我们，必须高度认识这一政治优势和优良传统。国际共产主义运动的历史教训警示我们，苏联、东欧各国的每一次动荡和领导层的决策失误，基本上都与执政党的领导者脱离群众直接相关。我们应当从东欧剧变和苏联解体的历史中吸取教训，始终保持和密切党与群众的血肉联系。

需要认识到的是，我们党和人民之间的血肉联系是世界上任何国家的任何政党都不能相比和不可企及的。在长期的革命斗争中，中国共产党和中国人民用鲜血和生命凝结起深厚的感情，共产党员为了人民的解放甘愿抛头颅、洒热血，深深地感动了中国的老百姓。共产党执政带来的新社会令人耳目一新的新气象和新面貌，也带给人们当家作主的心灵震撼，尽管执政党也有失误，但是人民念及旧情，特别是共产党为了人民利益知错即改，仍然相信和支持共产党。但是在中国共产党执政五十多年后的今天，我们不能靠吃老本过日子，必须在新的形势下用新的奉献、新的创造、新的感动打造我们新的政治优势，重新赢得人民的心和情，密切和实现党与人民群众的血肉联系。[②] 实现这样的目标就是新的历史条件下群众工作的重要任务。

其次，密切执政党与人民群众的紧密联系，是由执政的共产党与人民群

---

① 《江泽民文选》第3卷，人民出版社2006年版，第271页。

② 参见黄苇町：《苏共亡党十年祭》，江西高校出版社2004年版，第87—96页。

众的特殊关系所决定的。如果说一切政党的执政，都要依赖于民众的支持，那么，共产党的执政，更多地依赖党和人民群众之间紧密联系基础上的人民群众对党的拥戴。因为在资产阶级政党执政的国家，人民对一个政党的选择，是在两个乃至几个政党中选择持相对有利于自己观点和政策的党，它是理性的选择，也是无可奈何的选择。在共产党执政的社会主义国家，共产党的执政当然也决定于、依赖于人民群众的选择，这种选择多是在共产党领导人民进行社会主义革命中建立起生死相依紧密联系中的选择。它是理性的选择，包含着浓厚的感情依赖色彩；它是自然而然的选择，饱含着发自内心的信赖和拥戴；它是必然的选择，更包含了理想的期望和崇高的仰望。中国共产党的领导和执政地位，就是党与人民在创造中华民族现代历史新篇章的过程中同甘共苦、努力奋斗的结果，是广大人民群众追求光明、自由和幸福的慎重选择。它符合中国社会历史发展的客观规律，是历史的必然结论。党的立党之本和执政之本，都在于它与广大群众有着血肉相连的密切关系。也正是在这种关系中，党的领导地位才得以形成和发展，党的执政地位才得以确立和巩固。离开了人民群众，党的领导和执政就失去了根基。新世纪、新的时代条件下，共产党的有效执政、成功执政和长期执政，特别依赖于历史形成的这种紧密联系，要依靠这种紧密联系形成机制、形式和方法、内容的创新与发展。

政党政治的历史反复证明，世界上没有一个政党不是靠赢得最广大人民群众的认同和支持而执掌政权、稳定政权的。党赢得人民的关键，除了党能不断为人民造福，不断满足人民日益增长的物质文化需要之外，就是保持党与人民的密切联系。国际共产主义运动的一个深刻教训就是，一些社会主义国家的执政党，由于长期执政而逐渐脱离社会、脱离人民群众，而成为凌驾于社会和人民之上的政治力量，从而最终因失去人民而失去政权。黄苇町在《苏共亡党十年祭》中说："随着群众各种不满的积累，苏联人民对党和政府的感情由亲到疏，由热到冷，党和人民之间出现越来越大的裂痕。尽管人心的流失和涣散在一定时期内还是无形的，还处于潜伏状态，或者说领导层虽然有些了解，但还不认为有多大危险，实际上，危险已在节日游行时满街漂亮的标语口号和欢呼声的背后潜滋暗长着。当这种党和人民'坚不可摧'的'团结'剩下徒有其表的躯壳，而内部却已锈蚀斑斑时，一遇'地震'，便会轰然倒塌。”[①]增强和密切党与社会、与群众的紧密联系，毫无疑问是增强执政党合法性基础的重要基础和内容。

最后，密切党与人民群众的紧密联系作为新时期共产党人群众工作的重要任务，是执政党实现社会使命的需要。我们党执政地位确立后，促进国家的繁荣强盛和民族的伟大复兴，实现人的全面自由发展，成为执政党的时代使命。党要实现这一使命，必须积极主动地开展群众工作，密切和实现党与人民群众的血肉联系。中国特色社会主义事业是社会各阶层和各社会群体共同的事业，密切党与人民群众的血肉联系，对于中华民族的繁荣强盛和伟大复兴事关重大。历史是属于人民的，谁和人民紧紧地站在一起，保持最密切的联系，谁就是强者，谁就永远被人民所拥戴。全心全意为人民服务是党的唯一宗旨，广大人民群众是党的力量源泉，紧紧依靠人民群众，充分发挥人民群众的积极性、主动性、创造性，是执政党做好各项工作的根本途径。正如邓小平所说：“党只有紧紧地依靠群众，密切地联系群众，随时听取群众的呼声，了解群众的情绪，代表群众的利益，才能形成强大的力量，顺利地完成自己的各项任务。”[②]这是我们党血染的历史留给我们的深刻启迪。今天保持党与人民群众的血肉联系，实现执政党和人民群众的良性互动，成为完成党的各项工作的掣肘因素和成败关键。加强和改进新时期党的群众工作，密切党与人民群众的血肉联系，不断创新党联系群众的方式，是执政党对自身使命准确把握的必然，也是执政意识成熟的必然。

（二）发挥人民群众的积极性、主动性、创造性，激发和实现社会发展的主体活力

党把发挥人民群众的积极性、主动性、创造性，激发和实现社会发展的主体活力，作为群众工作的主要任务，就在于人民群众是共产党成功执政和中国社会主义事业和谐发展的主体根据。

首先，它是共产党执政本质的特殊要求和根本要求。共产党执政的本质，同时也是群众工作的一项重要任务，就是最大限度地调动和发挥人民群众的积极性、主动性、创造性，实现社会发展的主体活力，真实地实现共产党执政条件下人民群众社会主体与社会主人的统一。共产党执政，就是领导、支持和实现人民当家作主，就是调动和组织人民群众的力量，发挥和实现人

---

① 黄苇町：《苏共亡党十年祭》，江西高校出版社 2004 年版，第 66 页。

② 《邓小平文选》第 2 卷，人民出版社 1994 年版，第 342 页。

民群众的社会主义建设主体的作用。社会主义事业怎样才能和谐发展、顺利进行？社会主义事业健康发展的主体活力和根据在哪里？那就是群众的积极性、主动性、创造性，是群众的力量。最大限度地调动和发挥人民群众的积极性，激发其潜能和创造性，发挥其聪明才智，就是社会主义社会发展的主体活力、动力和后力之源。在共产党执政的中国社会主义发展中，物质基础很重要，制度、体制创新很关键，但最重要最关键的是人民群众的积极性和责任感的充分发挥。有了人的积极性、主动性和创造性，就能把精神力量变成物质力量，就能创造在国际竞争中的生存空间和发展机遇；有了人民群众的积极性、主动性和创造性，有了人民群众的力量，就有了共产党执政生生不息的活力之源，有了社会主义蓬勃发展的动力和永续发展的坚实基础。

从政党的社会功能来说，政党本身就是动员和组织群众的政治集团。从共产党的政党执政与群众工作的统一来看，可以说共产党的领导能力、执政能力集中体现在做群众工作、开发和调动群众的积极性、主动性和创造性的能力上。随着我国社会主义改革开放的深化，我们革除了经济制度、经济体制缺乏积极性的弊端，终止了严重损害人民群众政治利益、挫伤各方面积极性的政治运动，解决了思想文化上诸多人为禁区和束缚积极性的问题。随着共产党执政方式和我国社会主义制度、机制的不断完善，我们党执政与群众工作有机结合，从推动经济、政治、思想文化建设的系统工程上，开发了人民群众的活力、动力、创造力资源：全方位改革解放和发展了生产力，广泛调动了积极性；创新、优化社会主义市场经济体制和利益激励机制，开发了创造性，保护了积极性；社会主义民主化、法制化进程，促进了党内民主和社会民主政治的进展，都为人民群众政治主体意识的增强和主人翁地位的进一步确立、到位创造了政治前提。但最大限度地发挥人民群众的积极性、主动性、创造性，实现社会发展的主体活力的进一步发挥，真实地实现共产党执政条件下人民群众社会主体与社会主人地位的统一，任务仍然繁重，必须引起全党的高度重视。

其次，它是共产党执政性质与社会主义制度性质的耦合。认识实现党的历史使命与坚持群众工作的一致性，最大限度地调动群众的积极性、主动性、创造性，调动和组织人民群众的力量，发挥和实现人民群众的主体作用，是共产党的执政性质与社会主义制度性质的统一性的客观要求。在社会主义制度下，人民群众以社会主体与社会主人统一的身份存在，人民群众既是建设社会主义的主体,同时又是社会主义建设成果的主人。所以,社会主义建设只能是以人民群众为主人和主体的建设,社会主义发展的主体活力就来源于人民群众的积极性、主动性和创造性,人民群众日益增长的物质文化需要的满足,也只能根源于人民群众的创造性活动。中国共产党是社会主义中国的执政党,它的执政必须同时具备合法性的两个方面,即既要保持党的执政与社会主义制度内在原则的一致性,又要赢得最广大人民的信任和支持。这种执政合法性水平的高低,就是执政党行为符合制度性质和政党性质要求程度的体现,执政党围绕着这些本质要求的执政实践及其实效,就构成执政的合法性基础。共产党人如果能正确认识实现党的历史使命与坚持群众工作的一致性,党的执政地位与实现社会主义社会性质的一致性,在一切活动中贯彻群众路线,始终坚持和实践社会主义制度根本原则对执政者的本质要求,坚持和实践党全心全意为人民服务、为最广大人民谋利益的根本宗旨和根本要求,就能不断巩固和拓展党在中国社会领导和执政的合法性基础。如果偏离了最广大人民的根本利益,等于偏离社会主义核心原则,当然也就难以赢得人民最广泛的信任和支持。所以,执政的共产党,既要关注人民对政党活动价值取向的认同,同时也要关注人民对共产党执政使社会制度性质和优越性实现与发挥的认同。

共产党执政与群众工作相结合,是发挥和实现共产党执政和社会主义制度政治优势的根本要求。共产党执政以最大限度地实现人的解放和发展的社会主义、共产主义事业为自己的崇高事业;社会主义制度以满足最广大人民的根本利益,最大限度地实现人的解放和发展为基本价值取向。正是共产党执政与实现人民利益的一致性,决定了具有执政地位的共产党人,能够也必须通过群众工作和群众路线,使人民群众认识到自己的主人和主体地位,认识到自己建设社会主义的责任和享有的权利,以最大限度地调动和发挥人民群众的积极性、主动性、创造性,实现社会发展的主体活力,真实地实现共产党执政条件下人民群众社会主体与社会主人的统一,进而充分发挥和实现共产党执政和社会主义的优越性。需要指出的是,共产党执政条件下与群众的联系,是以执政党与人民群众的良性互动为实现条件的,是人民群众为主人同时又是主体的联系,是执政党和人民群众互为主客体的联系,必须在群众工作和联系群众的实践中不断创造和改进方式方法,畅通渠道途径,使之更具有针对性、实效性,才能真正使我们党保持与人民群众的密切联系。人民群众的积极性、主动性、创造性,是社会主义发展的社会动力之源，是社会主义制度政治优势发挥的主体活力之源。生机勃勃的社会主义事业是人民群众自己创造的。实现了人民群众的创造活力，就有了我们事业长盛不衰的主体保证；实现了人民群众的创造活力，就有了实现和发挥社会主义政治制度优越性的政治前提和根本保证。

最后，它是由共产党执政的特殊规律与社会民主进程发展内在规律决定的，是科学执政、民主执政、成功执政的迫切要求。从一般规律上说来，执政党获得执政地位的概率和执政地位的巩固与持续，是与政党在民众中获得的认同率和执政基础的稳固程度成正比的。社会主义是以人民群众为主体的历史运动，其政治特征就是人民在国家事务管理中当家作主。人民当家作主的实现方式就是人民通过各种途径和方式管理国家事务。这决定了共产党执政必须真实地实现人民群众社会主体与社会主人的地位，保证国家权力运行体现人民群众的意志，并受其监督与制约。中国共产党人就是在这样的理论逻辑上执政并实现和发展人民民主的。这种人民民主的发展在为党的领导与执政提供新的政治资源的同时，也对党的领导与执政提出新的要求，就是要求党的执政务必真实地实现人民群众社会主体与社会主人的地位，更好地实现、维护和发展广大人民的根本利益。如果执政党脱离群众工作，依赖执掌政权发号施令，虽然给贯彻党的路线带来了便利，但损伤群众参与权、知情权本身就使党远离了群众，缩小了自己的根基；如果像以往单纯实行干部任命制，虽然为贯彻党的政治路线提供了充分的组织保证，但作为国家主人的人民群众对自己的“公仆”失去选择权利，政权的合法性基础就大大削弱了。由此可以得出这样的结论：中国共产党越是有效推进经济与社会进步，越是要加强群众工作，努力扩大人民民主。越是加强群众工作，努力推进人民民主，执政的合法性基础就越牢固，执政地位就越巩固。这是由共产党执政的特殊规律与人民民主发展的内在规律所决定的。

共产党执政活动中做到科学执政、民主执政、有效执政和成功执政，需要人民群众社会主体与社会主人地位的真实实现，它又必须靠完善的群众工作制度、机制和相关政策保障。从政党执政的一般规律看，执政党执政水平的高低，与政党表达民意的程度及政党自身在民众中获得认同的程度及其权威性成正比；执政党推进经济社会发展绩效的大小，政党获得民众支持率的高低，与民众对社会事务及社会管理的参与率，特别是参与的积极性、主动性和参与中创造性发挥的程度成正比；执政党执政的科学性、有效性和长期性，与民众对权力制约监督的责任心和实现率成正比。而工人阶级执政党，加深表达民意的程度，需要充分发挥人民群众认识主体的作用，其决策要最大限度地符合最广大人民的愿望和意志；它的政策和执政理国活动若想获得民众的支持率、赢得民众的参与率，需要从理念到行为的科学性和合人民目的性；提高它推进经济社会发展的绩效，特别是科学执政、有效执政和长期执政，需要执政党与人民群众的真诚合作，以保证决策的科学、正确与执行的有力、有效。这正是共产党执政条件下群众工作的任务，它需要人民群众社会主体与社会主人地位的真实实现，更依靠完善的群众工作制度、机制和相关政策保障。通过经常化、制度化的群众工作机制，实现党和群众的密切联系，全面准确地把握最广大人民群众的现实要求，才能保证体制改革、制度安排、决策的科学性与合人民目的性，从而赢得最广大人民群众的支持和参与，进而保证决策执行的有力和有效。认识和把握规律特别是中国社会主义发展的特殊规律，制定合理的发展战略，构筑有效的调控机制，合理、有效地调控和整合社会利益关系，保证制度设计、决策及其执行的实际效果最大限度地符合最广大人民的愿望和意志，以实现发展的安全和执政的正确有效，需要执政党充分发挥人民群众的主体作用。而真正实现人民群众社会主体与社会主人的地位，要求执政党群众工作有制度、机制和相关政策保障，以加强党和人民群众联系经常化、制度化、规范化，实现群众工作的科学性和有效性。

（三）协调利益关系、整合社会力量，形成社会发展合力

群众工作的又一重要任务，就是整合社会力量，形成社会发展合力。人民群众的积极性、主动性、创造性，是社会发展的主体活力，是社会发展动力的源泉，是形成社会发展合力的力量，是社会发展凝聚力的要素。要形成和实现社会发展的动力、合力、凝聚力，需要从活力源泉到发展动力的转化，需要从分散的力量到发展合力的优化组合，需要不同社会元素形成凝聚力的有机聚合。这都需要由群众工作来完成，而且其本身就是群众工作的重要任务。

首先，群众工作是社会活力源泉转化为社会发展动力的工作。从活力源泉转化为发展动力的一个重要方面，是了解和关注人民群众的需要。因为人的需要是与人的生命活动以及满足需要的实践活动直接统一的，对人的需要的关注和满足是人的活动积极性、主动性、创造性的根源。人们不同性质和层次的需要是在社会生活实践中形成和发展的，对人们发展着的需

要的了解和不断满足，是引发持续的创造激情和动力的基本条件。从最基本的意义上看，了解人是实现社会活力源泉转化为社会发展动力的基础。群众工作就是了解人的工作，是对人的需要调查研究的工作。如果对群众的需要和意见不了解或者不甚了了，就可能把不需要当成需要，把次要需要当成主要需要，我们的工作就可能做不到点子上，这样的活动就缺乏群众的参与热情和激情，那还有群众的积极性、主动性和创造性吗？如果政党执政和社会发展不能有效满足人民主要的、正当合理的需要，人民群众的积极性、主动性和创造性就不能保持，更难以持续；尽管人们的需要不尽合理，不能得到满足，但如果得不到合理的解释与说明，人们活动的积极性、主动性和创造性也会降低或者减弱。执政党要通过群众工作实现与人民群众的广泛接触，了解群众在想什么，需要解决什么问题并用我们的工作努力去解决这些问题，最大限度地满足人民群众的需要，增进与群众的感情和相互理解，才能融洽党群、干群关系。只有在不断了解人民群众愿望和要求基础上的实践活动，才对群众的参与有持续的吸引力，才对群众的创造热情有持续的激发力量，并成为社会发展的持续动力。

其次，群众工作是零散分力到社会发展合力的优化整合工作。马克思主义历史地、唯物地看待社会的基本原则是：人类社会是由人构成的，社会与人具有一致性。社会生活在本质上是实践的，人类社会存在和发展的本质与人的历史活动具有一致性；人类社会的发展是一个自然历史过程，然而这个过程根源于人们有意识、有目的的社会活动，社会发展的过程和趋势与人们活动的意志相互交错的总结果具有一致性；人类社会发展不以人的意志为转移的客观规律，就是有意志、有目的的人的活动的总合力，人类社会发展的规律本质上就是人的活动的规律；社会发展的历史进程中，个人作为历史发展中的分力，是包含在历史发展合力之中并对合力有所贡献的，个人的零散分力到社会发展合力的组合及优化程度规定着历史发展的总趋势和总结果。

中国社会主义的未来趋势和发展结果，就决定于个人的零散分力到社会发展合力的整合及优化程度。我们正在建设的中国特色社会主义，是人民群众创造自己新生活的伟大事业。中国人民为自己的根本利益而进行的推动社会历史前进的伟大实践，体现了尊重社会发展规律与尊重人民群众历史主体地位的内在一致性。社会主义制度作为人们自觉选择和创造的社会价值目标，是一种主体性的、以主体尺度为尺度的社会存在。然而，社会主义制度的主体不是单个人所固有的抽象物，主体尺度也不能仅仅从个人主体的角度去理解，而必须具有广阔的、社会的、历史的眼界，即坚持个人主体和人民主体相统一的原则。马克思考察社会发展规律和人的意志、人的活动的关系时，首先是从个人主体的微观层面分析，指出个人的意志及其活动的作用"决不等于零"，然后从个别上升到一般，进而从人们(实质是人民主体)的宏观层面，研究社会发展的总合力、总过程、总结果，将个人主体和人民主体两方面有机结合起来，深刻地、全面地理解和揭示了社会发展、演化的总趋势和总规律。中国社会在20世纪上半叶发生了令世界和每一个中国人强烈震撼的社会变革，它变革的结局之所以是社会主义而不是资本主义，主要的、起根本决定作用的是中国最广大的人民群众，是人民群众改造社会的实践活动决定了中国近代社会的命运。中国社会主义的未来趋势、发展过程和发展结果，同样根据于人民群众的主体合力及其优化程度。

实现由个人的零散分力到社会发展合力的优化组合，只能靠尊重人民群众历史主体地位的群众工作。社会发展合力最大化、最优化，最重要的条件是形成良好的党群关系、干群关系和人际关系。共产党执政和社会主义制度创造了形成良好的党群关系、干群关系和人际关系的制度、机制条件，而群众工作则是形成良好的党群关系、干群关系和人际关系的稳定的制度机制和实现平台。群众工作为共产党执政方式优化、为社会主义制度机制优势的完善和发挥奠定了基础，确立了正确的改革方向和发展的价值趋向。群众工作从一定意义上说，也是信任、尊重人的工作，是关心、关爱人的工作。通过群众工作，执政党和人民群众、领导干部和人民群众以信任唤起信任、以信任回报信任，以尊重赢得尊重、以尊重回报尊重，以爱心引起爱心、以爱戴回报爱心。正是群众工作增进了党群、干群的相互信任、相互尊重，密切了党群、干群关系；这种群众工作和谐了人际关系，增进了人际间的相互理解、相互信任、相互关心和关爱，这就为社会发展合力最大化、最优化创造了条件，进而真正实现社会发展合力的最大化、最优化。

最后，群众工作是不同社会元素形成凝聚力的有机聚合工作。人民群众是一个社会历史范畴，就其总体而言，它是社会历史发展的主体，是社会进步的主导力量。在我国当代历史条件下，人民群众包含海内外的中华民族各民族、各阶层、各集团最广大的民众。如何使大家心往一处想，劲往一处使，形成社会发展的凝聚力，是执政党的重要任务。我们知道，凝聚力的实现不是不同社会元素力量的简单的机械相加，而是不同社会元素力量的优化组合;不是单元力的倍数关系,而是新质力量的创造和生成。无数事实证明,一个民族形成了凝聚力,就实现了民族的团结和内聚;一个社会形成了凝聚力,就实现了社会整体的最优化,实现了和谐的社会秩序与发展的良性循环,就能推动社会的跨越式发展,创造出一个个人间奇迹。党的十六届六中全会报告指出:"社会主义和谐社会既是充满活力的社会,也是团结和睦的社会,必须最大限度地激发社会活力,促进政党关系、民族关系、宗教关系、阶层关系、海内外同胞关系的和谐,巩固全国各族人民的大团结,巩固海内外中华儿女的大团结。"党的群众工作,可以在聚合社会元素、整合社会关系、激发社会活力方面大有作为。我们党的群众工作就是创造性地应用马克思主义,进行社会整合,实现社会元素的有机聚合和整体优化,形成政党、民族、宗教、阶层、海内外的最广泛的爱国统一战线的社会凝聚力的工作。

把实现社会元素的有机聚合和社会整合作为执政党群众工作的任务,也是扩大政党代表的广泛性,加强和改进党的领导的需要。一个政党成为执政党之后,代表的广泛性要转化为党在全社会的渗透力、影响力、凝聚力和整合力。这就要把群众工作贯穿于执政党的制度趋向、政策导向、组织建设、执政实践等方面的活动之中。包括执政党制度建设与群众工作相结合,提供党和人民良好的政治关系和社会关系,保障每一个公民享有平等的社会地位、政治地位和政治权利;执政党政策与群众工作相结合,使政策取向体现对全体人民根本利益的关注与对社会成员个体利益的维护;执政过程与群众工作相统一,使执政过程体现为代表人民并依据人民意志的行政过程,实现人民大众全面深入地参与政治生活,实施管理国家事务的权力;政党功能落实与群众工作相统一,对不同利益群体政治、经济、文化等利益的整合、协调,最大限度地体现合理、公正、公平的尺度;如此等等,从而切实扩大政党代表的广泛性,实现不同社会元素的有机聚合和社会整合。政党代表越广泛,政党在全社会的渗透力、影响力、凝聚力和整合力就越强,政党的领导作用就实现得越充分,政党的执政领导地位就越巩固。

实现社会元素的有机聚合和社会整合,就要着力于提高执政党做群众工作的本领,发挥执政党的组织和党员联系社会、参与社会、影响社会和整合社会的作用。群众工作是我们党传统的政治优势。在长期的革命斗争中,物质生活条件很差,党的处境很困难,我们党对群众的宣传工作、动员组织工作却做得生气勃勃,十分出色,就是依靠这样的群众工作,我们党吸引和凝聚了广大人民群众,包括许多爱国知识分子和青年,成为全中国人民的领导核心。但不应讳言，今天我们在群众工作方面的优势发生了极大的变化，很多干部存在着群众工作的“本领恐慌”。对于执政党来说，政党组织和党员是党的有机主体，实际上是维系和整合社会的重要介体，其活动方式和行为取向，体现着党的形象和影响力，为执政党创造着广阔而深厚的社会基础。执政党实现社会元素的有机聚合和社会整合，根本的一条就是提高做群众工作的能力，通过深入社会、服务社会、联系群众的群众工作，使党组织和党员真正成为社会最广大人民利益的代表，成为人民群众的贴心人，以保持同人民群众经常的直接的联系。因此，增强执政党做群众工作的真本事，激活基层组织和党员的内在活力和战斗力，盘活执政党基层组织的政治资源，对于实现党和不同阶层的人们的联系，实现社会元素的有机聚合和社会整合至关重要。

在新的历史条件下，党的基层组织的功能已从组织或者动员革命与生产为轴心转变为以社会关怀和利益协调为中心，党组织和党员就应该有意识地为此深入社会、把握社会、整合社会。这不仅要求党的组织要面向群众，更全面、广泛地吸纳社会的优秀分子，以保持代表的广泛性；要通过发挥党组织和党员联系社会、表达利益、沟通信息、协调关系和化解矛盾的作用，实现其有效整合社会、凝聚社会的影响力、聚合力；还要通过党组织和党员参与社会、服务社会、联系群众的活动，保持党与社会和人民的血肉联系，实现密切党群关系的亲和力；更要通过党组织和党员自觉身体力行全心全意为人民服务的宗旨，发挥党员的先锋模范作用，实现党组织和党员的崇高道德人格力量，实现无产阶级政党形象的凝聚力。

再版同期声：目标决定任务。党的群众工作目标下具体实现这些目标的阶段性、局部性工作就是群众工作的任务。这些任务也就是治国理政的全部过程和具体工作、具体任务。习近平同志曾经在农村工作生活多年，从基层走上各级党政领导机关，对于群众工作，他有着很深的体会，也作过许多十分重要的论述，其中从各个不同的角度，对群众工作的任务有过许多十分清晰、十分具体的指示。在2023年“两会”期间，习近平总书记参加江苏代表团讨论时强调：“要健全基层党组织领导的基层群众自治机制，加强基层组织建设，完善网格化管理、精细化服务、信息化支撑的基层治理平台，健全城乡社区治理体系，为人民群众提供家门口的优质服务和精细管理。要坚持和发展新时代‘枫桥经验’，完善正确处理新形势下人民内部矛盾机制，及时把矛盾纠纷化解在基层、化解在萌芽状态。要紧紧抓住人民群众急难愁盼问题，采取更多惠民生、暖民心举措，健全基本公共服务体系，着力做好重点群体就业帮扶、收入分配调节、健全社会保障体系、强化'一老一幼'服务等工作。要抓实抓细新阶段疫情防控工作，认真落实'乙类乙管'各项措施，持续加强公共卫生、疾病防控、医疗服务体系建设。"①这些是党基层组织的日常工作，也是党的群众工作的重要任务。这些工作任务需要党的基层组织和群团组织去落实。习近平同志在2015年7月6日中央党的群团工作会议上指出："党的群团工作是党通过群团组织开展的群众工作，是党组织动员广大人民群众为完成党的中心任务而奋斗的重要工作……加强和改进党的群团工作，把工人阶级主力军、青年生力军、妇女半边天作用和人才第一资源作用充分发挥出来，把13亿多人民的积极性充分调动起来。"②这就是我们党的群众工作。习近平强调："年轻干部要提高群众工作能力。要坚持从群众中来、到群众中去，真正成为群众的贴心人。要心中有群众，时刻把群众安危冷暖放在心上，认真落实党中央各项惠民政策，把小事当作大事来办，切实解决群众'急难愁盼'的问题。要落实党中央关于逐步实现全体人民共同富裕的要求，带领群众艰苦奋斗、勤劳致富，在收入、就业、教育、社保、医保、医药卫生、住房等方面不断取得实实在在的成果。要注意宣传群众、教育群众，用群众喜闻乐见、易于接受的方法开展工作，提高群众思想觉悟，让他们心热起来、行动起来。要自觉运用法治思维和法治方式深化改革、推动发展、化解矛盾，维护社会公平正义。"③这些关于群众工作的论述，清楚地告诉我们群众工作的任务是什么，应当做些什么事。其实关键在于要高度重视群众工作，倾心于人民群众，根据新的形势任务要求，努力做好群众工作。

五、群众工作方式改革创新

随着中国共产党执政环境和执政条件的变化，执政党和人民群众之间

① 《习近平在参加江苏代表团审议时强调　牢牢把握高质量发展这个首要任务》，《人民日报》2023年3月6日。

② 《习近平谈治国理政》第2卷，外文出版社2017年版，第306—307页。

③ 习近平：《年轻干部要提高解决实际问题能力　想干事能干事干成事》，《人民日报》2020年10月11日。

的地位关系、权力关系、利益关系发生了新的变化,这些变化对党的群众工作方式提出新的要求。社会主义市场经济体制的不断完善,特别是构建社会主义和谐社会的新实践,对党的传统群众工作方式提出新的挑战和新要求。执政党必须坚持与时俱进,认真研究执政条件下群众工作方式的新变化,探讨与构建社会主义和谐社会相适应的群众工作的新方式,这是新形势下党的群众工作迫切需要解决的重要问题。

(一)党的群众工作方式改革创新的必要性与重要性

从一般意义上讲,群众工作方式主要是指群众工作主体为实现其目标或完成任务所采取的手段、方法和形式的总和。显然,群众工作方式绝不仅仅是一个手段、方法或形式问题,而是体现并蕴含着群众工作主体的价值目标和行为取向的问题。这就决定了群众工作方式必然要受到群众工作主体地位变化和环境变化的影响和制约。

1.党的群众工作方式改革创新是党执政地位、任务变化的必然要求

群众工作方式是与党的社会地位密切相关的,执政前和执政后,由于党的群众基础、社会职能和主要任务都发生了重大变化,群众工作方式也必然要求发生相应的变化。

从党的群众基础变化来看,执政前,党所代表的群众基础主要是其阶级基础,即工人阶级、农民阶级和少数先进知识分子。他们与党有着天然的联系,对党具有朴素的阶级感情,从政党以及广大共产党人的言传身教中,他们对党的宗旨、纲领以及党的理想和信念能够产生认同,并转化为自己的言论和行动。可以这样说,执政前,特别是在战争年代,我们党主要利用政党的政治优势做群众工作,群众工作方式主要就是依靠“言传”“身教”和方针政策来教育和引导群众。“言传”就是依靠党对自己的宗旨、理想和信念的宣传、教育、鼓舞和号召,以及深入细致的思想政治工作来说服群众,启发群众的阶级觉悟,提高思想认识水平;“身教”就是依靠党的优良作风和广大共产党员的先锋模范作用等非权力影响力来引导群众、激励群众和带动群众,为实现自己的利益而奋斗;方针政策引导就是依靠党的主张的正确性来组织群众、号召群众、吸引群众,凝聚人心。执政后,党所代表的群众基础发生了重大变化,特别是随着改革开放和社会主义市场经济的发展,社会分工多样化,经济结构多样化,带来社会利益主体多样化、新的社会阶层不断出现,

党的阶级基础和群众基础在不断扩大。与之相联系，人们的需要层次、思想观念、价值取向也都呈现多样化的趋势。在多样化为主导潮流的背景下，传统的群众工作方式已经满足不了现实的要求，仅仅依靠传统的宣传教育方式和思想政治工作方式很难引起绝大多数群众的思想认同，仅仅依靠政党的非权力影响力也很难调动一切社会力量和最大多数人的积极性、主动性与创造性。同样，在法治社会，仅仅依靠方针政策来号召群众凝聚人心也是远远不够的。因此，执政后的中国共产党必须积极探索新的群众工作方式。也就是说，在执政条件下，党必须在充分利用好执政的政治优势基础上，更好地利用好执政的制度优势、经济优势和文化优势等社会资源优势，利用好自己的执政资源和执政优势，来丰富和创新群众工作方式。

从党的社会职能变化来看，执政前，党的群众工作职能主要是动员和组织群众，把人民群众的意志统一到党的政治目标上，带领人民群众武装夺取政权。残酷的战争环境决定了群众工作有必要采取高度集中和高度统一的方式，采取发动群众和动员群众、以“战役式”的群众运动为主的方式，这种方式“集中”“人治”和随机性的色彩比较浓重。执政后，党的主要任务是代表人民管理国家事务。管理国家的职能较之动员和组织群众的职能更为重要和复杂，这就决定了党不能再继续沿用战争年代采用的群众工作方式，也不能再继续沿用高度集中和高度统一的带有军事化色彩的群众工作方式对待当家作主的人民群众。执政党必须改变传统战争年代形成“人民战争”“群众运动”的群众工作方式。与之相联系，管理社会需要遵循社会发展的客观规律，特别是需要遵循与社会主义市场经济相适应的民主社会和法治社会发展的客观规律，这就迫切需要党的群众工作方式的转变。就是要转变过去以“高度集中”、带有浓厚的“人治”色彩的“战役式”的群众运动为主要方式的群众工作方式，代之以与执政党社会管理职能相适应，与人民群众国家主人地位相适应的新的群众工作方式。这种群众工作方式，必须与执政党的科学执政、民主执政和依法执政的执政方式相一致，着重强调执政条件下群众工作方式的科学化、民主化和法制化。

从党的任务变化来看，执政前，党的任务就是带领人民群众进行阶级对阶级的武装斗争，夺取政权，由被剥削被压迫的阶级变为国家和社会的主人。与此相适应，党的群众工作方式主要着力于依靠群众、发动群众、组织群众，统一和凝聚阶级的意志和力量，同剥削阶级和反动势力进行斗争。也就是说，执政前的群众工作方式主要是与阶级斗争客观需要相适应的方式，这种方式难免带上“阶级斗争”的烙印。反思执政后我们党在群众工作中出现的许多失误、许多问题恰恰是因为继续沿用战争年代具有“阶级斗争”性质的群众工作方式，把群众分成不同的派别和不同的类型，把群众运动变成群众斗争所致。执政以后，执政党的任务是带领人民群众建设中国特色社会主义，共产党执政的实质是领导和支持人民当家作主。为了实现和完成这一任务，党的群众工作必须以组织和调动一切社会力量及一切积极因素为目标，群众工作方式也必须适应这一转变，彻底改变以往带有鲜明的阶级性的、以大搞“群众运动”为主的工作方式，代之以“以人为本”的、以“人文关怀”为主要内容的、人性化的群众工作新方式。

2.群众工作方式改革创新是社会主义市场经济体制的客观需要

应当承认，在执政后相当长时期内，我们党的群众工作方式仍然是沿用战争年代形成的群众工作方式。之所以如此，根本原因在于计划经济体制。计划经济体制下的政治体制，基本上是战争年代形成的高度集中的政治体制。政治体制的高度集中化和人治化特征，反映在群众工作上，就是传统的群众工作方式即以群众运动和政治说教为主要形式的工作方式仍然占据主导地位。改革开放以来，特别是在市场经济大潮的冲击下，传统群众工作方式的弊端充分显露。实践证明，执政党的群众工作方式不仅要与执政党的群众基础、社会职能和历史任务相适应，而且必须与社会的经济基础相适应。

按照马克思主义的基本观点，人类社会的一切发展都发端于社会生产方式及其变迁。我国由计划经济体制向社会主义市场经济体制的转变，绝不仅仅是一场经济领域的革命，它所带来的是整个社会生产方式、生活方式和思维方式根本性改变。群众工作方式如果不与社会生产方式、生活方式和思维方式的根本性转变相适应，必然会陷入十分尴尬的境地。

从社会生产方式的转变来看，计划经济体制下，计划生产、计划销售、计划分配、计划消费，社会生产是以社会统一规划和计划为准绳，人们对上级、对集体有着很强的依附性，听从指挥、服从命令成为社会的行为规范。与此相一致，计划经济体制下的群众工作方式，就是一种以培养和塑造“服从型”人为目标的按部就班的方式，传统的以上传下达为主要内容的群众工作方式带有计划性和依附性的浓重色彩。市场经济的最显著特征就是“市场”主导，资源靠市场配置，生产靠市场信息，产品销售靠市场运作，分配靠市场调节，消费靠市场引导。不仅如此，市场经济还与竞争和创新有着天然的联系，要取得更高的效益，要提高劳动生产率，要占有更多资源、占有更大市场、占有优秀的人才、占有大量的资金等，都需要竞争和创新。显然，在市场经济条件下，一些传统的群众工作方式的内容和形式都已经完全不适应，与市场为主导的生产方式要求相适应的群众工作方式必须是以培养“竞争型”和“创新型”的人为目标的灵活多样的群众工作方式。

从社会生活方式的转变来看，从一定意义上讲，计划经济体制下的生活也是一种千篇一律的方式，物质财富的匮乏不仅造成人们物质生活的贫困，而且造成文化生活的贫乏和精神追求的单调。从科学的角度看，建筑在普遍贫穷基础上的超越现实的精神追求和文化上的过度超前，特别是人们对超越现实的理想、信念的盲目追求，所带来的负面效应是长时间难以根治的。我们不得不承认，在温饱问题尚未解决好的广大群众中，试图用宣传、教育、号召和思想工作、转化等群众工作方式来构筑社会主义甚至是共产主义思想的上层建筑，其效果犹如空中楼阁和五彩缤纷的泡沫，在市场经济的浪潮中几乎是不堪一击。虽然历经改革开放 30 年的发展，但人民群众理想、信念和信仰危机至今仍未消弭。如何挽救人民群众的理想、信念和信仰危机，仍然是执政党群众工作的重要课题。同时，随着改革开放的扩大和社会主义市场经济的深入发展，特别是社会物质财富的丰富，不仅使人们的物质需要得到满足，而且随着物质生活水平的提高，人们需要和向往丰富多彩的精神生活和文化生活。值得一提的是，这种文化追求和精神需要是建立在物质基础上的高层次的追求，它与物质贫乏时期的精神追求和文化追求是不同的，这就带来一系列新的问题，构筑与社会主义市场经济相适应的观念体系、价值体系和道德体系仍然任重道远。因此，执政党的群众工作方式必须与人民群众物质生活、精神生活和文化生活的社会变迁相适应，并且必须随着人们社会生活方式的变化和人们需求层次的不断提升，创建新的群众工作的具体方式和形式，这也是当前社会生活发展的迫切要求。

从社会思维方式的变化来看，人的思维方式是在生产实践和社会生活中产生和发展的，生产方式和生活方式的改变也改变人的思维方式。计划经济体制下，人们的思维方式基本处于封闭、僵化和单向度的状态，因此决定了群众工作方式也呈现出封闭式的、几年一贯制的、自上而下的、单向度的特征。从思想教育方式来看，利用开会、广播的形式，通过读报纸、念文件、学习宣传材料的方法，成为思想教育的主要形式。在改革开放和社会主义市场经济条件下，特别是随着信息社会的发展，开阔了人们接收信息的深度、广度，延伸和拓展了信息传播的渠道和途径，人们的思维方式出现前所未有的新变化，系统化、开放化、创新化、网络化成为现代人思维方式的重要特征，与此同时，怀疑一切、否定一切、贬低一切、藐视一切的也大有人在。人们思维方式的多样化，成为现代社会的重要特征。在这样的背景下，继续沿用传统的群众工作方法和思想教育方法是远远不够的，其效果和作用也是苍白无力的。面对人民群众思维方式的重大变化，党的群众工作方式必须与时俱进，进行彻底的改革和创新，舍此之外，别无选择。

从社会政治体制的变迁来看，经济基础决定社会的上层建筑，与计划经济相适应的是高度集中的政治体制，这种刚性体制下的群众工作方式，只能是千篇一律、一个模式，自上而下一个声音，全国人民步调一致。实践证明，这种僵化的体制和方式，不仅严重制约我国经济的发展，更为重要的是，这种体制和方式严重地扼杀人民群众的创造性、主动性和积极性。与社会主义市场经济相适应的政治体制是社会主义政治民主和社会主义法治的统一，民主与法治统一的政治体制最大的优越性，就是在保证社会主义制度和方向的前提下，能够最广泛最充分地调动人民群众的积极性、主动性和创造性，让人民群众真正当家作主，让一切创造社会财富的源泉充分涌流。与这一政治体制相适应的群众工作方式，就不可能再千篇一律，不可能再一花独放，不可能再一个腔调，不可能再步调一致，应当体现出刚性和弹性的统一，规范性和包容性的统一，主旋律和多样化的统一。

3.群众工作方式改革创新是构建社会主义和谐社会的迫切需要

我国已进入改革发展的关键时期，经济体制深刻变革，社会结构深刻变动，利益关系深刻调整，思想观念深刻变化。这种空前的社会变革，给我国社会发展进步带来巨大活力，也必然带来这样那样的矛盾和问题。这些问题和矛盾主要表现为利益关系的失衡和利益矛盾的冲突，因此，在构建社会主义和谐社会新的历史条件下，利益关系的调整和整合就不可避免地成为执政党群众工作必须面对的重大现实问题。从当前我国社会普遍存在的矛盾和问题来看，利益矛盾成为社会的核心矛盾，制约和影响其他矛盾，一切矛盾的根源都可以从利益关系上找到答案；党群关系、干群关系也出现新变化，利益矛盾和冲突成为影响和制约党群关系和干群关系的主要问题。

从社会利益诉求的特点和发展趋势来看，当前我国社会利益诉求多样化和急功近利的特点突出。我国改革开放的深入发展，使得传统的单一性社会逐步解体，多样性社会逐步形成，人们的利益诉求明显呈现多样化和急功近利的显著特点。我们问卷调查的数据显示如下（见表1）：

表1　广大人民群众最为关注的社会热点问题

人民利益诉求 ＼ 关注度排名	第一位	第二位	第三位
①增加就业岗位	32.5	8.3	6.3
②解决好收入差距过大问题	21.3	19.6	10.7
③解决好群众上学难看病难等问题	10.4	19.9	13.4
④完善社会保险和社会救助体系	11.8	14.0	9.9
⑤严厉打击各类犯罪维护社会平安	5.7	9.2	13.9
⑥在征地、拆迁和企业改革中维护群众利益	9.3	7.6	3.1
⑦改善社会弱势群体生活条件	2.7	7.3	9.7
⑧切实纠正损害群众利益的不正之风	2.2	6.3	8.8
⑨治理大气和水污染，改善生态环境	2.6	4.9	10.1
⑩治理假冒伪劣、坑蒙拐骗等不良行为	0.9	2.2	8.1
⑪丰富群众精神文化生活	0.3	0.8	5.6
⑫其他	0.3	8.3	0.5

面对人民群众利益诉求多样化和无序化的新情况、新问题，党的群众工作方式必须改革和创新，特别是要彻底转变群众工作方式方法单一化的倾向，采取灵活多样的群众工作方式，同时要扭转群众工作方式务虚化的倾向，把解决人民群众最直接、最现实、最迫切的需要和利益问题作为执政党群众工作的出发点和切入点，采取切实有效的群众工作方式，畅通民情民愿表达渠道，让人民群众的意愿得到充分的表达；建立和完善民权民益调处、保障机制，让人民群众的权益得到有效实现，这是构建社会主义和谐生活的基础，也是对党的群众工作方式创新提出的迫切要求。

从当前我国社会矛盾构成主体来看，不同利益群体在形成中凸显博弈的力量，这种力量已经成为影响和制约社会改革的主要力量。经济结构的调整过程实际上是利益群体的形成过程。随着我国社会主义市场经济体制的建立和逐步完善，我国在计划经济条件下形成的共同体被逐步打破，并不断形成新的利益群体，特别是社会强势群体的崛起、中间群体的扩大、弱势群体的形成，改变了传统的社会结构和利益阶层，各种利益群体之间矛盾成为社会矛盾的新特点。这就决定了执政党的群众工作方式必须改变传统的“人治化”倾向，善于用制度和规范来协调、制约和规范不同利益群体之间的行为关系，实现群众工作方式制度化、法治化；同时群众工作必须更多地采取沟通和协商方式，寻找不同利益群体之间的共同点和结合点，达成共识，形成合力，以缓解不同利益群体之间的矛盾和摩擦，这是新的历史条件下群众工作方式创新的重点所在，也是当前构建社会主义和谐社会的必然要求。

从我国社会矛盾的主要表现形式和发展趋势看，人民群众维护自己利益和权力的矛盾成为社会矛盾的主要形式，矛盾冲突潜在的风险在扩大，无直接利益冲突成为社会矛盾的新警号，特别是党群关系、干群关系的矛盾方面尤其突出，这就对党的群众工作提出更高的要求。人民群众不仅要求实现自身的需要和利益，而且作为市场经济的主体更需要得到尊重、需要平等、需要参与、需要社会公正等。根据我们的调查，在当前构建社会主义和谐社会新的历史条件下，人民群众对群众工作存在的主要问题及其对群众工作主要措施的看法都发生了很大的变化(见表 2、表 3)。

表 2　人们对党员干部在群众工作中存在的主要问题的看法

群众工作存在的主要问题 \ 关注度排名	第一位	第二位	第三位
①缺乏对群众负责的意识，对群众感情不深	41.5	10.7	9.7
②热衷于出政绩，让群众得到的实惠不多	21.4	24	10.9
③方法简单，办事不尊重群众意愿	11.2	18	8.8
④缺乏健全有效的群众工作制度，监督检查不够	5.1	7.7	23.7
⑤宣传教育群众能力不强，不敢面对矛盾	8.7	10.7	10.5
⑥基础工作薄弱，物质条件有限，服务能力不强	4.1	10.9	8.8

续表

关注度排名 群众工作存在的主要问题	第一位	第二位	第三位
⑦上级工作要求过高过急，增加了基层做群众工作的困难和群众负担	4.8	7.6	10.9
⑧基层干部做群众工作积极性不高，党员发挥表率作用不够	3.0	10.1	15.4
⑨其他	0.3	0.3	1.3

表 3　人们对改进和加强群众工作的主要措施的看法

认可度排名 加强群众工作的主要措施	第一位	第二位	第三位
①领导带头密切联系群众	45.9	6.3	5.9
②多为群众办实事好事，不增加群众负担	24.9	29.3	12.5
③尊重群众民主权利，调动群众积极性	3.9	13.2	23.2
④加强群众工作队伍建设	4.3	10.5	2.0
⑤加强对党员干部群众观念的教育	8.4	11.3	8.8
⑥加强对群众的宣传教育，理顺群众情绪	2.8	7.8	4.6
⑦依法办事，协调各方面利益关系	7.3	14.2	14.2
⑧调动基层干部的积极性	0.3	2.3	6.1
⑨充分发挥群众组织和各类社会团体、中介组织的作用	0.5	2.5	7.5
⑩完善联系群众服务群众等制度	1.3	2.6	14.7
⑪其他	0.3	0.1	0.5

因此，群众工作方式创新最根本的就是要从人民群众的需要和愿望出发，以民为本，从民所愿，让民作主，为民谋利，转变传统的官本位的群众工作方式，形成民主化、人性化、以民为本的群众工作新方式，这是构建社会主义和谐社会新的历史条件下对执政党群众工作提出的根本要求。

(二)群众工作方式改革创新的新要求

党执政地位的确立,改革开放和社会主义市场经济的发展,构建社会主义和谐社会的战略任务,一方面对我们党传统的群众工作方式提出新的挑战,另一方面也对新的历史条件下执政党的群众工作方式的改革和创新提出新的要求。这些新要求,主要体现在以下四个方面。

1.以人为本的新要求

以人为本的新要求,是中国共产党"立党为公,执政为民"执政理念的具体化。以人为本理念的确立,是我们党在新的历史条件下实现由革命党思维方式和工作方式向执政党思维方式和工作方式转变的重要标志,群众工作方式也应当实现这样的转变。

首先,以人为本是群众工作方式根本性转变的新要求。如前所述,群众工作方式并不仅仅是群众工作的手段、方法或形式,本身蕴涵着群众工作的价值目标和行为导向,价值目标、行为导向、工作方法和形式三个要素的相互作用,构成现实的群众工作方式。其中价值目标是核心,它决定行为导向和工作方法。有什么样的价值目标,必然形成什么样的工作方式。换言之,工作方式必然随着价值目标的转换而改变。价值目标对群众工作方式的要求,是一种根本性要求。在执政条件下,群众工作的价值目标就是密切党同人民群众的紧密联系,扩大和巩固党的执政基础,带领人民群众建设美好的社会主义新生活。要实现这一价值目标,就必须根据党的执政地位、社会职能和群众基础的新变化,根据社会经济体制和政治体制变化的新要求,彻底转变党作为革命党的阶级斗争理念,确立执政党"以人为本"的新理念,并把这一理念贯彻于一切执政活动特别是党的群众工作实践中去。执政党的群众工作方式必须以体现和实现以人为本的价值目标为根本,符合以人为本的新要求。

其次,以人为本是群众工作实现其目的的新要求。群众工作方式作为手段、方法和形式,是价值目标和行为目的的中介和桥梁,它不可能单独发生作用,而是在价值目标的导向下,为实现和达到一定的目的而采取的必要形式。群众工作方式的中介性特征,决定了它不仅要受到价值目标的影响和制约,而且要受到行为目的的影响和制约,手段必须为目的服务,没有脱离目的的手段和方法。执政党群众工作目的就是群众工作价值目标的具体实现,就是实现人民群众同执政党的血肉联系。要实现这一目的,群众工作方式必须实现转变，彻底改变过去把人民群众作为群众工作客体和手段的做法，必须坚持以人为本。一切手段、方法和形式都要围绕一个目的：要以人为主体、为目的，一切为了尊重人、关怀人、满足人、提升人、塑造人、发展人。要充分利用不同的方法和手段，实现人民群众的社会主体地位和国家主人地位，不断满足人民群众日益增长的不同层次需要，不断为实现和发展人的自身价值创造良好条件。

最后，以人为本是对群众工作具体方法和形式的新要求。从一定意义上说，群众工作的价值目标和目的性要求，最后必须通过群众工作具体方法、手段和形式才能得以体现和实现，并且群众工作方式和方法往往都是以具体形式表现出来，以行为载体的方式直接作用于广大人民群众。采取什么样的具体方法和手段，其影响力具有直接性和普遍性，需要高度重视。在当前，坚持以人为本的群众工作具体方法和形式，一个很重要的问题就是要根本改变传统的认为群众工作就是“治理群众”“驯化群众”的错误观念，要确立群众工作就是“相信群众、依靠群众、为了群众”的群众工作观念，与“治理”群众和“驯化”群众相联系的群众工作只能是粗暴的、简单的、甚至是强迫的“人治化”的方式；而与“相信”群众、“依靠”群众、“为了”群众相联系的群众工作必然采取科学的、民主的、“人性化”的方式。强调以人为本，执政党特别要突出群众工作的人性化方式，即必须坚持以“人文关怀”为主导的群众工作新方式。

2.科学化的新要求

科学化是执政党执政方式根本转变的新要求，也必然是执政党群众工作方式根本性转变的新要求。群众工作方式能否实现科学化，不仅关系到执政党群众工作的得失成败，而且标志着党的群众工作是否完成由革命党向执政党的根本性转型。执政党群众工作方式科学化的新要求，主要体现在以下三个方面。

首先，群众工作方式必须与党的地位、职能、任务以及党执政的群众基础、经济体制、政治体制的变化相适应，与社会日新月异的生产方式、生活方式和思维方式的变化相适应，这是执政党群众工作方式科学化的基础性要求。特别是执政、改革开放和社会主义市场经济体制的建立和完善，要求我们党必须改变传统的在战争年代和计划经济时代形成的群众工作方法和形式，创建新的与党的执政地位相适应，与改革开放特别是经济全球化背景下的市场经济相适应的群众工作新方式。这既是时代和现实发展的需要，也是执政党群众工作自身科学性的要求，只有如此才能增强群众工作的现实性、针对性和时效性。

其次，群众工作方式必须与执政党的价值目标和历史任务相符合，这是群众工作科学化的根本性要求。从根本上看，群众工作方式就是为执政党的价值目标和历史任务服务的，在新的历史条件下，执政党群众工作的价值目标就是密切党与人民群众的血肉联系，党的历史任务就是带领亿万人民群众建设中国特色社会主义，执政党的群众工作方式必须与此相符合。这就要求我们党必须改变传统的与夺取政权相适应、以阶级分析为基础的群众工作方式，创建与构建社会主义和谐社会相适应、以社会整合为基础的群众工作新方式。只有如此，才能发挥群众工作的巨大能量，最广泛最充分地组织和发挥一切积极因素和社会力量，齐心协力共建中国特色社会主义。

最后，群众工作方式必须以人民群众是否喜闻乐见作为评判标准。群众工作本质上是群众的工作，人民群众是群众工作的主体和主人，也就是说，群众工作方式的实现者就是人民群众。因此，群众工作到底采取什么样的形式和方法，人民群众最有发言权，他们是评判主体和裁判权威。因此党的群众工作方式应当以人民群众喜欢不喜欢、接受不接受作为最高判断标准。几十年一贯制的群众工作方式，之所以不再受人民群众欢迎，形式和方法的陈旧是一个很重要的原因。以人民群众作为评价主体和评判权威，这里就蕴涵着要求群众工作方式不断创新。应当看到，随着社会联系的扩大，人民群众眼界日益开阔、整体素质不断提高，对群众工作方式的要求也越来越高。执政党唯有创新，不断推出生动、活泼、新颖、管用的方法和形式，群众工作才能充满生机和活力，才能得到人民群众的认可和接受，才能为人民群众喜闻乐见。因此，在新形势下，群众工作方式的不断创新，日益成为群众工作方式科学化的重要内容。

3.民主化的新要求

群众工作方式的民主化要求，本质上与党的执政方式的民主化要求是一致的，群众工作方式的民主化是执政方式民主化的具体的实践形式和具体的实现方法。在执政、改革开放和社会主义市场经济条件下，民主的要求渗透在群众工作方方面面，贯穿于群众工作自始至终，群众工作方式亦只能体现和适应这一要求。群众工作方式的民主化新要求主要体现在以下方面。

首先，必须充分尊重人民群众的首创精神，这是群众工作方式民主化的基本要求。一切真知都源于实践，而实践本质上是人民群众的实践。在实践中，人民群众不仅创造物质财富、精神财富，而且创造出社会需要、社会关系和社会制度，创造出实现自己意志和目的的各种方法、形式、手段和途径。从这样的高度看，相信群众、依靠群众不仅仅是执政党群众工作的基本原则，而且更具有执政党群众工作的“根本”“基础”“源泉”的价值和意义。而相信群众、依靠群众的首要前提和基本要求就是要充分尊重群众，特别是要尊重群众的首创精神，这是马克思主义唯物史观的基本观点，是执政党群众工作实现民主化的基本要求和基本途径。尊重群众的首创精神，内容十分广泛。就群众工作方式来看，就是要求我们党深入群众，深入实践，不断从群众实践中吸取智慧，认真研究和总结人民群众在实践中创造出的新方法和新形式，不断丰富和发展执政党的群众工作方式。

其次，要坚持从群众中来，到群众中去的群众路线，这是执政条件下群众工作方式民主化的根本要求。对于执政党来说，民主化的根本要求就是坚持党的群众路线，这是一条被实践反复证明了的正确路线。在新的历史条件下，群众路线仍然是党的群众工作的根本路线。所不同的是，随着党执政地位、社会职能和执政环境的变化，必须在运用好传统优势的基础上，善于充分运用执政党的执政资源和执政优势，拓宽联系群众的渠道和途径，扩大群众参与的范围和领域，延伸群众参与的环节和链条，赋予群众工作方式以“管理”国家和社会的新形式，这是群众工作方式民主化的核心要求，也是在执政条件下贯彻群众路线的新要求。

最后，要处理好执政党和人民群众之间的关系，这是群众工作方式民主化的关键性要求。在执政条件下，执政党受人民委托执掌国家政权，党同人民群众之间的关系发生新的变化，出现了政府同社会公民、国家同民众团体、政府官员同普通百姓之间的差异和矛盾。尽管从性质上看，这些差异和矛盾都是在根本利益一致基础上的，但是，这些矛盾处理不好，往往直接影响到执政党同人民群众的密切联系，甚至影响到党在人民群众中的威望和党的执政基础的巩固。因此，如何通过群众工作民主化方式，正确处理和妥善解决执政条件下党同人民群众之间的矛盾和差异，是执政党必须高度关注的新问题。这就要求必须根本改变过去那种建立在“等级”差别之上的“无条件服从”的群众工作方式，创建与人民群众国家主人身份和市场主体地位相适应的平等交流、相互沟通和协商解决的群众工作新方式，这是执政党群众工作民主化的关键环节。

4.法治化的新要求

执政党群众工作方式法治化的要求，从本质上看，既是执政党执政方式根本转变的必然要求，也是社会主义市场经济体制发展和完善的必然要求。法治化要求是群众工作方式制度化和规范化发展的必然趋势和最高境界，特别是在我国“人治”思想和行为尚未完全改变甚至还比较严重的背景下，强调群众工作方式的法治化，无疑更富有针对性和现实价值。具体说来，群众工作方式的法治化要求，体现于以下方面。

首先，群众工作方式必须坚持以“人文关怀”为主旨，实现由“人治化”向“人性化”方式的转变。传统的群众工作方式基本上是把人作为“抓革命、促生产”的工具，往往采取灌输式的、被动式的、以“治理”和“驯化”为主旨的群众工作方式。在执政和社会主义市场经济条件下，这种“人治化”的群众工作方式已经完全不适应新形势的需要，必须彻底改变。群众工作方式的人性化要求，本质上是《中华人民共和国宪法》精神的集中体现，我国宪法的实质和核心就是保护公民的人权及其社会权利不受侵害。从体现宪法精神的高度，执政党群众工作应当以尊重人、关心人、爱护人等人文关怀为主要内容，并必须采取符合人性要求、符合人的成长规律、有利于人的自由全面发展的人性化的群众工作方式，这是执政党群众工作方式法治化的基本要求。

其次，群众工作方式法治化，就是要求执政党特别是政府工作人员要严格依法行政，不得采用非法的手段和途径对待人民群众。由于群众工作具有弹性化的特征，而且涉及面广、人多、事杂，有些问题的处理往往比较棘手。一些国家干部和公务人员往往利用国家暴力工具来处理人民内部矛盾，认为这是群众工作法治化的要求。这是完全错误的。群众工作方式法治化要求，本质上就是要求执政党依法执政，依法行政，必须在宪法和法律规定的职权范围内做好群众工作，不得采用非法途径，特别是不得利用职权之便侵害群众的人权和利益，这是执政条件下群众工作法治化的根本要求。

最后，群众工作方式的法治化要求，还应当体现在群众工作方式的逐步规范化和制度化。随着党的执政方式的不断发展和完善，党的群众工作方式也应当逐步向制度化和规范化方向发展。特别是一些经过实践反复检验的成功的形式和方法，应当上升到规律的层面进行研究和论证，上升到法律和制度的层面加以固定，这对于根本改变群众工作随意化的倾向，规范执政党的群众工作行为，丰富和逐步完善执政党的群众工作方式，都是十分重要的。

(三)新时期党的群众工作的主要方式

群众工作方式是群众工作的有效载体和行为方式,党的群众工作的生命力和活力,一方面来自群众工作的价值目标、任务和目的,另一方面则来自群众工作方式的不断创新和发展。执政党必须根据变化的客观现实,探索与执政、改革开放和社会主义市场经济体制相适应的群众工作新方式。当前,特别要认真研究与构建社会主义和谐社会相一致的群众工作新方式。

中国共产党在国家社会生活中既是领导党,又是执政党,担负着双重职能和责任。这就决定党在群众工作中,必须发挥双重优势,利用双重资源,充分整合和运用执政党的权力影响力和政党的非权力影响力,既要发挥执政党的执政优势,包括制度资源、法律资源、群众资源、经济资源和文化资源、教育资源等权力因素的优势和作用,又要发挥党的宗旨、理想、信念和路线方针政策以及党的优良传统和作风等非权力因素的作用,同时要充分体现执政、社会主义市场经济体制、构建社会主义和谐社会对群众工作方式的新要求,不断探索和创建执政条件下群众工作的新方式。目前,应着力研究和运用以下主要方式。

1.亲情服务方式

群众工作是党的群众路线的实现方式,是党实现其思想路线、政治路线和组织路线的重要途径。"亲情服务"这样一种感情色彩十分浓厚的概念似乎不是一个政治概念,难以反映政治的要求。但是我们认为从根本上说,这恰恰是我们党作为工人阶级执政党的本质和我们党与人民群众特殊关系的体现与要求。同时在我们党执政几十年后的今天,随着执政环境和要求的变化、党的成分的变化等,突出这一点具有重要现实意义。

党是政治组织,不是社会服务性机构,但是党必须服务、必须为全体人民服务,而且要好好服务。这是党的性质和宗旨决定的,也是党的性质宗旨的根本体现。为人民服务就是党最大的政治。执政党就是以执政的方式为民众服务,这是现代政治文明的一般规律和要求。作为执政的工人阶级政党就要充分运用执掌的政权为人民群众谋利益、为人民群众服务,这是我们党的全部工作的实质和根本要求。党的群众工作就要体现这种政治要求,围绕服务群众开展工作,寓政治于服务之中、寓对社会的管理于为民众的服务之中、寓执政理国的各种任务和要求于为民服务的工作之中。

而这种服务工作是以党与人民群众之间亲如血肉的密切关系为基础

的。只有怀着对人民群众深厚的感情，以亲如血肉之情去为民服务，才可能做到中央要求的为人民群众诚心诚意办实事，尽心竭力解难事，以解决人民群众最关心、最直接、最现实的利益问题为重点，扎扎实实地为民服务；也才能真正在这种服务中进一步建立和巩固与人民群众的血肉联系。因此，我们把“亲情服务”作为执政的中国共产党人群众工作的根本方式。

群众工作的服务内容是全方位的、广泛的，涵盖了社会政治、经济、文化各个领域，包括了各项社会事业的发展。首先，群众工作的服务方式是与社会主义制度紧密结合在一起的，是党在治国理政的一切实际工作目标和任务中坚持为人民服务的方向和取向。党要通过加强社会制度和体制建设、通过社会政策导向，体现和实现广大人民群众的要求，满足广大人民群众的各种需求，实现为广大人民群众服务的目的，这个过程同时就是党的群众工作的过程。其次，党的各级组织、各级领导干部和全体党员要坚持“群众利益无小事”的原则，把为广大人民群众办实事、解难事作为自己的职责，真心诚意地为人民群众分忧解难，把人民群众最关心、最直接、最现实的利益问题处理好，使人民群众的利益能够得到真实的实现、维护和发展，这就是最重要、最实际的群众工作。这种亲情服务是密切党与人民群众关系的最直接、最重要的实现方式。忽视党的群众工作与实现人民群众利益之间的联系，忽视群众工作服务人民群众的根本性质，群众工作就失去了灵魂；同样，不是怀着真情、带着亲情去服务群众，也不会做好群众工作。革命战争年代，我们党和党领导的人民军队与广大人民群众风雨同舟、生死与共，都是怀着深厚的阶级感情，尽心竭力地为人民群众谋利益的。但是随着新中国成立前参加革命的老同志全部退出工作岗位，新中国成立以后参加工作的人，特别是“文化大革命”以后成长起来的年轻一代成为党员、干部队伍的主要成分，这些人与广大人民群众的感情远不如老一代那么深厚。特别在当前市场经济环境下，我们干部队伍中的一些人对人民群众感情淡漠甚至冷漠，为群众服务的意识十分淡薄，他们不懂得什么是群众工作，不懂得群众工作的本质就在于服务群众，这就不能也不可能做好群众工作。因此，今天我们要特别突出地强调亲情服务这种群众工作的根本方式，充分认识这种群众工作方式在党的群众工作甚至党的全部工作中的特别重要的地位。

2.结合渗透方式

群众工作的主体是人民群众，人民群众同时是社会经济生活、政治生活和文化生活的主体，因此，群众工作不可能独立发挥作用，必须同经济工作、政治工作和文化工作有机结合，渗透到社会经济生活、政治生活和文化生活的方方面面，贯穿于执政党全部工作的自始至终。正是从这个意义上可以说，群众工作就是执政党的全部工作，同时，执政党只有自觉把群众工作贯穿于执政理国的全部实践中，才能充分有效地发挥其应有的合力效应，保持群众工作旺盛的活力和蓬勃的生命力。因此，结合渗透方式是执政条件下党的群众工作的基本方式。结合渗透方式的着眼点就是保持执政党全部工作的全面、协调、可持续发展，其基本功能就是将执政党的群众工作与其治国理政、管理社会的各项工作融为一体，发挥互补效应，形成合力。

群众工作结合渗透方式的具体方法和途径是多方面的，比如，群众工作和业务工作的结合，与经济工作、政治工作、文化工作和社会工作的结合，与领导工作、管理工作的结合，与协调职能、服务职能、管理职能和监督职能的结合等；群众工作渗透于社会经济生活、政治生活、文化生活、职业生活和家庭生活，渗透于社会各阶层、各领域、各行各业，渗透于生活、工作的各个过程、各个阶段和各个环节等，都是群众工作结合渗透的有效实现方式。结合渗透方式具有综合性、互补性、创新性、长效性的特点，能够充分发挥和利用群众工作和其他各项工作优势，有利于优势互补，形成综合效应；能够在结合和渗透过程中发育形成新的群众工作网络和新的群众工作方法和形式，形成不断推陈出新和全社会齐抓共管的长期效应。

运用结合渗透的群众工作方式，应当注意两方面的倾向：一是用群众工作代替其他工作；二是以其他工作代替群众工作。应当肯定，结合渗透方式强调群众工作必须借助于一定的载体，依托其他工作，才会发挥合力效应和长期效应，这是结合渗透方式的优势和作用。但是，群众工作和其他各项工作都有相对独立的目标、任务和特殊的运行规律，互相之间具有不可替代性，如果硬性相互替代或者相互取代，势必造成两败俱伤，甚至会产生严重的长期的负面效应。

3.教育引导方式

用健康文明和丰富多彩的方法和形式教育群众、引导群众，是党的群众工作的优良传统，也是执政条件下群众工作的基本方式。在新的历史条件下，教育引导方式的着眼点是以人为本，即以人民群众为主体，以满足人民群众的各种需要和保障人民群众的各种权益、提高人民群众的整体素质为目的。其基本功能是培养人、塑造人、提高人、发展人，培养和造就有理想、有道德、有文化、有纪律的现代公民；全面提高人民群众的思想素质、文化素质、科技素质和生产能力、生活能力、思维能力，促进人的全面发展和社会的全面进步；对执政党而言，有效的教育引导，能够不断增强人民群众对执政党的价值认同，巩固其执政的政治基础和群众基础。

教育引导群众的内容非常宽泛，主要有三个层次：一是思想政治教育，包括科学理论教育、理想信念教育、党的路线方针政策教育、宪法和法律教育等。着力培养和塑造人的正确世界观、人生观、价值观、道德观和科学的思维方式。二是技术和技能教育，包括专业技术教育、职业技术教育、科学技术推广等，重点提高人的生存、生活和发展的技能和本领。三是文化科学知识教育，包括社会经济知识、政治知识、文化知识、生活知识以及社会活动、社会联系和社会交往方式等基本知识；自然科学、社会科学、思维科学、生存科学、生活科学、遵纪守法等基本知识，引导人们形成科学的生存方式和文明健康的社会生活方式。

教育引导方式的具体方法和形式丰富多彩，诸如课堂、会议、座谈、走访等面对面的方式，网络、信息、电视、广播、报纸、杂志等覆盖方式，还有寓教于生产活动、寓教于娱乐活动、寓教于文化活动、寓教于健身活动、寓教于休闲活动等渗透方式。这些具体方法和形式的运用能够有效扩大群众工作的影响力和作用力。对于群众工作来说，教育引导方式的运用，一是在内容上要贴近社会生活，贴近群众实际需要。要与群众工作的生产方式、生活方式和思维方式的新变化和新特点相结合，与人民群众不同层次需要、现实需要和迫切需要相结合，因人制宜，对症下药，提高教育引导的现实性和针对性，增强教育引导的凝聚力和向心力。二是形式上要让群众喜闻乐见，要注意结合人民群众生产和生活实践需要，以符合大多数群众的接受水平和审美情趣为原则，不断推出健康、文明、管用的教育引导形式和方法，不断提高教育引导的质量和水平，增强教育引导的功能和吸引力。

4.沟通协商方式

用平等交流、相互沟通和民主协商的方法和途径协调社会利益关系、化解社会矛盾、整合社会力量，是新时期执政党群众工作的一种主要方式。应当特别指出，在执政、改革开放和社会主义市场经济条件下，执政党和人民群众之间，国家和社会公民之间，政府官员和普通百姓之间，不同的利益群体之间，仍然存在着矛盾和摩擦；随着改革开放的深入和社会主义市场经济的发展，新的社会阶层和新的社会组织大量涌现，社会成员迅速分流，国家、集体和个人之间、不同市场主体之间在经济、政治、文化领域的利益纠纷逐渐增多。采用什么样的方式，正确处理和化解这些关系和矛盾，对各种社会力量进行新的整合，成为执政党必须面对的现实问题。

要适应这些新的变化，执政党必须创建沟通协商式的群众工作方式。由于我国社会成员之间的利益关系、社会各种矛盾和各种社会力量都有统一的利益基础和根本的利益联系，也就是在根本利益一致基础上的矛盾、摩擦和差异，具有可以相互沟通、相互协商的基础和条件，并且社会主义民主制度和法治制度也为这种沟通和协商提供制度依据和法理支持。这就决定执政条件下，执政党应该而且必须把沟通协商作为群众工作的主要方式。沟通协商方式的着眼点就是密切执政党与人民群众之间的血肉联系，其基本功能就是要妥善协调不同社会群体的利益关系，化解各类社会矛盾，整合社会资源和社会力量，充分调动一切积极因素，构建社会主义和谐社会。

沟通协商的群众工作内容十分广泛，从社会政治制度的层面，我国实行的人民代表大会制度和民主协商制度，本质上就是执政党和人民群众、国家政权同社会各界的相互沟通和相互协商；从执政党决策科学化和民主化的角度，执政党的一切大政方针的制定和实施，具体决策和政策的出台、修正和实施，本质上也应该是与人民群众的不断沟通和协商过程；从党的群众路线贯彻执行来看，从群众中来、到群众中去不断反复的过程，说到底，就是领导和群众不断反复沟通和协商的过程。可以说，沟通协商方式是群众路线在执政条件下的具体运用和丰富发展。

沟通协商方式具有多种具体的方法和形式，比如民情恳谈、民意调查、社会公示、征求意见、平等交流、促膝谈心等。随着市场经济的发展，经济活动中经常采用的合同、契约、社会公证等也可成为沟通协商的重要方法。同时执政党要充分利用执政资源，比如法律调解、政策调控、行政协调等途径，这也是执政党与群众沟通协调的重要渠道。执政党运用沟通协商方式做群众工作，必须坚持平等、公正和公开三大原则：平等就是坚持沟通各方地位的平等和社会权利与义务的对等，这是相互沟通和协商的基础条件；公正就是不偏不倚，一视同仁，保证沟通和协商公平性和正义性；公开就是坚持沟通和协商内容、程序、方法、结果的公开和透明，实行阳光操作，使各方口服心服。

5.*群众自治方式*

运用民主选举、民主决策、民主管理、民主监督的方式实现群众自治，是我国基层政权建设的基本制度，同时也应该成为执政党群众工作的重要方式。这种方式的着眼点就是领导和支持人民群众当家作主，最大限度地发展、维护和实现人民群众的利益、意志和愿望，其主要功能就是实现群众的自主决策、自我教育、自我管理、自我监督。这是领导和支持人民群众当家作主的最具体、最有效的实践形式，可以使人民群众的意志和利益得到切实的实现和保障，实现其国家主人的历史地位，是我国社会主义制度的本质要求。

目前，我国群众自治的方法和形式随着实践的创新大量涌现，通过民主选举产生的村民委员会、社区居民委员会、群众自愿结成的社团和社会中介组织、行业协会、经济合作组织等都是群众自治的有效形式。由于群众自治组织是建立在利益一致基础上、出于群众自愿而结成的群体，并能最大限度地保护和实现群体内部各成员的利益，因而具有较强的凝聚力和向心力。执政党通过群众自治方式，不仅可以最广泛、最普遍地联系广大人民群众，最有效地激励和调动人民群众的积极性、主动性、创造性，实现人民群众的意志、利益、愿望和要求，而且还可以有效实现执政党的纲领、路线和历史任务，这是由执政党和人民群众根本利益的一致性决定的。从这样的角度思考，群众自治还应当成为执政党重要的执政资源和执政基础。

运用群众自治方式开展群众工作，需要正确处理好党的领导和群众自治的关系。首先，要尊重和支持人民群众独立自主的主体地位，群众工作本质上就是群众自己的工作，尊重和支持人民群众独立自主地行使自己的基本权利和义务，这是执政党群众工作的应有之义，也只有尊重人民群众的主体地位，才能充分调动和激发人民群众当家作主的积极性、主动性和创造性。其次，要处理好执政党依法治国和群众自治的关系，从根本上看，执政党依法治国与群众自治是一致的，但是，由于宪法和法律更具根本性、全局性和权威性，社群组织和群众自治必须受宪法和法律制约，换言之，社群组织和群众自治必须坚持依法自治、违法必究的原则，以维护宪法和法律的权威，这也是社会主义政治制度的必然要求。再次，群众自治与执政党领导和支持人民当家作主，从根本上是一致的，但是，也不排除在群众自治过程中会出现这样那样的矛盾和问题，对于群众自治中出现的问题和矛盾，执政党要坚持正确引导的原则，并采取平等交流、民主沟通、对话协商等民主的方式妥善谨慎解决，防止群体性矛盾的发生。

6.社会救助方式

群众工作的社会救助方式主要是针对特殊社会群体而言的，比如对社会弱势群体、社会边缘群体，执政党的群众工作必须通过社会救助的特殊方式，帮助他们走出困境，渡过难关，这是执政党“立党为公，执政为民”的重要内容，也是党的“以人为本”群众工作新要求的重要内容。目前，我国社会正处于转型时期，社会经济、政治、文化发展的不平衡，特别是社会资源和社会财富分配的不平衡，导致社会贫富分化扩大；随着改革的深入，利益关系的重新调整，城乡差距扩大，农民群体被边缘化，以失业和下岗为主体的城市弱势群体、贫困阶层仍在扩大。对此，执政党必须采取社会救助的方式，把需要救援和帮助的社会群体纳入执政党群众工作的视线。社会救助方式的着眼点在于尊重人的基本生存权利，基本功能就是通过社会关怀、社会帮助和社会救助的方法和形式，使他们走出困境，渡过难关，这是执政党群众工作人性化的集中体现。

社会救助的具体方法和形式可以多种多样，比如以解决城市贫困群体生存为主的最低生活保障、以解决社会流浪问题为主的社会救助中心、以解决失学儿童为主的希望工程、以解决下岗职工就业为主的职业培训等方法，还有各社会群体自愿捐献、志愿者行动等都属于社会救助的有效形式。

全面建构社会救助方式是执政党群众工作的当务之急。一方面，要充分利用党的执政优势，各级政府都要把社会弱势群体的救助和转化作为工作重点，采取不同方式和形式，加强对他们的教育和培训，增强其社会生存能力和致富本领，同时要完善社会基本生活保障体系，从经济上给予实实在在的帮助，解决其温饱问题。另一方面，要通过宣传、教育和引导方式，通过社团组织、社会中介组织和群众自治组织，动员全社会的力量，以慈善救助方式，关心、帮助社会弱势群体和边缘群体，形成人文关怀的良好社会氛围。这种群众工作是我国现阶段十分重要的工作方式，对于构建社会主义和谐社会具有特殊重要的意义。

7.典型示范方式

典型示范方式，是指利用先进典型和模范人物为榜样，作用和影响其他群众的工作方法和形式。典型示范方式是我们党在长期实践中形成的群众工作的优良传统，也是被实践反复证明的群众工作有效方法。在新形势下，典型示范方式仍然是执政党群众工作的重要方式。在执政条件下，根据执政党群众工作的新要求，典型示范方式必须赋予“以人为本”的新内涵，其着眼点主要是以先进典型的“人格魅力”来感染人、提升人、激励人、造就人，主要功能就是通过发挥先进典型的榜样效应、辐射效应、带动效应、示范效应来感染、影响、激励和带动群众，形成扬善抑恶、正向激励的群众工作良好效果。

典型的内容十分广泛：有道德典型、发展生产典型、特殊贡献典型等，也有个人典型、群体典型、全国典型、行业典型、单位典型等。典型示范的形式多种多样：言传身教形式、模范带头形式、典型报告会、现场会、比赛、演示、宣传片、文字报道、电视和新闻媒体传播等等。典型示范方式实质上是利用典型产生的环境和行为效果的情境，对受教育者进行潜移默化的感染和熏陶。由于典型示范方式主要是以人格魅力动人心弦，寓理于情，以情感人，具有较强的震撼力和感染力，更容易为人所接受。因此，典型示范方式具有特殊的作用：一是榜样作用，一个好的榜样就是一面旗帜，群众会自觉不自觉地学习和效仿；二是辐射作用，一个好的典型会在周围群众中产生较强的共振效应，产生连锁的影响和效果；三是激励作用，典型作为一种奋斗目标和学习榜样，本身就是重要的正向推动力，激发群众自觉学习的积极性、主动性和创造性；四是带动作用，典型往往代表的是社会所倡导和发展的趋势，典型的意义就在于把未来变成现实，因此，典型具有引导和带动的社会价值。

由于典型示范方式主要是以典型的人格魅力来震撼人、感染人，所以，执政党在运用典型示范方式时，应该注意以下问题：首先，典型示范方式的运用一定要着眼于人民群众高尚品德的培养、健康人格的提升和良好行为习惯的养成，这是执政党群众工作人性化的根本要求，也是群众工作长期的根本性的任务。其次，要慎重选择典型，特别注意选择人民群众认可的、对群众影响大并具有长期效应的典型。实践证明，那些赶时髦的、昙花一现的、风云人物式的典型，对人民群众的负面感染和影响是很难医治的。最后，要特别重视营造和优化执政党群众工作的良好环境，人格魅力型优秀典型的成长非一日之功，需要经过长期的自我修养，同时也必然包括外界环境的感染和熏陶，人创造环境，环境创造人。因此，典型示范对群众的作用方式，主要是通过情境的感染和熏陶，内化和提升个人品质。遵循这样的规律，执政党必须着力打造群众工作良好的外部环境，形成扬善抑恶、争优创先的良好社会风气，这也是执政党群众工作不可或缺的重要内容。

再版同期声：进入中国特色社会主义新时代，全党全国人民完成脱贫攻坚、全面建成小康社会的历史任务，实现第一个百年奋斗目标。“从现在起，中国共产党的中心任务就是团结带领全国各族人民全面建成社会主义现代化强国、实现第二个百年奋斗目标，以中国式现代化全面推进中华民族伟大复兴。”①新的历史任务面前，党的群众工作具有更加重要的地位和作用，群众工作这一重要法宝不能丢，同时群众工作方式方法必须随着时代和任务的变化而发展变化，实现群众工作方式的创新。习近平总书记指出：“贯彻党的群众路线，首先要对群众有感情，真正把自己当作群众的一员、把群众的事当作自己的事。”②应该说这是我们党的老传统，今天仍然必须坚持。同时，“要深入研究和准确把握新形势下群众工作的特点和规律，改进群众工作方法，提高群众工作水平”③。随后，他又特别强调了两个方面的问题，即近年来问题比较多的信访问题和网络舆论问题。习近平同志针对一些干部对信访工作和上访群众的认识问题，特别强调“信访是送上门来的群众工作，要通过信访渠道摸清群众愿望和诉求，找到工作差距和不足，举一反三，加以改进，更好为群众服务”④。他指出：“领导干部要学网、懂网、用网，了解群众所思所愿，收集好想法好建议，积极回应网民关切。要高度关注新业态发展，坚持网上网下结合，做好新就业群体的思想引导和凝聚服务工作。”⑤新形势下的群众工作，必须适应形势变化，采用群众喜闻乐见的方式方法，让群众听得见、看得到，能入脑入心的方式方法，达到预期效果。时代在不停地发展，我们群众工作的方式方法也要不断发展。

六、建立新型群众工作运行机制

群众工作运行机制是群众工作赖以进行的载体。不同历史条件下，会形成不同的群众工作运行机制；而不同的群众工作运行机制，其功能和作用

① 习近平：《高举中国特色社会主义伟大旗帜　为全面建设社会主义现代化国家而团结奋斗——在中国共产党第二十次全国代表大会上的报告》，《人民日报》2022年10月26日。

② 《习近平在中央党校(国家行政学院)中青年干部培训班开班式上发表重要讲话强调　筑牢理想信念根基树立践行正确政绩观　在新时代新征程上留下无悔的奋斗足迹》，《人民日报》2022年3月2日。

③ 《习近平在中央党校(国家行政学院)中青年干部培训班开班式上发表重要讲话强调　筑牢理想信念根基树立践行正确政绩观　在新时代新征程上留下无悔的奋斗足迹》，《人民日报》2022年3月2日。

④ 《习近平在中央党校(国家行政学院)中青年干部培训班开班式上发表重要讲话强调　筑牢理想信念根基树立践行正确政绩观　在新时代新征程上留下无悔的奋斗足迹》，《人民日报》2022年3月2日。

⑤ 《习近平在中央党校(国家行政学院)中青年干部培训班开班式上发表重要讲话强调　筑牢理想信念根基树立践行正确政绩观　在新时代新征程上留下无悔的奋斗足迹》，《人民日报》2022年3月2日。

会截然不同。我们党要适应执政党和人民群众相互作用方式的新变化，适应市场经济条件下党的群众基础的新变化，适应社会转型时期社会结构的新变化，转变传统的群众工作运行机制，构建与社会主义和谐社会相适应的新型群众工作运行机制。

（一）着力建设新型群众工作运行机制

在执政条件下，随着执政党和人民群众之间地位关系、权力关系和利益关系的重大变化，党的群众工作目标、内容和方式方法都发生了新的变化，党与人民群众的相互关系以及相互作用的过程和运行机制也必然随之发生变化，与新的党群关系和群众工作目标相适应，执政党必须着力建设新型群众工作运行机制。

1.执政党与人民群众相互作用方式的新变化

执政党和人民群众之间的相互关系是动态发展的，是随着执政党的地位及其执政基础、执政环境的变化而不断变化的。执政条件下，党与人民群众之间的联系方式发生了重大变化。在执政前，党和人民群众之间的联系和作用是直接的，政党可以直接通过自己的宗旨、纲领、目标和任务等非权力影响力来宣传群众、动员群众，为实现自己的利益而奋斗；在执政条件下，执政党作为联结社会公共权力和公民之间的纽带和桥梁，与人民群众之间的联系和作用具有间接性特点，党的宗旨、纲领和路线方针政策，必须通过公共权力为中介与社会公众发生联系。执政党和人民群众之间联系方式的这种重大变化，使党的群众工作面临新的考验：一方面，党的群众工作不再像以往那么被重视，出现弱化和虚无化倾向；另一方面，一些群众也认为，党组织没有实权，不解决什么问题，群众工作只是纸上谈兵甚至是画饼充饥。群众工作的地位被明显降低。

从我们党执政的经济基础和执政环境变化来看，党的十一届三中全会以来，党执政的经济基础和环境发生了重大变化：由过去的计划经济体制转变为社会主义市场经济体制；由过去相对封闭和僵化的环境转变为改革和全面对外开放的环境。经济全球化的浪潮又从思想观念到政治、经济、文化的制度、体制蔓延，以至于给人们的行为方式以巨大的冲击，导致党群相互关系和作用方式发生新的变化：一是党和人民群众之间的地位关系发生了变化。计划经济条件下，党群关系是表面上平等而事实上带有依附色彩的关系，人民群众对党有着较强的依赖性。市场经济条件下，人民群众变成相对独立和自主的市场主体，对党的依赖性自然逐渐减少，党和人民群众地位关系逐渐趋向平等。二是党和人民群众之间的利益关系发生了变化。计划经济条件下是以普遍贫穷和平均主义“大锅饭”为特征的利益关系，党和人民群众利益之间的一致性占主导地位。市场经济条件下，这种利益的一致性逐渐转变为根本利益一致基础上利益主体的分化和具体利益的多元化，党的利益和群众利益的差别性虽然仍然是矛盾的主要方面，但其影响明显增强。三是党群关系的核心和纽带发生了变化。战争年代和计划经济条件下，党和人民群众的关系是以政治目标和政治利益为核心、以政治关系和思想意识形态整合为纽带，改革开放和市场经济条件下，这种联系逐渐转变为以代表和实现人民群众利益为核心、以党对社会的利益整合为纽带。四是党和人民群众之间的联系渠道发生了变化。以往是以计划和命令为主的、封闭型的、具有刚性特点的行政型联系渠道，改革开放和市场经济条件下，逐渐转变为以市场和利益为导向的、开放型的、具有弹性特点的社会型联系渠道。五是党与人民群众之间的作用机制发生了变化。计划经济条件下党群之间是带有“权威与服从”型特点的单向作用机制，市场经济条件下转变为“共生与互动”型双向作用机制。

从党执政的群众基础来看，我国正处于社会转型过程中，党执政的群众基础结构出现了明显不同于计划经济时期的特点：一是阶层结构的复杂性。任何执政党执政的群众基础都内含了以特定方式联结在一起的不同阶层或利益群体。处在社会转型期执政的群众基础相对更加复杂。在改革开放前，这个问题并不十分突出，主要是因为当时所有制形式单一，造成了社会结构的简单，党的执政基础就是“两阶级一阶层”，即工人、农民两大阶级和知识分子阶层。社会主义市场经济体制基本建立以后，经济多样化必然引起多种所有制成分共存，造成了社会结构的复杂多样化，使党的执政基础已经发生并将继续发生重大变化。随着社会主义市场经济体制的确立和不断完善，传统意义的工人和农民正在大量地分化和流动，新兴的利益群体和社会新阶层迅速崛起；随着高等教育的平民化，知识分子阶层急剧膨胀，社会结构发生了前所未有的转变。研究社会阶层结构的整体性变化，这是执政党群众工作机制建设面临的首要任务。二是群体结构的动态性。党执政的群众基础不是一成不变的，而是不断发展变化的。也就是说，人民群众对党的选择不是一劳永逸的，而是动态的发展变化的，这个问题其实就是人民群众的选择权问题。人民群众对党的认同，主要看党的性质是否代表了最广大人民群众的利益，看党的政策能否满足群众的需要。如果党的政策不能满足他们的需要，那么执政的群众基础就会流失。不看到这一点，就有可能自觉不自觉形成执政群众基础流失的局面。在当前，党的群众工作特别需要关注的是社会弱势群体的存在和动态发展等问题。三是群体认同的层次性。群众对党的认同度是不一样的，不在同一水平线上。党执政的群众基础是否巩固，要看群众的心理认同。这方面的情况比较复杂：对党的执政地位有的群体认同感较强，有的群体就不那么强；在同一群体中，因个体经历的不同，其认同感也不完全一样；在各地政治经济发展不平衡、各基层党组织的行为表现不是同一水平的背景下，群众对党的认同度也不同。认同度的提高是一个缓慢的过程，因此，执政党的群众工作需要认真分析究竟有哪些因素影响了群众的认同度。四是利益群体的开放性。经济全球化和现代科学技术发展，改变着人类社会的交往方式和活动方式，党所面临的社会各利益群体不可能再是处于计划经济条件下封闭政治环境中的利益群体，而是逐步与世界经济、政治、文化接轨的自主开放的利益群体。经济上的独立自主和开放，必然要求政治上的平等与民主和文化上的自由与开放。这些变化，一方面为社会发展与进步注入新鲜活力，另一方面也拓宽了社会群体对世界执政党相比较的视野，党如果不能与时俱进，及时调整执政党和人民群众的相互作用机制，就有可能被人民群众所抛弃。因此，如何顺应时代的要求，改进党的群众工作机制，以适应经济全球化和网络社会发展的要求，成为群众工作运行机制建设面临的崭新课题。

2.执政条件下群众工作运行机制的新要求

执政条件下的群众工作要保持应有的生机和活力，必须随着党的执政基础和执政环境的变化而与时俱进。应当看到，执政条件下，特别是社会主义市场经济和改革开放的新的历史时期，党和人民群众之间相互关系和作用方式的新变化对党的群众工作既是一种全面挑战，同时也为群众工作机制的新陈代谢提供了良好的机遇和条件。

首先，从执政党地位变化来看，必须适应执政条件变化的要求，变革执政前形成的党完全依靠非权力影响力的群众工作机制，确立以社会公共权力为主的权力影响力和政党非权力影响力相统一的群众工作新机制。党在战争年代形成的非权力影响力的群众工作机制，是与党当时的社会地位相适应的，在当时的历史条件下，共产党没有掌握社会公共权力，只有依靠党的宗旨、党的纲领和共产党员的先锋模范作用教育群众、动员群众、影响群众来实现自身的利益。正是依靠这种群众工作机制，我们党组织和调动浩浩荡荡的亿万民众，实现了新民主主义革命的奋斗目标。执政以后，共产党掌握了社会公共权力，为党的群众工作创造了极为有利的条件：由于我们国家是社会主义国家，人民群众是国家和社会的主人，共产党是受人民委托、代表人民行使公共权力。也就是说，社会公共权力的本质是实现和维护人民当家作主，是实现和维护人民群众的根本利益。由此说来，执政条件下的群众工作机制不仅可以依靠执政党的非权力影响力，靠党的宗旨、理想和信念以及党员的先进性来影响人民群众，更为重要的是，执政党应该充分利用国家政权的力量，依靠国家法律、社会制度、社会公共权力的力量来影响和作用人民群众，实现人民群众的利益和愿望。并且，在执政条件下，权力影响力机制越健全、权力影响力运用得越充分，越能够充分体现执政党的性质和执政理念。值得注意的是，目前对党的群众工作的理解，许多党员干部仍然停留在执政前的认识水平上，认为群众工作就是思想政治工作，就是说服教育，只重视非权力影响力的作用，忽视了权力影响力的作用。很显然，这种认识是片面的，是与执政党的社会地位变化不相适应的。

其次，从执政党执政的经济基础变化来看，必须适应社会主义市场经济体制和改革开放的发展需要，彻底抛弃与革命时期和计划经济体制相适应的高度集中的群众工作机制，确立与市场经济和改革开放相适应的民主的、平等的群众工作新机制。由于残酷革命战争时期的特殊需要，造就了战争年代以“集中动员、统一号召”为主要特征、以“群众运动”为主要形式的高度集中的群众工作运行机制。不仅如此，更由于阶级社会的客观形势，社会成员被划分为不同的阶级，一般群众也有“左、中、右”之分，因此，群众工作也自然形成“依靠左派力量、团结中间力量、孤立右派力量”的格局。不能否认，在当时社会背景下，这种群众工作运行机制不仅是完全符合革命斗争需要的，而且是行之有效的。但是，在执政后的一段时期，由于党没有及时根据执政地位和执政环境的变化，变革群众工作运行机制，致使这种在革命时期形成的群众工作运行机制在计划经济体制时期达到高峰，“群众运动”此起彼伏，阶级观念、等级观念仍然沿袭，“革命党”的思维方式占据统治地位，党的群众工作走了相当曲折的弯路。实际上，我国社会主义制度诞生已经宣告了等级制度的结束和人民平等地位和民主地位的确立，社会主义市场经济体制和改革开放为人民的平等地位和民主地位奠定了坚实的经济基础。在执政和社会主义市场经济条件下，如果继续沿用过去那种“集中动员、统一号召”的工作机制，采取“群众运动”和“运动群众”的方式做群众工作，只能引起群众的反感和抵制，“群众工作”之所以“不灵了”，之所以“没有用了”，原因就在这里。在执政和市场经济条件下，群众工作运行机制必须与人民群众独立、自主、平等的市场主体地位相适应，与人民群众平等的社会政治地位相吻合。

再次，从执政党执政的群众基础变化来看，必须适应执政党群众基础的新变化，变革在长期革命斗争中形成、在计划经济时期发展和巩固起来的自上而下的、领导与群众二元分离基础上的群众工作机制，确立与人民群众社会主体和国家主人地位相符合的人民自主的、和谐的群众工作新机制。应当承认，在夺取政权之前，当群众还没有认识到自己是社会历史的主人，被迫做统治阶级奴隶的历史条件下，共产党作为先进社会政治力量的代表和先进理论的载体，应当承担起唤醒民众的历史责任，用先进的思想和理论“灌输”群众、启发和教育人民。正因为如此，所以，革命时期的群众工作机制也只能是自上而下的、二元分离的。遗憾的是，执政之后，在人民成为国家和社会的主人的历史条件下，我们党的群众工作仍然采用以往的“二元分离”体制，强调领导干部是管理者、教育者，群众是被管理者、受教育者。实践证明，这种群众工作机制助长了部分领导干部高高在上、自诩高明的官僚主义，严重损害了人民群众的主动性、积极性和创造性，贬低了人民群众“社会主人”的地位。不仅如此，这种群众工作机制直接造成领导和群众之间的排斥和对立，形成领导和群众“两条心”“两股劲”。也就是说，在人民当家作主的今天，必然要求执政党逐步建立充分实现人民群众历史主体和社会主人地位的群众工作新机制。在当前构建社会主义和谐社会新的历史条件下，我国社会阶层结构发生重大变化，如果继续沿用“二元分离”的群众工作机制，所造成的不仅是群众和领导的分离、矛盾和冲突，而且不利于各种社会力量的整合。党执政的群众基础的重大变化，要求执政党建立起能够充分调动一切社会力量的和谐的群众工作机制。

最后，从我们党执政的时代背景变化来看，必须适应时代要求，改变单纯依靠政治资源的群众工作机制，实现政治资源和执政资源的整合，确立以执政资源为主导的群众工作新机制。当今的世界，经济全球化浪潮涌进，政治民主势不可挡，中西文化交流与碰撞同时存在。当今的时代，仍然是以和平与发展为主题的时代。任何国家、任何民族，只有融入世界的行列才能得以生存和发展，对执政党来说尤为如此。在世界交往普遍化的背景下，执政党与人民群众的关系也发生重大变化:人民群众往往不是站在一个国家或者一个民族的角度来识别和判断一个党,而是从世界各国执政党相互比较中用国际通用规则和标准来判断和评价执政党。在这样的历史条件下,中国共产党作为执政党,要赢得人民群众的拥护和支持,要巩固自己执政合法性基础,就群众工作而言,一方面需要继承和发扬党的优良传统和作风,用共产党自身独特的政治资源来影响和作用群众;另一方面也必须认真吸取世界各国执政党执政的成功经验和教训,用执政党共有的执政资源来赢得群众的信任和支持。党的群众工作机制,恰恰应该是执政党以其政治资源和执政资源影响和作用群众的有效载体。党的执政实践证明,仅靠政治资源来影响和作用群众,一时可以,长期不行;解决表层问题可以,解决深层矛盾不行。因此,执政党要长期执政,必须建设执政条件下群众工作的长效机制,实现执政党政治资源和执政资源的整合,确立以执政资源为主导的群众工作新机制。

(二)新型群众工作运行机制的功能与作用

与革命时期和计划经济时期形成的传统群众工作运行机制不同,同构建社会主义和谐社会相适应的党的群众工作运行机制应当是以党领导和支持人民当家作主为实质,以保障和实现人民群众根本利益为目的,以人民群众为主体,以充分运用执政党执政资源为条件,形成党与人民群众一体化的亲情服务、平等交流、良性互动、和谐发展的群众工作过程和运作机制。

1.新型群众工作运行机制的基本功能

建设新型群众工作运行机制,不仅是对长期以来实行的以政党为主体的政党和群众二元化的群众工作运行机制的根本性变革,而且应当具有与旧的运行机制根本区别的新的功能和活力。

导向功能不同。在战争年代和计划经济时期的群众工作运行机制是以政党为主体、人民群众为客体的二元化的运行机制。在这样的机制下,党是主动的教育者、组织者、管理者,人民群众是被动的受教育者、被组织者、被管理者。在执政条件下继续沿用这种体制,所造成的弊端就是政党日益走向行政化和官僚化,人民群众日益变成政治的“奴仆”和政党的“附庸”。实质上在执政条件下,执政党和人民群众都是国家的主人,社会的主体。所不同的是,执政党受人民委托,代表人民行使社会公共权力。正因为如此,中国共产党明确提出,共产党执政的实质就是领导和支持人民当家作主。换言之,共产党执政同人民当家作主本质上是一致的。以“人民群众为主体”的新的群众工作运行机制本质上就是这种一致性的集中体现。在新的运作机制中,党作为中国工人阶级的先锋队、中国人民和中华民族的先锋队,不仅要担负起执政党的职能,同时必须担负起领导党的职能,即领导和支持人民当家作主。执政党的双重职能体现在群众工作中,就是通过“人民群众为主体”的运行机制,激发和引导群众积极的政治参与,实现民主选举、民主管理、民主决策与民主监督的基本权利,真正成为国家和社会的主人。

实现功能不同。战争年代和计划经济时期群众工作机制侧重强调“组织、动员、号召和鼓舞”功能,侧重强调人民群众是历史创造者的伟大作用。在执政条件下,继续沿用这种机制,仅仅强调人民群众创造者的伟大作用,忽视人民群众基本权力和基本利益的保障和实现,那么人民群众就会逐渐演化为执政党的“御用工具”,群众工作会逐步变成“运动群众、利用群众”的形式。在执政条件下,共产党作为执政党不仅是中国人民和中华民族利益的代表者,更应该是中国人民和中华民族根本利益的实现者;在社会主义制度下,亿万人民群众不仅是社会物质财富、精神财富的创造者,而且是社会物质财富和精神财富的所有制和享有者。党的群众工作运行机制不能把群众的历史作用作为执政党的工具和手段,而应该把实现人民群众的根本利益作为执政党的根本目的,把人民群众的历史作用作为实现其自身利益的伟大力量,执政党应该自觉成为人民群众实现自身利益的工具。从这个角度看,新的群众工作运行机制坚持“以保障和实现人民群众根本利益为目的”,既实现中国共产党应有的基本性质,也实现人民群众作为社会物质财富和精神财富的创造者、所有者和享有者应有的地位和作用。从共产党执政的实质来看,新的群众工作运行机制从根本上理顺了执政党的执政地位和人民群众国家主人地位之间的关系,坚持“人民群众为主体”的群众工作新机制,既实现了共产党“领导和支持人民当家作主”的执政实质,也实现了社会主义国家“人民当家作主”的主人翁地位。

激励功能不同。群众工作机制本质上应该是一种激励机制。战争年代和计划经济时期所实现的群众工作运行机制,主要依靠党的理想和党的奋斗目标以及共产党员和领导干部的先锋模范作用作为激励手段,以政党政治目的的实现以及群众的政治认同作为激励动机和动力,主要是依靠外在激励方式鼓舞和激发人民群众的积极性、主动性和创造性。在当时的历史条件下,党的群众工作的确发挥了巨大的激励功能。但是,执政和社会主义市场经济条件下，共产党的政治目标得以实现，人民群众由社会的“奴隶”成为国家的“主人”，由“劳动力商品”成为市场的“主体”，保护和实现自身利益成为“主体”和“主人”最重要的行为动机，在这样的历史条件下，主人和主体的积极性、主动性和创造性能否充分发挥，更需要一种内在的激励机制，这就是人民群众自身基本权利的实现和基本利益的需求。而执政党的群众工作能否发挥激励作用，关键是看是否符合人民群众的根本利益和愿望。如果在这样的条件下，仍然沿用过去的群众工作运行机制，单纯以政治目的或者理想和奋斗目标作为激励手段，忽视对人民群众的主体地位和基本权力、基本利益的尊重，这样做，对少数先进分子可以，对广大群众不行；一时可以，长期不行。而新型群众工作运行机制的宗旨，就是坚持以人民群众为主体，以保护和实现人民群众基本权力、基本利益为目的。从激励的角度来看，就是要从根本上确立起“以人民群众基本权利和基本利益为动因和动力”的内在激励机制，也可以称之为“长效”激励机制。这种激励机制并不排除党的理想和党的奋斗目标以及党员先锋模范作用仍然会对人民群众产生激励作用，但是，其激励作用的大小以及成功与失败关键要看是否与人民群众的基本权力和基本利益的内在要求及其实现相一致。

保障功能不同。战争年代，党的群众工作机制也具有保障功能，其内容主要是通过组织和动员亿万民众保证党的路线、方针、政策的顺利完成，实现政党意志和政党政治目标。由于政党代表人民群众的意志和利益，人民群众是政党的依靠力量，政党和人民群众意志、利益和政治目标本质上是一致的。执政之后，共产党同人民群众根本意志和根本利益是一致的。但是，由于共产党代表人民掌握社会公共权力和公共资源，执政党和人民群众之间的意志和利益具有差异性，形成国家、集体和个人之间的利益矛盾，政府同社会公民之间的利益矛盾。对此，如果继续沿用传统的群众工作机制，单纯以实现政党意志为目的，那么，社会公共权力就会失去制约，一些权力部门和职能部门就会打着“个人利益服从集体利益和国家利益”的幌子，将手中的权力和职能变成个人或者小集团的利益，人民群众的基本权利和利益就得不到有效保障，甚至受到侵害。新型群众工作运行机制的主要目的在于实现人民当家作主，这种机制的保障功能主要体现在两个方面：对人民群众来说，通过人民群众独立自主的民主决策和民主管理，保障其“主人”的基本权力和利益的实现，而不是名义上的主人，实际上的“打工者”；对于执政党而言，新型群众工作机制具有双重保障功能，既能够保障执政党的意志和政治利益、政治目标的实现(这是和传统的群众工作运行机制共有的效能),同时,也能使人民群众成为决策主体、管理主体,而且能够使之真正成为责任主体和监督主体,人人都起来负责和监督,政府才不敢懈怠,社会公共权力才能正常运用,社会公共资源才能公正分配,执政党的权力腐败才能得以根治。说到底,新型群众工作运行机制能够从根本上解决共产党如何"执好政"和"长期执政"的问题,是中国共产党走出政权兴衰历史周期率的正确选择,这是传统群众工作无法提供的机制保障和执政资源。

2.新型群众工作运行机制的重要作用

建设新型群众工作运行机制,是执政党社会地位变化和执政基础、执政环境变化的必然要求。同时,新型群众工作运行机制的确立和发展,对于巩固执政基础、提高执政能力、优化执政环境具有重要的作用。

新型群众工作运行机制有利于巩固党的执政基础。人民群众是共产党执政的最重要最宝贵的基础和资源。因此,巩固党的执政基础,根本在于赢得人民群众的信任、拥护和支持。而人民群众对执政党的信任、拥护和支持最深层的动因,就是看其是否能够代表和实现自身的根本利益。可以这样说,代表和实现人民群众的根本利益,这是执政党巩固执政基础的根本所在。"以实现人民群众根本利益为目的"的新型群众工作运行机制,正是从执政党与人民群众相互作用的过程和方式上,巩固党的执政基础。

新型群众工作运行机制有利于化解各种社会矛盾,密切执政党与人民群众的密切联系。在执政和社会主义市场经济条件下,化解各种社会矛盾的手段和方法发生了重大变化,其基本趋势是由"人治化"逐步走向"法治化"和"制度化"。"法治化"和"制度化"的突出优点就是充分尊重和维护最广大人民群众的意志和利益,新型群众工作运行机制正是适应这种变化趋势,是人民群众以"民主制度"的方式化解社会矛盾的有效机制。这与传统的群众工作运行机制是完全不同的,传统群众工作运行机制主要是依靠政党的力量化解社会矛盾,有许多矛盾因为处理不当还有可能转化为干群之间的矛盾,甚至发展成执政党和人民群众之间的矛盾。在新型群众工作运行机制中,执政党主要是依靠社会公共权力的力量,依靠人民群众自身的力量,去化解各种社会矛盾。较之传统的二元化的群众工作运行机制,新型群众工作运行机制更能体现出执政党与人民群众意志和利益的一致性,体现出社会公共权力的人民性,更有利于执政党与人民群众的密切联系。

新型群众工作运行机制有利于整合各种社会力量,巩固和扩大党的群众基础。执政条件下，党执政的群众基础发生重大变化，特别是随着人民群众社会主人和市场主体地位的确立，党整合各种社会力量的方式必然要求变化，在战争年代和计划经济时代实行的依靠传达和落实“行政命令”“红头文件”的一般号召型的群众工作运行机制，面对国家“主人”和独立自主的市场“主体”，已经失去了整合社会力量的功能和作用。而新型群众工作运行机制本质上是主体性的运行机制，充分尊重主体的地位和基本权利，充分发挥主体的主动性、能动性和创造性。这种群众工作运行机制由于和人民群众的主体地位相适应，所以能够为人民群众所接受、认同、拥护和支持，能够最广泛、最充分调动起人民群众的积极性、主动性和创造性，巩固党的群众基础。不仅如此，以“人民群众为主体”的群众工作运行机制，对于执政党来说，其突出优点在于具有最广泛的群众性和最普遍的联系性，执政党通过群众工作运行机制可以联系社会各阶层、各行业、不同利益群体的基本群众，整合社会各种力量，增强执政党的影响力和凝聚力，不断扩大党的群众基础。

新型群众工作运行机制有利于提高党的执政能力。共产党能不能执好政，能不能长期执政，执政基础巩固与否，根本在人民群众的选择、拥护和支持，关键在执政能力。党的执政能力不是与生俱有的，而是在执政实践中逐步形成和提高的。从共产党的执政实践看，执政实践对于提高党的执政能力具有基础性价值。共产党的执政实践的本质，说到底就是要实现执政党“立党为公，执政为民”的执政理念，实现“权为民所用、情为民所系、利为民所谋”的权力观，实现领导和支持人民当家作主的执政观，实现运用社会公共权力来代表、维护和实现人民群众根本意志和根本利益的执政宗旨观，执政实践的本质与新的群众工作运行机制的本质和目的完全相一致。正是从这个意义上，可以断定新型群众工作运行机制是共产党执政实践独有的形式，对于提高党的执政能力具有基础性的意义。从党的执政能力的角度看，党的执政能力就是党提出和运用正确的理论、路线、方针、政策和策略，领导制定宪法和法律，采取科学的领导制度和领导方式，动员和组织人民依法管理国家和社会事务、经济和文化事业，有效治党治国治军，建设社会主义现代化国家的本领。党的执政能力所体现的是党的执政理念、执政方式和执政方法的统一。新型群众工作运行机制实质上就是执政条件下新的执政方式的体现。执政方式是执政能力的制度载体和重要标志，对于提高执政能力具有根本性的价值。由此断定，新型群众工作运行机制是巩固党的执政基础不可或缺的政治资源，对于提高党的执政能力具有根本性的意义。

新型群众工作运行机制是优化党的执政环境的治本之策。执政环境作为外因条件，对于巩固党的执政基础也起着重要的作用，在一定条件下，还有可能发挥决定性的作用。优化执政环境也是执政党需要研究的重要的现实问题。执政环境可以从不同的角度来划分，也可以有不同的表现形式。但是，执政党的执政环境，从根本来说，就是"民心所向"，执政的经济环境、政治环境、文化环境都与人民群众息息相关：一方面，人民群众是社会经济环境、政治环境和文化环境的创造者、实现者，人民群众的素质、水平直接决定执政环境的质量和水平；另一方面，人民群众又是社会经济环境、政治环境和文化环境的承载者、评判者，历史的功过只能由人民群众评说。执政党要优化执政环境，治本之策就是要充分发挥新型群众工作运行机制的导向功能、实现功能、激励功能和保障功能，不断实现人民群众的利益，调动和发挥人民群众的主动性和创造性，提高人民群众的整体素质，这对于优化党的执政环境无疑将发挥重要的作用。

（三）新型群众工作运行机制的系统构成

群众工作作为系统而存在，系统的组织和部分之间相互作用的方式和过程就是群众工作运行机制。从横向上看，运行机制所揭示的是群众工作系统各要素如何作用的方式；从纵向上看，运行机制所展现的是群众工作如何发展的过程。与传统群众工作运行机制不同，执政和社会主义市场经济条件下的群众工作运行机制必须适应执政党同人民群众相互作用的新变化和群众工作对执政党的新要求，构建"亲情服务、平等交流、良性互动、和谐发展"的群众工作运行新机制。

1.新型群众工作运行机制的内涵和特征

从本来意义上，机制是指机器的内部结构、运作过程中各零部件之间的关系及工作原理，现已广泛应用于各学科的研究。从机制本义中，可以看出其三层基本含义：其一，机制由若干要素组成，这些要素具有不同层次，既各成体系又按一定的方式结合为有机联系的统一整体；其二，组成机制各要素的功能及各要素功能之间的结合方式，决定着整个机制的整体功能；其三，机制中各构成要素功能的发挥总是在整个机制的运行过程中与其他要素相互作用而实现。由此可见，机制不仅涉及系统的要素，而且涉及系统各要素之间的联结方式、相互制约关系及其调节方式，同时也内含着使事物有机整体各要素相互适应、相互制约、自行调节的自组织能力。

把机制概念引入群众工作研究，就意味着对群众工作所涉及的要素和内容，必须从系统的和整体的角度进行考察，就是把群众工作作为各种要素、各个组成部分有机结合和相互作用的活的有机体进行研究，从总体上和运动中来把握群众工作的整体特征和运行机制。从这样的研究思路来看，新型群众工作运行机制主要是指群众工作过程中各构成要素由于某种机理而形成的因果联系和运作方式。其基本含义包括三个层次：其一，群众工作运行机制是群众工作各构成要素的总和；其二，群众工作运行机制的功能是各相关因素功能的耦合，群众工作整体功能的发挥依赖于各构成要素之间的相互衔接、协调运转和各要素功能的健全；其三，群众工作运行机制是一个按照一定方式有规律地运行的动态发展过程。

新型群众工作运行机制具有双重特征。群众工作作为一项复杂的系统工程，它具有一般系统的基本特征：一是整体性，群众工作运行机制是由群众工作基本要素按照一定的方式构成的相互联系、相互影响、相互制约、相互作用的有机整体；群众工作的整体功能大于部分功能之和。二是结构性，群众工作运行机制是群众工作各要素、各部分按照一定的方式构成的交互作用的过程，群众工作运行机制的结构决定和影响着整体功能的发挥。三是层次性，群众工作作为系统工程，无论是其多种内部构成要素，还是复杂的外部联系，都不是作为平面存在的，都具有层次性和立体性的特征。四是开放性，群众工作运行机制是一个开放系统，不仅自身是一个由低级向高级发展的开放式体系，而且在发展过程中会不断与外部系统进行物质、信息和能量交换，不断进行新陈代谢和自我更新。

作为执政条件下新型群众工作运行机制，更应该具有执政、改革开放和社会主义市场经济条件下执政党群众工作所独有的特征。

第一，目标性。即在执政和改革开放新的历史条件下，执政党的群众工作做什么、达到什么样的目标和目的。群众工作运行机制的目标性，是执政党群众工作目的或指向的具体展开和体现。在执政条件下，执政党的群众工作的目标指向主要有三个层面：从社会发展的理想目标来看，执政党群众工作的目标就是充分调动和发挥人民群众历史主体、社会财富创造者和自身利益实现者的伟大作用，最大程度地满足人民群众经济、政治、文化需要，实现人的全面发展和社会的全面进步；从现实目标来看，执政党的群众工作目标就是领导和支持人民当家作主，实现人民群众的社会主体地位和共产党执政的本质;从具体目标来看,共产党群众工作的目标是和执政党的社会功能、历史任务紧密相连的,是其社会功能和历史任务的展开和具体化。目标决定群众工作运行机制的运行方向,规定群众工作应该达到的目的和结果。执政党的群众工作运行机制应当始终遵循目标所规定的方向运转。

第二,客观性。即党的群众工作运行机制不是人的主观意志的产物,而是在一定时代和社会背景下,贯穿于执政党执政实践过程的群众工作各种要素相互作用的必然结果。一般来说,群众工作运行机制是在一定时代和社会历史条件下产生的,必然要受到社会经济基础、政治体制、社会制度、社会结构和社会群体条件等的制约;执政党的群众工作运行机制还要受到执政党的宗旨、纲领、路线以及执政理念、政党制度、政党运行机制和执政方式等的制约;同时,群众工作运行机制还要受到群众工作自身构成因素的制约。这就要求执政党的群众工作运行机制,必须体现社会发展的一般规律、执政党执政的规律和群众工作的一般规律。

第三,整合性。即群众工作运行机制实质上就是对群众工作所涉及的各种要素按照一定的结构和方式进行整合,使之相互衔接、良性互动、协调发展的过程。在社会转型时期,执政党群众工作运行机制的整合性特点尤其突出,社会发展迫切需要执政党通过群众工作运行机制所具有的整合性能,来整合各种社会力量、整合各种社会资源和社会环境,整合执政党的执政基础、执政环境、执政资源和执政方式等,使之纳入构建社会主义和谐社会的轨道,纳入密切执政党和人民群众血肉联系的轨道,纳入巩固党的执政基础和群众基础的轨道。

第四,能动性。即执政党群众工作的主体是最广大人民群众,人民群众的主动性、自觉性、选择性体现在群众工作中,就表现为执政党群众工作运行机制具有自我约束、自我发展、自我调整、自我完善的自觉性和主动性,这也是执政党群众工作运行机制最富特色的特征和性能。值得一提的是,执政党群众工作能动性既是人民群众主体能动性的充分发挥的集中表现,同时也是执政党执政功能充分发挥的集中体现,因为,执政党执政功能能否充分发挥,最根本的就是看能否最大限度地调动最广大人民群众的主体能动性。

2.新型群众工作运行机制的构成要素

新型群众工作运行机制作为系统,是各种群众工作要素按照一定的方式、程序结合而成的有机整体。在执政条件下,执政党的群众工作运行机制的构成要素主要有以下五个方面。

(1)群众工作运行的主体机制。就总体而言,人民群众是群众工作的主体,执政党作为人民群众中的一部分、先进的部分、领导的部分,当然也是主体中重要的一部分。但是群众工作的主体和客体的区分又是相对的,在一定的具体的群众工作关系中,主体和客体的区分是具体的。因此,在群众工作中,执政党和人民群众究竟是处于主体还是客体地位,完全取决于他们处于何种党群关系中。很显然,如果把政党和人民群众的关系确定到不平等的关系中,执政党是主体,人民群众就只能是客体。在执政和社会主义市场经济条件下,执政党和人民群众的关系是平等的,决定了在群众工作中,他们之间的关系是对等的,这种对等关系有两方面的含义,一是执政党和人民群众是互为主客体的双向互动关系;二是执政党和人民群众之间共为主体的双向互动关系。从群众工作的性质和方向来看,我们应当从整体上确立执政党和人民群众共为主体的群众工作运行新机制:即执政党和人民群众共为群众工作运行的主体要素,党组织和群众工作者是群众工作的组织主体、协调主体、整合主体;人民群众是群众工作的价值主体、实践主体和实现主体。从最终意义上说,群众工作的目的就是为了实现人民群众主体的根本利益,人民群众就是群众工作的价值主体;群众工作的任务就是调动人民群众主体的主动性、自觉性、能动性、积极性和创造性,只有人民群众才是群众工作的实践主体和实现主体。人民群众作为群众工作的价值主体和实践主体,在群众工作运行机制中处于主导地位,是整个群众工作运行机制的核心和基础。

(2)群众工作运行的目标机制。即群众工作运行所要实现的结果和要达到的境界。群众工作目的在群众工作运行机制的诸多要素中,起着重要的导向作用,其他诸要素都是群众工作目的派生并为其服务的。群众工作运行机制的目的与执政党群众工作的目标本质上是一致的。群众工作三个层面的目标体系,转换为两对目标关系,即总体目标与具体目标的统一关系、长远目标与阶段性目标的统一关系。群众工作运行机制的长远目标就是实现社会发展的理想目标,达到人的全面发展和社会的全面进步;其总体目标就是党的现实目标,领导和支持人民群众当家作主,代表、维护和实现人民群众的根本利益,实现共产党执政的本质;其具体目标和阶段性目标,就是党具体的社会功能和具体历史任务的实现。总体目标、长远目标与群众工作运行的目标机制,决定着群众工作运行的方向、过程、状态和程度,是群众工作运行机制的核心和灵魂。

(3)群众工作运行的动力机制。作为一种能够自我运行、自我协调、自我激励、自我完善的组织系统,群众工作机制必须具有能够推动其自我发展的动力机制。群众工作的动力机制是各种力量聚合统一的机制,其内部动力源自群众工作主体内在的需要和利益,主体需要和利益的追求与满足之间的相互作用和矛盾运动是党的群众工作运行机制发展的内在动力源泉,也可以称之为群众工作的“内驱力”;正确的群众工作理念、完善的群众工作制度和卓有成效的群众工作方法,也是群众工作运行机制不可缺少的推动力,也可以称之为群众工作的“外驱力”;党的执政资源和条件以及执政环境,在一定条件下也会成为推动群众工作运行机制的动力,也可以成为群众工作的“助推力”。群众工作运行的动力机制,就是内驱力、外驱力和助推力聚合而成的合力机制。动力机制是群众工作得以运行的基本要素,离开动力机制,执政党的群众工作就不能正常进行。更重要的是,群众工作的动力机制也就是群众工作的激励机制,只有激发群众工作主体的内在动力,调动一切外部力量,才能从根本上发挥群众工作的激励功能。

(4)群众工作运行的控制机制。群众工作是有强烈目的性的各种要素交互作用的复杂行为,需要有效而周密的控制机制才能沿着正确方向良性发展。群众工作运行控制机制是群众工作运行系统正常运转不可缺少的基本保证,是群众工作运行目的能否实现的决定性机制。控制机制是由若干控制方式组合而成。在执政和社会主义市场经济条件下,党一方面可以充分利用政党的政治优势,如意识形态、思想政治工作、政策等调控方式;另一方面可以充分利用执政党的资源优势,采取经济、政治、制度、法律、行政、决策、管理、服务等调控方式;同时还可以利用公众利益、社会心理、民情民意等调控方式;另外还可以采取对群众工作运行的不同层次、步骤、环节进行不同的程序调控。逐步形成全面、系统、周密、有效的群众工作控制机制,根据运行主体、运行目的、运行阶段和运行环境的不同采取不同的运行调控方式,这是执政党群众工作发挥主体能动性的高度体现。

(5)群众工作运行的保障机制。群众工作正常运行,还需要配套的相关条件作为保障,这就是保障机制。保障机制包括相应的机构及其人员;相关的法律、规章和制度;必要的资金和设备以及相关的外部环境四方面的内容。在执政条件下,执政党的群众工作保障机制不仅应当纳入政党的体制,而且应当纳入政权的体制,通过社会制度、国家政权职能、国家宪法和法律来保障群众工作的正常运行。

以上五个要素构成群众工作运行机制的有机整体,其中任何一个要素都是必不可少的,它们之间的相互联结、交互作用推动着群众工作的运行发展。它们之间的状态如何,要素与要素之间关系如何,直接影响到群众工作运行机制整体状态和整体功能的发挥。从这个角度看,如何构建执政条件下新型群众工作运行机制,的确是我们党迫切需要解决的新课题。

3.构建执政条件下新型群众工作运行机制

群众工作运行机制是历史的、具体的,既要受到社会历史条件变化的影响,又要受到群众基础变化的制约。在执政和社会主义市场经济条件下,党应当着力构建"亲情服务、平等交流、良性互动、和谐发展、整合协调"的群众工作运行新机制。

(1)构建亲情服务机制。群众工作始终是以执政党为主导的。这种主导地位来自执政党代表人民群众执掌政权,处于社会的宏观领导和指导的地位。但是共产党执政的特殊本质要求,共产党人作为执政党,必须在一切工作中贯彻服务的宗旨,努力实现对人民群众最好的服务。群众工作就是实现这种要求的工作方式,因此群众工作必须努力构建一种能够体现党与人民群众情同血肉的紧密联系基础上的服务机制。要坚持以服务人民作为一切工作的价值趋向、目标指向、动力源泉、实现途径、评价标准等,贯穿到一切工作中去,贯彻到一切工作过程的始终。

首先,群众工作的亲情服务机制是一种鲜明的感情色彩和崇高的理性指导融合的工作机制。服务就意味着付出。为人民服务,作为一种行为,有主动与被动之分。是否具有明确的行为指向是决定行为主动还是被动的根据。只有具有鲜明的感情基础和清醒的理性根基,才可能产生具有明确行为指向的主动的服务行为。执政的共产党人与人民群众的关系,无论从其具体成员的来源,还是从其纲领、性质、宗旨的理性规定,都是一种不可分离的紧密关系。因此共产党人对人民群众的服务应当是一种既具有深厚的感情支撑又具有深刻的理性指导的主动、自觉的行为。这种行为源自感情与理性的相互作用机制。感情变了,理性缺少了支撑;理性异化了,感情必定荡然无存。群众工作只有在二者的统一中才能有效地发挥其服务功能,也只有在二者的统一中才能真正发挥其所有功能和作用。相对于我国现阶段党群关系存在的问题和群众工作的现实状况,突出群众工作的这一机制建设,具有极强的针对性和重要的现实意义。

其次，群众工作的亲情服务机制要作为执政党的根本宗旨和基本要求，贯穿到党和国家一切大政方针和一切工作中去，形成各种执政方式和工作形式统一作用的机制。现阶段的群众工作不同于战争年代的群众工作，它没有单独的工作形式，要体现和渗透于党和国家的各项工作中去，融于党和国家的一切建设中来，形成一种围绕服务群众目标，相互作用、相互促进的统一的工作机制和运行机制。

(2)构建平等交流机制。构建平等交流机制即构建群众工作系统中的各要素能够在平等关系基础之上进行沟通和协商的运行机制。传统的群众工作运行机制是建立在不对等的关系基础上的、单向的"灌输"机制。这种机制的最大弊端就是灌输者和被灌输者都是被动的，是单向的、片面的作用机制。所以这种机制作用是有限的，只能在特定历史条件下(战争年代、计划经济条件、集权政治条件)发挥作用。在改革开放和社会主义市场经济条件下，这种机制在一定程度上必然会丧失其作用，甚至有时候还会出现南辕北辙的被动局面。

与执政和社会主义市场经济体制相适应，执政党必须构建新的平等交流机制。首先，要确立各要素的平等地位。因为只有处在平等地位的要素，才有进行沟通和协商的可能性。具体来说，对于群众工作，我们不仅要确立执政党和人民群众的主体地位是平等的观念，而且要确立执政者个体和人民群众个体的主体地位也是平等的观念，要彻底抛弃过去那种不平等的观念，这是平等交流的前提和基础。

其次，要建立平等交流关系。就是建立主体之间的双向交流关系，双向交流意味着双方主体意志的充分表达和基本权利的实现，意味着权利主体积极性、主动性、选择性和创造性的发挥和实现。因此，双向交流不仅标志着平等关系的真正确立，而且标志着平等沟通动力的形成，标志着共同协商成为可能，这是构建平等交流机制的关键环节。

最后，要构建平等交流的有效方式和形式。平等交流必须借助于制度载体和实现形式，平等交流的方式和形式可以是多种多样的，从人民群众与执政党的平等交流来看，民主选举、民主管理、民主决策和民主监督是基层政治制度，也是基层群众工作的制度载体和有效形式；从执政党自觉联系群众的渠道来看，群众来信来访制度、领导接待制度以及公众参政议政制度、民情民意调查等都是党和人民群众平等交流的方式和形式。要充分发挥这些方式和形式的作用，形成平等交流的有机运行机制。

(3)构建良性互动机制。即构建能够充分调动群众工作系统各要素积极性、主动性、创造性的充满活力的运行机制。群众工作运行机制的活力来自系统要素的活力，具体说来，就是执政党和人民群众积极性、主动性和创造性的充分发挥。而执政党和人民群众积极性、主动性和创造性的动因和源泉，来自利益的追求和利益的实现。按照唯物史观的基本观点，追求利益和利益的实现是人的一切行为最根本的动力源泉，追求利益和利益的实现作为一个互动的激励链条，激发人们主动性、积极性和创造性的发挥。过去的群众工作运行机制之所以缺乏动力和活力，根本原因就在于与人民群众的基本权力和基本利益脱节。这样的工作机制，试图对大多数人、长时期起作用，显然是不行的。特别是在执政条件下，人民群众的基本权力和基本利益如果长时间得不到满足，就会形成一种“众叛亲离”、恶性循环的状况。

构建良性互动的群众工作运行机制，核心在于形成一种利益追求和利益实现相互推动的激励机制。首先，必须尊重人民群众合理的、正当的利益追求，这是构建良性互动机制的基础，也是实现良性互动的原动力。人的需要和利益是多方面、多层次的，需要和利益的满足是人存在的依据和基础，追求需要和利益是人的一切行为的原动力。忽视人们的利益追求，无疑是对人性的藐视和对生命力的扼杀。所以，只要社会成员所追求的利益是合理的，即符合人性要求的；是正当的，即不损害社会和他人利益的，都要得到社会的尊重和支持。执政党的群众工作更应该如此。

其次，构建能够实现最大多数人意志和利益的激励机制，这是构建良性互动机制的关键，也是实现良性互动的主要动力。应当承认，在社会活动中，利益的追求和利益的实现往往是不对等的，这就表现为个人与社会、个人与集体和他人之间的矛盾和冲突。群众工作不可能满足所有成员的利益要求，也不可能实现每一个人所有的利益要求。为了最大限度地调动积极性、主动性和创造性，群众工作运行机制必须充分体现绝大多数人的根本利益和要求，即以实现最大多数人的根本利益和意志作为群众工作运行机制的价值目标，才能激发和调动最大多数人的积极性、主动性和创造性。

最后，构建权利和义务对等的激励机制，这是构建良性互动机制的重要环节，也是良性互动机制的长效动力。应该承认，在现实生活中，权利和义务的对等是相对的、有条件的。但是，良性互动机制所要解决的，就是要使社会不断趋向权利和义务的对等。因为在一个社会中，只有权利和义务的对等，才能长期有效地调动一切积极因素，也才能长期有效地激发全社会的积极性、主动性和创造性。在群众工作运行机制中，权利和义务对等机制体现在方方面面，比如，对社会公共资源的分配上，要形成按照责、权、利统一的合理分配机制；在经济活动中，要形成公平的竞争机制；在用人上，要形成双向选择机制；在处理个人利益、集体利益、国家利益矛盾时，要形成合理的利益补偿机制等。

（4）构建和谐发展机制。构建和谐发展机制即构建能够使一切要素、一切社会力量“各尽其能、各得其所而又和谐相处”的群众工作机制。和谐发展作为过程，反映的是群众工作运行机制中各要素相互作用的整体状态和变化趋势。按照系统论的观点，系统各要素相互作用的整体状态，往往会呈现两种不同的性质，即系统整体功能或者大于部分之和，或者小于部分之和，前者属于优化系统，后者属于裂化系统。系统的整体状态，取决于系统内部各要素相互作用的结构和运作方式，同时也决定着系统的发展趋势。传统群众工作机制最突出的弊端，就是各要素之间的分化，执政党和人民群众划分为不同集团，人民群众划分为不同的阶层，领导干部划分为不同的层级，并且集团之间、阶层之间、层级之间的作用不是完全对等的，而往往是单向的。这样就很容易导致执政党和人民群众之间、干群之间、不同阶层群众之间关系的不平衡和发展的不和谐。

构建和谐发展的群众工作运行机制，其核心就是要解决如何使各种社会要素、各方面社会力量“各尽其能、各得其所”而又“和谐相处”的问题。

实现社会成员“各尽其能、各得其所”，根本在于逐步建立和完善社会公正机制。公正社会展现的是人类追求的最高价值目标，社会主义和谐社会的重要特征就是公正，集中体现为制度的公正、社会成员基本权利和基本义务的平等、社会成员的付出和社会所得的对等。和谐社会能否实现，取决于社会公正机制是否完善。毫无疑问，在社会经济领域、政治领域和文化领域，建立和逐步完善社会公正机制，是构建社会主义和谐社会的应有之义，也是构建执政党群众工作运行机制的根本所在。

实现社会要素的“和谐相处”，关键在于构建社会的宽容机制，尊重个人意志和个性特征，支持个人利益和个性张扬，允许不同学术思想的碰撞、不同意见的讨论和不同见解的争鸣。和谐相处绝不意味着社会成员的思想一致、意见一致和步调一致，也不意味着社会成员一部分为主、一部分服从。恰恰相反，和谐相处强调的是“和而不同”和“不同而和”的统一，即在社会共同体内，不同意志、不同利益、不同个性、不同思想、不同步调的社会成员，能够协调共处，互补共赢、携手前进。社会宽容机制是社会成员和谐相处不可或缺的制度平台，也是执政条件下巩固党的执政基础、扩大党的群众基础必备的政治资源。

（5）构建整合协调机制。构建整合协调机制即构建能够使群众工作系统各要素相互平衡协调而又功能互补的工作运行机制。所谓整合协调，有两方面的内涵，一是群众工作内部要素之间的关系整合和相互协调；二是群众工作要素与其他工作要素之间的关系整合和相互协调。这两方面都是群众工作运行机制不可缺少的重要内容，特别是在构建社会主义和谐社会新的历史条件下，执政党的最大政治优势就是能够整合社会资源、聚积社会力量、调动社会积极因素，为创造人民群众幸福美好新生活而努力。具体来说，构建社会整合协调机制包括群众工作的整合机制和群众工作的协调机制两方面内容。

群众工作的整合机制，主要是实现群众工作的整合资源的功能。整合是指社会系统构成要素之间相互关系的维持和协调。它既是群众工作系统的一种过程，也是一种状态，整合可以使各构成要素充分发挥自己的功能，并加强彼此间的相互依赖和功能上的互补。群众工作资源主要包括物质资源、政治资源、精神资源、人力资源、组织资源、制度资源等等。但由于受传统体制的束缚和影响，许多资源配置受到限制，没有很好地综合利用。因此群众工作整合机制就是指将各种功能、性质不同的资源在不同纽带联系下构成一个整体，各部分在整体中发挥自己的功能，从而实现资源效益的最大化。从外延来看，群众工作整合机制包括内部整合和外部整合两个层面，内部整合包含群众工作内部资源要素的关系整合、功能整合、结构整合三个部分；外部整合既包括群众工作资源和其他社会资源之间的关系整合、功能互补和结构调整三方面内容，同时也包括群众工作渗透于社会经济生活、政治生活、文化生活和社会生活等不同领域并对其资源进行优化整合的功能和作用。在社会转型时期，充分发挥群众工作整合机制的功能和作用，对于构建和谐社会具有决定性的意义。

群众工作的协调机制，主要是指群众工作要素之间关系的平衡。群众工作要素之间的关系反映了社会关系的方方面面，群众工作要素关系的失衡，表现为社会各方面关系的失衡，特别是群众工作中的党群关系和干群关系是决定和影响社会其他关系的主要关系，群众工作要素之间的利益关系是决定和影响社会其他关系的根本关系。因此群众工作的协调机制，最重要的是要协调好党群关系和干群关系，最核心的是要协调好不同利益群体之间的利益关系。这种协调从横向上要注意协调不同利益群体之间利益关系的平衡，防止差距的过分拉大；从纵向上看，还要注意协调好不同时期、不同阶段、不同区域的利益关系的相对平衡，防止大起大落和高低差距过大。从最终意义上，群众工作协调机制的根本任务就是维护好、发展好、实现好人民群众的根本利益，维护社会的公平。

“亲情服务、平等交流、良性互动、和谐发展、整合协调”作为群众工作的运行机制，是相互促进、共同作用的统一的运行机制。亲情服务是平等交流、良性互动、和谐发展、整合协调的基础；平等交流是实现亲情服务、良性互动与和谐发展的前提条件；良性互动、和谐发展、整合协调不仅是结果，而且能不能实现这样的工作机制，也会影响和制约亲情服务的效果，影响和制约执政党和人民群众平等交流的环境。只有全面把握这一运行机制，综合运用群众工作的各种工作方式，实现各种机制之间的相互促进，才能够把群众工作的目标和任务真正落到实处，发挥出群众工作的巨大社会作用。

（四）新型群众工作运行机制的制度创新

制度是人们在长期的社会实践中逐步形成的对行为主体具有规范性、约束力的行为准则、规则和边界。制度构成新型群众工作运行机制的规则和基本框架。没有规矩，不成方圆，缺乏制度的规范和制约，群众工作无法维持正常运行。正如邓小平所说，制度建设更带有根本性、全局性、稳定性和长期性。这是对长期执政积累的经验教训的科学总结。制度更具有规范性。一个好的制度，会对群众工作主体行为作出明确、具体、可供操作的规定。有了规章制度，群众工作就能有序运行，群众工作就不再是随意的、个人的行为。制度更具有强制性。一个好的制度，会对群众工作具体实施具有很强的约束力。有了规章制度，群众工作不再是可做可不做的事情，任何脱离群众、脱离实际的官僚主义行为，都将受到限制；任何侵害群众权益的行为，都将受到严肃处理。制度更具有稳定性和长期性。一个好的制度，会在相当长的时间里发挥作用和效力。有了规章制度，群众工作才能真正走向规范化、长效化的轨道，就不再是短期行为和作秀行为。因此，顺应群众工作面对的新形势和新任务，群众工作运行机制必须实现制度创新。

1.创新密切联系群众的制度

密切联系群众制度是党的各种制度中最基本和最重要的制度，它主要是对党组织和党的各级领导干部主体的行为规范。建党之初，党就作出过宣传群众、教育群众、组织群众、动员群众的决定，党的各级领导干部都曾经深入各类群众之中，去开展实实在在的工人运动、农民运动、学生运动和兵运活动、统战工作。新中国成立之后，我们党作为执政党，全心全意为人民服务的根本宗旨并没有变，宣传群众、教育群众、组织群众、动员群众、团结和带领群众为实现自身利益而奋斗的历史使命没有变，密切联系群众的优良作风并没有丢。通过严格的制度，保证党同人民群众的紧密联系，这是党的优良传统和政治优势，也是我们在新世纪夺取社会主义现代化事业伟大胜利的根本保障。因此，越是改革开放，越是发展社会主义市场经济，越是要认真研究密切联系群众的制度建设问题。

改革开放以来，我们党在团结和带领全国各族人民建设中国特色社会主义的伟大进程中，不断探索推进党的建设新的伟大工程，各级党组织在实践中创造了许多行之有效的新鲜经验，建立了许多联系群众的制度。如领导干部深入基层、深入群众调查研究制度；党政领导机关的群众接待日制度；主要领导干部亲自处理群众来信来访制度；机关干部到贫困地区锻炼和帮助工作制度；党政主要负责人联系基层单位、贫困群众制度，等等。这些制度，继承了党的优良传统，符合新的实际，实践证明对于密切联系群众是行之有效的，要坚持执行并不断完善。在构建社会主义和谐社会新的历史条件下，密切联系群众的制度创新，主要集中在以下五个方面。

(1)不断健全体察民情的制度。体察民情是党密切联系群众的基础，是领导干部和领导机关科学决策的基础，也是新型群众工作运行机制科学运作的基础。健全体察民情制度，就是要通过建章立制，明确规定领导干部深入基层、深入群众调查研究和了解实际的目标、任务及其考核评价标准，在制度上督促领导机关尤其是领导干部深入基层、深入群众，去体验群众感情，掌握真实情况，确保党的路线方针政策和党的群众工作运行符合客观实际。

(2)不断拓展了解民意的制度。了解民意，是党密切联系群众的关键环节，是制定路线方针政策的科学依据，更是群众工作运行机制的制度保障。不断拓宽了解民意的制度，最重要的就是要不断拓宽领导干部“主动”和“自觉”了解社情民意的渠道，并在制度上明确规定和督促领导机关尤其是领导干部认真倾听群众呼声，如实反映群众意愿，避免工作的盲目性、片面性。拓展了解民意制度，最根本的就是要在科学决策中符合民意，在群众工作中满足民意和实现民意。

(3)不断细化集中民智的制度。集中民智，是党密切联系群众的桥梁和重要纽带，是党组织和各级领导干部科学决策的中心环节。党的群众工作，从根本上说，就是集中民智实现民意的过程，集中民智制度是党密切联系群众的重要制度，其核心问题就是要在制度上保证领导机关尤其是领导干部摆正同人民群众的位置，尊重人民群众的主体地位，虚心向群众学习，向实践学习，谦虚谨慎，戒骄戒躁，认真汲取人民群众的聪明才智和伟大创造，把党的事业不断推向前进，这是做好新时期群众工作的关键环节。

(4)不断完善珍惜民力的制度。珍惜民力，是党密切联系群众的重要标志，是党组织和各级领导干部科学决策的重要内容，更是党的群众工作不可缺少的必要环节。党的群众工作只有调动群众的积极性、主动性和创造性才能得以运行，只有聚积和整合群众力量才能发展。完善珍惜民力的制度，就是要在制度上确保领导机关尤其是领导干部最大限度地调动好发挥好保护好人民群众的主动性、积极性和创造性，求真务实，力戒浮躁，集中精力解决群众的当务之急；特别要从制度上防范和惩治干那些劳民伤财、劳而无功的事情。

(5)健全强化监督的制度。监督制度是党密切联系群众、实现科学决策和做好群众工作的重要保证。健全强化监督制度的重点，就是要形成监督的制度体系，在制度上把党内监督同人民监督结合起来，把法律监督同群众监督结合起来，把舆论监督同社会监督结合起来，把事前监督、事中监督、事后监督结合起来，把目标监督、程序监督、过程监督、结果监督结合起来，确保党的各级领导机关、领导班子、领导干部在党和人民的有效监督之下开展工作。健全强化监督的重要环节，就是要建立公开透明的行政权力运作机制、公众参与的科学决策机制和群众工作运作机制，让权力和一切工作在阳光下操作。

2.构建党群干群相互沟通、相互衔接的制度

在新型群众工作运行机制中，党组织和党的群众工作者与人民群众之间是主体之间的平等关系，对各自行为的制约既包括各自独立的制约，也包括相互之间的制约，党群干群相互沟通、相互衔接制度的基本点就是对行为双方都有制约和规范的行为准则、规则和边界，其特点就是具有互动性和相互关联性。相互沟通和相互衔接制度是在社会主义市场经济条件下特别是构建社会主义和谐社会新的历史时期，中国共产党作为执政党必须着力建

立和逐步完善的重要制度体系。长期以来，由于我们党的群众工作基本上是建立在“主客二元”体制和机制之上的，因此，群众工作制度也表现出明显的单向性特征，这也是长期以来群众工作实效性缺乏的制度漏洞。因此，构建党群干群相互沟通、相互衔接的制度是当前群众工作运行机制重要的制度创新。

(1)建立平等交流的制度。平等交流是实现党群干群之间相互沟通、相互衔接制度的基础。建立平等交流制度，就是要从制度上明确交流双方地位平等，权力和责任、权利和义务对等，双方都是作为利益主体、权利主体和责任主体进行交流沟通，对形成的协议、达成的共识双方都必须严格遵守和履行。平等交流制度的核心就是既要从制度上保障交流双方的权利，同时也要从制度上规范交流双方的责任和义务。

(2)建立相互沟通的制度。相互沟通是平等交流的深化，是党群干群相互沟通、相互衔接制度的中心内容，只有通过沟通、交流，双方才有可能达成共识。相互沟通制度的目的就是为实现共识创造条件。因此，相互沟通的制度必须从制度上保证交流双方彼此的相互尊重、相互信任，从制度上允许交流双方可以相互理解、相互宽容、相互妥协等，从制度上维护相对公正。

(3)建立相互衔接制度。相互衔接是相互交流和相互沟通的目的，是党群干群相互沟通、相互衔接制度的最终实现，只有在相互交流、相互沟通的基础上实现相互衔接，使人民群众的需求、意愿、利益和权益与满足这些需求的实际工作的目的、方式、途径和效果等相衔接、相吻合，使党群、干群关系获得真正和谐的基础，行政权力的层级运行机制和群众自治的民主运行机制才能从根本上实现对接。相互衔接制度的建立是一个长期的过程，不可能一蹴而就。在当前，建立相互衔接制度最根本的就是在我国民主政治体制的不同领域、不同层面和不同环节上扩大人民群众有序的政治参与，不断扩大人民群众参政议政的渠道，最广泛地动员和组织人民依法管理国家事务和社会事务，管理经济和文化事业，这是我国推进民主政治进程的战略举措，也是建立群众工作相互沟通、相互衔接制度的根本途径。

(4)建立责、权、利相互统一的双向互补制度。这是党群干群相互沟通、相互衔接制度的根本保障。制度作为规范主体行为的规则和边界，其功能和作用一方面是维护主体自身的权利和利益，另一方面也是为了维护社会的和谐和公正。因此，任何制度的实施，最终都和人们的利益相关，群众工作制度也不例外，特别是对于制约主体双方的制度规范，必须构建一种责、权、利相统一的内在约束制度和双向互补外在约束制度作为保障制度和导向制度，用制度保障和维护主体的权利和利益，用制度引导激励人们自觉遵守制度，这样才能形成群众工作的长效制度。

3.扩大民主制度和基层群众自治制度

在新型群众工作运行机制中，人民群众是群众工作运行机制的价值主体、实践主体和实现主体，这样的角色定位决定了群众工作运行机制的制度创新必然内含着对人民群众主体的规范和制约，这是新型群众工作运行机制制度创新的新内涵。在传统群众工作“主客二元”的体制和运行机制中，群众不是群众工作的主体，不承担群众工作的责任和义务。因此，对群众来说，群众工作对他们可有可无，用群众的话来说“群众工作如果符合我的利益我就接受，不符合我的利益我就不听”。在新型群众工作运行机制中，群众是作为群众工作运行机制的价值主体、实践主体和实现主体，这就决定了不仅群众工作的目的与群众有关，群众工作的过程和操作程序及其后果都与群众息息相关，群众不仅是群众工作的受益群体、利益主体，同时也是群众工作的实践主体，承担着做好群众工作的责任和义务。所以群众工作运行机制的创新，从实践层面来看，就是要扩大民主制度和群众自治制度。

(1)扩大民主制度。党的十七大报告在“坚定不移发展社会主义民主政治”部分，对中国特色社会主义民主政治建设作出全面部署，提出要健全民主制度，丰富民主形式，拓宽民主渠道，依法实行民主选举、民主决策、民主管理、民主监督，保障人民的知情权、参与权、表达权、监督权，以扩大人民民主，保证人民当家作主。显然，党的十七大报告在扩大民主方面赋予公民更多的民主权利。如前所述，权利、责任从来都是对等的，特别是在人民当家作主的社会主义国家，国家赋予公民的民主权利，必须通过公民对国家实行的义务和责任来实现，脱离了责任和义务的权利是一种虚幻的权利。从公民或者人民群众的角度来看，国家赋予权利的同时也赋予了同等的责任和义务，扩大民主权利意味着公民社会义务和社会责任的同时加重。因此，作为群众工作运行机制的价值主体和实践主体，必须从权利和责任、义务对等的角度来理解扩大民主的深刻内涵，在强调社会责任和社会义务时不要忽视公民的民主权利；在实现和维护公民的民主权利时，不要忽视社会责任和国家义务的规范和约束。作为群众工作运行机制的制度创新，必须着力构建权利、责任、义务三者统一和相互制约的制度、规范，作为规范和制约人民群众主体的行为准则。从人民群众实践主体和实现主体的视角看，特别要着眼于和着力于强化群众工作责任主体的制度建设和制度创新。

(2)完善基层群众自治制度。党的十七大报告明确提出,人民依法直接行使民主权利,管理基层公共事务和公益事业,实行自我管理、自我服务、自我教育、自我监督,对干部实行民主监督,是人民当家作主最有效、最广泛的途径,必须作为发展社会主义民主政治的基础性工程重点推进。要健全基层党组织领导的充满活力的基层群众自治机制,扩大基层群众自治范围,完善民主管理制度,把城乡社区建设成为管理有序、服务完善、文明祥和的社会生活共同体。基层群众自治制度,对人民群众主体而言,也具有两方面的规范和制约功能,一是对民主自治权利边界的限定,包括民主选举、民主决策、民主管理、民主监督;二是对群众责任和义务的明确界定,即人民群众是管理主体、服务主体、教育主体和监督主体。按照这样的要求,创新群众工作运行机制的自治制度,最重要的就是要加强群众自律的制度建设,要从对社会管理、服务、教育、监督主体的视角,明确规定每个公民享有的权利和应尽的责任和义务,使人民群众真正成为社会、社区的主人。在新型群众工作运行机制中,完善基层群众自治制度,一方面要通过落实民主选举、民主决策、民主管理、民主监督制度,保障人民群众的知情权、参与权、表达权和监督权;另一方面要通过责任制度调动每个公民责任主体和建设主体的积极性、主动性和创造性,通过自律制度发挥其责任主体和建设主体的作用,同时通过制度引导、规范和约束其主体行为必须在国家法律范围和党的领导下进行。

4.创新群众工作具体制度

群众工作具体制度是对群众工作运行机制不同环节和不同方面制约和规范的制度体系,是对群众工作运行机制过程和程序的规范和界定,是群众工作实践过程中创造的行之有效的可操作性制度。这些制度主要包括三方面。

(1)创新调查研究的具体制度。我们党历来重视调查研究制度建设,毛泽东同志认为,调查研究是了解情况的最重要、最基本的手段。所谓调查研究,就是通过深入了解情况,掌握第一手资料的过程。调查研究制度,就是强制性地要求党员领导干部定期、定时深入实际了解客观实际和体察民情民意的规章、规则和规定。在新的历史条件下,特别是随着新型群众工作运行机制的确立,调查研究制度必须创新和发展,调查研究出发点、重点和目的的转变要紧密结合落实科学发展观和构建社会主义和谐社会的新实践,始终坚持“以人为本”,以满足和实现人民群众的根本利益和需要为调查研究出发点，以调查了解民情民意为调查研究的重点，以解决群众的问题、维护和实现群众的利益为调查研究的目的。调查研究方法和手段的创新，在“定性”调查的基础上，要着力在“定量”调查上下功夫；在“面上”调查的基础上，重点在“点上”深入和扩展；在面对“现实”调查的基础上，积极开拓“预测”性调查；在实地调查的基础上，进一步结合“网络”调查等。

(2)创新密切联系群众的具体制度。即创新密切联系群众的方法和途径。在新的历史条件下，随着党群关系的新变化，党员和党的各级领导干部联系群众的具体方法和途径必须发生新变化。因此，党联系群众的具体制度必须进行细化和创新发展。近年来，随着群众工作的深入和细化，基层创造出许多密切联系群众具体制度，比如结对帮扶制度、设岗定责制度、驻村蹲点制度、双联双包制度、责任承诺制度、首席问责制度、绿色通道制度、一条龙、一站式服务制度等。通过这些具体制度的实施，密切了党群干群关系，保障了群众工作的制度化和规范化。

(3)基层群众自治制度的创新和发展。随着我国民主政治的推进，基层群众自治制度向纵深发展，人民群众在实行民主自治的过程中，创造出许多新的经验，形成许多具体制度。比如城市社区的社规民约制度；党支部、居委会、居民代表三元结合的社区决策制度；农村的村规民约制度、村民代表议事制度；资源整合制度、社区互助制度、安全社区制度；道德责任承诺、文明公约、合作协定、诚信契约等，都是群众自治制度和群众自律制度的具体形式和实现方式。这些具体制度的创新和发展，有效地提高了基层群众的自身素质和自治能力，为新时期群众工作的创新发展奠定了坚实的群众基础和制度基础。

再版同期声：中国特色社会主义新时代群众工作运行机制面临改革创新的新要求。我们要深入理解以习近平同志为核心的党中央确定的新的战略部署和对全党的新要求，深入研究和创新群众工作运行的新机制，把党的群众工作任务目标落到实处，充分发挥出其不可替代的重要作用。

构建更加紧密的亲情服务机制十分关键。要按照习近平总书记要求，“要在为民服务上力行，教育引导广大党员、干部始终把人民放在心中最高位置，当好人民群众的知心人、贴心人、领路人，用心用情用力解决好群众急难愁盼问题，努力推动全体人民共同富裕取得更加明显的实质性进展”[①]。执政和改革开放条件下党与人民群众的血肉联系受到了人们之间的社会交往方式变化的挑战，能否实现亲情服务本身就是对执政党的考验。总书记用他自己的行动作出了回答。他时时牵挂人民群众的生活，经常抽时间，走到人民中间，“我是黄土地的儿子”“我是人民的勤务员”，他作出这样的自我介绍。和群众交谈起来，“‘你是大姐’‘年长我几岁，你是老哥’……盘腿坐炕头，唠家常就像老邻居。‘我也是从农村出来的’。到田里，一看就是干农活的老把式”[②]。“共产党人必须牢记，为民造福是最大政绩。”如何为民造福？“我们要坚持把人民群众的小事当作自己的大事”是谋事之法，“致广大而尽精微”是成事之道。这是总书记对干部的要求。只有理解民生“小事”在习近平总书记心中之大、之重，才能深刻明白为什么像防治“小眼镜”、食品安全、清洁取暖、农村改厕、垃圾分类等困扰百姓的“小麻烦”，能够摆在总书记的案头、记在总书记的心中，而且也被一项项列入中央重要会议日程、融入国家发展的顶层设计，一次次成为改革的关注点、发力点。[③] 其实，所谓“亲情服务”，是个有着深厚的感情色彩的概念。但是，它是坚持党的群众路线、做好群众工作的必要条件。

新时代群众工作机制是以我们国家的基本制度为依托的。党的领导、人民当家作主、依法治国，是我们政治制度的核心。实现全过程民主，是三者有机统一的载体和必要实现形式。习近平指出：“党的十八大以来，我们深化对民主政治发展规律的认识，提出全过程人民民主的重大理念。我国全过程人民民主不仅有完整的制度程序，而且有完整的参与实践。”“全体人民依法实行民主选举、民主协商、民主决策、民主管理、民主监督，依法通过各种途径和形式管理国家事务，管理经济和文化事业，管理社会事务。我国全过程人民民主实现了过程民主和成果民主、程序民主和实质民主、直接民主和间接民主、人民民主和国家意志相统一，是全链条、全方位、全覆盖的民主，是最广泛、最真实、最管用的社会主义民主。我们要继续推进全过程人

---

① 习近平：《全面贯彻新时代党的治藏方略　谱写雪域高原长治久安和高质量发展新篇章》，《人民日报》2021年7月24日。

② 参见杜尚泽、李翔：《在人民中间，总书记这样介绍自己（总书记的人民情怀）》，《人民日报》2023年3月4日。

③ 参见姜赟、钱一彬：《总书记的“大事”“小事”观（总书记的人民情怀）》，《人民日报》2023年3月9日。

民民主建设，把人民当家作主具体地、现实地体现到党治国理政的政策措施上来，具体地、现实地体现到党和国家机关各个方面各个层级工作上来，具体地、现实地体现到实现人民对美好生活向往的工作上来。”[①]从总书记的论述中，我们可以清楚地看到这种全过程民主就是党的群众工作，是党的群众工作的新的运行机制。毫无疑问，这也是只有我们中国特色社会主义新时代才具有的新的群众工作运行机制。

七、关于群众工作规律的思考

执政、改革开放和市场经济条件下的群众工作，是一种全新的群众工作。它同其他工作一样，有其自身的规律性。深入研究和把握这种规律，对于正确认识新的历史条件下群众工作的意义，按照规律的要求自觉做好群众工作，具有重要意义。

（一）新的历史条件下群众工作规律研究的意义

规律是事物内部的、本质的、必然的联系。群众工作规律是指群众工作中内在的、本质的、必然的联系。我们要研究的是在执政、改革开放和社会主义市场经济特殊条件下的群众工作规律，这种研究工作对于正确认识和把握全新历史条件下的群众工作并自觉做好这种群众工作，具有十分重要的意义。

首先，这种研究是从根本上认识群众工作意义，正确把握群众工作定位的需要。我们党在领导中国民主革命的过程中，创造了群众路线的工作方式方法，使群众工作成为我们党的政治优势和优良传统，成为党战胜一切困难和敌人的法宝。群众工作在各个革命时期都发挥了积极的社会作用，保证了党的中心任务的顺利完成和革命目标的成功实现。因此我们党历来高度重视群众工作，把群众路线作为党的根本政治路线和根本组织路线，把群众工作作为党的主要的工作方式。但是今天我们是否还继续需要群众工作，需要什么样的群众工作，如何认识和把握今天全新历史条件下群众工作的意义，如何确定群众工作在执政党整个工作中的地位，特别是如何认识群众工作同党的执政方式和领导方式的关系，如何正确认识群众工作同巩固

---

① 《习近平谈治国理政》第4卷，外文出版社2022年版，第260页。

党的执政基础、提高党的执政能力的关系等问题，都是需要认真研究的，需要从群众工作本质和规律的高度深刻认识和解决这些问题。经过新中国成立以后五十多年的执政实践，今天我们更加深刻地认识到研究执政条件下群众工作规律的极端重要性。不能否认，在长期的执政实践中，我们党始终十分重视群众工作，不论是在社会主义革命初期，在“以阶级斗争为纲”的“左”的指导思想占统治地位的时候，还是在改革开放和社会主义市场经济条件下，我们党都始终把群众工作放在十分重要的位置。但是同样不能不承认，正是由于我们缺少对执政条件下群众工作本质和规律的深入研究和把握，缺少对执政条件下群众工作的准确定位，从理论和实践上都仍然沿用了民主革命时期对群众工作的理解，因此我们的许多同志对群众工作的认识有很大的差距，群众工作从总体上也没有能够充分发挥它应有的社会作用，特别是近年来出现了群众工作弱化的趋势，党群关系、干群关系出现许多新问题，在一定程度上影响到党的路线、方针、政策的贯彻落实。实践经验使我们更加深刻地体会到必须加强对执政条件下群众工作本质和规律的研究，从根本上把握执政条件下群众工作的规律及其要求，正确认识执政条件下群众工作的性质、作用，才能认清群众工作对巩固党的执政基础、提高党的执政能力的重要意义，从而提高对群众工作意义的认识，提高做好群众工作的自觉性。

其次，这种研究是从根本上把握群众工作的基本要求、着力点、方式方法和运行机制，充分发挥群众工作应有作用的需要。群众工作作为共产党人的一种特殊的工作方式和领导方式，在不同的历史时期，根据形势和任务的要求，有着不同的工作着力点、不同的工作方式方法和运行机制。这些工作方式方法和运行机制，是群众工作本质和规律的具体体现。认识和把握了群众工作的本质和规律，就能够比较自觉地认识和把握群众工作的着力点和工作方式方法，能够行之有效地开展群众工作。民主革命时期，我们党准确地把握了党的奋斗目标与人民群众根本利益的关系，把握了群众工作的根本要求和规律，并且根据这种认识，准确把握了群众工作的出发点和着力点，采取了行之有效的群众工作方式方法，形成了群众工作的良好运行机制，使群众工作成为我们党的政治优势和优良传统。执政条件下的群众工作因其特殊的条件和特殊的目的而具有不同于民主革命时期的特殊要求。不懂得执政条件下群众工作的规律及其要求，仍然沿用民主革命时期群众工作的一套老办法，就很难收到应有的效果。特别是今天，我们党在经济全球化形势下、在改革开放和社会主义市场经济条件下执政，要做好这种条件下的群众工作，就不仅需要有对群众工作重要性的理解、重视和高度的工作热情，而且更加需要有对群众工作着力点的正确把握，要找到适合这种群众工作要求的方式方法，并且形成能够确保实际效果的有效的群众工作运行机制。这就需要我们深入研究和把握执政条件下群众工作的本质和规律，把握这种规律的根本要求，按照群众工作本质和规律的根本要求去探索行之有效的群众工作方式方法和运行机制。例如，今天我们党的群众工作就应当适应时代和历史发展的潮流，适应我国现阶段阶段性特征的现实状况，适应我们党在新的历史条件下执政实践的新要求，体现今天执政条件下群众工作规律的要求，在方式方法和运行机制等方面，更加突出科学、民主、法制、公平、公正、公开等特点，更加突出以人为本，突出人民群众的主体地位。

再次，这种研究是从根本上把握群众工作特点及变化，不断进行群众工作理论和实践创新的需要。群众工作虽然似乎是老生常谈，但是要真正能够发挥应有作用，实现其预期效果，必须适应形势和任务的要求，不断进行理论和实践创新。今天我们的群众工作不仅应当不同于民主革命时期的群众工作，不同于计划经济条件下的群众工作，而且甚至也不同于改革开放之初的群众工作。要有不同于以往的群众工作内容，有不同于以往的工作方式方法。但是应当如何认识今天群众工作形势和任务的变化？适应今天形势和任务需要的群众工作究竟应当是什么样的群众工作？它同以往历史上的群众工作有什么异同？应当以什么样的理论指导这种群众工作？应当如何把握其内容和方式方法？……这些问题都需要我们给以回答。然而这些问题的解决，不是就事论事的方法能够奏效的，而是需要从本质和规律的高度加以认识和思考。这就需要我们深刻认识经济社会发展的客观背景及要求，深刻把握现阶段人民群众的根本利益及其实现条件，探寻群众工作的基本要求，从根本上认识和把握群众工作的本质要求及规律。并且要根据规律的要求，找到适应新时期形势和任务要求做好群众工作的基本思路和行之有效的方式方法。这个过程就是群众工作理论和实践创新的过程。

最后，更重要的是这种研究是从根本上提高全党群众工作能力的需要。最广大人民群众的充分信任、支持、积极参与和高度自觉，是我们党执政特别是长期执政的基础，这就决定了群众工作对于我们党执政的极端重要意义。但是对于执政条件下的群众工作，我们虽然没有理由说陌生，实际情况却是并不熟悉的。不只是年轻的党员、干部不熟悉，而且相当一些有着几十年党龄的老同志也不熟悉。实践的陌生是与理论上的不成熟直接相关的。今天我们面临着全面提高党的执政能力的历史任务，其中首要的是必须提高党的群众工作能力，使全党尤其是各级领导干部具有能够扎实有效地、创造性地开展群众工作的本领。这就不只是掌握群众工作的一些具体的形式、方法就能够奏效的，需要我们深入研究和把握执政条件下群众工作的规律，从本质和规律上把握群众工作的内在要求，并且把这些要求内化为我们全体党员和干部的自觉行动，这才是提高群众工作能力的行之有效的思路和办法。

（二）关于执政条件下群众工作基本规律的思考

执政、改革开放和市场经济条件下的群众工作因其不同于民主革命时期群众工作的特殊工作目的、内容、方式方法及要求等，必然表现出不同于民主革命时期群众工作的基本规律。只有从根本上把握这种群众工作特殊的基本规律，才能减少工作的盲目性，增强做好执政条件下群众工作的自觉性和主动性。

研究群众工作的基本规律，固然需要总结概括大量的群众工作实践经验，但更重要的是需要从群众工作基本理论的层面上搞清楚基本规律及其要求。这并不是一件十分容易的事情。因为我们虽然积累了一些关于执政条件下群众工作的带有理性色彩的认识，但是总的看来我们这方面的工作还十分薄弱，全党关于执政条件下的群众工作理论认识还相当肤浅。因此今天我们也只能是从以往大量关于群众工作的经验教训中思考探索一些执政条件下群众工作基本规律的要求。但是，从基本规律研究的一般思路上，我们意识到只有从群众工作的最基本要素及其相互关系的分析中才能发现基本规律及其要求的踪迹。下面，我们就按照这样的思路进行一些探索性研究。

首先，正确把握执政条件下群众工作的基本要素——主体、客体及其相互关系。

群众工作作为一种工作形式，是一个包含诸多要素的体系，诸如群众工作目的和目标、工作对象、工作内容、工作方式方法、工作途径、工作效果和工作评价体系等。这些要素对于群众工作作用的发挥都具有重要意义。认真分析群众工作诸多要素，可以发现它们实际上是在两个层面上发挥作用的，即工作层面和基础层面。群众工作作为一个工作体系，从工作的层面上有工作目标、工作内容、工作方式方法、工作途径、工作效果和工作绩效评价等要素，这些不仅是开展群众工作不可缺少的要素，而且对于群众工作的规范性、程序性和有效性具有不可忽视的重要作用。我们党对这些要素历来十分重视，形成了一些卓有成效的群众工作做法和经验。但是对于群众工作整体而言，这些要素还只是停留在工作的层面，具有表层性特点。这些要素虽然对于群众工作来说都是不可缺少的，但是对于群众工作内容的确定和群众工作目标的实现，还不是决定性因素，还有更为基本和更为深刻的决定性因素。进一步深入地分析可以发现，对于群众工作来说，最基本的要素是群众工作主体、群众工作客体、群众工作者、群众工作对象，这四个要素对于群众工作上述要素的形成，对于群众工作内容的确定和作用的发挥，具有基础性意义。这四个要素形成群众工作的两对基本关系，即群众工作的主体与客体关系、群众工作者与群众工作对象的关系，这两对关系是群众工作的基本关系。

这两对关系实质上揭示了由谁来做群众工作和以什么为群众工作对象的问题。应当说这是群众工作的根本性问题。通常人们总是认为，群众工作的主体是我们执政党、是我们党的各级干部，人民群众是群众工作的客体；与此相关，认为执政党和各级领导者是从事群众工作的人，即群众工作者，而人民群众则是群众工作的对象。其实这是一个认识的误区，而且是一个影响很深、影响很坏的误区。在这里，对于群众工作主体与客体的区分，从根本上应当是由群众工作的出发点和最终目的决定的。群众工作的出发点和最终目的是实现人民群众自己教育自己，自己解放自己，使人民群众组织起来，最大限度地实现、维护和发展自身的根本利益。群众工作的这种出发点和最终目的，就决定了只有人民群众才是群众工作的主体。没有什么神仙、救世主，也没有什么先知先觉、启蒙者，只有人民群众自己的觉醒，才是群众工作真正发挥作用的结果。群众工作实质上是人民群众自己教育自己的一种实现方式。当然这并不是否定共产党人的先锋队和领导者作用，我们党、党的各级干部毫无疑问是群众工作的主体，但是我们党之所以是群众工作主体，完全在于也只是在于它是人民群众中的一部分，是能够代表也实际上代表着中国最广大人民群众根本利益的一部分。共产党人作为工人阶级的先锋队、中国人民先锋队的意义就正是在于这一点。代表着最广大人民群众根本利益的共产党人作为群众工作的主体，去开展群众工作，其工作目的和内容只是在于使更加广大的人民群众充分认识自己的利益和使命，为自己的彻底解放而奋斗。这样的群众工作恰恰是人民群众自己教育自己、自己解放自己的过程。从这一过程看，人民群众既是群众工作的主体，又是群众工作的客体。同样这一过程对于共产党人来说，也是一个不断成长壮大和在政治上、理论上不断成熟起来的过程。在这一过程中，共产党人也同样既是群众工作的主体，又是群众工作的客体，群众工作的过程也是共产党人自己教育自己、自己解放自己的过程，是共产党人的理论、路线、方针、政策不断丰富完善、更加符合人民群众的利益和愿望、更加完善的过程。这就是我们确定群众工作主体与客体的第二个方面的根据，即群众工作过程的特点。

群众工作主体与客体的区分及其相互关系，决定着群众工作者与工作对象的关系，这是两对既有联系又有区别的关系。群众工作的主体与客体关系，是从群众工作本质关系的意义上作出的概括，而群众工作者与群众工作对象的区分及其关系，则是群众工作主客体关系在操作层面上的体现和实现。谁是群众工作者，根据群众工作主体的规定性，应当是以我们党的各级组织、广大党员、干部为领导和骨干的，有广大人民群众参加的队伍。即是说以广大人民群众为主力军，依靠广大人民群众来开展群众工作，而不只是少数几个党员、干部来做群众工作；同时又必须坚持以我们党尤其是作为执政党的各级组织和广大党员、干部为领导和骨干，领导与带领人民群众去开展群众工作。这里就不能不涉及群众工作的对象问题。什么是群众工作的对象？通常人们理解群众工作的对象就是群众。这种理解也是有失准确性、有认识上的误区的。一项工作的对象，通常是指这项工作的指向，即某项工作要解决的问题。从这样的意义上理解群众工作的对象，主要应当是指群众工作要解决的问题，如对某一事情统一认识、对某一问题协商解决，等等。当然这个过程中不能没有人、没有群众，很多情况下要具体解决群众中的一些认识问题和实际问题。但是这里必须从理论上搞清楚两个问题：第一，群众工作的对象主要是事，不是人，即着眼于解决具体问题，包括思想认识问题，但不是对人，即不是解决人本身的问题；第二，群众工作对象是具体事物，即使涉及人，也只是涉及部分人，尽管部分人是群众中的一部分，但这里涉及的人用法律的概念是当事人，而不能笼统地称之为群众，即不能简单地用群众的概念表述群众工作对象。例如当前群众工作大量的任务是要协调群众中的利益关系问题。这种群众工作不能不涉及部分群众，但是这种群众工作的对象是利益关系问题，而不是群众。我们的群众工作是要协调好各种利益关系，处理好各种矛盾甚至纠纷，统一人们的思想，达到人们的和睦相处、社会的和谐稳定。这里群众工作的对象绝对不是这部分群众，而是人们之间的利益关系。

上述道理，听起来似乎有些绕弯，但绝不是文字游戏，更不是故弄玄虚。因为这里实际上涉及一个基本理论问题，这就是究竟把人民群众放在群众工作的主人的、主动的位置上，还是放在对象的、被动的位置上的问题，实质上也就是一个把群众工作定位于治理和统治群众的工具，还是定位于群众自我解放的途径的问题。以人民群众为群众工作的主体、主人，就要依靠人民群众来开展群众工作，团结、带领人民群众去自己教育自己，自己解放自己，充分发挥出人民群众创造历史的伟大作用。如果不是这样，而是把人民群众单纯定位为群众工作的对象，或者把人民群众单纯作为群众工作的客体，那么必然把自己放在群众工作的主体和主人的位置上，放在教育群众、管治群众甚至统治群众的位置上，因此也就是把自己放在了人民群众对立的位置上。这种群众工作就成为治理群众、运动群众、愚弄群众甚至统治群众的手段。这样的所谓群众工作不仅难以收到预期的效果，而且从根本上也是背离我们党的性质和宗旨的。

这是一个基本理论问题，又是一个在实际工作中不能回避的问题。民主革命时期，我们党创立了群众工作的基本理论和工作方法，这种群众工作之所以能够取得非常好的效果，主要的经验就在于它不仅在内容上始终坚持一切为了人民群众、一切依靠人民群众的路线，而且在工作形式上也始终把尊重群众、相信群众、依靠群众作为最基本的要求，紧紧依靠人民群众开展工作，因此能够发挥出群众工作的巨大优势，组织起革命力量，实现革命的目标。我们党执政以后，政治地位的变化和党群关系在形式上的变化，使我们的一些同志对群众工作产生了错误的理解，自觉不自觉地把自己摆在了教育群众、领导群众甚至统治群众的位置上，认为群众工作就是我们党教育群众的工作，群众工作中的党群关系就是教育者与被教育者的关系。这样理解的群众工作，一是往往自觉不自觉地离开人民群众的实际愿望与要求，在内容上成为空洞无味的东西，形式上成为居高临下的说教；二是往往自觉不自觉地把群众看作愚昧、落后的人群，自恃高明，脱离群众甚至与群众对立。这样的群众工作就难以发挥其应有的社会作用，不仅教育者不能在教育别人的同时受到应有的教育，而且群众也不能按照教育者的意愿接受到教育，甚至有人把群众工作看作管理群众、治理群众，造成党群关系的对立和紧张。这种理解的群众工作无法收到应有的效果，而且给群众工作带来极为恶劣的影响，久而久之群众工作逐渐被人们淡忘和抛弃就成为不可避免的现象。从根本上说这就是形成很多地方目前的群众工作薄弱尴尬状态的根源。因此，我们说从理论和实践上正确认识和把握群众工作的这些基本要素和基本关系是十分重要的。

其次，从执政条件下群众工作基本要素的分析中把握群众工作的基本规律。

群众工作主体与群众工作客体、群众工作者与群众工作对象这两对基本要素，以及由它们所反映的基本关系，是群众工作的基础性要素，对群众工作的内容和形式等其他要素具有决定的意义，它决定群众工作的目标和基本内容，决定群众工作的方式方法、运行机制，因此只有正确认识和把握群众工作的主客体关系、正确认识和把握群众工作者和工作对象的关系，并且按照这两对矛盾的运动及其规律实现群众工作主客体统一，才能保证群众工作的健康发展和卓有成效。而且，我们也只有在群众工作主客体关系的分析中才能正确认识和把握群众工作规律。

群众工作主体与客体是群众工作的最基本要素，它们之间的关系是群众工作的基本关系。从通常的意义上理解，工作主体与工作客体是在一项工作中形成的主动者与被动者的关系。群众工作的主体就是有资格、有能力从事群众工作的人，群众工作的客体则是需要在群众工作中改造和改变的对象。这种对象从一般意义上是指事物而不是指群众，但是从另一种意义上，即群众工作总是要解决涉及人的问题，群众工作作为一种人民群众自己教育自己、自己解放自己的工作形式，不同于其他工作形式的地方在于其主体与客体的区分是相对的。通常情况下，群众工作的主体又是群众工作的客体：群众工作在发挥其宣传、教育功能的时候，是人民群众自己教育自己的过程，教育者同时受教育；在发挥其组织群众功能的时候，只有依靠人民群众，使人民群众自己组织起来，才能实现组织工作的目的；在发挥其管理与服务功能的时候，也是群众自我管理与服务的过程。因此，在通常意义上，群众工作主体是主客体，群众工作客体又是客主体。群众工作主体与群众工作客体的关系，是一种相互渗透、相互统一的关系。

群众工作主客体相互渗透与统一的关系决定了群众工作者与群众工作对象的关系也是一种不同于其他工作关系的特殊关系。群众工作者作为群众工作主体，对群众工作的整个过程及其相关因素具有决定的作用，群众工作对象的确定,群众工作的实际内容和方式方法的选择等都是由群众工作主体、群众工作者的要求决定的。但是这里有一个如何界定群众工作者的问题,即谁是群众工作者的问题,根据我们对群众工作的定位,群众工作者绝不只是少数党员、干部,而应当是广大的人民群众,只有人民群众直接参与群众工作,群众工作才能具有生机与活力。同时,群众工作过程及其相关因素的确定,绝不是随心所欲的,而是必须根据群众工作主体的需要、根据客观实际情况和群众工作对象的要求作出。例如,民主革命时期,我们党为了组织革命力量,进行革命斗争,开展广泛的群众工作,宣传群众、组织群众,就比较多地采用了依靠广大人民群众,深刻揭露反动统治阶级的罪行,启发人民群众觉悟的方法,这种方法产生了巨大的社会作用。但是今天我们的群众工作,则更多的是要采用与群众平等交流的方法,在群众充分理解和统一思想认识的基础上,实现群众工作的目标。这种群众工作方式方法的转变,主要是由群众工作主体的需要与所处的客观环境和群众工作的具体对象等诸多因素决定的。因此实质上,群众工作者与群众工作对象之间也是一种相互作用的关系。一般意义上讲,群众工作者处于工作的主动地位,但是一方面群众工作者不能做狭义的理解,不能只看作少数人组成的工作班子,而应当是有广大人民群众参加的宏大的队伍;另一方面,群众工作者要根据客观环境和群众工作对象的具体要求,选择和确定群众工作的目标、工作方式方法等,不能有什么主观随意性。

群众工作主体与客体、群众工作者与群众工作对象之间的这种相互作用关系,表现在具体的群众工作中,就形成了一定的规律性,这种规律就是群众工作的主客体统一规律,即群众工作的本质要求和最佳效果是实现主体与客体的协调统一。只有当群众工作目标、内容、方式方法与运行机制等都比较适应群众工作主体的需要,适应客观环境和群众工作对象的要求,从而能够达到预期的群众工作效果的时候,才能够使群众工作主体与客体关系协调、统一,从而充分发挥出群众工作的应有作用。相反,如果群众工作目标的确定、群众工作方式方法的选择与群众工作的运行机制不能适应群众工作主体的要求,脱离了客观环境和群众工作对象的实际情况与要求,就必然影响到群众工作的实际效果,影响群众工作作用的发挥,无法达到群众工作主客体的统一。

这种群众工作主客体统一的基本规律,在共产党人作为执政党的情况下,有其特殊的表现方式,这主要在于,一是群众工作的主客体统一是在执政的共产党人领导下实现的。执政的共产党人要把人民群众的利益、愿望和要求集中起来，作为执政的根本价值导向和行为准则，通过群众工作，渗透到全部执政理念和理论中去，并带领人民群众在治国理政的实践中体现和实现出来。二是群众工作的主客体统一是在人民群众作为执政主体地位的前提下实现的。执政的共产党人要将执政目标、执政方略、执政方式等通过群众工作为广大人民群众所理解和认同，变为人民群众的自觉选择，这将是群众工作主客体统一的具体内容和主要任务；这一过程，是执政的共产党人同作为社会主体的人民群众的相互作用的过程，共产党人执政目标、执政方略、执政方式等必须符合人民群众的利益、愿望和要求，必须依靠人民群众的力量去实现；人民群众也要在执政党的带领下，按照执政党确定的社会发展目标，发挥社会主体的作用，推动社会历史发展。三是这一过程也就是共产党人执政的全部工作和全部社会机制运行的过程。共产党人领导和支持人民群众当家作主，依法治国，就是这种群众工作的具体实现方式。这种群众工作主客体的和谐统一，就是群众工作主体的主客体和群众工作客体的客主体过程，亦是共产党执政条件下治国理政实践和整个社会和谐发展的过程。

最后，深入研究和把握执政条件下群众工作基本规律的本质要求及其实现。

共产党执政条件下的群众工作基本规律，有其特殊的本质要求及实现方式。这种本质要求和实现方式，与共产党人的执政理念、执政目标、执政方略、执政方式等密切相关，深入研究和把握执政条件下群众工作基本规律的本质要求和实现，不仅是正确认识和把握执政条件下群众工作的客观要求，而且是共产党执政理论和执政实践研究的迫切需要。

共产党执政条件下群众工作基本规律的本质要求是什么呢？我们认为共产党执政条件下群众工作基本规律——主客体统一规律的本质要求就是，必须把实现好、维护好、发展好人民群众的根本利益作为群众工作的出发点和落脚点，作为群众工作的基本目标和根本要求。这是共产党人的根本执政理念“立党为公，执政为民”的本质要求，是共产党人的根本价值取向和核心价值理念的要求，也是共产党人作为执政党的根本历史使命之所在。作为执政条件下群众工作基本规律的本质要求，主要在于它集中体现了群众工作基本规律形成和作用的根本点。群众工作基本规律反映了群众工作的主客体统一关系，这种主客体统一关系形成的基础是主体与客体之间根本利益的一致性。利益是社会生活中具有根本意义的东西，不仅一切社会政治斗争归根结底都是为了经济利益，而且从行为学的最一般的意义上说，人的一切行为都具有其利益趋向和价值取向，人们只有意识到其利益所在，才能具有行动的自觉性和动力。群众工作主客体的统一，从根本上说，是主客体利益一致基础上的统一，共产党人是人民群众的一部分，是人民群众中的先进分子，其先进性从根本上就在于它代表了最广大的人民群众的根本利益，以最广大的人民群众的根本利益为党的最高利益，以全心全意为人民服务作为党的根本宗旨。执政的共产党人作为人民群众根本利益的代表，其执政的根本理念是“立党为公，执政为民”。在我们党长期的革命和执政历程中，群众工作之所以能够发挥巨大的不可替代的历史作用，从根本上就在于党的全部理论和全部实践都是也完全是为了中国人民群众的利益，没有人民利益之外的任何私利，它能够始终把人民群众的根本利益放在高于一切的位置上，一切为了人民、一切依靠人民，并且通过其群众工作把这样的理念变为实践，因而能够凝聚人心，能够得到最广大人民群众的拥护和支持，组织和调动起亿万人民群众的积极性和创造性，去实现革命和建设的目标，从而实现群众工作主客体之间根本意义上的统一关系。这是党的群众工作的根基所在，是群众工作基本规律形成和作用的基础。总结历史的经验，什么时候党的理论、路线、方针、政策及其实践，能够较好地体现和实现最广大人民群众的根本利益，体现人民群众的政治利益、经济利益和文化利益，符合人民群众的愿望和要求，因而能够得到最广大人民群众的拥护和支持，群众工作的主客体关系就能够实现和谐统一；相反一旦党的理论、路线、方针、政策出现脱离人民群众利益、愿望和要求的问题，群众工作的主客体统一关系就会遭到破坏，甚至出现分离的倾向。苏联和东欧共产党人丢失政权的根本原因就在这里。我们自身在革命时期和执政以后，也曾经出现过在基本理论、基本路线和基本政策上没有很好地反映人民群众利益和要求的问题，特别是在右的和“左”的思想指导下，使党的理论、路线等严重违背人民群众的根本利益，造成群众工作主客体分离的问题，严重破坏了党的群众工作的成效和声誉，给我们留下深刻的教训。

根据群众工作基本规律的这种本质要求，执政的共产党人必须始终坚持把实现好、维护好、发展好人民群众的根本利益，作为出发点和落脚点，作为灵魂，贯彻落实到群众工作中去。要以此作为执政条件下群众工作的基本目标和根本要求，通过扎实有效的群众工作，以共产党人的模范行动，团结带领最广大的人民群众，去搞好治国理政实践，推动经济社会发展，推动社会物质文明、政治文明和精神文明建设，最大限度地实现好、维护好、发展好人民群众的根本利益。这是做好执政条件下群众工作的最基本要求和最根本保障。各个历史时期党所面临的形势和任务不同，群众工作的具体目标、内容、方式方法和运行机制会有各自的特点，但是贯穿于其中的群众工作基本规律及其本质要求是一致的。实现这一本质要求，首先必须正确认识群众工作主客体关系，充分认识人民群众是社会主人和主体、是群众工作的主体，尊重人民群众的主体地位、牢固树立尊重群众、相信群众、依靠群众的观念，自觉把自己摆在同人民群众平等的地位上，自觉发挥共产党人作为实现人民群众利益工具的作用；要从尊重群众的主体地位、实现人民群众的利益、愿望出发，去设定群众工作的目标和要求，检验和评价群众工作的实际效果，充分利用群众工作的方式，采用能够充分体现人民群众主体地位和要求的群众工作方式方法，去实现好、维护好和发展好人民群众的利益；要充分认识人民群众社会主体的伟大历史作用，牢固树立人民群众是真正的英雄的观念，相信群众能够自己教育自己，自己解放自己，虚心向人民群众学习，自觉从人民群众的社会实践中吸取新鲜经验，丰富党的智慧、增强党的群众工作的作用和力量；要深刻理解人民群众是群众工作主体的道理，牢固树立依靠人民群众开展群众工作的观念，自觉把人民群众作为力量的源泉，放手让群众自己当家作主，真正实现群众自己教育自己、自己解放自己。

（三）执政条件下群众工作规律的要求

群众工作主客体统一的基本规律，在群众工作的指导思想和原则中，在群众工作一系列的具体内容和方式方法中，都有其特殊的要求，形成群众工作的一系列具体规律，认真研究和把握这些具体规律和要求，对于群众工作具有具体的指导意义。

1.要在群众工作的功能上坚持实现管理社会与服务群众的统一

群众工作基本规律要求我们在群众工作功能与作用的定位上，要从实现好、维护好、发展好人民群众的根本利益出发，坚持实现管理社会与服务群众的统一。共产党作为执政党，要代表人民群众履行管理社会的职能，这种职能需要通过多种工作方式实现，其中群众工作是一种重要的实现方式。换言之，群众工作具有管理社会的功能，即执政的共产党人要通过群众工作的方式，动员、组织和带领人民群众实现对社会的管理。这是社会主义社会的特殊性和优越性之所在。社会主义社会是人民群众当家作主的社会，只有占人口绝大多数的人民群众都积极参与到社会主义社会各种事务和各项事业的管理和发展中来，当家作主才能够得到真实的体现和实现，各项社会事务才能够得到有效的管理。领导和支持人民群众当家作主是执政的共产党人的职责，也是党在执政条件下群众工作的重要功能和职责。执政的共产党人要通过群众工作，帮助人民群众提高社会主义主人和主体地位的认识，帮助人民群众找到当家作主、管理社会的途径、道路和方式方法，真正发挥出管理社会的主体和主人的应有作用。同时群众工作又具有服务群众的功能和职责。一方面，领导和帮助人民群众当家作主也可以看作一种服务社会和服务群众的方式。服务社会、服务群众具有广泛的内涵，它应当包括为社会发展作出的一切有益的工作和积极的贡献，包括为人民群众各种利益和愿望的实现做出的一切积极有效的努力。作为执政党的共产党人要以自己的一切工作和努力，为人民群众提供能够实现和保障其根本利益的良好的社会制度和法制环境，提供有利于人民群众经济、政治、文化等各种现实利益实现的政策支持和环境条件，要发展社会物质文明、政治文明和精神文明，为人民群众实现其各种权利，切实改善其物质、文化生活水平提供保障，等等，这些都是执政党服务社会、服务群众的重要内容，应当包含在大概念的群众工作范畴之内，也是群众工作服务于群众的体现。另一方面，作为执政党的群众工作还应当更多地考虑到人民群众的现实利益和实际困难，通过深入实际的群众工作帮助人民群众解决面临的各种复杂问题和实际困难，帮助人民群众协调处理好各种社会矛盾和利益关系，帮助人民群众提高参与各种社会事务，行使其权利和义务的能力，等等。这些是党的群众工作的题中应有之义，也是共产党人作为实现人民群众利益的工具本身所应当具有的职责和功能。

可见，管理社会与服务群众，是执政条件下党的群众工作应当同时具有的功能，这两种功能是一种相辅相成的关系，只有发挥好这两种功能，群众工作才能收到应有的社会作用。从最终目的意义上说，管理社会是为了人民群众各种利益的实现，管理社会是服务群众的一个方面，是服务群众的重要内容，服务群众就必须加强对社会的管理。从这样的意义上，管理不是为了管理而管理，更不能以人民群众为管理对象，服务群众是管理社会的目的所在，也是群众工作的最终目的。但是，从最终目的实现的意义上说，服务群众又是执政的共产党人管理社会的一种方式、一种实现途径，只有以服务群众的方式实现对社会的管理，才能使执政党管理社会的工作得到人民群众的真心支持和积极参与，从而收到实在的管理效果。从这样的意义上又可以说管理就是服务，只有寓管理于服务之中，管理才能是有效的管理。

2.要在群众工作目标的确立上坚持实现群众的长远利益与现实利益的统一

执政条件下的群众工作作为党全部工作的一种最基本的实现方式，其工作目标的选择与确定具有重要意义，对于群众工作实践具有引导性和规定性作用。从一般意义上看，群众工作的目标就在于实现人民群众的利益。但是这种利益应当是人民群众长远利益与现实利益的统一。群众工作不能就事论事，只看眼前的现实利益，忽视人民群众的长远利益与根本利益。尤其在选择与确立群众工作目标的时候，必须着眼于人民群众的长远利益，围绕实现这些长远利益，开展有效的群众工作。这是因为，长远利益往往是人民群众的根本利益之所在，它能否得到实现和保障，对人们各种利益的实现具有决定和制约的意义。而且长远利益又是隐藏在社会生活的长过程中，需要经过长期的努力才能实现，因而它往往不容易被人们注意到。因此作为执政党的使命，就应当看到人民群众的长远利益，着眼于群众的根本利益和长远利益确立工作目标，开展群众工作，组织和带领人民群众为了实现自己的根本利益、长远利益而努力奋斗。这也是作为执政党的共产党人责无旁贷的历史责任。如果认识不到这一点，在群众工作目标的确立上，忽视人民群众的长远利益，只局限于群众的现实利益，就有失去对人民群众根本利益实现和维护的危险，其后果不堪设想。但是讲长远利益不是不要群众的现实利益和眼前利益，人民群众在现实社会中生活，有许多非常具体和迫切需要解决的问题，这些问题往往关系到群众的切身利益，这些现实利益能不能得到保障和实现，往往直接影响群众的现实生活，影响群众的权利，甚至影响群众的生存状况。群众工作大量的任务是要解决这些现实问题，使人民群众的各种权利和切身利益得到实现和保障，从而使人民群众的社会主人和主体地位得到真实的体现。不注意关照群众的这些现实的切身利益，群众的各种权利不能得到应有的保障，群众利益就变成空的东西，群众工作也就失去了其立足点和支撑点。在我国经济社会发展的现阶段，我们党有针对性地提出要着力解决人民最关心、最直接、最现实的利益问题，就体现了这样的要求。

群众工作既要着眼于人民群众的长远利益，又要关注人民群众的现实利益,在通常情况下二者是统一的,人民群众的长远利益要通过社会发展各个不同时期和阶段群众的现实利益表现出来,在社会发展的各个阶段高度重视并且切实保证人民群众现实利益的实现就能够保证群众长远利益的实现。但是,在一定的情况下也不排除出现人民群众的整体利益、长远利益与现实利益、眼前利益,特别是一部分群众的切身利益有矛盾的情况。例如我们的改革过程中就不可避免地会在一定时期出现各部分群众分享改革效益不平衡的问题,甚至部分群众切身利益受到一定损害的情况。这样的情况下,首先从宏观上要按照党的十七大的要求,始终坚持把改善人民生活作为正确处理改革发展稳定的结合点,要努力使全体人民共享改革发展的成果,还要正确处理好群众的长远利益与现实利益的关系,既要确保人民群众的长远利益,又要适当考虑群众的切身利益,在正确理解和把握二者结合点的前提下,通过群众工作帮助群众正确认识和协调、处理好这种利益关系,自觉为实现和维护社会的发展、维护人民群众的长远利益而努力工作。总之,不论在任何情况下,群众工作目标的选择和确定,都要充分考虑到人民群众长远利益与现实利益的统一,这是党的群众工作具有生命力的根基所在。

3.要在群众工作任务上坚持密切党群关系与实现和维护人民群众的利益、推进社会文明发展的统一

执政条件下群众工作的根本任务是密切党群关系、协调和处理好各种社会矛盾,组织和调动人民群众的积极性和创造性,推动社会主义物质文明、政治文明和精神文明建设的发展,实现和维护人民群众利益,促进社会的文明进步。这是一个统一的过程,是一个社会文明进步的实现过程。这些任务是互为目的和手段的辩证统一关系。在这一过程中,密切党群关系,本身既是目的又是手段。共产党人作为执政党,能不能保持同人民群众的血肉联系,是关系党的性质、宗旨、执政基础和前途命运的重大问题,做不到这一点,就可能像苏联和东欧共产党一样发生根本质变,没有什么能够比它更关系执政党的生死存亡、更具目的性意义。但是,从社会主体团结一致、有利于社会历史的发展和人民利益的实现意义上,它又不能不具有手段的意义。组织和调动人民群众的积极性和创造性,凝聚与整合社会力量,实现和维护人民群众的利益,是社会历史发展规律的实现,是社会正常运行的要求和体现,因而是执政党社会历史活动的目的。但是从只有组织和调动起人民群众的力量,才能实现推动社会文明发展进程的意义上,它又不能不具有手段的意义。改革和完善社会主义制度,推进社会的文明发展,则是社会

历史发展的必然要求和客观体现，只有社会主义制度的完善，才能实现调动和组织人民群众力量，发挥人民群众的积极性创造性，实现和维护人民群众的利益，这是其手段的意义。但是社会主义制度的完善和发展，是社会历史发展的必然过程和阶段；社会的文明进步是社会发展的必然趋势，又是社会发展的一个重要的目标。因此，作为群众工作的任务，它们是统一的过程，是在执政的共产党人治国理政实践中相互促进、统一实现的。只有把握好这些重要任务，才能使群众工作充分发挥其应有的社会作用。

4.要在群众工作方式上实现人本化要求、科学化要求、民主化要求和法制化要求的统一

以人为本的新要求，是中国共产党"立党为公，执政为民"执政理念的具体化，是由革命党思维方式和群众工作方式向执政党思维方式和群众工作方式转变的重要标志。群众工作方式并不仅仅是群众工作的手段、方法或形式，本身蕴含着群众工作的价值目标和行为导向，价值目标、行为导向、工作方法和形式三个要素的相互作用，构成现实的群众工作方式。其中价值目标是核心，具有导向性。以人为本的要求，作为价值目标，规定了群众工作方式的行为导向，也规定了群众工作方式的形式和方法。科学化、民主化和法制化的要求，就是以人为本价值目标要求的体现和实现。同时，科学化、民主化和法制化作为群众工作方式的要求，是使群众工作方式能够具有适应时代和历史条件变化，具有较强的现实性、针对性、时效性和生命力的保障，是实现以人为本根本要求的必要条件。其中，科学化、民主化和法制化又是相互作用、相辅相成的关系，科学化是民主化和法制化的基础，没有科学化，民主化和法制化缺少必要的条件；民主化又是科学化和法制化的前提，没有民主化，科学化得不到实现，法制化也无从谈起；法制化对于科学化和民主化来说则是必要保障，没有法制化，民主化、科学化将成为空话。群众工作方式只有在以人为本的根本要求前提下，综合具有科学化、民主化和法制化的特点，才能是适应执政条件下群众工作本质要求的方式方法。

5.要在群众工作机制上坚持以党领导和支持人民群众当家作主为核心，实现充分发挥人民群众主体作用和充分运用执政党执政资源的统一

执政条件下群众工作机制，是以党领导和支持人民群众当家作主为核心的。人民群众是社会的主体，也是群众工作的主体。发挥好主体在群众工作中的作用，是群众工作成功的基础和根据。我们党作为执政党，具有丰

富的执政资源,这种执政资源是领导和支持人民群众当家作主的充分条件。我们党执政不同于其他政党的地方就在于,党不仅是执政党而且是领导党,党负有领导和支持人民群众当家作主的责任和义务,党要充分发挥各种执政资源的作用,领导和支持人民群众实现当家作主,充分发挥人民群众的主体作用,群众工作才能具有生机与活力,才能发挥其应有的社会作用。这就决定了执政条件下的群众工作必须是充分发挥人民群众主体性作用和执政党执政资源作用的统一,就是以执政党领导和支持人民当家作主为实质,以保障和实现人民群众根本利益为目的,以人民群众为主体,以执政党执政资源为手段,形成执政党和人民群众一体化的平等交流、良性互动、和谐发展的群众工作过程和运作机制。

研究和把握群众工作规律是一个需要长期坚持、不断总结和深化的过程。只有深入研究和把握群众工作的基本规律及其一系列的要求,我们才能不断提高群众工作能力,不断获得群众工作的主动权,充分发挥群众工作对党治国理政的重要支持和保障作用。

再版同期声:把握群众工作规律及其要求,对于做好新时代的群众工作仍然具有十分重要的意义。虽然新时代党的群众工作具有全新的内容和要求,但是人民群众是党的群众工作的主体的基本立场和基本观点没有变,牢固树立依靠人民群众开展群众工作的观念,自觉把人民群众作为力量的源泉,放手让群众自己当家作主,真正实现群众自己教育自己、自己解放自己的基本要求没有变、也永远不能变。

“这是我第三次担任国家主席这一崇高职务。人民的信任,是我前进的最大动力,也是我肩上沉甸甸的责任。我将忠实履行宪法赋予的职责,以国家需要为使命,以人民利益为准绳,恪尽职守,竭诚奉献,绝不辜负各位代表和全国各族人民的重托!”[①]这是十四届人大会上总书记、国家主席习近平同志一段感人肺腑的话。作为一个国家的最高元首,面对人民的信任,想到的是责任、使命和奉献,展现的是一颗“我将无我,不负人民”的赤子之心。其实这正是自觉以人民为主体,坚持人民至上,自觉把自己摆在客体位置上,服从和服务于人民主体的利益和需要的典范。总书记一再强调,“让人民生

① 习近平:《在第十四届全国人民代表大会第一次会议上的讲话》,《人民日报》2023年3月14日。

活幸福是'国之大者'"[1]，"江山就是人民，人民就是江山"[2]，"世界上最大的幸福莫过于为人民幸福而奋斗"[3]，"在为谁执政、为谁用权、为谁谋利这个根本问题上，我们的头脑要特别清醒、立场要特别坚定"[4]。在新进中央委员会的委员、候补委员和省部级主要领导干部学习贯彻习近平新时代中国特色社会主义思想和党的二十大精神研讨班开班式上，习近平总书记深刻指出："党的领导凝聚建设中国式现代化的磅礴力量，我们党坚持党的群众路线，坚持以人民为中心的发展思想，发展全过程人民民主，充分激发全体人民的主人翁精神。"[5]在参加十四届全国人大一次会议江苏代表团审议时，习近平总书记指出"人民幸福安康是推动高质量发展的最终目的"，强调"紧紧抓住人民群众急难愁盼问题，采取更多惠民生、暖民心举措"。[6] 他要求党的各级领导干部"要树牢群众观点、贯彻群众路线，经常到农民群众家中走一走、看一看，深入群众、扎根群众，问需于民、问计于民，关心群众安危冷暖、急难愁盼，从农民群众的喜怒哀乐中检视我们的工作"[7]。总书记类似的话语太多太多，类似的要求多次提出，从这些论述中，我们应当深刻体会的是我们这个走过百余年历史的、有着近一亿党员的马克思主义执政党，今天更加突出、更加自觉的要求我们全党牢记党的初心使命，摆正自己与人民群众的位置关系，为中国最广大人民的根本利益而奋斗，为全面建设社会主义现代化国家、全面推进中华民族伟大复兴而团结奋斗。这是我们党的核心理念，是我们党执政的核心理念，也是我们党的全部工作包括群众工作的核心理念。应当承认，我们关于群众工作规律的认识还有待于进一步深化。随着事业的发展，我们对群众工作规律肯定会有新的认识，但是，总书记这些经典的论述会是我们认识深化的最好指南。

"'我们的现代化既是最难的，也是最伟大的。'回首过往的奋斗路，新时

① 匡乐成：《习近平经济思想的生动实践述评》，新华出版社 2022 年版，第 4 页。

② 习近平：《高举中国特色社会主义伟大旗帜　为全面建设社会主义现代化国家而团结奋斗——在中国共产党第二十次全国代表大会上的报告》，《人民日报》2022 年 10 月 26 日。

③ 《习近平谈治国理政》第 4 卷，外文出版社 2022 年版，第 554 页。

④ 《习近平谈治国理政》第 4 卷，外文出版社 2022 年版，第 541 页。

⑤ 《习近平在学习贯彻党的二十大精神研讨班开班式上发表重要讲话强调　正确理解和大力推进中国式现代化》，《人民日报》2023 年 2 月 8 日。

⑥ 《习近平在参加江苏代表团审议时强调　牢牢把握高质量发展这个首要任务》，《人民日报》2023 年 3 月 6 日。

⑦ 习近平：《加快建设农业强国　推进农业农村现代化》，《求是》2023 年第 6 期。

代的伟大成就是党和人民一道拼出来、干出来、奋斗出来的。眺望前方的奋进路，只有全体人民心往一处想、劲往一处使，同舟共济、众志成城，敢于斗争、善于斗争，才能不断夺取新的更大胜利。毫不动摇坚持党的领导，把党的领导落实到党和国家事业各领域各方面各环节，坚持人民主体地位，尊重人民首创精神，想人民之所想，行人民之所嘱，不断实现好、维护好、发展好最广大人民根本利益，中国式现代化道路必将越走越宽广。"[1]这段来自《人民日报》评论员文章的文字读来令人振奋，不禁引以为结束语。

① 《党的领导凝聚建设中国式现代化的磅礴力量》，《人民日报》2023 年 3 月 16 日。

参考文献

1.《毛泽东选集》第1—4卷，人民出版社1991年版。

2.《毛泽东文集》第1—8卷，人民出版社1993、1996、1999年版。

3.《邓小平文选》第1—3卷，人民出版社1994、1993年版。

4.《江泽民文选》第1—3卷，人民出版社2006年版。

5.黄苇町:《苏共亡党十年祭》，江西高校出版社2004年版。

6.林尚立:《中国共产党执政方略》，上海社会科学院出版社2002年版。

7.蔡长水主编:《执政党建设概论》，九州出版社2003年版。

8.宋惠昌主编:《社会主义政治文明读本》，中共中央党校出版社2003年版。

9.卢先福、端木婕:《中国执政党建设研究》，上海人民出版社2002年版。

10.王长江:《现代政党执政规律研究》，上海人民出版社2002年版。

11.刘宗洪:《中国共产党执政规律研究》，上海三联书店2004年版。

12.刘学谦:《社会主义群体凝聚力学》，红旗出版社1993年版。

13.张志明:《从民主新路到依法治国——为人民民主奋斗八十年的中国共产党》，江西高校出版社2000年版。

14.甄小英等主编:《党群关系新论》，中共中央党校出版社2001年版。

15.吴振坤主编:《20世纪共产党执政的经验教训》，中共中央党校出版社2002年版。

16.王长江、姜跃等:《现代政党执政方式比较研究》，上海人民出版社2002年版。

17.丘梓岐:《新时期共产党人的群众观》，中共中央党校出版社2001年版。

18.邢贲思主编:《中国共产党执政规律研究》,湖北人民出版社 2004 年版。

19.本书编写组:《兴衰之路——外国不同类型政党建设的经验与教训》,当代世界出版社、中共中央党校出版社 2002 年版。

20.国家行政学院、天津行政学院、辽宁行政学院合编:《毛泽东 周恩来 刘少奇 朱德论政府管理》,中共中央党校出版社 1997 年版。

21.冯平:《评价论》,东方出版社 1995 年版。

22.马俊峰:《评价活动论》,中国人民大学出版社 1994 年版。

23.李德顺、马俊峰:《价值论原理》,陕西人民出版社 2002 年版。

24.崔秋锁:《社会转型与价值选择》,吉林人民出版社 2005 年版。

25.袁贵仁、方军:《邓小平价值观研究》,河南人民出版社 1998 年版。

26.袁贵仁、韩震主编:《新世纪中国共产党的价值观》,人民出版社 2003 年版。

27.王玉樑:《21 世纪价值哲学:从自发到自觉》,人民出版社 2006 年版。

28.邢志第主编:《共产党员人生价值观:朱彦夫的执著追求》,山东人民出版社 1997 年版。

29.李斌雄:《中国共产党的价值观研究》,中国社会科学出版社 2003 年版。

30.邢志第、刘继孟主编:《孔繁森精神与干部价值观》,中共中央党校出版社 1999 年版。

31.蔡霞:《全球化与中国共产党人价值观》,四川人民出版社 2002 年版。

32.[德]埃利亚斯·卡内提:《群众与权力》,冯文光等译,中央编译出版社 2003 年版。

后 记

共产党执政就要坚持人民群众主体论，这是具有根本性意义的。今天我们对这一问题的认识得到了前所未有的深化，这是我们必须充分肯定的。但是，我们还应当看到，在我们今天的执政理论和执政实践中，应当如何更好地坚持这一基本立场、观点和方法，仍然是一个需要继续深入研究的问题。我们还需要从理论和实践的各个方面进一步深化已有的认识，更加需要在实践的各个领域创造性地坚持和贯彻落实它。在这些方面我们还有许多工作要做。这是我们在完成这一课题研究时的深切体会。

这本书作为国家社科基金项目“现阶段党群关系和党的群众工作理论研究”(项目批准号:04BDJ017)的最终研究成果，得到了项目评审专家的较高评价(该项目 2007 年 6 月 30 日通过国家社科基金项目鉴定，鉴定等级为“优秀”)，但是在结束本课题研究的时候，在进一步通稿、修改、准备出版的时候，我们已经深深地感觉到尽管在研究工作中作出了极大的努力，书中也不乏创新之处，可它还是存在某些方面的不足和缺憾，尤其是在蓬勃发展着的实践和人民群众的创造面前，我们的理论研究还显得不够丰富和扎实，还有些落后的感觉。尽管如此，我们还是愿意以此为引玉之砖，期盼引来这方面理论研究的繁荣和实践的创新发展，也恳切希望广大读者和学术界同仁不吝批评指正。

本书是集体研究的成果，项目主持人衣芳主持了整个课题研究，衣芳、刘秀芬、王培芝共同讨论拟定了课题研究思路和撰写提纲。全书由衣芳通稿、定稿，刘秀芬、王培芝参与了部分章节的修改工作。崔立勇为课题研究做了部分资料和文稿整理、校对工作。具体撰写分工如下：

第一篇一、七，第二篇一、六，第三篇一、七，衣芳撰写。

第一篇四，第二篇二，第三篇二、三、四，刘秀芬撰写。

第一篇六，第二篇五，第三篇五、六，王培芝撰写。

第一篇二、三，吕本修撰写。

第一篇五，张彦前撰写。

第二篇四，王秋波撰写。

第二篇三，胡小君撰写。

在此对为本课题研究给予极大支持的同志们、对为本项目作出评审鉴定的各位专家学者，表示衷心的感谢！对为本书编审付出辛勤劳动的人民出版社领导和同志们表示诚挚的谢意！课题研究中借鉴了学术界许多研究成果，总结和吸取了实践中诸多宝贵经验，在此一并表示谢意。

作　者

2008 年 6 月 8 日

再版后记

因再版需要，重新认真审视全书。十分庆幸没有发现什么明显的错误和不当之处。相反本书核心内容部分，今天读来仍感到酣畅淋漓。其间认真学习了党的十八大以来习近平总书记的相关论述及相关中央文件文本，受到深深的启迪和极大的震撼。如果说当年进行本课题研究的时候，更多是由于看到的是党的群众路线在理论上被搞得模糊不清，在实践中诸多错位、颠倒及被漠视，以致我们是在充满忧虑、疑虑和焦虑的情绪中开启本课题研究的，但是今天形势大不一样了，习近平总书记不仅在实践中高度重视党的群众路线及贯彻落实，率先垂范，亲自深入基层，特别是深入老少边穷地区，对人民群众的柴米油盐、看病就医、上学工作、打工收入等生活问题，细细查问，认真解决，对各级领导干部提出若干十分具体的要求。而且他还亲自在各种会议上、各种场合中，从理论高度对人民主体论作出诸多论述，读来令人有茅塞顿开、十分过瘾的感觉！这是十分令人振奋的。我们这个走过百年历程，有着近亿名党员的大党，在执政已七十多年的情况下，能始终与人民群众站在一起，始终得到十四亿多中国人民的爱戴与支持，我们这个党就是战无不胜的！相反，如果在对待人民群众的基本态度、基本立场、基本观点上出现问题，那就是致命的、颠覆性的错误！这绝不是危言耸听！因此，我们今天更加体会到这是一个无论如何估计都不会过高的重大问题。我们能为这一问题研究尽一份绵薄之力，十分欣慰。

本书再次面世，山东大学出版社的领导和同志们给予我们极大的支持和帮助。特别是责任编辑刘彤同志不厌其烦，帮我们认真修改整理文字，使本书得以顺利再版。我们十分感谢。在此谨表诚挚谢意。

衣　芳

2023 年 3 月